中國學術思想 研究輯刊

二十編
林慶彰 主編

第15冊

宋代《尚書》學研究

張建民 著

花木蘭文化出版社

國家圖書館出版品預行編目資料

宋代《尚書》學研究／張建民 著 -- 初版 -- 新北市：花木蘭文
化出版社，2015〔民104〕

目 4+282 面；19×26 公分

（中國學術思想研究輯刊 二十編；第 15 冊）

ISBN 978-986-404-004-9（精裝）

1. 書經 2. 研究考訂 3. 宋代

030.8   103026840

ISBN-978-986-404-004-9

中國學術思想研究輯刊

二十編　第十五冊　　　　　　ISBN：978-986-404-004-9

宋代《尚書》學研究

作　　者　張建民

主　　編　林慶彰

總 編 輯　杜潔祥

副總編輯　楊嘉樂

編　　輯　許郁翎

出　　版　花木蘭文化出版社

社　　長　高小娟

聯絡地址　235 新北市中和區中安街七二號十三樓

　　　　　電話：02-2923-1455／傳眞：02-2923-1452

網　　址　http://www.huamulan.tw 信箱 hml 810518@gmail.com

印　　刷　普羅文化出版廣告事業

封面設計　劉開工作室

初　　版　2015 年 3 月

定　　價　二十編 21 冊（精裝）台幣 38,000 元

宋代《尚書》學研究

張建民　著

作者簡介

張建民，男，1973 年生，山東鄆城人。2009 年畢業於西北大學，獲歷史學博士學位，師從張豈之教授，現爲西安郵電大學講師，主要從事中國思想文化史的研究工作。曾參與或主持國家社科項目二項、教育部項目一項、陝西省社科項目二項，在《孔子研究》、《江西社會科學》、《安徽史學》、《西北大學學報‧社科版》等刊物發表論文近十篇。

提　要

　　宋代是中國歷史發展過程中的一個多難的時期，又是中國文化發展的高峰期，以此，宋代文化與社會問題的膠結尤爲引人注目。《尚書》是中國最早的文獻記錄，也有著最爲複雜的問題，而宋代作爲中國學術史上的重要一頁，對《尚書》學的發展有著獨特的貢獻。就宋儒而言，學術與政治不是孤立的，而是很好地結合在了一起，《尚書》學在宋代的發展即爲其表現之一。對宋代《尚書》學加以研究就是以宋儒的《尚書》學爲切入口，探討宋儒經典研究的學術特點與價值以及社會效益。

　　目前學術界對宋代《尚書》學的研究已有相當成果出現，在前人研究的基礎上，從學術史的角度，利用文獻學、文化學等的方法，把學術研究與社會史研究結合起來，並突顯社會思潮的作用與特點等是《宋代〈尚書〉學研究》的原則與方法。結論認爲：一、宋代學術表現爲義理考據的並行，但又引發求眞與求用之間的緊張。固然，這不是宋代獨有的現象，卻在宋代表現得十分突出。二、宋儒重視「內聖外王」的追求。他們在道德性命論證的基礎上，注重道德修養，強調社會關懷，二者並沒有偏向。在現實中，由於皇權的參與，宋儒的「內聖外王」往往表現出此偏彼重的表象，但這不是宋儒的眞實面貌。三、宋儒有著強烈的皇權主義意識，也有著道高於勢的理想追求，從而在宋儒身上表現出內在張力，也造成道與勢的衝突。他們期望限制皇權，突顯士大夫的政治地位以行道。得君行道的努力體現出士大夫在道勢之間的折衷，而「與士大夫共治天下」的理念則是君主與士大夫相互妥協的結果。四、學術與政治的不協調在宋代突出地表現爲學術多元化與政治一體化之間的矛盾。這種矛盾不是宋代的獨有現象，但在宋代尤爲集中且明顯。五、《尚書》在宋代不是最受關注的經典，但宋儒的多種著作也顯示出《尚書》學在宋代的重要地位。同時，宋代《尚書》學在一些問題上的突出貢獻不但推動了《尚書》學的良性發展，也對後世《尚書》學研究提供了有益的問題與思考。

目次

導　言

一、問題的研究意義

　　唐宋之際是中國社會發展的變革時期，其中，宋代處於中國思想文化發展的高峰期。無疑地，宋史與宋代思想文化史是把握中國史與中國學術史整個脈絡的極其重要的部分。就學術言，宋代社會的危機使宋代儒家士大夫政治主體意識日益加強，進而引起對漢唐章句訓詁之學風的反動。在新學風下，學術取得了那些進展？有那些失誤？對社會產生了那些影響？與宋代政治上衰敗而經濟文化上繁榮之間有何關係？等等。這些都是值得考慮的問題。

　　同時，《尚書》是中國最早的一部史書，時代的久遠所造成的人爲的與自然的損害都加重了《尚書》研究的困難。皮錫端以宋代爲「經學變古」時代，錢穆先生則進一步指出宋代學術發展的突出特點是由經學之儒轉變爲子學之儒〔註1〕，以經典爲依據對《尚書》的義理闡釋也成爲宋代《尚書》學的突出特點，在此基礎上，宋代《尚書》學成就有哪些？貢獻爲何？對後世學術有何影響？有哪些社會效益？等等，也是值得思考的問題。

　　基於上述問題的思考，以宋代《尚書》學爲切入點，以學術爲核心對宋代社會與學術文化加以探討，力求解決問題。這是本書的探討目的與意義所在。

〔註 1〕錢穆先生說：「宋儒之經學，實亦是一種子學之變相。」可參錢穆：《朱子學提綱》，第 9 頁、第 12 頁。又說：「宋元明儒則重聖賢更勝於重經典，重義理更勝於重考據訓詁。」可參錢穆：《中國思想史》（臺灣：學生書局，1988 年）第 171 頁。

二、宋代《尚書》學及其研究現狀與存在問題

（一）《尚書》學在宋代學術中的地位

唐宋之際爲中國社會發展的大變革期的觀點已爲目前學界中的大多數學者所認可〔註2〕。儘管這一提法在中國學者中尚有不同意見〔註3〕，但宋代爲中國社會發展的重要階段不容置疑。其中，宋代文化發展表現突出，如陳寅恪先生早就提出：「華夏民族之文化，歷數千載之演進，造極於趙宋之世」〔註4〕，鄧廣銘先生更明確認爲：「兩宋時期內的物質文明和精神文明所達到的高度，在中國整個封建社會歷史時期之內，可以說是空前絕後的」〔註5〕。

文化的高度發展離不開學術發展所必需的自由氛圍與知識分子的擔當，宋代就具備此類條件。陳寅恪先生曰：「六朝及天水一代思想最爲自由」〔註6〕。錢穆先生則從內憂外患的角度對儒家文化在宋代的發展作了另一種分析：「宋代開國六七十年，儒運方起，當時諸儒所懷抱，似乎還脫不了一番撥亂世的心情。」〔註7〕經唐末五代混亂環境的壓抑，儒家擔當天下的意識在宋代士大夫身上開始覺醒。自由的學術氛圍與儒家的擔當意識爲學術發展提供了可能性。依據經典發揮治道也成爲宋儒治學的一大特色，此點已爲當前學界所共認。儒家最重要的經典就是《詩》、《書》、《禮》、《易》、《春秋》，宋儒就以上述經典爲依據而闡述著自己對宇宙論、人性論、修養工夫、政治思想等的觀點與看法。

目前，學界對《尚書》在宋代學術中的地位，看法並不同。一種觀點認爲《尚書》在宋代學術中不被重視，如侯外廬等先生認爲：「北宋時期的思想家們最重視《周易》、《春秋》和《周禮》三經的研究」。〔註8〕錢穆先生也認

〔註2〕 張豈之先生主編的《中國思想學說史‧宋元卷》第15頁的注釋1對此有一詳細疏理。可參張豈之主編《中國思想學說史‧宋元卷》（桂林：廣西師範大學出版社，2007年），第15頁。

〔註3〕 何忠禮先生認爲：「將兩宋社會定性爲中國封建社會由中期向後期過渡的時期可能較爲妥當。」可參何忠禮：《宋代政治史》，第4頁。

〔註4〕 陳寅恪：《金明館叢稿二編》，北京：三聯書店，2001年，第245頁。

〔註5〕 鄧廣銘：《談談有關宋史研究的幾個問題》，《社會科學戰線》，1986年第2期。

〔註6〕 陳寅恪：《論再生緣》，《寒柳堂集》，上海：上海古籍出版社，1980年，第65頁。

〔註7〕 錢穆：《朱子學提綱》，北京：三聯書店，2002年，第8～9頁。

〔註8〕 侯外廬、邱漢生、張豈之主編：《宋明理學史》（上），北京：人民出版社，1997年第二版，第133頁。也可參張豈之：《二程怎樣將經學改造爲理學》，《儒學‧理學‧實學‧新學》（西安：陝西人民出版社，1991年），第106頁；日本學

爲：「（宋時）所注意者，要要在《易》、《春秋》兩經。……除卻《易》、《春秋》，他們又注意到《洪範》與《周官》。」〔註9〕其中，《洪範》爲《尚書》中的一篇。另一種觀點認爲《尚書》在宋代經學中爲最尊一經，如劉起釪先生認爲：「僞《古文尚書》給宋代理學提供了建立它的思想體系的寶貴資源，因而更被他們尊崇爲五經中最尊的一經，紛紛對之著書立說，把《尚書》學大大推向前發展了。」〔註10〕劉先生從僞《古文尚書》對理學的影響著眼對《尚書》的學術地位給予「五經中最尊的一經」的評價。由於宋代學術不僅包括理學，而且僅北宋中期既有王氏新學、司馬氏朔學、蘇氏蜀學等，因此，劉先生的說法還不能涵蓋整個宋代學術界。整體而言，我們可以承認前一種觀點更符合實際，但卻又不能否認，作爲經學的重要組成部分，宋儒對《尚書》的研究從不曾中斷，且有著眾多的研究成果。據劉起釪先生統計：「宋學各派的《尚書》著述蔚然大觀，見於著錄的逾二百部以上，短短二百幾十年間的著作，爲漢迄唐一千多年有關《尚書》著作（約共七十餘種）的數倍。而宋末成申之有《四百家〈尚書〉集解》，雖不全是宋人著作，但可概見宋代《尚書》著作至少將近於四百種。」〔註11〕宋代大量《尚書》學著作的出現足可折射出宋儒對《尚書》的重視與《尚書》在宋代學術中的重要地位。

　　宋儒注重依經做義理闡釋，這是學界共認的。〔註12〕他們對義理的重

　　　者本田成之：《經學史論》（江俠菴譯，上海：商務印書館，1935年），第287
　　　頁；姚瀛艇主編《宋代文化史》（開封：河南大學出版社，1992年），第135
　　　頁。
〔註9〕　錢穆：《中國學術思想史論叢・五》，臺北：東大圖書印刷公司，1984年，第
　　　2頁。
〔註10〕　劉起釪：《尚書學史》，北京：中華書局，1989年，第218頁。
〔註11〕　劉起釪：《尚書學史》，第218頁。據王小紅統計，宋代《尚書》學著作有430
　　　餘種。（王小紅：《宋代〈尚書〉學文獻及其特點》，《圖書與情報》，2007年第
　　　6期。）
〔註12〕　如日本學者本田成之說：「宋人是對於古來相傳的說，都由自己頭腦判斷那是
　　　非曲直。立乎千載之後，論證千載之前。但論證的根據和道理是哲學的，而
　　　不是歷史的。漢人對於這兒，掉頭避卻而不推論，那點是他的謹厚。但顯然
　　　是自己明瞭的事，卻爲誤解的也有了」。（〔日〕本田成之：《經學史論》，第291
　　　頁。）周予同也說：「今文學以孔子爲政治家，以六經爲孔子致治之說，所以
　　　偏重於『微言大義』，其特色爲功利的，而其流弊爲狂妄。古文學以孔子爲史
　　　學家，以六經爲孔子整理古代史料之書，所以偏重於『名物訓詁』，其特色爲
　　　考證的，而其流弊爲煩瑣。宋學以孔子爲哲學家，以六經爲孔子載道之具，
　　　所以偏重於心性理氣，其特色爲玄想的，而其流弊爲空疏。總之，三派因各
　　　有其缺點，亦各有其優點。我們如果說，因經今文學的產生而後中國的社會

視自然反映在《尚書》學問題上，如臺灣學者陳恒嵩先生指出：「《尚書》學在宋代，因政治環境的因素，呈現極度蓬勃發展的現象。大體主要呈現三種方面的發展，一是懷疑《古文尚書》的真偽問題，次為懷疑《尚書》經文的錯簡訛字，三是闡發書中的經世思想，以切合宋代的政治環境。」〔註13〕疑經與義理解經是宋代學術特點。不過，二者是有所偏重的，宋儒經學研究更傾向於依經作義理闡發。也正因此，《尚書》作為歷來帝王重視的政治哲學的範本及被理學家視為「道統」的載體〔註14〕而在宋代學術中佔據著一席之地。

（二）宋代學風與宋代《尚書》學的階段劃分

無疑，學風影響經典研究，明確宋代學風在不同階段的特點更利於我們對宋代《尚書》學的研究。

宋初，承漢唐學術之風氣，傾向於注疏訓詁之學，但隨著社會危機的不斷加重及儒家士大夫對治道的重視，義理之學由不絕如縷而逐漸興盛起來。慶曆間，義理之學逐漸流行，甚而在慶曆改革中影響了科舉。雖然，慶曆改革曇花一現般地失敗，但它給政治與學術的影響不可抹殺。熙寧間，在王安石變法中，義理之學在科舉中最終確立下來，從而在學術與政治上都成了占統治地位的學風。新學、理學、蜀學、朔學就是這種學風的結果，其中，新學在宋代學術中居於統治地位六十餘年。南宋建立後，經過相當長時間的學術選擇，至孝宗乾淳間，洛學（理學）大盛。宋理宗淳祐間，程朱理學被立為官學而居於統治地位。

隨著宋代學風變遷與社會思潮的變化，《尚書》學研究受到極大影響。其突出表現則為慶曆後《尚書》學的研究明顯表現出義理解經傾向，從而形成

哲學、政治哲學以明，因古文學的產生而後中國的文字學、考古學以立，因宋學的產生而後中國的形而上學以成，決不是什麼武斷或附會的話」。（周予同：《經學史與經學之派別——皮錫瑞經學歷史序》，朱維錚編《周予同經學史論著選集》，第94～95頁。）

〔註13〕陳恒嵩：《黃度及其〈尚書說〉研究》，《宋代經學國際研討會論文集》，臺北：中央研究院中國文哲研究所，2006年，第184頁。王小紅也說：「宋代以《尚書》為政治之學，用於經世濟民。」參王小紅：《宋代〈尚書〉學文獻及其特點》（《圖書與情報》，2007年第6期）。

〔註14〕李耀仙先生在其《〈偽古文尚書〉與宋明理學》一文中論述了《偽古文尚書》在性、道心人心及知行問題上對理學的影響（《中華文化論壇》，1997年第3期）。

不同的《尙書》學派別；在南宋時，《尙書》學基本上是在理學籠罩下進行研究，打著明顯的理學烙印〔註15〕。

　　鑒於此，本書在寫作過程中，注重社會思潮對《尙書》學研究的影響，第一、二章論述宋代社會與學風變遷的關係與特點；第三章論述慶曆前之《尙書》學成就與特點以及以劉敞爲代表的慶曆間學術承前啓後期的《尙書》學特點；第四、五、六章論述北宋新學、蜀學、理學的《尙書》學成就與特點，以《尙書》學爲切入點闡述在宋學學風影響下宋代學術的變化與趨向；第七、八、九章論述林之奇學派、朱子學派、陸子學派《尙書》學的成就與特點，以突顯在理學籠罩下《尙書》學的發展狀況並以此探討宋代學術發展趨向。總之，本書在寫作過程中，將宋代《尙書》學主要分成三段：一是漢唐舊學風下的慶曆前《尙書》學；二是北宋宋學學風下的《尙書》學；三是南宋理學籠罩下的《尙書》學。

（三）二十世紀以來宋代《尙書》學研究現狀及其特點與存在問題

　　清儒皮錫瑞稱宋代爲「經學變古時代」。這是對宋代經學別於漢唐經學的時代特色的簡明概括，也反映了宋代是中國學術史上的重要階段。就《尙書》學而言，如前所述，宋儒有著許多《尙書》學著作，《尙書》也成爲他們思想與學術的重要依託，因此，對宋代《尙書》學加以研究既可以瞭解宋儒的經學詮釋方法，又可以透過一斑而觀察宋代社會，尤其是宋代學術的發展演變及其特點。

　　二十世紀以來，學術界對宋代《尙書》學的研究從略到詳，從粗到精，既體現了中國學術的繁榮，也從側面折射出中國社會的變化。

　　新文化運動的衝擊使二十世紀初的《尙書》學研究呈衰敗之狀，有關著作相當寥落。我們可引周予同先生在一九二八年所說的話來說明這一問題：「如果說到經學通史，而且是嚴整點系統點的，那我們眞不知如何回答了。皮錫瑞的《經學歷史》、劉師培的《經學教科書》第一冊，固然不能說不是通史；但是以兩位近代著名的經今古文學大師，而他們的作品竟這樣地簡略，如一篇論文或一部小史似的，這不能不使我們失望了。最近日人本田成之撰《支那經學史論》，已由東京弘文堂出版。以具有二千年經學研究的國度，而整理經學史料的責任竟讓給別國的學者，這在我們研究學術史的人，不能不

〔註15〕劉起釪：《尙書學史》，第 230 頁。

刺骨地感到慚愧了。」〔註 16〕經學研究「簡略」且國人少有承當者是周先生最所感歎之處。我們拿來日人本田成之的《支那經學史論》一觀，此書實亦未脫「簡略」。感歎之餘，周先生提出了自己的學術計劃，其中包括「分經撰述，成《易學史》、《尚書學史》、《詩經學史》等書」〔註 17〕。據周先生的說法，二十世紀二、三十年代之交，《尚書》學研究實不敢恭維，此中當然包括宋代《尚書》學。又，據劉起釪先生回憶，顧頡剛先生於 1954 年寫的《法華讀書記》中也列有《尚書學史》的計劃。〔註 18〕由此可見，新中國建立之初，《尚書》學研究也有待進行。事實上，顧先生並未完成。此後，「文革」長達十年之久，社會的混亂使學術更談不上發展了。除以上利用周予同、顧頡剛二先生的學術活動來旁證二十世紀直至建國初期的《尚書》學研究狀況，我們也可從此期間一些經學著作的書名見經學寥落之一斑，前面已見周先生所列舉的經學著作，其他還如馬宗霍《中國經學史》（1936 年）、錢基博《經學通志》（1936 年）、陳延傑《經學概論》（1940 年）、蒙文通《經學抉原》（1943 年）、蔣伯潛《經學纂要》（1964 年）等。

　　1978 年十一屆三中全會撥亂反正，中國學術發展也逐步進入正軌。八、九十年代，學術界對宋代《尚書》學的研究有了一定進展。如鄭涵《北宋〈洪範〉學簡論》（1981 年）、李學勤《朱子的尚書學》（1989 年）、傅雲龍《評朱熹的「道心」說》（1991 年）、李耀仙《偽〈古文尚書〉與宋明理學》（1997 年）、蔡方鹿《朱熹〈尚書〉學析論》（1997 年）等。雖然還主要是就《尚書》某篇章、某個方面或某個人物《尚書》學的研究，但專門文章的出現已足可說明宋代《尚書》學已受到學界關注。應當承認，此期，對宋代《尚書》學作了較爲系統全面闡述的是劉起釪先生的《尚書學史》、《尚書源流與傳本考》。劉先生對宋代《尚書》學各家各派作了較爲祥細的介紹，並指明了疑辨與義理兩個層面爲宋代《尚書》學的研究方向，不失爲研究《尚書》學的入門書，但劉先生的著作給人的感覺是描述考辨有餘而義理分析不足。

　　進入二十一世紀，宋代《尚書》學研究成果更多出現。從涉及人物看，我們可簡略地歸類如下：

〔註 16〕周予同：《經學史與經學之派別——皮錫瑞〈經學歷史〉序》，朱維錚編《周予同經學史論著選集》，第 96 頁。

〔註 17〕周予同：《經學史與經學之派別——皮錫瑞〈經學歷史〉序》，朱維錚編《周予同經學史論著選集》，第 105 頁。

〔註 18〕顧頡剛、劉起釪：《尚書校釋譯論》，北京：中華書局，2005 年，第 5 頁。

　　（1）王安石新學《尚書》學。如李祥俊《王安石學術思想研究》（2000年），方笑一《〈尚書新義〉初探》（2007年）、《北宋新學與文學》（2008年），陳良中《刑名相雜穿鑿好異——論〈尚書新義〉的特點與命運》（2007年）。

　　（2）蘇氏蜀學《尚書》學。如劉威《〈東坡書傳〉研究》（2004年）。

　　（3）林之奇學派《尚書》學。如陳良中《理學視野下的〈尚書〉詮釋——論林之奇〈尚書全解〉的思想意義》（2008年）。

　　（4）朱子學派《尚書》學。如蔡方鹿《朱熹與中國文化》（2000年）、《朱熹經學與中國經學》（2004年）、《朱熹〈尚書〉學的影響與地位》（2003年），孫利《朱熹「十六字心訣」釋義》（2001年），謝曉東《朱子道心人心思想探微》（2003年）、《尋求真理：朱子對「道心人心」問題的探索》（2005年），謝曉東、楊妍《朱子哲學中道心人心論與天理人欲論之內在邏輯關係探析》（2007年），楊文森《朱子證僞〈古文尚書〉及〈序〉〈傳〉祥考》（2007年），陳良中《朱子〈尚書〉學研究》（2007年），何發甦《朱熹論孔子與〈尚書〉之關係》（2007年），吳銳《蔡沈的〈尚書〉學思想》（2000年）。

　　（5）綜合專題型研究。如吳建偉《宋代洪範研究》（2004年），楊世文《宋代經學懷疑思潮研究》（2005年），黃洪明《宋代〈尚書〉學》（2006年），許道勳、徐洪興《中國經學史》（2006年），楊新勳《宋代疑經研究》（2007年），王小紅《宋代〈尚書〉學文獻及其特點》（2007年），陳良中《「十六字心傳」理論的形成及內蘊》（2007年）。

　　從以上簡單羅列，我們可以粗略看出，如今的研究不僅多集中於朱子《尚書》學，而且研究已涉及方方面面。或許，我們並不能用「粗淺」這樣的字眼來概括一些研究，畢竟，粗淺的亦可以爲有啓示性的，但我們還是可以用「一偏」一詞來表達二十一世紀的宋代《尚書》學研究的特點。又，以上所列舉的研究成果多爲考據性的，義理性的研究則相對較少，且不少爲形上學的，而與實踐聯繫較爲密切的政治思想則較少。如此，對宋代《尚書》學作整體的系統的研究仍是必要的。我們指出此點爲問題的研究方向，即使究之臺灣學界，也可以成立。臺灣學界的相關研究多爲考據性的、彙編性的，如葉國良《宋人疑經改經考》（1980年）、程元敏《三經新義輯考彙評（一）——尚書》（1985年）、錢穆《朱子新學案》（1989年）、許華峰《陳大猷〈書集傳〉與〈書集傳或問〉的學派歸屬問題》（2006年）、蔣秋華《夏僎及其《尚

書祥解〉流傳考》（2006年）、陳恒嵩《黃度及其〈尚書說〉研究》（2006年）等〔註19〕。

三、《宋代〈尚書〉學研究》的研究方法

（一）研究方法

首先，**與文獻學及學術史結合**。學術研究離不開材料的收集與考證，文獻學在學術研究中有著不可替代的基礎性作用。《尚書》是一種文獻，對宋代《尚書》學加以研究不能不涉及到其文獻學特徵。本書即在文獻學基礎上，注重對材料的搜集整理，去偽存眞，力求對宋代《尚書》學的文獻學價值有一個清晰全面的認識。

宋代《尚書》學是《尚書》學史的重要階段，並且宋代《尚書》學本身即體現爲一個前後相關的發展過程，這就使它不能完全脫離對《尚書》學史的考察而孤立地被分析。因此，如周予同先生所言「以治史的方法去治經」〔註20〕，對宋代《尚書》學從學術史的角度加以研究成爲必要。張豈之先生亦云：「學術史必須研究『學術』，而『學術』的載體主要是學術著作。著作是學術成果的一種表現形式，當然還有其他形式。因此，要求學術史研究並評論有代表性的學術成果，以闡明其學術意義（在學術史上有什麼地位與作用）和歷史意義（對於當代社會和後來社會有什麼影響）。」〔註21〕本書即以此爲研究方法，注重對宋代《尚書》學著作的分析評價，探討其學術價值。

其次，**把《尚書》學義理闡發與社會史、文化史結合**。借經典發揮義理是宋儒治學的特色，但如何對其中義理加以分析、比較與評價則離不開對社會史與學術史的結合。由於對義理研究不僅需靜態的研究，而且也要有動態的研究，「哲學史或思想史，是思想鬥爭史、思想更替史，只有放在社會經濟生活、政治生活中，從動態中更容易看到這個時代思想的風貌」。〔註22〕不過，

〔註19〕臺灣學者還有如下著作，惜皆未見全文，只見到一些簡略介紹。如李振興：《尚書學述》（臺北：東大圖書公司，1994年）。林登昱：《林之奇〈尚書全解〉研究》（臺灣中正大學中文所1994年碩士論文）。蔡根祥：《宋代尚書學案》（臺灣師範大學國文研究所1994年博士論文）。

〔註20〕周予同：《治經與治史》，朱維錚編《周予同經學史論著選集》，第622頁。

〔註21〕張豈之：《序》，王宇信等《中國近代史學學術史》，北京：中國社會科學出版社，1996年，第1頁。

〔註22〕漆俠：《宋學的發展和演變》，石家莊：河北人民出版社，2002年，第340頁。

需注意的是，把《尚書》學的研究與社會史結合起來，「並不是人爲地將它們捏合在一起，而是要尋找二者的溝通處，使之融合爲一個整體」。〔註23〕這就要在研究中既要注意思想根源於社會，又要注意思想對社會造成的延緩或推動作用，二者是相輔相承的〔註24〕。

又，如張岂之先生所言：「思想史的研究如果只限於與社會史研究相結合，那還不夠，還要求我們把思想史的研究更擴展一步，使之與社會生活史以及文化史的研究相結合，這樣，這個學科才有發展的寬闊道路」。〔註25〕進一步說，就是要從文化學與文化史的角度，「將中國思想史看作是一個總體，考察它作爲思想文化的性質、功能和作用」。〔註26〕這種方法也是以宋代《尚書》學爲切入點探討宋代思想文化的學術特點及功用所必需的。

再次，**歷史主義與邏輯主義結合**。思想，是觀念的理論化，而觀念是基於社會現實而發生的，故思想史的研究不可能離開社會而在虛空中談論。這也決定了本書的研究將通過宋代社會分析，尋求宋儒力圖解決的問題，及其如何在解決問題中形成其思想的發展變化理路，進而形成理論化的觀念，在此基礎上，作出價值判斷。在這樣一個過程中，歷史的與邏輯的方法的結合是必要的。歷史的方法要求以豐富的歷史材料爲依據來構建社會眞實（當然，主客觀的原因使這種構建不可能完全眞實，但這是必要的）；另一方面，如果沒有邏輯的結合，材料的大海將使人摸不著頭腦而陷入混亂。宋儒治經的特點決定了研究其《尚書》學中的義理發揮，考察其學術特點，追求研究中的「視界融合」境界更需要邏輯主義方法的運用。邏輯方法的運用又是以史料爲基礎的，離開了歷史眞實的邏輯只能是頭腦中不著邊際的虛構。總之，這就決定了在宋代《尚書》學研究中以下兩點是必要的：對史料的考證與理論指導下的史料分析，即歷史與邏輯的結合。

〔註23〕張岂之：《五十年中國古代思想史研究》，《中國史研究》，1999 年第 1 期。
〔註24〕余英時先生指出：「（思想史與社會史研究方式的）長處是能把思想的發展放在當時的文化、學術、社會、政治等情境中求得瞭解，因而予讀者以既生動又具體的印象：其短處則是稍不經意即容易流入某種方式的化約論以至決定論，使思想的自主性消失在外緣情境之中。」可參《余英時先生序》，（美）田浩（Hoyt Cleveland Tillman）：《朱熹的思維世界》（西安：陝西師範大學出版社，2002 年），第 1 頁。本文力求發揮此方式之長處而避其短處。
〔註25〕張岂之：《儒學·理學·實學·新學》，第 388 頁。
〔註26〕朱漢民：《宋明理學通論——一種文化學的詮釋》，長沙：湖南教育出版社，2000 年，第 4 頁。

　　第四，注意社會思潮對《尚書》學的影響。社會思潮是歷史發展過程中體現在各個時段的思想文化主流。這種主流思想通過向社會生活的滲透而影響著社會發展與人的發展的方方面面，也是把思想史與社會史聯結的結合點〔註27〕。以此，宋代《尚書》學研究不能不注意社會思潮對儒學士大夫的影響與在其《尚書》學中的體現，並籍以觀察社會的發展形態。故注意社會思潮的特點及其對《尚書》學的影響，進而探析宋代《尚書》學的特點也本書的一種重要方法。

　　第五，比較法等。對不同學術加以比較，進而突顯其學術特點；以表格形式作爲研究方法則能使特點更爲明確。此二法也是本書的重要研究方法。

四、《尚書》與宋代前《尚書》學概說

（一）《尚書》概說

　　《尚書》是我國最早的歷史書，主要記載了我國堯舜及夏商周時期君王的講話記錄等事跡，後來受到儒家尊崇而成爲賢君明王之書，並尊之爲「經」〔註28〕。劉起釪先生認爲：「（《尚書》）是我們科學地研究中國原始社會和奴隸社會所必不可少的史料。它又是我國封建社會的政治哲學經典，在儒家『五經』中地位最尊，即是帝王的政治教科書，又是封建士大夫必讀必尊的『大經大法』，歷史上有過巨大影響」。〔註29〕《尚書》集經史於一身，在我國古代社會，思想價值甚巨。或許，在一些具體的說法上，劉先生對《尚書》的定位有商榷之處，但《尚書》是研究我國上古史與上古思想狀況的一部重要文獻資料則是無疑的。需注意的是，呂思勉曾指出：「今之《逸周書》，《漢·志》列之書家。說者因以爲孔子刪《書》之餘，其實非《書》之倫也。」〔註30〕本書所言《尚書》即以此爲準，不包括《逸周書》。

　　至於《尚書》書名始於何時，學術界存在二種說法：（1）以漢代劉歆爲代表。他們主張《尚書》之名由漢代今文家提出，如劉歆說：「《尚書》直言

〔註27〕張豈之：《歷史唯物論與中國思想史研究》，《歷史研究》，2007 年第 1 期。

〔註28〕陳來先生認爲：「（春秋時代）《詩》、《書》最先在實踐中經典化」。可參陳來《古代思想文化的世界》（北京：三聯書店，2002 年），第 15 頁。

〔註29〕劉起釪：《尚書源流與傳本考》，瀋陽：遼寧大學出版社，1997 年第二版，第 1 頁。

〔註30〕呂思勉：《經子解題》，上海：華東師範大學出版社，1995 年，第 35 頁。

也，始歐陽氏，先君名之」。〔註31〕（2）以李學勤先生爲代表。李先生認爲，根據帛書《要》篇，「尚書」之名非始於伏生而是早於伏生，爲孔子所定。〔註32〕不僅否認《尚書》之名始於今文《尚書》學之歐陽氏，甚而否認今文《尚書》學之始祖伏生，而直指儒家創始人孔子。

　　由於自然與人爲的原因，《尚書》在流傳中受到損害。戰國「百家爭鳴」，中國學術繁榮，《尚書》得到了一定的搜集整理，但已不是原來的樣子。秦「焚書坑儒」對文化造成了極大的損害；至漢時，秦博士濟南伏生傳《尚書》，但其書得之於破壁而殘缺不全。漢文帝時，晁錯得伏生女子口傳。伏生所傳《尚書》二十八篇：《堯典》、《皋陶謨》、《禹貢》、《甘誓》、《湯誓》、《盤庚》、《高宗肜日》、《西伯戡黎》、《微子》、《牧誓》、《洪範》、《金縢》、《大誥》、《康誥》、《酒誥》、《梓材》、《召誥》、《洛誥》、《多士》、《毋逸》、《君奭》、《多方》、《立政》、《顧命》、《鮮（費）誓》、《呂刑》、《文侯之命》、《秦誓》，無《泰誓》。

　　漢景帝時，魯恭王壞孔子宅壁而得《尚書》，由孔安國加以整理，與今文《尚書》相較而多十六篇：《舜典》、《汩作》、《九共》（九篇）、《大禹謨》、《棄稷》（《益稷》）、《五子之歌》、《胤征》、《湯誥》、《咸有壹德》、《典寶》、《伊訓》、《肆命》、《原命》、《武成》、《旅獒》、《冏命》。此十六篇被稱爲《逸書》。由於這個文本由秦以前文字寫成，與伏生所傳《尚書》相對言而被稱爲古文《尚書》，相應地，由漢代當時文字寫成的伏生所傳《尚書》則被稱爲今文《尚書》。孔安國獻古文《尚書》，遇巫蠱事而未果，以致於古文《尚書》在當時未爲人所注意。

　　漢宣帝時，河東女子獻《泰誓》一篇補入伏生本，東漢馬融以其淺露而疑，「《太誓》後得，案其文似若淺露。」〔註33〕魏王肅則直斥「《太誓》近得，非其本經」〔註34〕，否認《太誓》爲眞。但南宋人洪邁認爲：「（《泰誓》），馬、鄭、王肅皆疑之，今不復可考。」〔註35〕對《太誓》眞僞持謹愼態度。李學勤先生認爲：「河內女子所得逸書《易》、《禮》、《尚書》（按：《泰誓》篇）各一篇，應該是秦以前的寫本。……河內女子逸書上奏後，交給博士，必然也

〔註31〕　（漢）劉歆：《七略》，嚴可均《全上古三代秦漢三國六朝文》第一冊，北京：
　　　　　中華書局，1958 年，第 351 頁。
〔註32〕　李學勤：《失落的文明》，上海：上海文藝出版社，1997 年，第 309～310 頁。
〔註33〕　（唐）孔穎達：《尚書正義》，上海：上海古籍出版社，2007 年，第 399 頁。
〔註34〕　（唐）孔穎達：《尚書正義》，第 399 頁。
〔註35〕　（宋）洪邁：《容齋續筆》卷 1，北京：中華書局，2006 年，第 143 頁。

需要整理考釋，和孔壁中經由孔安國考論文義，爲隸古定，武帝時《泰誓》
經博士讀說，情形是一樣的。」〔註36〕《泰誓》雖晚出，但內容爲眞。

　　西晉永嘉之亂，文籍喪失，《尚書》今古文散亡。東晉建立後，廣求書籍，
豫章內史梅賾獻《古文尚書》五十八篇及孔安國《尚書傳》，包括漢時《今文
尚書》二十八篇的內容，但作了拆分。此書稱爲梅獻孔傳古文《尚書》，或稱
爲晚出古文《尚書》。此文本「亡《舜典》一篇，購不能得，乃取王肅注《堯
典》，從『愼徽五典』以下分爲《舜典》篇以續之。」〔註37〕《孔安國傳》以
注的形式標在各篇，並有一篇《孔安國序》。南朝齊姚方興僞造《舜典》而未
得用，南朝陳陸德明指出：「近惟崇古文，馬、鄭、王注遂廢。今以孔氏爲正，
其《舜典》一篇，仍用王肅本」〔註38〕。隋開皇二年，購求遺書，得《舜典》
篇。〔註39〕唐代孔穎達《五經正義》以梅獻《古文尚書》爲正注而自己作疏。
後來，在政府的支持下，五代至宋明經取士，以此爲本，無敢議其非者。梅獻
古文《尚書》含晚出篇章二十五篇：《大禹謨》、《五子之歌》、《胤征》、《仲虺
之誥》、《湯誥》、《伊訓》、《太甲》三篇、《咸有一德》、《說命》三篇、《泰誓》
三篇、《武成》、《旅獒》、《微子之命》、《蔡仲之命》、《周官》、《君陳》、《畢命》、
《君牙》、《冏命》。其中，有些篇章與漢時古文《尚書》「逸十六篇」篇名偶合。

　　南宋吳棫始疑梅獻古文《尚書》爲僞，朱熹繼之，蔡沈則承其師在《書
集傳》中對梅獻古文《尚書》各篇明確標出「今文古文皆有」或「古文有今
文無」字樣。經明代梅鷟直至清代閻若璩、惠棟及丁晏等人的進一步證僞，
梅獻僞古文《尚書》說爲大多數學者認同，如皮錫瑞〔註40〕、周予同〔註41〕、
呂思勉〔註42〕、劉起釪等。近來，有學者利用新材料繼續對之證僞，如廖明

〔註36〕李學勤：《西漢河內女子得逸書考》，《當代學者自選文庫·李學勤卷》，合肥：
　　　　安徽教育出版社，1999 年，第 610 頁。

〔註37〕（唐）陸德明：《經典釋文》，上海：上海古籍出版社影印宋元遞修本，1985
　　　　年，第 31 頁。

〔註38〕（唐）陸德明：《經典釋文》，第 32 頁。

〔註39〕（宋）朱熹：《朱子全書》，上海：上海古籍出版社，合肥：安徽教育出版社，
　　　　2002 年，第 3161 頁。

〔註40〕清儒皮錫瑞認爲：「孔安國《尚書傳》，王肅僞作」。可參皮錫瑞：《經學歷史》
　　　　（中華書局，1959 年），第 163 頁。

〔註41〕周予同：《朱熹》，朱維錚編《周予同經學史論著選集》，上海：上海人民出版
　　　　社，1983 年，第 153 頁。

〔註42〕呂思勉認爲：「《書敘》亦張霸所爲也。……東晉晚出之《僞書》，既已不仇；
　　　　張霸《百兩篇》之僞，當時即破；即博士所讀後得《泰誓》，亦僞跡顯然」。
　　　　可參呂思逸：《經子解題》，第 27 頁。

春先生以郭店楚簡與馬王堆帛書爲據指出晚出古文《尚書》爲僞〔註 43〕。至於僞書出現於何時，李學勤先生曾提出：「東漢中晚期這種《尚書》（按：今傳《古文尚書》）本子逐漸傳播流行。」〔註 44〕後來，又在其《〈尚書孔傳〉的出現時間》一文中作了修正，認爲《尚書孔傳》於魏晉間業已存在，並聲明此點不是認爲《孔傳》成書於西漢的孔安國，而是多人，經長期形成的。〔註 45〕楊善群先生與上述意見不同，他把梅賾古文《尚書》的出現時間進一步提前，認爲：古文《尚書》自西漢以後長期流傳於世，魏晉之際完備成集而形成傳授關係，並認爲其來源可能有伏生壁中、孔子壁中、河間獻王、河內女子、宮中秘府、杜林、孔氏家族七個方面，而非一人一時僞造。〔註 46〕又在其《古文〈尚書〉與舊籍引語的比較研究》一文中認爲古文《尚書》爲眞文獻。〔註 47〕鄭傑文先生在《〈墨子〉引〈書〉與歷代〈尚書〉傳本之比較——兼論僞〈古文尚書〉不僞》一文中也指出梅賾古文《尚書》不僞的觀點。〔註 48〕尹振環先生意見折衷，認爲，即使晚出《尚書》爲僞，也有眞的原素在內。〔註 49〕隨著不同觀點的提出，梅賾古文《尚書》的眞僞問題仍是一個懸而未決的問題。本書仍以目前學界較普遍的認識爲主，將梅賾古文《尚書》稱爲僞古文《尚書》或晚出古文《尚書》。

（二）宋代前《尚書》學概說

顧名思義，《尚書》學就是研究《尚書》的學問，其歷史隨著《尚書》的出現而出現。春秋戰國時，一些學者的著作中往往引用《尚書》文句，或作爲史料，或作爲觀點依據。秦時，「焚書坑儒」，《尚書》遭受極人破壞。漢惠帝時，除「挾書令」，文教始盛。隨著朝廷對文獻搜集的重視，《尚書》漸出。漢武帝時，儒家獲得獨尊地位，《尚書》亦成爲重要一經而被稱爲《書經》，在學術史上有著極爲重要的地位。

〔註43〕廖明春：《從郭店楚簡和馬王堆帛書論「晚書」的眞僞》，《北方論叢》，2001年第 1 期。
〔註44〕李學勤：《失落的文明》，第 330 頁。
〔註45〕李學勤：《〈尚書孔傳〉的出現時間》，《古籍整理研究學刊》，2002 年 1 月。
〔註46〕楊善群：《古文〈尚書〉流傳過程探討》，《學習與探索》，2003 年第 4 期。
〔註47〕楊善群：《古文〈尚書〉與舊籍引語的比較研究》，《中華文化論壇》，2003 年第 4 期。亦可參楊善群：《論古文〈尚書〉的學術價值》，《孔子研究》，2004年第 5 期。
〔註48〕鄭傑文：《〈墨子〉引〈書〉與歷代〈尚書〉傳本之比較——兼論僞〈古文尚書〉不僞》，《孔子研究》，2006 年 1 月。
〔註49〕尹振環：《〈老子〉作爲〈尚書〉的繼續》，《中國文化研究》，1997 年秋之卷。

　　西漢末年，劉歆校中秘書而得古文經，並要求朝廷立古文經於學官，從而產生歷史上著名的今古文經之爭，其中，今古文《尚書》之爭爲其重要組成部分。就學風言，漢代今文經學重「微言大義」之發揮，古文經學則更傾向對經的注疏訓詁。由於《尚書》在流傳中受到損害，對《尚書》文本的整理與研究就顯得相當重要。當然，他經亦然。東漢時，古文經漸有超越今文經之勢。直至大儒鄭玄出，融合今古文而並用之，今古文之爭漸成統一之勢，鄭玄注亦大行於世。魏王肅與鄭注立異，借皇親關係使其說大行，就《尚書》學而言，一時出現鄭王注並行局面。

　　東晉時，梅獻孔傳古文《尚書》出（即後來被稱爲僞古文《尚書》的，今天學界大多數人仍以爲僞。本書爲行文方便，文中的僞古文《尚書》指此。），憑藉其條暢明瞭的特點而爲世人所喜。南北朝時，《尚書》學出現北方行鄭注而南方鄭孔並行的局面。隋統一南北，在劉炫、劉焯的倡導下，晚出孔傳古文《尚書》立於學官，鄭注則漸淹沒不彰了。唐時，孔穎達定《五經正義》，以孔傳爲注而自己作疏，並借政府力量定爲科舉功令，統治了學術。其後，經五代直至宋初，《五經正義》作爲科舉定本，完全佔據著學術界的統治地位。

第一章　宋代社會與學風變遷

　　社會是學術成長之源，社會問題的出現與發展演變影響著學術走向；欲理解學術，不能不先理解社會。當然，學術的獨立性存在又反過來推動或延緩社會的發展。二者相輔相承，以社會的發展演變爲決定力量。學風則指在特定時代中占主導地位的學術風格，它一方面反映知識分子的學術趨向，另一方面也影響著特定時代中知識分子的學術特點。

第一節　「私天下」與宋代社會

　　如明末清初大儒王夫之所言：「夫宋祖受非常之命，而終以一統天下，底於大定，垂及百年，世稱盛治者，何也？唯其懼也。」〔註1〕正是出於「懼」意，自宋太祖始，宋代皇帝大力加強皇權，推行「私天下」的政策。「私天下」的措施確達到了維護皇權的主觀目的，但客觀上也給宋代社會帶來了各種問題。

一、「不抑兼并」與「等貴賤，均貧富」──等級與均平的緊張

　　土地是封建社會最根本的生產資料，擁有土地的佔有權或使用權就決定了對財富的支配與對別人人身的佔有或侵犯。在封建社會裏，土地權以等級的形式表現著，但對財富平均與地位平等的要求則與此相反。因此，以等級形式表現的對財富的佔有與均平之間存在著尖銳的對立，這個問題在宋代突出地存在著。

〔註 1〕　（清）王夫之：《宋論》，北京：中華書局，2003 年，第 2 頁。

（一）「不抑兼併」

從戰國秦漢至隋唐，不管土地制度如何變化，根本不變的是土地的國家佔有，〔註2〕國家也牢牢地掌握著土地的使用權。宋代，在土地國家佔有問題上與前代沒有不同，但它對土地的使用權則採取了自由政策，突出地表現即在於「不抑兼併」土地政策的實行。基於「富室連我阡陌，為國守財爾。緩急盜賊竊發、邊境擾動，兼併之財，樂於輸納，皆我之物」〔註3〕的認識，從北宋開國之初，在土地問題上就實行「不抑兼併」的政策。我們可以說，這是唐兩稅法以來土地私有制發展的必然結果，如楊炎兩稅法後，「兼併者不復追正，貧弱者不復〔授？〕田業」。唐中期，「不抑兼併」的土地政策放棄以人丁納稅，代之以據土地多少為主納稅，適應了形勢的發展，緩和了社會問題；唐末五代戰亂環境則談不上穩定的土地政策；但當它發展到宋代時，這種放棄土地使用權管理的政策導致了土地使用權的快速轉移，「貧富無定勢，田宅無定主，有錢則買，無錢則賣」〔註4〕，進而演化成嚴重的土地集中問題，「富者有彌望之田，貧者無卓錐之地，有力者無田可種，有田者無力可耕」。〔註5〕土地是封建社會的最主要的生產資料，土地佔有的極大懸殊實反映著貧富的急劇分化，必然地引起社會階級矛盾的加劇。

細究宋代「不抑兼併」的土地政策：土地為國家所有，為皇權支配，此點與前代並無大的不同。建國之初的乾德四年，宋太祖於閏八月下令：「（荒地）只納舊租，永不通檢」，〔註6〕太平興國二年，宋太宗亦曾下詔：「（凡是無主荒地）許他人承佃為永業」，〔註7〕「有能占田而倍入租者，與之」。〔註8〕雖然政策本意為對開墾荒地的鼓勵，但不可否認，其前提是土地為國家所有或為皇權所支配，即國家掌握著土地的最後所有權，並實際地掌握著土地的佔有權。地主與土地的關係只不過是國家（或皇權）認可其對土地的使用而

〔註2〕 張豈之主編：《中國思想學說史‧宋元卷》，第 12 頁。

〔註3〕 （宋）王明清：《揮麈錄‧餘話》卷 1，《祖宗兵制名樞庭備檢》，北京：中華書局，1961 年，第 283 頁。

〔註4〕 （宋）袁采：《袁氏世範》卷下，文淵閣四庫全書本（698 冊），上海：上海古籍出版社，1987 年，第 638 頁。

〔註5〕 《續資治通鑒長編》卷 27，第 621 頁。

〔註6〕 （清）徐松：《宋會要輯稿‧食貨》1 之 16，北京：中華書局，1957 年，第 4809 頁。

〔註7〕 （清）徐松：《宋會要輯稿‧食貨》1 之 16，第 4809 頁。

〔註8〕 《宋史》卷 295《謝絳傳》，第 9842 頁。

已。「不抑兼併」土地政策的實行實為皇權在經濟上的實現，又體現著土地使用的自由化。土地為國家所有而由皇權以國家名義加以支配不是宋代首創，其背後「私天下」的性質也沒有改變。只要土地私有，「不抑兼併」的土地政策的實行就有可能。宋代的「不抑兼併」就是這種可能成為現實的表現。總之，「不抑兼併」的土地政策是以皇權至上的等級制度為前提的一項土地使用自由化政策，而土地在各階層間的自由流動也導致各階層間的貧富分化等種種社會問題的出現。

（二）「等貴賤，均貧富」

在「不抑兼併」政策下，土地高度集中，貧富分化嚴重，加以天災人禍，從宋建國之初，各地農民就不斷掀起武裝反抗鬥爭。淳化四年（993 年）發生的王小波、李順起義沉重地打擊了宋的統治。仁宗慶曆年間，階級矛盾的激化使農民起義和士兵暴動交織在一起，形成北宋中期階級鬥爭的一大特色。〔註9〕歐陽修亦曾云，慶曆間，起義「一年多如一年，一火強如一火」〔註10〕。北宋末年，較大規模的起義就有南方的方臘起義與今河北、山東一帶的宋江起義等。南宋建立之初，民族矛盾極為尖銳，鬥爭矛頭轉移，但人民反抗統治者的鬥爭並未結束，其中規模最大的是鍾相、楊麼起義。此次起義失敗後，在激烈的民族矛盾和鬥爭中，起義暫時進入低潮。紹興和議後，階級矛盾再次上昇，先後發生福建農民起義、湖南各族人民起義、湖北茶販起義、廣西各族人民起義、湖南瑤族起義及江西農民起義等。終南宋一朝，起義不斷發生。雖然這些起義都失敗了，但動搖了宋政權的統治基礎，加速了它的滅亡。

其間，值得注意的是，宋代農民起義口號的提出與變化。北宋王小波、李順起義提出了「均貧富」的口號，並「悉召鄉里富人大姓，令具其家所有財粟，據其生齒足用之外，一切調發，大賑貧乏」。〔註11〕欲消滅貧富差別，並得到具體實施。雖然，此時農民起義只是涉及財富的次級分配問題，而沒有真正觸及導致分配失衡的土地問題，但已足以說明此時「不抑兼併」的土地政策已漸失去了他的作用，政府應該對自由化的土地政策進行干預。當然，

〔註 9〕 周寶珠、陳振主編：《簡明宋史》，北京：人民出版社，1985 年，第 157 頁。
〔註10〕 （宋）歐陽修：《奏議集》卷 4《再論置兵禦賊箚子》，《歐陽修全集》，北京：中華書局，2001 年，第 1538 頁。
〔註11〕 （宋）沈括：《夢溪筆談校證》卷 25《雜誌二》，胡道靜校證，上海：上海古籍出版社，1987 年，第 815 頁。

我們可以說，這是對歷史人物的苛求。不過，在鬥爭中，農民逐漸把經濟上的貧富問題與政治上的貴賤問題聯繫起來。南宋初期，鍾相、楊麼進一步提出了「等貴賤，均貧富」的口號，將經濟上的平均要求擴大到政治上的平等要求。財富分配製度由政治制度加以維繫，並以政治上的貴賤形式表現出來，二者相輔相承，農民「等貴賤，均貧富」口號的提出是農民對政治經濟關係認識的深化。

不可否認，相對而言，宋代人身依附關係較爲鬆弛，法律上已有了平等趨向。南宋時起義者「等貴賤」要求的提出只能說明法律條文上的平等並不等於事實上的平等。事實上的不平等不完全與法律相關，而是由經濟上的土地所有與使用及政治上皇權例外權密切聯繫著的。「均貧富」是對不平等的分配製度的反抗，是下層勞動人民對生存狀態的直接反應。平均分配的要求涉及財富的分配與再分配，但起義者並未直接涉及封建社會的根本問題——土地制度，只是在再分配上提出了自己的要求。不可否認，分配製度是由所有制決定的，而所有制可以看作最初級的分配，要改變不平等的分配狀況，必須改變所有制，實現所有權的轉移，即由皇權代表國家所有轉化爲全民所有。這是達到分配平均的基本條件。對土地所有權的漠視表現了農民起義者要求的合理性與執行的不徹底性。

由上述可知，在宋代，出於統治階級自身的利益，「不抑兼併」的土地政策經唐末五代後仍得以推行。土地大量地集中於少數人手中，財富亦從而集中；同時，占人口絕大多數的下層人民由於財富缺乏，不但受到經濟剝削，而且人身受到超經濟的剝削與壓迫，他們要求均平，且突出地在農民起義中表現出來。雖然宋代農民起義中平等平均要求的提出是出於自發的、出現於局部性的地區的，〔註12〕並且隨著起義的失敗而夭折。但「等貴賤，均貧富」口號的提出充分反映了下層勞動人民對現實的不滿。從「均貧富」到「等貴賤，均貧富」的發展是農民認識的一大進步，是下層人民不滿於社會壓迫與剝削而發出的呼聲，與統治者們極力維護的社會等級制度針鋒相對。這種矛盾的演化是社會危機的重要表現。在宋代社會中，等級與平等之間的問題以及貧富差距的問題已提上了歷史日程。這是一種既得利益者與下層勞動人民之間的利益衝突。

〔註12〕如張其凡先生指出：宋代沒有全國性的起義。可參張其凡：《宋代史》（澳門：澳亞周刊出版有限公司，2004年），第163～165頁。

二、「弱將」與「弱兵」──「弱兵」與對內鎮壓對外抵禦的緊張

唐末五代的社會動盪、政權交替，使人們產生了武力決定一切的認識，五代軍閥安重榮即言：「天子寧有種邪？兵強馬壯者為之爾！」〔註13〕有兵就有權，兵權就是政權。宋開國皇帝宋太祖深知此點，乾德三年，他曾曰：「五代方鎮殘虐，民受其禍。朕今用儒臣幹事者百餘人分治大藩，縱皆貪濁，亦未及武臣十之一也」。〔註14〕為避武人政治而重用文人，以文官治國。這是為維護皇權而採取的措施，但執行過度則不能不影響國家軍事力量。

宋太祖登基後，不放心的就是與他一同打天下的武將石守信等，「吾（宋太祖）今終夕未嘗敢安枕而臥也！」其因就是「居此位者，誰不欲為之！」皇權是眾矢之的，而武將們尤有此嫌。他力求「君臣之間，兩無猜嫌，上下相安，不亦善乎」？〔註15〕「猜嫌」一詞明白道出了他對武將們的疑懼心理。「兩無猜嫌」的解決辦法就是解除石守信等領兵武將們的兵權。在解兵權的同時，宋太祖廢罷殿前都點檢，設樞密使與殿前司、侍衛馬軍司、侍衛步軍司三衙機構，使各機構之間以及與諸帶兵將領之間相互牽制，從而把軍權完全掌握在皇帝手中。在地方問題上，宋太祖深知「自唐季以來數十年，帝王凡易八姓，戰鬥不息，生民塗地」之慘烈，從「息天下之兵，為國家計長久」出發，接納了趙普的分析與計策：「此非他故，方鎮太重，君弱臣強而已。今欲治之，惟稍奪兵權，制其錢穀，收其精兵，則天下自安矣」。〔註16〕收了節鎮的兵權財權，使地方軍事依附中央，把軍權進一步抓到自己手中。宋太宗不但把樞密院的制令之權歸於皇帝，而且對帶兵出征的大將，實行「將人中御」的辦法，對大將在前線的舉動也加以限制。這也成為宋朝的一條家法，從而造成了極嚴重的後果。〔註17〕宋人朱臺符曾批評：「近代動相牽掣，不許便宜。兵以奇勝，而節制以陣圖；事惟變適，而指縱以宣命。勇敢無所奮，

〔註13〕 （宋）歐陽修：《新五代史》卷 51《安重榮傳》，北京：中華書局，1974 年，第 583 頁。

〔註14〕 （明）陳邦瞻：《宋史紀事本末》卷 2《收兵權》，北京：中華書局，1977 年，第 10 頁。

〔註15〕 （宋）司馬光：《涑水記聞》卷 1《杯酒釋兵權》，北京：中華書局，1989 年，第 11～12 頁。

〔註16〕 《續資治通鑑長編》卷 2，「建隆二年七月戊辰」條，第 49 頁。

〔註17〕 鄧廣銘：《北宋政治改革家王安石》，北京：北京大學出版社，1997 年，第 350 頁。

知謀無所施，是以動而奔北」。﹝註18﹞宋代皇帝對兵權的掌握無所不用其極，對兵權的重視與掌握爲宋歷代皇帝爲繼承。

除對武將限制、奪權外，宋太祖制訂「更戍法」，輪派軍隊到邊境防守，或到他地「駐泊」、就糧，每隔三年調動一次。這種辦法實質上使士卒經常流動，造成了兵無常帥、帥無常師，兵不識將、將不識兵，兵將二者無法結合對抗皇室。﹝註19﹞同時，宋太祖還實行「內外相制」之法以維護皇權安穩，如宋神宗曾言：「藝祖養兵止二十二萬。京師十萬餘，諸道十萬餘。使京師之兵足以制諸道，則無外亂；合諸道之兵足以當京師，則無內變。內外相制，無偏重之患。」﹝註20﹞實際上，宋對兵力的布署，不僅京師和諸道間發生「內外相制」的作用，就是在皇城內外（內爲皇城司防守、外由殿前司防守）、京城和京畿間也使「內外相制」。﹝註21﹞

由上述可知，就兵權而言，宋代中央與地方的兵權都集中於皇帝，成爲皇權的重要組成部分；同時，地方兵力因不斷流動而無法形成對皇權的威脅，「內外相制」而預防於未然，恰如宋人呂中所言：「朝廷以一紙下郡縣，如身使臂，如臂使指，無有留難。而天下之勢一矣。」﹝註22﹞宋統治者確實達到了加強皇權的目的。不過，宋統治者收攬兵權亦帶來了另一附帶後果，即宋代兵力的孱弱。如南宋人朱熹曰：「本朝鑒五代藩鎮之弊，遂盡奪藩鎮之權，兵也收了，財也收了，賞罰刑政一切收了。州郡遂日就困弱。靖康之禍，虜騎所過，莫不潰散」。﹝註23﹞這是宋代統治者所始料不及的，也是不願看到的。又，開國之初，宋太祖就對趙普言：「可以利百代者，唯養兵也」。﹝註24﹞對宋之養兵政策，梁啓超先生總結道：「夫弱其民、弱其將，宋祖之本意也；弱其兵，則非必宋祖之本意也」。﹝註25﹞歷史事實是，皇權加強的同時，兵也弱了。兵力的孱弱，不僅使宋統治者無法對外抵禦外敵，而且對內難以控制人

﹝註18﹞《續資治通鑑長編》卷44，「咸平二年閏三月庚寅」條，第937頁。

﹝註19﹞漆俠：《王安石變法》，上海：上海人民出版社，1959年，第16頁。

﹝註20﹞《續資治通鑑長編》卷327，「元豐五年六月壬申」條，第7883頁。

﹝註21﹞漆俠：《王安石變法》，第16頁。

﹝註22﹞（明）陳邦瞻：《宋史紀事本末》卷2《收兵權》引呂中語，第11頁。

﹝註23﹞（宋）黎靖德：《朱子語類》卷128《本朝二·法制》，第3070頁。

﹝註24﹞（宋）晁說之：《嵩山文集》卷1《元符三年（1100）應詔封事》，四部叢刊續編（59），上海：上海書店據商務印書館1934年版重印。

﹝註25﹞梁啓超：《王荊公》，陳引弛編《梁啓超學術論著集·傳記卷》，上海：華東師範大學出版社，1998年，第111頁。

民的反抗，「宋興，既斂兵於內，盜賊輒發，而州郡無武備，急則吏走匿自存，天子常薄吏罪，而言事者以爲適然。故盜起輒轉劫百千里，非天子自出兵，往往不能格。」〔註26〕外患則突出表現爲周邊林立的民族政權。如此，爲皇權加強而採取弱將政策與內憂外患的形勢之間出現尖銳矛盾，換言之，是皇權「家天下」造成宋統治的內外疲軟。這也是宋統治者必須加以解決的問題。

三、「積貧積弱」與內憂外患

（一）「積貧積弱」

「積貧積弱」是宋史學界常用以形容宋代的名詞，是宋代社會的一個突出特點，而宋的「積弱」局面在北宋雍熙北伐失敗後的太宗後期既已顯現了。至宋眞宗中期，隨著「天書」下凡鬧劇的開張和對道教的狂熱，冗費空前激增，積貧局面進一步深化。〔註27〕實際上，非僅眞宗朝如此，自太祖以來養兵、設官分職的政策等都造成了冗費的激增，冗官、冗兵、冗費問題已嚴重影響了宋的政局安穩。宋仁宗時，「積貧積弱」局面正式形成，〔註28〕宋政權已成爲孱弱之體。

首先，冗官現象。宋統治者企圖通過分散事權削弱官員權力而加強皇權，但在加強皇權的同時引起了嚴重的官冗問題。宋人司馬光曾指出：宋仁宗嘉祐年間（1056～1063年），「官吏繁冗，十倍於國初」〔註29〕。官員人數的增多並不意味著各司其職，行政效率的提高，實情則爲「居其官不知其職者，十常八九」〔註30〕。官員的增加引發了政治贅物。

其次，冗兵現象。爲防止人民叛亂，宋統治者在荒歲不斷募兵，企圖以此維持社會的穩定，這是宋「養兵」政策的表現之一，而宋的大量養兵造成了嚴重的冗兵冗費現象。如宋太祖開寶年間（968～976年）有兵三十七萬八千人，仁宗皇祐（1049～1054年）時竟達一百四十萬，八十年間兵員翻了近兩番。〔註31〕

〔註26〕 （宋）曾鞏：《元豐類稿》卷49，文淵閣四庫全書本（1098冊），上海：上海古籍出版社，1987年，第769頁。
〔註27〕 何忠禮：《宋代政治史》，第79頁、第88頁。
〔註28〕 何忠禮：《宋代政治史》，第136頁；漆俠：《王安石變法》，第21頁。
〔註29〕 （宋）司馬光：《傳家集》卷28《論進賀表恩澤箚子》，文淵閣四庫全書本（1094冊），上海：上海古籍出版社，1987年，第277頁。
〔註30〕 《宋史》卷161《職官志》，第3768頁。
〔註31〕 張傳璽：《中國古代史綱》（修訂本），北京：北京大學出版社，1991年，第168頁。

再次，冗費現象。宋太宗至道（995～997 年）年間，國家每年收入爲二千幾百萬緡，支出只占其中的一部分。到仁宗慶曆（1041～1048 年）年間，歲入高達一億幾千萬緡，卻入不敷出，差額常在三百萬緡以上。〔註 32〕宋統治者採取種種措施增加收入，仍難以解決問題。據漆俠先生統計，以景德時 1,233 萬貫爲基數 100，則慶曆時的 4,400 萬貫爲 360。四十年間各項稅收便增至 3.6 倍，剝削量的擴大達到多麼嚴重的程度！〔註 33〕「冗費」直接造成北宋中期民困國窮的「積貧」局面。

究「冗費」出現之因，宋統治者爲加強皇權而採取的增加官員數量以分散事權與爲彌亂而採取的養兵政策等密切相關，其中，養兵之費尤爲突出。如宋人張載曰：「養兵之費，在天下十居七八。」〔註 34〕朱熹亦云：「財用不足，皆起於養兵。十分，八分是養兵，其他用度止在二分之中。」〔註 35〕除養兵外，冗官也是造成宋代冗費出現、財政困難的重要原因之一，如宋眞宗即位初，王禹偁就上疏指出：由於「冗吏耗於上，冗兵耗於下，此所以盡取山澤之利，而不能足也，」必須「減冗兵，並冗吏，使山澤之饒，稍流於下」。〔註 36〕宋代前期，「三冗」問題已經引起了儒家士大夫的高度注意，這恰說明當時財政問題的嚴重性，而爲解決財政問題進一步加重對人民的剝削的舉動則易於激化統治者與被統治者之間的矛盾，且財政困難也嚴重影響了對外抵禦的實力。總之，對皇權的加強措施是引發冗費問題的誘因，是「家天下」的結果，而解決由此引起的財政困難不能僅靠加重剝削量，而必須限制宋統治者的加強皇權政策。宋統治者使自身陷入了矛盾。

宋政府不僅面臨嚴重的財政問題，而且還面臨著軍力衰弱的問題。無疑，宋統治者重視武力的作用，且爲彌亂而大量募民爲兵。但由於措施的出發點並不是爲發展武力，而是爲維護皇權，武力的增加不代表武力增強。宋人歐陽修曾云：「國家自景德罷兵（1005 年），三十三歲矣。兵嘗經用者，老死幾盡，而後來者未嘗聞金鼓，識戰陣也。生於無事而飽於衣食也，其勢不得不驕隋，今衛士入宿，不自持被而使人持之；禁兵給糧，不自荷而雇人荷之，

〔註32〕 張傳璽：《中國古代史綱》（修訂本），第 169 頁。

〔註33〕 漆俠：《王安石變法》，第 21 頁。

〔註34〕 《張載集》卷 13《邊議》，北京：中華書局，1978 年，第 358 頁。

〔註35〕 （宋）黎靖德：《朱子語類》卷 110《論兵》，第 2709 頁。

〔註36〕 《宋史》卷 293《王禹偁傳》，第 9795～9796 頁。

其驕如此，況肯冒辛苦以戰鬥乎？」〔註37〕蘇軾亦言：「竊見北虜久和，河朔無事，沿邊諸郡，軍政稍弛，將驕卒惰，緩急不可用。……今者河朔沿邊諸軍未嘗出征，終年坐食，理合富強。臣近遣所群幕官親入諸營按視曲折，審知禁軍大率貧窘，妻子赤露飢寒，十有六七；屋舍大壞，不庇風雨。體問其故，蓋是將校不肅，飲掠乞取，坐放債負，習以成風。將校既先違法不公，則軍政無緣修舉，所以軍人例皆飲、博、逾濫，三事不止，雖是禁軍，不免寒餓，既輕犯法，動輒逃亡。……驕惰既久，膽力耗憊，雖近戍短使，輒與妻孥泣別；被甲持兵，行數十里，即便喘汗」。〔註38〕將官的腐敗、士卒的孱弱，軍風的不振，由此皆可見。軍力內不足以維持統治，外不足以制敵，衰弱之狀概見。

（二）「內憂外患」

「積貧積弱」成爲宋政權極爲嚴重的問題，但更爲重要的是，「內憂外患」的局面進一步加重了這種危機。繼唐末五代戰亂之後，宋政權是建立在一個爛攤子上的，政權面臨許多問題需要加以解決。如前所述，宋太宗年間，王小波、李順起義沉重地打擊了宋的統治。宋仁宗時，農民起義與兵變相互交織，「一夥強似一夥」。其後，下層人民的反抗鬥爭終宋一代一直沒有停止。再者，宋建國之初，即面臨許多林立政權，如遼、夏、吐蕃、大理等，其威脅尤大者爲北方遼政權。後來，在宋的北邊又相繼崛起金與蒙元等強有力的勢力。

軍力的衰弱使宋難以兼顧內外，宋自太宗時即對外採守勢，「宋自太宗幽州之敗，惡言兵矣。」〔註39〕從此對遼採取消極防禦的方針，〔註40〕宋之政策轉而向內。之所以如此，宋太宗於淳化二年（991年）八月對近臣之語最能說明其因：「國家若無外憂，必有內患。外憂不過邊事，皆可預防，惟姦邪無狀，若爲內患，深可懼也。帝王用心，常須謹此。」〔註41〕視內憂爲頭等大事，而輕視外患。固然，不管內憂還是外患都可以取消宋政權的存在，而在

〔註37〕（宋）歐陽修：《歐陽修文·原弊》，郭預衡主編《唐宋八大家文集》，北京：人民日報出版社，2000年，第10頁。

〔註38〕《蘇軾文集》卷36《乞增修弓箭社條約狀》，第1024頁。

〔註39〕《宋史》卷8《眞宗紀》，第172頁。

〔註40〕張傳璽：《中國古代史綱》（下），第161頁。

〔註41〕《宋史》卷291《宋綬傳》，第9734頁。

當時，宋太宗選擇了重視內憂而輕視外患，從而也引發了宋的內外政策的轉變。宋太宗無視「外患」，只重「內憂」，其實質無非是以皇權的維護為念，正如開寶九年十月宋太宗即位之初的詔令：「先皇帝創業垂二十年，事為之防，曲為之制，紀律已定，物有其常，謹當遵承，不敢逾越」。〔註42〕「事為之防，曲為之制」無非是維護皇權的獨佔而已。宋太宗政策的變化不僅使宋的政策轉而向內，而且也成為所謂「祖宗家法」為歷代皇帝所謹遵。如宋景德三年秋七月，真宗明確表達出對外採取守勢的態度，「祖宗闢土廣大，唯當慎守，不必貪無用地，苦勞兵力。」〔註43〕名義上，慎於「苦勞兵力」，打著仁慈的旗號，實質上真正地推行「虛外實內」，在勉強維持政權存在的前提下把精力放在對內的統治上。此後，終宋之世，基本上都是這種狀態。不過，政策內轉並不意味著「內憂外患」消除，農民起義的不斷發生與對外戰爭的存在即為一證。

從宋的經歷看，「外患」自始至終未止，時刻有滅亡危險，且史實證明對立雙方的暫時妥協也並不是建立在平等的基礎上的，而是以宋的屈辱為代價的，並且屈辱也不能真正換來外部的和平環境，「靖康之難」的發生，紹興和議後金完顏亮的背盟，「端平入洛」的失利等充分說明了這一點。「外患」加以「內憂」使宋的統治汲汲可危，但宋政權「積貧積弱」的狀況不能擺脫此局，正如歐陽修所指出：「（仁宗時）財不足用於上而下已弊，兵不足威於外而敢驕於內，制度不可為萬世法而日益叢雜，一切苟且，不異五代之時」。〔註44〕宋政權在滅亡的道路上緩緩地走著。

四、文化環境與文化政策

宋初統治者重視文化。北宋初年，國子監刻印「九經」，刻印《史記》、《前漢書》、《後漢書》三史。真宗以後，又陸續刻印《三國志》及晉、宋、齊、梁、陳、魏、北齊、北周、唐諸史。此外還刻印了諸子、詩文集，以及醫書、算學書、類書、佛經等。〔註45〕國家藏書至宋仁宗編《崇文總目》時，「書凡三萬六百六十九卷」〔註46〕。無疑地，在政府的支持下，繼唐末五代殘破之

〔註42〕《續資治通鑑長編》卷17，「開寶九年十月乙卯」條，第382頁。
〔註43〕《宋史》卷7《真宗紀二》，第131頁。
〔註44〕《歐陽修文・本論》，郭預衡主編《唐宋八大家文集》，第50頁。
〔註45〕周寶珠、陳振主編：《簡明宋史》，第448頁。
〔註46〕《宋史》卷202《藝文一》，第5032頁。

後，文化得到一定的恢復與發展。不過，這都與宋統治者的文化專制分不開，如宋初科舉即以《五經正義》爲準的，如前代一樣，以官定教本禁錮士子思想。其間，值得肯定的是，在宋統治者的文化專制政策下，宋統治者也提供了有利於文化發展的環境與氛圍。

　　首先，**學術自身的發展**。漢唐以來，學風傾向訓詁注疏，士子讀書一以官書爲準，思想受到禁錮，難以發揮其自身的積極能動性。自唐代韓愈、柳宗元等倡導古文運動以來，「文以載道」漸得儒家士大夫贊同，經世致用成爲儒家士大夫爲學的目的，至宋代，儒學進一步發揚了這一精神。同時，面對歷來的以經之傳注爲主的學風，唐啖助、趙匡、陸淳等捨傳直求於經的做法也給宋儒提供了一種學術模式。

　　又，在社會問題的刺激下，宋代統治者與宋儒要求維持世道人心的學術出現，而儒家對倫理道德的提倡與對皇權的擁護適應這一需要。不過，漢唐以來的經學做法不能爲統治者提供眞正的幫助，且傳統儒家思想缺乏像佛道那樣的精密的思辨哲學，面對佛道思辨哲學的衝擊，儒學必須改變原來的樣子才能更好地適應時代的要求。這就推動了義理之學的發展。正如周予同先生所指出：「『宋學派』的產生，一方面固由於訓詁末流的反動，一方面實由於佛學的『本體論』所引起。」〔註 47〕不過，這並未否定社會的刺激所起的重要作用。

　　其次，**便利的文化傳播**。書籍無疑是文化載體，「唐之藏書，開元最盛，爲卷八萬有奇。其間唐人所自爲書，幾三萬卷，則舊書之傳者，至是蓋亦鮮矣。陵遲逮於五季，干戈相尋，海寓鼎沸，斯民不復見《詩》、《書》、《禮》、《樂》之化。周顯德中，始有經籍刻板，學者無筆箚之勞，獲睹古人全書。然亂離以來，編帙散佚，幸而存者，百無二三。」〔註 48〕五代亂離所造成的書籍缺乏給文化帶來極大災難，而宋之統一再次給文化復興帶來契機。

　　造紙業在兩宋迎來了它的極盛期，紙張產地幾乎遍及宋代各路，〔註 49〕從而大大推動了印刷業的發展。雕版印刷術出現於晚唐，但並未得到普及，到北宋初年，士子求書還多用手抄。〔註 50〕不過，從蘇軾所說「近歲市人轉

〔註 47〕周予同：《群經概論》，朱維錚編《周予同經學史論著選集》，第 326～327 頁。
〔註 48〕《宋史》卷 202《藝文一》，第 5032 頁。
〔註 49〕張其凡：《宋代史》，第 398 頁。
〔註 50〕張其凡：《宋代史》，第 399 頁。

相摹刻,諸子百家之書日傳萬紙,學者之於書,多且易致如此」〔註51〕的現象來看,至遲在蘇軾生活時代書籍印刷已經相當普遍了。造紙業與印刷術的發展加上政府的支持,儒家士大夫可以看到以前不容易看到的一些書籍,換言之,北宋中期,儒家士大夫們求書相對容易,且書的品類也較多。這就為儒家士大夫大量讀書,讀各種各樣的書,開闊思維等提供了有利的條件。另外,宋代書院的發達也大大推動了文化的普及與傳播。

再次,文化政策的影響。為學者多所提及的宋代文化政策之一就是「偃武修文」,在政治上提倡文官政治。無疑,文官政治的推行與發展有利於宋代文人學士的社會地位的提高。同時,在科舉制度上,宋初統治者以《五經正義》等注疏範圍士子思想,推行文化專制;但越出士子範圍而言,宋初文化政策相對寬鬆,或者說對民間學術「兼容並包」,宋代推行的「不殺士大夫及上書言事人」的政策即為其表現之一。史載:

> 藝祖受命之三年,密鐫一碑,立於太廟寢殿之夾室,謂之誓碑,用銷金黃幔蔽之,門鑰封備甚嚴。因敕有司,自後時享及新天子即位,謁廟禮畢,奏請恭讀誓詞。獨一小黃門不識字者從,餘皆遠立。上至碑前,再拜出。群臣近侍,皆不知所誓何事。自後列聖相承,皆踵故事。靖康之變,門皆洞開,人得縱觀。碑高七八尺,闊四尺餘,誓詞三行,……一云:「不得殺士大夫及上書言事人。……」

〔註52〕

「不殺士大夫及上書言事人」作為「祖宗家法」為歷代皇帝所遵守。這就給宋代士大夫以極大的言論自由,利於學士大夫獨立思考,自由發表意見。(當然,「烏臺詩案」是一少數例外。)宋政府不僅規定「不殺士大夫及上書言事人」,而對臺諫允許「風聞言事」,提倡「異論相攪」,這種相對自由言論的臺諫制度也推動著學術的自由發展。正如陳植鍔先生所言:「北宋政治生活中『許以風聞』和『異論相攪』的言事原則,從政治生活向學術生活的滲透,體現了北宋學士大夫的懷疑精神與獨創精神,也推動了北宋義理之學的大發展」。

〔註53〕

〔註51〕《蘇軾文集》卷11,《李氏山房藏書記》,第359頁。

〔註52〕丁傳靖:《宋人軼事彙編》卷1引《避暑漫抄》,北京:中華書局,2003年第二版,第7~8頁。

〔註53〕陳植鍔:《北宋文化史述論》,北京:中國社會科學出版社,1992年,第53~54頁。

另外，就科舉制度而言，宋代科舉有文化專制的一面，也有利於文化普及的一面。最明顯的例證就是科舉向庶族的普及。開寶八年（975 年），宋太祖主持殿試後說：「向者登科名者，多爲勢家所取，致塞孤寒之路，甚無謂也。今朕躬親臨試，以可否進退，盡革疇昔之弊矣」。〔註54〕科舉取士向庶族讓步，與魏晉以來重譜系的制度相比是一個大的進步。有人從《宋史》有傳的 1953 人的材料中統計，指出兩宋布衣入仕者占 55.12%。〔註55〕此則正如陳植鍔先生所指出：「從『官之選舉必由於簿狀』到『取士不問家世』、『一切考諸試篇』，北宋這種植根於社會經濟背景的取士制度的變革所體現的平等精神，對於促進社會流動，從而導致宋學自由議論風氣的形成，無疑起到了重大的作用。」〔註56〕科舉的提倡使文化能進一步滲透至社會各階層，擴大了文化的普及面。

五、皇權集中與士大夫政治主體意識的覺醒——君臣關係的緊張

如何忠禮先生所言：「宋代政治，不僅是官僚政治，而且是文人政治，是在君主獨裁體制下文人掌權的政治。」〔註57〕君主與官僚士大夫是宋代政治生活中的兩個重要因素，而就在勢與道的問題上，二者產生了衝突。

（一）皇權的集中與對官僚士大夫的壓制

唐末五代以來，戰爭的頻仍，政權的頻繁更替，使政權的獲得者常有所慮。武人出身的宋太祖對此深有體會，而王夫之所言其「懼」之意也正在此。宋建國之初，加強皇權就成爲宋太祖十分重視的一項事務。

宋代皇帝爲加強中央集權，加強皇權而大力削弱官員權力，其中，最突出的表現就是對相權的分解與壓制。自宋太祖始，通過設置參知政事、樞密使、三司使等職務使相權分散，從而削弱了相權，減輕了相權對皇權的威脅〔註58〕。就宋代皇權而言，從制度上看，皇權受到一定的限制，如「人主蒞權，

〔註54〕《續資治通鑑長編》卷16，「開寶八年二月戊辰」，第 336 頁。
〔註55〕陳義彥：《從布衣入仕論北宋布衣階層的社會流動》，《思與言》卷九，1972 年第 4 號：轉引於陳植鍔：《北宋文化史述論》第 66 頁。
〔註56〕陳植鍔：《北宋文化史述論》，第 67 頁。
〔註57〕何忠禮：《宋代政治史》，第 7 頁。
〔註58〕錢穆先生指出：「自宋代以降，社會上更無足以威脅帝王的勢力，君權的絕對化遂愈演愈烈。相形之下，相權則愈來愈微弱。傳統相權的衰落，宋代是一關鍵時代。宋代宰相不僅失去了兵權和財權，而且連用人之權也被剝奪了。故宋代的中央集權已可謂是集於帝王之一身。轉於余英時：《中國思想傳統的現代詮釋》（南京：江蘇人民出版社，2006 年），第 85 頁。

大臣審權，爭臣議權」〔註59〕之類，並且知制誥、中書舍人等還有「封還詞頭」的權力，外廷太府寺或戶部對內藏庫經費使用的監督權力等，表現出一定的中央權力的分權制衡；但皇帝完全可以通過其他途徑，如「御筆」「特旨」等對此原則加以破壞，所謂中樞權力結構的分權制衡只是名義上的，是在皇權認可的前提下發揮作用的，是皇帝自覺的表現，一旦皇帝對此不再認可，原則即流於虛設。總之，皇權是宋代統治結構中的最終決定權，正如白鋼先生所說：「宋朝官員彼此之間在法律上都處於平等地位。上自職位最高的宰相，下至職位最低的縣尉、監當官，『比肩事主』，對皇帝一人負責。」〔註60〕官員間的法律平等並不意味著皇帝與官員之間也是平等的，皇帝完全擁有例外權。

皇帝有例外權，以最高裁決者的身份仲裁官員之間的關係。皇帝通過臺諫系統監察官員，維繫著官員對皇帝的忠誠，如宋仁宗曾說：「措施天下事，正不欲專從朕出。若自朕出，皆是則可，有一不然，難以遽改。不若付之公議，令宰相行之。行之而天下為便，則臺諫公言其失，改之為易。」〔註61〕利用臺諫牽制宰相，甚而有些把宰相視為替罪羊的意味，以至於在宋仁宗朝出現「宰相但奉行臺諫風旨」〔註62〕的局面。不過，就言官而言，他可以牽制宰相併監督其他官員，並且也可以涉及有關皇帝的事務，但實際上，皇帝可以對其章疏「留中不出」，甚而對言官革職處理，取消其言事權。這也是皇帝最終裁決權的體現。宋太祖為宋代加強中央集權的濫觴者，他為加強皇權採取種種措施，並形成常為學界所提起的宋代的「祖宗家法」，即加強皇權是宋歷代皇帝都極力繼承發揮的事務。除制度上加強皇權之外，宋代皇帝還以種種辦法限制官員權力，加強皇權，如宋真宗曾主張「異論相攪，即各不敢為非」，〔註63〕人為製造大臣之間的黨爭，使大臣之間相互牽制，從而使皇權得到加強。

宋代皇帝在中央通過種種辦法加強皇權的同時，也在地方上通過設置知

〔註59〕《宋史》卷394《林栗傳》，北京：中華書局，1985年，第12027頁。

〔註60〕白鋼：《中國政治制度史》，天津：天津人民出版社，2002年，第512頁。

〔註61〕《陳亮集》卷2《中興論‧論執要之道》，北京：中華書局，1974年，第27頁。

〔註62〕《蘇軾文集》卷25《奏議‧上神宗皇帝書》，北京：中華書局，1986年，第740頁。

〔註63〕《續資治通鑑長編》卷213，「熙寧三年七月壬辰」條，北京：中華書局，1985年，第5169頁。

州、轉運司、提點刑獄司、安撫司、提舉常平司等職，防止地方割據勢力對中央的威脅，把權力牢牢地集中於中央，加強了中央對地方的控制。如此，在全國就形成了一個從中央到地方的嚴密的統治網，而皇帝就是這個網的總綱。

總之，宋代皇帝擁有從地方到中央的決策的最後裁決權，宋代所謂權力相互制衡並不真正存在，官僚系統實際上淪為皇帝的工具。這是宋代加強中央集權的結果，是皇權唯一的表現。在此狀況下，作為官僚隊伍後備軍的學人不能不受到影響。

（二）士大夫政治主體意識的覺醒

唐末五代戰亂，武人當權，儒家士大夫受到壓制。宋建國後，隨著中央集權與皇權的加強，儒家士大夫往往唯皇權是瞻。開寶九年十月，宋太宗即位之初即詔：「先皇帝創業垂制二十年，事為之防，曲為之制，紀律已定，物有其常，謹當遵承，不敢逾越」。〔註64〕在這種恪守成規的基調下，真宗朝，李沆為相，「務行故事，慎所改作」。不僅李沆如此，其後任相的王旦也是如此，如朱熹說：「本朝自李文靖公、王文正公當國以來，廟論主於安靜，凡有建明，便以生事歸之」，結果「馴至後來天下弊事極多」。〔註65〕這種恪守成規的做法並未能把宋政權推上更高的發展層次，而是相反地帶來了許多社會問題，如官僚士大夫「以希世為賢，以守道為拙，以苟簡為治，以姑息為安，以佞諛為禮，以雷同為美」。〔註66〕固然，儒家士大夫的這種做法適應了皇權加強的基調，也使宋初的政治生活相對平穩，利於生產生活的恢復與發展，但社會問題的出現也成為宋政權的痼疾。宋仁宗朝時，問題已引起儒家士大夫們的重視，其中，范仲淹即為一重要代表人物。朱熹評論說：「（范仲淹）自做秀才時便以天下為己任，無一事不理會過」。〔註67〕「至范文正（仲淹）時便大曆名節，振作士氣，故振作士大夫之功為多。」〔註68〕此「以天下為

〔註64〕《續資治通鑒長編》卷17，「開寶九年十月乙卯」條，北京：中華書局，1979年，第382頁。

〔註65〕（宋）黎靖德：《朱子語類》卷130《本朝四‧自熙寧至靖康用人》，北京：中華書局，1986年，第3095頁。

〔註66〕（宋）劉敞：《公是集》卷42《雜說》，叢書集成初編本，上海：商務印書館，1935年，第496頁。

〔註67〕（宋）黎靖德：《朱子語類》卷129《本朝三‧自國初至熙寧人物》，第3088頁。

〔註68〕（宋）黎靖德：《朱子語類》卷129《本朝三‧自國初至熙寧人物》，第3086頁。

己任」即指范仲淹所說「先天下之憂而憂，後天下之樂而樂」〔註69〕的精神。這種精神是士大夫憂患意識的體現，是社會責任擔當意識的體現，也意味著士大夫一改前期以「安靜」、「姑息」等守成爲特點的政治附屬意識，把自己視爲政治主體，積極主動地爲國爲民謀利。從某種意義上說，范仲淹影響了一批人，影響了時代風氣。余英時先生則指出：「『以天下爲己任』可以視爲宋代『士』的一種集體意識，並不是少數理想特別高遠的士大夫所獨有；它也表現在不同層次與方式上面，更非動輒便提升到秩序全面重建的最高度。」〔註70〕就慶曆間及其後的歷史事實來看，「以天下爲己任」精神在士大夫群中的普及並非虛言〔註71〕。

　　「以天下爲己任」精神的出現與發展改變了儒家士大夫們的政治理念，他們要求皇權在治天下問題上的讓步與合作，此則突出地表現在「與士大夫共治天下」觀念的出現與被認同。如果說宋仁宗時皇帝還極力以臺諫限制宰相，把官員系統視爲自己統治工具的話，那麼宋神宗熙寧年間，「與士大夫治天下」的觀念明顯地得到君主與士大夫們的認同。熙寧四年三月，文彥博曾對宋神宗說「爲與士大夫治天下，非與百姓治天下也」，〔註72〕宋神宗認同此點。其中，後人把「與士大夫治天下」一語發展爲「與士大夫共治天下」，〔註73〕一字之變卻使語義更爲明確。「與士大夫共治天下」在此時並未僅停留在觀念上，在政治生活中已有表現，其最明顯的例證就是，熙寧間，宋神宗與王安石君相相知，如王安石弟子陸佃說，宋神宗「與王安石議政意合，即倚以爲輔，一切屈己聽之」，甚而出現王安石「論事上前，有所爭辯時，辭色皆厲，上輒改容，爲之欣納」的現象〔註74〕。不過，「與士大夫共治天下」觀念的實

〔註69〕（宋）范仲淹：《范文正公集》卷 7《岳陽樓記》，文淵閣四庫全書本（1089冊），上海：上海古籍出版社，1987 年，第 623 頁。

〔註70〕余英時：《朱熹的歷史世界——宋代士大夫政治文化的研究》，北京：三聯書店，2004 年，第 219 頁。錢穆先生也曾指出：「（以天下爲己任的意識）不是范仲淹個人的精神無端感覺到此，這已是一種時代的精神，早已隱藏在是時人的心中。」可參錢穆：《國史大綱》（北京：商務印書館，1994 年），第 558 頁。

〔註71〕郭學信：《宋代士大夫文化心理探析》，《西北師大學報（社會科學版）》，2007年 3 月。

〔註72〕《續資治通鑑長編》卷 221，「熙寧四年三月戊子」條，第 5370 頁。

〔註73〕如南宋理學人物曹彥約以士大夫爲「天下之共治者」。可參余英時：《朱熹的歷史世界——宋代士大夫政治文化的研究》，第 229 頁。

〔註74〕（宋）陸佃：《陶山集》卷 11《神宗皇帝實錄敘論》，叢書集成初編本，上海：商務印書館，1935 年，第 117 頁。

現並不是士大夫政治地位的絕對提高，而是皇權對士大夫作出讓步的結果，換言之，如果宋神宗不支持「與士大夫共治天下」，那麼王安石即使「自居」於師臣，也不能眞正居於師臣地位。士大夫政治地位的提高是以皇權作出讓步爲前提的。熙寧後，「與士大夫共治天下」進一步發展爲君主與士大夫「共定國是」。對此，學界已有論述，如余英時先生說：「『國是』的法度化起源於熙寧變法；下迄南宋末期，『國是』始終和黨爭、黨禁、僞學等重大政治事件互相糾纏，而且愈演愈烈。」〔註75〕「國是」成了君主與士大夫共治天下的體現，而士大夫由於政見差異以及對定「國是」制導權的追求使士大夫集團分化、鬥爭，激蕩著宋代政治。需注意的是，雖然「國是」表面上凌駕於君權之上，但實際上「國是」的地位是士大夫與君權相妥協結果，需要皇權的支持，或者說，沒有皇權的支持，與「與士大夫共治天下」的觀念一樣，也沒有「國是」的地位。

　　由上述可知，宋代皇帝採取各種方法使權力極度集中於皇帝一身，而皇權的集中則使由士大夫群體組成的臣處於工具性的被動地位，抑制了其主動性與主體性的發揮。另一方面，隨著宋代社會問題的加深與相對寬鬆的政治環境的提供，士大夫政治主體意識增強，士大夫不僅視己爲學者，更重要的是把自己視爲社會責任的擔當者，要求獲得自主性，以行其道。宋仁宗慶曆年間始，皇權集中與士大夫政治主體意識增強之間產生了一種前所未有的緊張，「與士大夫共治天下」觀念的提出，正是皇權與士大夫相互妥協的產物。不過，君主對「與士大夫共治天下」的承認並不意味著皇權與士大夫的對等，而是在維持皇權基礎上皇權對士大夫行道的認可，同時，皇權對士大夫行道仍有著極強的限制。總之，隨著宋代政治社會的發展演變，皇權的集中與士大夫的政治主體意識的增強之間形成了衝突，即君主問題與君臣關係問題等都隨之成爲宋代政治社會中的一個重要問題而亟待解決。

六、結論

　　綜上所述，宋代統治者採取種種措施加強皇權，但結果是在皇權得到加強的同時，又引發了一系列問題，如前述皇權的加強與士大夫政治主體意識提高之間的矛盾、等級制度與平等要求之間矛盾、弱兵弱將和「積貧積弱」

〔註75〕余英時：《朱熹的歷史世界——宋代士大夫政治文化的研究》，第251頁。

與內憂外患之間的矛盾等，都是宋代社會中嚴重的問題。歸結為一點，這些問題都是皇權集中的結果，是「私天下」極度發展的表現。

至北宋慶曆間，「內憂外患」局勢更加嚴重，各種問題由於皇權而難以得到解決。面對社會危機，從皇帝至學士大夫都要求尋找治道，並把目光投向了中國傳統的儒家思想文化；而僵化的注疏之學不能適合需要，義理之學應運而盛成為趨勢。同時，造紙術與雕版印刷術的興盛為文化普及與傳播提供了良好的便利條件，利於儒家士大夫開闊思維，而宋代「不殺士大夫與上書言事人」的「祖宗家法」又給儒家士大夫提供了寬鬆的文化環境，使他們可以自由言論，為義理之學的興盛提供了良好土壤。總之，社會要求使義理之學戰勝注疏之學而居於優勢成為必要，文化環境則為這一變化提供了可能。

總之，在社會分析的基礎上，我們可以看出，宋代是皇權具於支配地位的時代，（當然封建社會中這是通例），其內部圍繞皇權出現了一系列問題，而宋統治者對民族問題的處理又加重了這一局勢。宋代的各種矛盾在仁宗慶曆間已相當突出，如何拯救統治危機，為時人所關注。程頤曾在《上仁宗皇帝書》中曰：「臣請議天下之事，不識陛下以今天下為安乎？危乎？治乎？亂乎？烏可知危亂而不思救之之道！如曰安且治矣，則臣請明其未然。方今之勢，誠何異於抱火厝之積薪之下而寢其上，火未及然，固既之安者乎？」〔註76〕社會危機使「救之之道」成為必要。此則進一步引起了學術的變化，即引出學術如何發揮其社會價值的問題〔註77〕，而宋代的文化環境則給這一變化提供了保證。從「六經之所載，皆人事之切於世者」〔註78〕的觀念出發，學術對經典依賴的慣性使義理解經之風提上日程。

第二節　宋代學風變遷

宋代是中國文化發展的高峰期，如陳寅恪先生曾說：「吾國近年之學術，如考古、歷史、文藝及思想史等，以世局激蕩及外緣薰習之故，咸有顯著之

〔註76〕《河南程氏文集》卷5《上仁宗皇帝書》，《二程集》，北京：中華書局，2004年第二版，第511頁。

〔註77〕韋政通先生指出：「（『明儒道以尊孔，撥亂世以返治』）是由宋至清這一階段所有儒者共同追求的目標，由於目標相同，所以不同段落雖表現著不同的特色，但思想內部卻有前後相續的發展。」可參韋政通：《中國思想史》（上海：上海書店出版社，2003年），第642頁。

〔註78〕（宋）歐陽修：《居士集》卷47《答李詡第二書》，《歐陽修全集》，第669頁。

變遷。將來所止之境，今固未敢斷論，惟一言蔽之曰：宋代學術之復興，或新宋學之建立是已。」〔註79〕無論與前之學術相較，還是對後之學術影響，宋學無疑是中國學術史上的重要一頁。但就學風而言，不同的學風造成不同的學術成果，形成不同的學術特點；對宋代學風變遷加以研究，有利於深刻瞭解宋代學術特點以及學術與當時社會的互動。

一、宋初經學的特點

經學是研究儒家經典的學問，對儒家經典「訓詁注疏、義理闡釋以及學派、傳承、演變等等的學問」。〔註80〕訓詁注疏與義理闡釋是經學的本質內容。經學史的發展演變就說明了此點，如梁啓超先生說：「漢之初興，傳經者皆解大義，不爲章句，而其大義則皆口口相傳，罕著竹帛。以其罕著竹帛故，與聞者寡，百亦無以永其傳。自諸大師云亡，而經學蓋難言之矣。兩京諸生，強半以讖緯災異陰陽五行之說釋經，其果受自孔門與否，蓋不可知。即曰有所受也，亦不過諸義中之一義，其不足以盡經術也明矣。其間，董子《繁露》之說《春秋》，劉中壘《新序》之說《詩》，蓋不必盡本於師說，而常以意逆志，籀經中之義蘊而引申發明之，實爲經學開一新蹊徑」。〔註81〕「賈、馬、服、鄭諸儒出，始專以章句訓詁爲教，疏析文句用力至劬，而大義蓋有所未遑」。〔註82〕

綜觀中國經學史，訓詁注疏與義理闡釋二者此優彼劣，而決不是此顯彼消的關係。就宋初經學而言，陸游、王應麟等人說宋初整個學術界「守故訓而不鑿」並不確切〔註83〕；如果說此語是有條件的則有道理。臺灣學者馮曉庭在其《宋初經學發展述論》中認爲宋代立國至仁宗慶曆前八十年間的經學特色「兼具守舊與開新的兩種風貌」。〔註84〕孫欽善先生從文獻學的角度認

〔註79〕陳寅恪：《〈宋史・職官志考證〉序》，《鄧廣銘治史叢稿》，北京：北京大學出版社，1997年，第49頁。

〔註80〕姜廣輝主編：《中國經學思想史》第1卷，北京：中國社會科學出版社，2003年，第3頁。

〔註81〕梁啓超：《王荊公》，陳引弛編《梁啓超論著選集・傳記卷》，第287頁。

〔註82〕梁啓超：《王荊公》，陳引弛編《梁啓超論著選集・傳記卷》，第287頁。

〔註83〕侯外廬等先生認爲：「（經熙寧間的科舉改革）義理之學興，傳注之學廢，宋學就代替了漢學。宋明理學，應該於此尋源」。可參侯外廬主編：《中國思想通史》第4卷，第436頁。

〔註84〕林慶彰主編：《經學研究論叢》第十一輯，臺北：臺灣學生書局，2003年，第442頁。

爲：「宋初的古文獻學，一方面承漢唐注疏之餘緒，另一方面也受了劉知幾特別是中唐以來疑經辨僞思想的影響」。〔註85〕陳植鍔先生認爲：「在北宋，仁宗初年（11 世紀初期）和神宗初年（11 世紀後期）是兩條重要的界線。前者是儒學復興和義理之學創立的開始，後者則是宋儒由義理之學演進到以性命道德爲主要探討內容的性理之學的標誌。」〔註86〕等等，都顯示出眞實的影子，但並非眞實。事實上，宋初經學是注疏與義理之學並行不悖、不可分離，慶曆前之史實完全證明此點。

（一）義理之學

如孫欽善先生所說：「古人關於義理的概念非常明晰，傳統『義理學』通貫古文獻學史的始終」。〔註87〕漢代經學固有義理之學，但漢儒尚「師法」、「家法」，處於統治地位的章句訓詁之學致於弊陋。中唐啖助、趙匡、陸淳等出而使學風爲之一變，元人馬端臨說：「大抵啖、趙之前，學者皆專門名家，苟有不通，寧言經誤，其失也固陋。啖、趙以後，學者喜援經擊傳，其或未明，則馮私臆決，其失也穿鑿。」〔註88〕儘管馬氏並不贊成啖、趙的解經方法，攻之以「穿鑿」，但不可否認，「援經擊傳」、「馮私臆決」的學風是對訓詁注疏之學的反動，是義理釋經的動力，利於解放學者的思想，利於經學的發展。

唐末五代戰亂對學術極大摧殘，但從中唐起形成的新學風並未中斷，臺灣學者馮曉庭論證認爲：「雖然當時研究經學的學者爲數不多，有成就的也爲數極少，而且相關著作缺失散佚，但就僅存的文獻加以分析，『批判三傳』、『駁斥注疏』、『疑經改經』、『己意說經』等表現在在證明了當時學者對於新學風的延續與發展仍舊有著相當程度的貢獻。此外，以丘光庭在《兼明書》中的論述來看，可以發現其中有許多『想當然爾』式的推斷，這個現象似乎與後來宋儒治經獨斷、專擅的態度頗有雷同之處，同時，牛希濟、羅隱議論文字，在精神與形式上又都與宋人治經『好發議論』的特色相符合，或許這樣的相

〔註85〕孫欽善：《中國古文獻學史簡編》，北京：北京大學出版社，2008 年，第 249 頁。
〔註86〕陳植鍔：《北宋文化史述論》，第 11 頁。
〔註87〕孫欽善：《中國古文獻學史》，北京：北京大學出版社，2006 年，第 400 頁。
〔註88〕（元）馬端臨：《文獻通考》卷 182《經籍》九《春秋集傳纂例辨疑》，北京：中華書局，1986 年，第 1568 頁。

似點，可以作爲五代十國學風爲宋人前導的例證。」〔註 89〕宋的統一使久經戰亂的中國社會再次處於相對穩定的狀態，這就爲學術的復蘇提供了條件。宋初，中唐出現的經學新風得到進一步的繼承與發展。

（1）**疑傳注與疑經改經現象**。王昭素爲五代宋初人，開寶中曾奉詔赴闕，太祖令講《易·乾卦》。他「以爲王（弼）、韓（康伯）注《易》及孔、馬疏義或未盡是，乃著《易論》二十三篇」。〔註 90〕其《易論》無疑是一改舊注疏而獨出新意。非獨儒家士大夫如此，君主亦有此事，如宋太宗曾問邢昺：「鄭注《禮記·世子篇》云：『文王以勤憂損壽，武王以安樂延年。』朕以爲本經旨意必不然也。且夏禹焦勞，有玄圭之賜，而享國永年。若文王能尤〔憂〕人之心，不自暇逸，縱無感應，豈至虧損壽命耶？」〔註 91〕以本經疑注。此則說明陸游所說「唐及國初，學者不敢議孔安國、鄭康成」之語是錯誤的。

田敏亦爲五代宋初人，他「篤於經學，亦好爲穿鑿，所校《九經》頗以獨見自任，如改《尚書·盤庚》『若網在綱』爲『若綱在綱』，重言『綱』字。又稱《爾雅》『椴、木槿』注曰：『日及』，改爲『白及』。如此之類甚眾，世頗非之。」〔註 92〕雖然他是在後唐時，與馬鎬等受詔同校《九經》而表現出改經特點，且「世頗非之」，此風並不盛行，但以不絕如縷形容之應不爲過；並且以受詔校《九經》，也足可見其經學觀念的影響。田敏在後周時解官歸鄉，「每日親授諸子經」，至宋開寶四年卒。宋初存在疑經改經者，甚而此風得以傳承是可以成立的。此現象也說明王應麟說「自漢儒至於慶曆間，談經者守訓詁而不鑿」並不正確。

（2）**義理解經現象**。宋雍熙年間，「（邢）昺撰《禮選》二十卷獻之，太宗探其帙，得《文王世子》篇，觀之甚悅，因問衛紹欽曰：『昺爲諸王講說，曾及此乎？』紹欽曰：『諸王常時訪昺經義，昺每至發明君臣父子之道，必重複陳之。』太宗益喜」。〔註 93〕又邢昺《孝經注疏序》云：「《孝經》者，百行之宗，五教之要。自昔孔子述作，垂範將來，奧旨微言，已備解乎注疏。尚以辭高旨遠，後學難盡討論。今特翦〔剪〕截元〔原〕疏，旁引諸書，分義

〔註 89〕　馮曉庭：《五代十國的經學》，彭林主編《經學研究論文選》，上海：上海書店出版社，2002 年，第 30 頁。
〔註 90〕　《宋史》卷 431《王昭素傳》，第 12808 頁。
〔註 91〕　《宋史》卷 431《儒林一·邢昺傳》，第 12800 頁。
〔註 92〕　《宋史》卷 31《田敏傳》，第 12819～12820 頁。
〔註 93〕　《宋史》卷 431《邢昺傳》，第 12800 頁。

錯經，會合歸趣，一依講說次第解釋，號之爲講義也。」〔註94〕在注疏之外，有己見，重視經之義理發揮，體現了邢昺的治經觀念。四庫館臣在評價其《論語疏》時認爲：「（昺）大抵剪皇氏（侃）之枝蔓，而稍傅以義理。漢學、宋學茲其轉關。」〔註95〕明確指出邢昺在中國漢學宋學轉變中的學術史地位。至道初，太宗曾對李至等說：「太子賢明仁孝，國本固矣。卿等可盡心規誨，若動皆由禮，則宜讚助，事有未當，必須力言。至於《禮》、《樂》、《詩》、《書》義有可裨益者，皆卿等素習，不假朕之言論也。」〔註96〕注重經義中關乎社會治道的作用。再如「（孫奭）幼與諸生師里中王徹，徹死，有從奭問經者，奭爲解析微指，人人驚服，於是門人數百皆從奭。」〔註97〕眞宗時，「詔流內銓取明經者補學官，（馮）元自薦通《五經》。謝泌笑曰：『古治一經，或至皓首，子尚少，能盡通乎邪？』對曰：『達者一以貫之。』更問疑義，辨析無滯。」〔註98〕孫奭的「解析微指」，馮元的「一以貫之」，決不是章句訓詁注疏之學，而實爲義理之風的體現。

當然，疑經傳、疑經改經與義理解經是相聯的，義理追求往往是疑經傳與疑經改經的誘因，而疑經傳與疑經改經爲義理解經開闢先路。如開寶四年舉進士的柳開，「既就學，喜討論經義，」〔註99〕以「道」爲追求，注重義理解經，注重超越注疏、但他也有疑經疑傳的研究方式，其《補亡先生傳》當爲一明證。臺灣學者馮曉庭先生甚而認爲：「柳開著重於超越注疏、疑經疑傳的研究方式，對於後世疑經改經學風有開啓的作用。」〔註100〕雖然馮氏把開啓「後世疑經改經學風」之功歸於柳開不免有拔高之嫌，此前實已有之，但說柳開治經「著重於超越注疏、疑經疑傳的研究方式」則是確鑿的。柳開就是義理與注疏訓詁之學相結合相作用的集中體現。

總之，宋初經學中疑傳注、改經、重義理的現象充分說明宋初經學存在

〔註94〕 （宋）邢昺：《孝經注疏》序，文淵閣四庫全書本（182 冊），上海：上海古籍出版社，1987 年，第 23 頁。

〔註95〕 （清）永瑢、紀昀主編：《四庫全書總目提要》卷 35《論語正義》下，海口：海南出版社，1999 年，第 193 頁。

〔註96〕 《宋史》卷 266《李至傳》，第 9177 頁。

〔註97〕 《宋史》卷 431《孫奭傳》，第 12801 頁。

〔註98〕 《宋史》卷 294《馮元傳》，第 9821 頁。

〔註99〕 《宋史》卷 440《柳開傳》，第 13024 頁。

〔註100〕 馮曉庭：《宋初古文學家的經學觀析論》，彭林主編《經學研究論文選》，第 46 頁。

義理解經的特點。如果說，政府對注疏之學的強調是經學統一的體現的話，那麼以義理解經則是思想自由的體現，更能體現經學發展的要求。義理解經能適合時勢的需要，具有注疏之學所無法比擬的靈活性，如「大中祥符初，得天書於左承天門……。是歲，天書復降泰山，帝以親受符命，遂議封禪，作禮樂。王欽若、陳堯叟、丁謂、杜鎬、陳彭年皆以經義左右附和，由是天下爭言符瑞矣。」〔註101〕義理之學使經學可依形勢的不同變化而作出相應的解釋。不過，此例也顯示出如注疏之學一樣，義理之學也有相反對的雙重作用，即可提供爲社會所需之治道，也可成爲社會發展之障礙。

（二）注疏之學

指出宋初經學義理之風並不意味著否認注疏之學的地位，實際上，在宋初，固守注疏之學者大有其人，如楊安國，仁宗曾讓他講《尚書》，「講說，一以注疏爲主，無他發明，引喻鄙俚，世或以爲笑。」〔註102〕朱熹譏之以「凡解經，不過釋訓詁而已，如楊安國、彭乘之徒是也。」〔註103〕雖然注疏之學爲後世所譏，但在宋初卻符合政府要求，並在政府支持下居於義理之學上的優勢地位。

雍熙二年（985 年），宋太宗明令：「私以經義相教者，斥出科場。」〔註104〕在科舉考試中，強調經義的統一，反對自由解經。宋眞宗咸平二年，邢昺、孫奭等受命校定《周禮》、《儀禮》、《公羊》、《穀梁》、《孝經》、《論語》、《爾雅》等七經疏義；後邢昺又撰《論語正義》、《爾雅疏》、《孝經正義》，孫奭撰《孟子正義》，合唐人九經正義，共爲十三經正義，頒行學官，成爲法定讀本，（從此，「十三經」之名正式確立，唐宋官私所修十三部正義，成爲經學的正宗。）從經典經義上統一士子思想。更具體的事例爲，眞宗景德二年，「李迪、賈邊有時名，舉進士，迪以賦落韻，邊以《當仁不讓於師論》以『師』爲『眾』，與注疏異，皆不預。主文奏乞收試，且曰：『迪雖犯不考，然出於不意，其過可略。邊特立異說，將令後生務爲穿鑿，漸不可長。』遂收迪而黜邊。」〔註

〔註101〕《宋史》卷 431《孫奭傳》，第 12802 頁。
〔註102〕《宋史》卷 294《楊安國傳》，第 9828 頁。
〔註103〕（宋）黎靖德：《朱子語類》卷 129《本朝三·自國初至熙寧用人》，第 3089 頁。
〔註104〕《續資治通鑒長編》卷 26，「雍熙二年正月癸亥」條，第 594 頁。
〔註105〕《宋史》卷 282《王旦傳》，第 9550 頁。南宋人洪邁將此事記爲仁宗時，誤。見洪邁：《容齋三筆》「綠竹王芻」條，第 592 頁。

105〕宋初承唐科舉之法,以「疏不破注」爲特點的《五經正義》等取士,體現了注重注疏之學的特點。皮錫瑞對此有深刻認識:「自《正義》、《定本》分之國胄,用以取士,天下奉爲圭臬。唐至宋初數百年,士子皆謹守官書,莫敢異議矣。故論經學,爲統一最久時代。」〔註106〕《正義》爲孔穎達《五經正義》,《定本》爲顏師古《五經定本》,皆爲唐統一經學的著作。「士子皆謹守官書,莫敢異議矣」一方面說明科舉對學風的導向作用之大,另一方面也透露出所謂「官書」《五經正義》、《五經定本》對士子思想的禁錮之深;其實質則爲宋初統治者實行文化專制。正是在政府科舉的導向作用下,宋初經學體現出「守訓詁而不鑿」的特點,但此特點在士子的範圍內是有效的,並不可範圍整個宋初學術界。對此,皮錫瑞的認識是正確的,而陸游、王應麟等人之語應實有所指,由於政權力量的作用,「守訓詁而不鑿」在當時學界影響深且巨是必然的,陸、王之語應緣於此。

綜上所述,經學自唐孔穎達《五經正義》等頒爲科舉定本,在政府的支持下,章句注疏之學盛行,士子思想受到禁錮,直到宋慶曆年間。另一方面,中唐超越注疏,疑經疑傳,注重經之義理發揮的新學風出現後,經唐末五代之亂並未終止,而是繼續地存在並發展著,宋初依然,即宋初經學由於經學自身規律而體現出義理注疏並行的局面。但不可否認,政府科舉導向使士子更傾向於章句注疏之學,從而注疏之學在宋初表現爲歷史顯象。之所以如此,是由於經唐末五代戰亂,宋政權初步統一,統治者需要社會穩定與統治的加強,不需要學術界思想的活躍。「黃老思想」在宋初的推行〔註107〕一方面說明宋初統治者要求社會穩定,另一方面也說明文化專制在宋初的社會根源。不過,義理之學的發展是不絕如縷的,當社會給它提供合適的土壤時,它就會不可遏止地發展起來,並進而成爲歷史顯象。慶曆年間學風的變化即是一明證,劉起釪先生將此一變化過程概括爲:「在野之學,影響了在朝之學」〔註108〕。實際上,這就是慶曆新學風的出現與興盛。

〔註106〕（清）皮錫瑞:《經學歷史》,第207頁。
〔註107〕周寶珠、陳振主編:《簡明宋史》,第57頁。又可參張其凡:《宋代史》,第533～535頁。
〔註108〕劉起釪:《尚書學史》,第220頁。

二、慶曆新學風及其發展趨勢

（一）慶曆新學風

慶曆新學風是一種以疑經惑傳、義理解經為特點的學風，學界多有論述。從經學發展過程來看，新學風的形成不是一蹴而就的，而是對宋初義理解經之風的繼承與發展，換言之，宋初義理之學在慶曆年間超越注疏之學，成為了歷史顯象而居於優勢，或者如劉先生所說的「在野之學，影響了在朝之學」。此點，不僅如學界常以歐陽修、胡瑗、孫復、石介等為例從「在野之學」的角度所作的證明，既如「在朝之學」的科舉制度，慶曆間也開始出現新的變化，如范仲淹任參知政事時，鑒於科舉之弊，「罷帖經、墨義，士通經術願對大義者，試十道。」〔註109〕帖經、墨義原為唐以來明經取士之法，強調士子的背誦能力，禁錮士子思想，「學者專於記誦，則不足盡人材」〔註110〕。范仲淹廢之而代以有關社會治道的經術，實為宋初以來的新氣象。雖然此法隨著范仲淹離去而很快復舊，但對治道的追求，對關乎社會的義理的探求已提上了歷史日程。只要宋之社會狀況得不到好轉，此風氣得政府允許是遲早的事。至熙寧間，科舉改法，「罷詩賦、帖經、墨義」，其中，「試義者須通經，有文采乃為中格，不但如明經墨義粗解章句而已。」〔註111〕後由於不同政見的反對，「分經義、詩賦以取士，其後遵行，未之有改。」〔註112〕義理之學終於從在野擴展到了在朝，從經中發揮義理不但在政治上而且在學界都佔了統治地位。由此，可以說，不管「在野」還是「在朝」，學風「新」氣象在慶曆間皆已顯現。慶曆新學風之「新」就在於此。

總之，慶曆年間「內憂外患」的社會局勢使士大夫們政治主體意識增強。作為社會責任的擔當者，為拯救危機，他們從經中尋求治道，並進而要求打破注疏之學對經學的禁錮；他們疑傳注疑經、義理解經就是為此。歷史事實深切表明，宋至慶曆年間「內憂外患」日益明顯，這就使宋統治者必須找到維持政權存在的出路，如宋仁宗「留意儒雅，務本理道，深斥浮豔虛薄之文」，〔註113〕從儒家思想中找尋治道已成為統治者的當務之急，義理之學也有了更廣闊的前景。

〔註109〕《宋史》卷 155《選舉一》，第 3613 頁。

〔註110〕《宋史》卷 155《選舉一》，第 3613 頁。

〔註111〕《宋史》卷 155《選舉一》，第 3618 頁。

〔註112〕《宋史》卷 155《選舉一》，第 3604 頁。

〔註113〕（宋）吳曾：《能改齋漫錄》卷 16《樂府》「柳三變詞」條，上海：上海古籍出版社，1979 年，第 480 頁。

（二）慶曆新學風的發展趨勢

首先，遵循「古說」與疑辨風氣。慶曆後，宋學學風之特點表現為義理之學超越注疏之學，但並不否認此中學術對「古說」之遵循，如洪邁《隨筆》中記：「『毛公釋綠竹王芻，以為北人不見竹，故分綠竹為二物，以綠為王芻。』熙寧初，右贊善大夫吳安度試舍人院，已入等。有司以安度所賦《綠竹詩》，背王芻古說，而直以為竹，遂黜不取。富韓公以為相，言：『《史記》敘載淇園之竹，正衛產也，安度語有據。』遂賜進十出身」。〔註114〕熙寧二年，富弼任相，此例說明至熙寧初年，對「古說」的遵循並未終止。直到熙寧四年，王安石科舉改革，以義理取士，對「古說」的遵循風氣始大變。從某種意義上，也可以說，王安石科舉改革大大推動了義理之學的發展，使義理之學最終戰勝了注疏之學而在學界與政治上都居於絕對統治地位。〔註115〕實際上，此風氣是漢唐之學的延續，是學術的慣性使然。而荊公新學在政權的支持下統治學術的時候，義理之學不管在學術上還是在政治上都居於統治地位了。

其次，義理解經與義理統一。熙寧間，王安石改革後，義理解經之風大盛。由於學術觀點的差異，導致對同一經典的解釋並不見得相同，而是各抒己見，人各有道，如「（程顥）嘗被旨赴中堂議事，荊公方怒言者，屬聲待之。先生徐曰：『天下之事，非一家私議，願公平氣以聽。』荊公為之愧屈善談」。〔註116〕即使王安石也不能且沒有以己之見強加給他人。不過，學術的差異也導致風俗的變化，而不利於政治的統一，在熙寧間開始有人提倡「一道德」，如熙寧元年，程顥奏：「方今人執私見，家為異說，支離經訓，無復統一，道之不明不行，乃在於此。」〔註117〕熙寧二年，呂公著奏：「學校教化，所以一道德，同風俗之原。今若人自為教，則師異說，人異習。」也正是在此背景下，王安石推行「一道德」的改革，「一道德則修學校，欲修學校則貢舉法不可不變。」〔註118〕並得到宋神宗的認同：「經術今人人乖異，何以『一道德』？卿有所著，可以頒行，令學者定於一」。〔註119〕至熙寧六年三月，義理之學已

〔註114〕（宋）洪邁：《容齋三筆》「綠竹王芻」條，第 592 頁。
〔註115〕鄭曉江認為：『「荊公新學」的出現標誌著漢唐經學的真正結束和宋學的開始。』可參鄭曉江：《論王安石的學術思想與變法實踐》（《求索》，2005 年 3 月）。
〔註116〕《門人朋友敘述並序》，《二程集》，第 329 頁。
〔註117〕《河南程氏文集》卷 1《請修學校尊師儒取士箚子》，第 448 頁。
〔註118〕《宋史》卷 155《選舉志一》，第 3617 頁。
〔註119〕《續資治通鑑長編》卷 229，「熙寧五年正月戊戌」條，第 5570 頁。

成爲科舉中的普遍現象，時上諭執政曰：「今歲南省所取，多知名舉人；士皆趨義理之學，極爲美事。」王安石曰：「民未知義，則未可用，況士大夫乎？」上曰：「舉人對策，多欲朝廷早修經義，使義理歸一。」〔註120〕在這種指導思想下，《三經新義》編定，且在政府的支持下而立於學官，居於學術的統治地位。史實是，王氏新學衰敗後，經政府的學術選擇，理學在南宋中後期始又漸居統治地位〔註121〕。

總之，宋代社會的發展使學術趨於多元化與大發展，政治則使學術一元化與苦萎。政治與學術的互動使學術在多元與一元間互相轉化，但需注意的是，學術的多元與一元只是就顯象而言，學術的總趨勢則是多元的。

再次，「穿鑿附會」。如南宋人洪邁指出：「經典義理之說最爲無窮。以故解釋傳疏，自漢至今，不可概舉，至有一字而數說者。姑以《周易·革卦》言之，『已日乃孚，革而信之。』自王輔嗣以降，大抵謂即日不孚，已是乃孚，已字讀如矣音，蓋其義亦止如是耳。唯朱子發讀爲戊巳之巳。予昔與《易》僧曇瑩論及此，問之曰：『或讀作己（音紀）日如何？』瑩曰：『豈唯此也，雖作巳（音似）日亦有義。』乃言曰：『天元十干，自甲至己，然後爲庚，庚者革也，故巳日乃孚，猶雲從此而革也。十二辰自子至巳六陽，數極則變而爲陰，於是爲午，故巳日乃孚，猶雲從此而變也。』用是知好奇者穿鑿附會，固各有說云。」〔註122〕經典義理之說更突出地表現爲以己意解經，「穿鑿附會」的特點。慶曆後，隨著學風的變化，解經「穿鑿附會」更爲明顯，如王應麟記：「自漢儒至於慶曆間，談經者守訓詁而不鑿。《七經小傳》出而稍向新奇矣。至《三經義》行，視漢儒之學若土梗。」〔註123〕

由上述可見，宋代學術的考據與義理兩種風氣不斷變化，如孫欽善先生所言：「宋代古文獻學以義理之學爲主流，但是訓詁考據之學也還在發展，並且向義理之學滲透。……就經學而言，考據學構成了兩峰一谷的態勢，即宋初承漢、唐之學，訓詁考據比較突出，隨著道學的興起發展，訓詁考據的地

〔註120〕《續資治通鑑長編》卷243，「熙寧六年三月庚戌」條，第5917頁。
〔註121〕范立舟先生通過對「南宋立國後的學術抉擇與理學之興」、「乾道、淳熙：理學傳播的黃金時期」、「乾道、淳熙年間朝野對理學的批評」及「理學在南宋寧宗朝的境遇」等一系列命題的論證，對理學在南宋時的發展演變作了一個清晰疏理與學術定位。參范立舟：《宋代思想學術史論稿》（澳門：澳亞周刊出版有限公司，2004年），第205～276頁。
〔註122〕（宋）洪邁：《容齋續筆》「義理之說無窮」條，第237頁。
〔註123〕（宋）王應麟：《困學紀聞》卷8「經說」，四部叢刊本。

位便逐漸落入了谷底，自朱熹不廢訓詁考據以後，延及其弟子、後學，勢頭又重新上昇。」〔註124〕孫先生認識到了義理訓詁之學的並行不悖，但以考據之學向義理之學滲透則給人以二者可以截然兩分，並不正確。

〔註124〕孫欽善：《中國古文獻學史簡編》，第 256 頁。

第二章 義理之學、宋學、道學與理學名稱辨析

第一節 學術界對「宋學」一詞的運用

「宋學」一詞按產生年代本有兩種含義，一指戰國時代宋國墨翟所創的「墨學」，一指宋代三百餘年間的「學者所研究成功的學術」。〔註1〕本書「宋學」一詞首先指在宋代占統治地位的學術。

一、宋學為宋代學術的全稱

據目前所見材料，「宋學」一詞的最早運用始於明代嘉靖、隆慶間唐樞的《宋學商求》。其中論及「橫渠之學」、「明道之學」、「伊川之學」、「金陵之學」、「涑水之學」、「魏公之學」、「乖崖之學」、「安定之學」、「希夷之學」、「雲溪之學」等，泛指宋代學術，不特指經學，亦不包括宋以後的學術。〔註2〕

目前學術界，此種觀念的宋學用法仍有存在，如陳寅恪先生所作《〈宋史·職官志〉考正》序》：「吾國近年之學術，如考古歷史文藝及思想史等，以世局激蕩及外緣薰習之故，咸有顯著之變遷。將來所止之境，今固未敢斷論，惟可

〔註 1〕 夏君虞：《宋學概要》，上海：上海書店據商務印書館影印，1990 年，第 1～2 頁。

〔註 2〕 許道勳、徐洪興：《中國經學史》，上海：上海人民出版社，2006 年，第 176 頁。

一言蔽之曰，宋代學術之復興，或新宋學之建立是已。」〔註3〕其中，「新宋學」即指宋代學術而言。陳植鍔先生亦以此概念爲是。〔註4〕史學家多以此爲意。

二、宋學是義理之學

如前所言，宋代學術包含義理之學與注疏之學，只不過在不同時期二者在學術中所佔地位不同。換言之，義理之學僅爲宋代學術的一部分。在此基礎上，學界對宋學一詞的運用可歸結於下。

（一）宋學爲以義理之學爲主的宋代學術

夏君虞先生認爲：「所謂宋學者，乃指趙宋一代三百餘年儒家中心思想之義理學而言」，但夏先生所言義理學僅指宋學之骨幹，非指宋學全體，「宋學之成分雖多，而其主要之思想，則仍爲義理學，即所謂象數學、功利學、歷史學、文獻學以及雜學等等，皆以義理學爲骨幹，亦可說義理學爲宋學之淵源。質言之，宋學之成分雖不單純，若以義理學統攝之，亦未爲不可」。〔註5〕在某種程度上可以說，夏先生所言宋學指宋代學術，但以義理學貫穿其終始，爲其主要成分。

再如李保林等認爲：「宋學是中國宋代以哲學理論爲核心的文化理論體系，簡言之，就是宋代學術思想。它的研究對象和範圍是：從縱的方面說是中國學術思想發展到宋代的形態和水平；從橫的方面說是宋代社會的各種學術思想。雖然是囊括一切，但主次分明。比如政治思想、經濟思想、教育思想、科技思想、文藝思想、民族宗教思想等等都是題中應有之義」。〔註6〕雖然他們又指出：「宋學也有別於宋代學術」，但所指出的區別並不能表明二者的差別，「宋代學術是個龐大的、具體的、多樣的學術體系。宋學不研究整個體系的學術表現和它所包含的具體形態，而是研究整個體系和具體形態的學術思想。研究這些思想的產生和發展，闡明它的規律性及其在社會發展中的地位和作用。」〔註7〕傾向於宋代學術的思想形態，範圍上仍涵蓋整個宋代學術。

〔註3〕陳寅恪：《〈宋史·職官志〉考證》，《鄧廣銘治史叢稿》，第49頁。
〔註4〕陳植鍔：《北宋文化史述論》，第154頁。
〔註5〕夏君虞：《宋學概要》，第30頁。
〔註6〕李保林、楊翰卿、孫玉傑主編：《中國宋學與東方文明》，開封：河南大學出版社，1996年，第2頁。
〔註7〕李保林、楊翰卿、孫玉傑主編：《中國宋學與東方文明》，第1頁。

（二）宋學指宋慶曆後迄元明清之主流學術

清代學者多把「宋學」視爲義理之學，如《四庫》館臣認爲：「國初諸家，其學徵實不誣，及其弊也瑣。要其歸宿，則不過漢學、宋學兩家互爲勝負」。〔註8〕清儒所言「漢學」與「宋學」之別，正如伍崇耀說：「漢儒專言訓詁，宋儒專言義理，原不可偏廢。」〔註9〕把宋學與義理之學完全等同。雖然此說尙可商榷，但此觀點對後來學術影響極廣，爲現當代研究經學史與學術史的學者所多用。如周予同先生認爲：「所謂『宋學』，因爲它產生於宋代，也就是……宋元明時代的學術思想的主潮而言。」正是作爲宋代興盛的學術思想主潮，故而稱爲宋學，固然合理，但周先生把「宋學」概念範圍僅限於程朱理學、陸氏心學及浙學事功派等，「『宋學』到南宋時代才始完成，當時分爲兩大派，一爲『歸納派』，一爲『演繹派』。這兩派之外，又有『批評派』。」〔註10〕如此，王安石新學、蘇氏蜀學等被排除於外，有可商榷之處。

從宋學是義理之學出發，一些學者把宋代學術以慶曆年間爲界分成兩截，即慶曆前爲漢唐學術之繼續與發展，慶曆後爲宋學的產生與沿變。如姜廣輝先生認爲：北宋慶曆前八十年間，經學是「漢唐經學的緒餘，是『唐學』，而不是宋學。」以爲代表性經學是唐代「義疏體經注的延續。」宋學「應該從北宋慶曆時期算起。北宋慶曆以後，『學統四起』，義理之學勃興，經學從此走上開新之路。……『宋學』概念與義理之學概念可以說是等值的。」〔註11〕義理之學並非始於慶曆年間，而是於慶曆間義理之學超越注疏之學而在學術上居於顯學地位，並且義理之學並不絕對排斥沈疏之學，把「宋學」概念與義理之學概念完全等同並不合適。實際上，目前學術界持此觀點的非僅姜先生一人，只是在具體細節上有略微差異。再如，許道勳、徐洪興二先生甚而把《三經新義》的頒行全國一事視爲「標誌著漢唐經學的眞正結束和宋學的全面展開」。許、徐二先生把漢唐經學視爲「漢唐訓詁之學」，〔註12〕相應地，宋學則爲義理之學。宋學全面展開是否可以《三經新義》爲標誌是個人所見，但以此爲漢唐經學的眞正結束則不必。

〔註8〕（清）永瑢、紀昀主編：《四庫全書總目提要》卷1《經部・總敘》，第13頁。

〔註9〕（清）江藩：《國朝宋學淵源記》伍跋，北京：中華書局，1983 年，第 191頁。

〔註10〕周予同：《群經概論》，朱維錚編《周予同經學史論著選集》，第 323 頁、第 327頁。

〔註11〕姜廣輝：《「宋學」、「理學」與「理學化經學」》，《哲學研究》，2007 年第 9 期。

〔註12〕許道勳、徐洪興：《中國經學史》，第 209 頁、第 179 頁。

蔡方鹿先生認為：「所謂宋學，指宋代義理之學（原注：後延續到元明，亦包括清代宋學），它是以講義理為主的經學派別，大體以理學諸派為主體，並包括了王安石新學、三蘇蜀學以及當時講義理的諸治儒家經學的流派」。「以講義理為主」並不否認宋學中注疏訓詁之學的存在。蔡先生還認為：「在宋學中亦有在重義理的前提下，也重訓詁考釋的派別，如朱子學等」。此不失為較為中肯的結論。再者，蔡方鹿先生還說：「（經熙寧科舉改革）在『務通義理，不須盡用注疏』規定的指導下，義理之學開始取代了注疏之學」。而《三經新義》頒行全國「取代了唐代的舊注疏，使整個儒家經學在宋代發生了轉折……王安石新學作為宋學的組成部分，在以宋儒義理之學代替漢唐傳注經學方面，成為經學變革的標誌，也是宋學對傳統儒家經學的改造」。〔註13〕熙寧科舉改革後，「宋儒義理之學代替漢唐傳注經學」。把義理之學與注疏之學截然兩分而不相容損害了蔡先生本有的中肯之論。

就學風而言，義理之學與注疏之學是並行不悖不可分離的，而宋代學風則由二者地位之顯否為根據。在此點上，鄧廣銘先生的論點更為妥帖：「把萌興於唐代後期而大盛於北宋建國以後的那個新儒家學派稱之為宋學，我以為是比較合適的。」其特點為「都力求突破前代儒家們尋章摘句的學風，向義理的縱深處進行探索」；「都懷有經世致用的要求」。〔註14〕本書即以此為準來定義宋學一詞。

第二節　道學與理學的名稱

「道學」一詞流行於宋代，不過，「道學」一詞在宋代及其以後的使用，與理學一詞往往有著一些概念上的差異。為便於本書的寫作，有必要以史料為依據，對宋儒的「道學」與理學二詞作一疏理，並進而對「道學」與「理學」之關係作一分疏。

一、道學名稱

「道學」一詞在宋代的運用主要有兩種，一是與道教有關的道學，二是以道德本體化的道學，或者說儒學發展的重要階段的體現。本書主要以後者為探討對象。

〔註13〕蔡方鹿：《朱熹經學與中國經學》，北京：人民出版社，2004年，第141頁。
〔註14〕鄧廣銘：《略談宋學》，《鄧廣銘治史叢稿》，第164～165頁。

（一）北宋道學觀念

以「道學」一詞指稱儒學自東漢已有之，如漢人王充在《論衡‧量知篇》曾說：「或曰：文吏筆箚之能，而治定簿書，考理煩事，雖無道學，筋力材能盡於朝廷，此亦報上之效驗也」。此處道學指道德之學、仁義之學。〔註15〕但「道學」一詞的廣泛運用則是在宋代，並且宋代道學與以往的儒家道德之學相較更傾向於道德的本體化，與王充所言道學有著明顯不同。在宋儒眼中，道學一詞有著以下特點。

首先，張載、二程的道學觀念。熙寧間，張載在《答范巽之書》中曾提到：「朝廷以道學、政術為二事，此正自古之可憂者。」〔註16〕道學為一種以道為核心的經世致用的學問。程顥曾戲邵雍曰：「亂世之奸雄中，道學之有所得者，然無禮不恭極甚」。〔註17〕程頤亦曰：「自予兄弟倡明道學，世方驚疑。」〔註18〕此則說明，在張、程、邵等人眼中，他們的學問都可以稱為道學。

就目前資料而言，道學一詞在宋代的出現最早見於張載。曾師事張載又從程氏學的呂大臨記：「嘉祐初，（張載）見洛陽程伯淳、正叔昆弟於京師，共語道學之要，先生渙然自信曰：『吾道自足，何事旁求！』乃盡棄異學，淳如也。」〔註19〕道學之道在嘉祐年間已被他們廣泛談論，張載與二程兄弟追求之道相同。此則再次說明，道學一詞在他們的觀念中是相同的。那麼，他們觀念中的道學一詞確指為何？元祐元年六月，程頤在《上太皇太后書》中曰：「臣且內思，儒者得以道學輔人主，蓋非常之遇，使臣自擇所處，亦無過於此矣。」他接著又曰：「竊以聖人之學不傳久矣，臣幸得之於遺經，不自度量，以身任道。天下駭笑者雖多，而近年信從者亦眾。方將區區駕其說以示學者，覬能傳於後世。不虞天幸之至，得備講說於人主之側，使臣得以聖人之學，上沃聖聰，則聖人之道有可行之望，豈特臣之幸哉？」〔註20〕道學指歷周公、孔子、孟子等人，且孟子之後為不傳之學問。換言之，就張、程、邵等言，他們是繼孟子之後道學的承擔者。其中，「道」字為道學的核

〔註15〕劉盼遂：《論衡集解》，北京：古籍出版社，1957年，第252～254頁。

〔註16〕（宋）張載：《答范巽之書》，《張載集》，第349頁。

〔註17〕《河南程氏遺書》卷2上《東見錄》，《二程集》，第32頁。

〔註18〕《河南程氏文集》卷11《祭李端伯文》，《二程集》，第643頁。

〔註19〕（宋）呂大臨：《呂大臨橫渠先生行狀》，《張載集》，第381～382頁。

〔註20〕《河南程氏文集》卷6《上太皇太后書》，《二程集》，第542頁。

心所在，正如南宋人李心傳所說「道學云者，謂以道爲學也。」〔註21〕

就道而言，當時非僅張、程、邵等人談論，如韓琦勉司馬光說：「主上倚重之厚，庶幾行道，道或不行，然後去之可也。似不須堅讓」。〔註22〕程頤在爲其兄程顥寫的《行狀》中曰：「荊公與先生雖道不同，而嘗謂先生忠信」。〔註23〕由此可見，道爲當時共用詞，道不必同。也就是在此點上，程頤承認王安石之道爲道，但他並不以王安石之學爲道學。如此，張、程等人言道學之意不是以是否言道爲標準，而是以道之眞僞爲標準。如程顥說：「公（王安石）之談道，正如說十三級塔上相輪，對望而談曰，相輪者如此如此，極是分明。如某憨直，不能如此，直入塔中，上尋相輪，辛勤登攀，邐迤而上，直至十三級時，雖猶未見相輪，能如公之言，然某卻實在塔中，去相輪漸近，要之須可以至也。至相輪中坐時，依舊見公對塔說此相輪如此如此」。〔註24〕程氏不以王安石之道爲是，自不以王安石之學爲道學。反過來，王安石亦不以程顥之道爲是，如王安石「逐不附己者，獨不怨明道，且曰：『此人雖未知道，亦忠信人也』。」〔註25〕

如此，北宋年間，道學一詞爲張載、程氏兄弟所用，但他們的道學指稱不是以是否言道爲標準，而是以道之眞僞爲標準，換言之，在他們看來，道可以不同，但道學則是相同的唯一的，具有排它性的〔註26〕。如前所言，程

〔註21〕 （宋）李心傳：《道命錄》卷5《陳賈論道學欺世盜名乞擯斥》李心傳考述，叢書集成初編本，上海：商務印書館，1937年，第44頁。

〔註22〕 （清）黃宗羲：《宋元學案》卷8《涑水學案下》，全祖望修補，北京：中華書局，1986年，第344頁。

〔註23〕 《河南程氏文集》卷11《明道先生行狀》，《二程集》，第634頁。

〔註24〕 《河南程氏遺書》卷1《二先生語一》，《二程集》，第5～6頁。

〔註25〕 《河南程氏遺書》卷19《伊川先生語五》，《二程集》，第255頁。

〔註26〕 清儒紀昀等認爲：「宋人談道學宗派自朱熹《伊洛淵源錄》始，而宋人分道學門戶亦自此書始。厥後聲聲攀援，轉相依附。」可參《四庫全書總目提要》卷57《伊洛淵源錄》下，第327頁。紀氏對道學門戶之見的判斷標準過於注重文字的確定性，實際上，從程氏，尤其是程頤始，道學門戶之見已開其端。美國學者田浩（Hoyt Cleveland Tillman）認爲：「到北宋末期，道學已經成爲專指一部分儒學人士的用語。」可參（美）田浩：《朱熹的思維世界》（西安：陝西師範大學出版社，2002年），第9頁。但從史實來看，道學一詞在宋代中後期的運用之初就有著排它性。同時，程氏不僅把道學一詞設爲排它的，而且在他們的觀念中，儒學也有著排它性，如程頤說：「今之學者，歧而爲三：能文者謂之文士，談經者泥爲講師，惟知道者乃儒學也。」可參《二程集》，第95頁。

氏兄弟承認張載、邵雍等與他們自己的學問爲道學，並且他們也承認周敦頤之道與他們相類，如程頤在《明道先生行狀》中說：「（顥）自十五六時，聞汝南周茂叔論道，遂厭科舉之業，慨然有求道之志」。〔註27〕在二程的觀念中，張、程、邵、周等爲道學，但王安石等則不是。

不過，即使北宋年間，道學一詞並非張、程等人所專有，如王開祖《儒志編》有：「或曰：荀、揚之學何如？曰：奚以問歟！由孟子以來，道學不明，我欲述堯舜之道，論文武之治，杜淫邪之路，辟皇極之門，吾畏諸天者也，吾何敢已哉」！〔註28〕道學前承堯舜周公孔孟之處沒有異議，但在宋代誰爲承繼者則有不同看法，從而也引起了道學之爭。不過，王開祖的影響所及並不大。就當時而言，廣泛運用道學一詞指稱自身的是張、程等人，而他人少有或者根本就不用，如王安石、司馬光、蘇軾等人。

其次，二程門人的道學觀念。程氏將己之學視爲道學，其門人自爲道學傳人，如程頤說：「先兄明道之葬，頤狀其行，以求誌銘，且備異日史氏採錄。既而門人朋友爲文以敘其事跡，述其道學者甚眾。其所以推尊稱美之意，人各用其所知，蓋不同也；而以爲孟子之後，傳聖人之道者，一人而已，是則同」。〔註29〕由程頤之語亦可見，其門人弟子認同他們爲繼孟子之後的聖人之道傳人，以之爲道學自爲當然。

不過，在程氏門弟子眼中，道學一詞所指有獨尊程氏傾向。如前引呂大臨語：「嘉祐初，（張載）見洛陽程伯淳、正叔昆弟於京師，共語道學之要，先生渙然自信曰：『吾道自足，何事旁求！』乃盡棄異學，淳如也。」呂大臨不否認張載之學爲道學，但卻認爲張載之道學因程氏兄弟而得其歸，明顯把道學之眞歸屬於二程。上述材料出自呂大臨爲張載所做《行狀》，而據朱熹考證：「（張載）《行狀》今有兩本，一云『盡棄其學而學焉』，一云『盡棄異學淳如也』。其他不同處亦多，要皆後本爲勝。」〔註30〕不過，後一說法雖爲勝，但前一說法應是呂大臨早期的說法，而後者應爲改正後的說法，如程頤對此《行狀》批評說：「表叔（張載）平生議論，謂頤兄弟有同處則可，若謂學於

〔註27〕《河南程氏文集》卷 11《明道先生行狀》，《二程集》，第 638 頁。
〔註28〕（宋）王開祖：《儒志編》，文淵閣四庫全書本（696 冊），上海：上海古籍出版社，1987 年，第 802 頁。
〔註29〕《河南程氏文集》卷 11《明道先生門人朋友敘述序》，《二程集》，第 639 頁。
〔註30〕（宋）呂大臨：《呂大臨橫渠先生行狀》後引《伊洛淵源錄》，《張載集》，第 385 頁。

頤兄弟則無是事。頃年屬與叔刪去，不謂尚存斯言，幾於無忌憚。」﹝註31﹞否認把張載之學視爲學於其兄弟的說法，並曾要求呂大臨對張載《行狀》加以修改，實際上，是對「盡棄其學」一說的否認。朱熹之說實爲符合程頤之語的說法。又，程氏弟子楊時更明確認爲：「橫渠之學，其源出於程氏」。﹝註32﹞另一弟子游酢亦言：「先生（程顥）生而有妙質，聞道甚早。年逾冠，明誠夫子張子厚友而師之」。﹝註33﹞二人明確認爲張載師事二程。

總之，在二程門弟子看來，二程爲道學之歸，把道學的範圍進一步縮小了。其中，楊時被全祖望稱爲「南渡洛學大宗，晦翁、南軒、東萊皆其所自出」﹝註34﹞，其道學門戶之見必給南宋時「道學」門戶觀念的發展產生了大的影響。換言之，程顥逝後，程門弟子「道學」門戶之分更爲嚴重，力圖把洛學作爲道學的正傳。在此意義上，如果把道學分成廣義與狹義兩層的話，可以把張、程、邵、周等人的學術統稱爲「道學」，即廣義的「道學」；而在狹義上，「道學」則僅指稱程氏洛學。

需注意的是，程門弟子以程氏洛學爲眞「道學」的指稱，但終北宋朝，先是王氏新學的壓制，程氏學不處於顯學地位，而元祐黨禁又對程氏學造成衝擊。崇寧二年十一月，「言者論伊川聚徒傳授，乞禁絕，依之，」﹝註35﹞程氏學受到更爲直接的打擊。直至靖康元年二月，「詔元祐學術政事及元祐黨籍指揮更不施行。」﹝註36﹞對程氏學的學術之禁稍弛，但此時已值戰亂，缺乏學術壞境。不久，北宋亦亡了。統觀「道學」在北宋期的發展，雖已有程氏學爲「道學」的指稱，但它沒有顯學地位。

（二）南宋道學觀念

首先，朱熹、陸九淵的道學觀念。當有人問朱熹：「已前皆滾纏成風俗。本朝道學之盛，豈是滾纏？」朱熹說：「亦有其漸。自范文正以來已有好議論，如山東有孫明復，徂徠有石守道，湖州有胡安定，到後來遂有周子、程子、

﹝註31﹞《河南程氏外書》卷11，《二程集》，第414～415頁。
﹝註32﹞（宋）楊時：《題跋・跋橫渠先生及康節先生人貴有精神詩》，《楊龜山集》卷5，叢書集成初編本，上海：商務印書館，1936年，第87頁。
﹝註33﹞《河南程氏遺書・附錄・書行狀後》，《二程集》，第334頁。
﹝註34﹞（清）黃宗羲：《宋元學案》卷25《龜山學案》序錄，全祖望修補，第944頁。
﹝註35﹞（清）黃宗羲：《宋元學案》卷96《元祐黨禁》，全祖望修補，第3161頁。
﹝註36﹞（清）黃宗羲：《宋元學案》卷96《元祐黨禁》，全祖望修補，第3163頁。

張子出……」〔註37〕以范仲淹、孫復、石介、胡瑗等爲宋代道學的先驅。《伊洛淵源錄》中則以周敦頤、二程、邵雍、張載及其弟子們爲道學之屬。其中，朱熹又把二程視爲道學倡明者與奠基者，如他說：「夫以二先生（二程）倡明道學於孔孟既沒，千載不傳之後，可謂盛矣」。〔註38〕「臣聞仁宗時，有程顥者，與其弟頤同受學於周敦頤，實得孔孟以來不傳之緒。同時又有邵雍、張載相與博約，遂使聖道暗而復明，其功甚大。」〔註39〕如此，朱熹的道學觀是對二程道學觀的繼承與發展，有二程門弟子的偏見傾向。

對南宋道學的發展狀況，淳熙十一年，朱熹說：「近年道學外面被俗人攻擊，裏面被吾黨作壞，婺州自伯恭死後，百怪都出。至於子約，別說一般差異底語，全然不是孔孟規模，卻做管商見識，令人駭歎。然亦是伯恭自有些拖泥帶水，致得如此，又令人追恨也。子靜一味是禪，卻無許多功利術數」。〔註40〕呂祖謙、陸九淵等人都屬於道學。如此，就朱熹看來，「道學」之名並不僅含洛學、關學、濂學、閩學等，還包括陸九淵的「心學」。

在淳熙間道學受攻擊之時，陸九淵也曾說：「世之人所以攻道學者，亦未可全責他。蓋自家驕其聲色，立門戶與之爲敵，曉曉騰口實，有所未孚，自然起人不平之心。某平日未嘗爲流俗所攻，攻者卻是讀《語錄》《精義》者。程士南最攻道學，人或語之以某，程云：『道學如陸某，無可攻者』。」〔註41〕陸九淵承認「讀《語錄》《精義》」的朱熹等人爲道學，也視自己屬於道學。雖然陸九淵自以「因讀《孟子》而自得之於心也。」〔註42〕不以二程後學自任，而以直承孟子爲意，但以道學自稱則爲明顯，且朱熹等人也把他視爲同道的，如淳熙二年，朱陸鵝湖之會，陸之弟子朱亨道回憶說：「鵝湖講道切，誠當今盛事。伯恭蓋慮陸與朱議論猶有異同，欲會歸於一，而定其所適從，語自得則未也。」〔註43〕呂祖謙、朱熹都把陸九淵視爲道學的重要部分。

其次，**陳亮、葉適的道學觀念**。朱熹對道學的指稱並非僅指程朱之學，

〔註37〕 （宋）黎靖德：《朱子語類》卷 129《本朝三・自國初至熙寧人物》，第 3089～3090 頁。
〔註38〕 《河南程氏遺書》卷 1《二先生語一》，《二程集》，第 6 頁。
〔註39〕 （清）王懋竑：《朱熹年譜》卷 3，「淳熙十五年十月」條引，北京：中華書局，1998 年，第 191～192 頁。
〔註40〕 《晦庵先生朱文公文集》卷 35《與劉子澄》，《朱子全書》，第 1546 年。
〔註41〕 《陸九淵集》卷 35《語錄下》，北京：中華書局，1980 年，第 440～441 頁。
〔註42〕 《陸九淵集》卷 36《年譜》，第 498 頁。
〔註43〕 《陸九淵集》卷 36《年譜》，第 491 頁。

但在論敵口中，「道學」的範圍縮小了。南宋人陳亮說：「亮雖不肖，然口說得，手去得，本非閉眉合眼、蒙瞳精神以自附於道學者也」。〔註44〕不以道學目己之學，且把道學歸結為「閉眉合眼，蒙瞳精神」之類。此語為與朱熹論辨之語，是以朱熹為道學之屬的。在陳亮眼中，除朱熹外，道學之屬還有呂祖謙、張栻等，「紹興辛未、壬午（紹興二十一年、三十二年）之間，余以極論兵事，為一時明公巨臣之所許，而反授以《中庸》《大學》之旨，余不能識也，而復以古文自詭於時，道德性命之學亦漸開矣。又四五年，廣漢張栻敬夫、東萊呂祖謙伯恭，相與上下其論，而皆有列於朝，新安朱熹元晦講之武夷，而強立不返，其說遂以行而不可遏止」。〔註45〕此處「道德性命之學」即指「道學」。此處陳亮所言道學實指程氏洛學後學。

南宋時以朱張呂為「道學」並非陳亮一己之見，如葉適曾說：「朱元晦、呂伯恭以道學教士，陸子靜晚出，號稱徑要簡捷，或立語已感動悟人，為其學者，澄坐內觀」。〔註46〕除指認朱張呂為道學外，在葉適看來，陸九淵晚出，也為道學之屬。

如前所述，道學非僅包含洛學，而是還包括心學。不過，在南宋朝，洛學後學並非全可指為道學，如葉適等人，清儒全祖望指出：「永嘉以經制言事功，皆推原以為得統於程氏。」以永嘉之學為洛學後學。〔註47〕但葉適自己則說：「道學之名，起於近世儒者。其意曰：舉天下之學皆不足以致其道，獨我能致之，故云爾。其本少差，其末大弊矣。」〔註48〕其中，「近世」指「熙寧後」，「熙寧後道學始盛」。〔註49〕並不以自己為道學，而以「道學」為熙寧年間轉盛且具有獨斷意味的學術。這種學術的獨斷已預示了學術爭端而至學派相爭。

再次，政敵的道學觀念。道學的發展引發黨爭，道學成為一些政敵的攻擊藉口。對陸九淵來說，反道學者以之為道學之屬，如淳熙十年左右，陸九

〔註44〕《陳亮集》卷20《書·甲辰秋與朱元晦》，第279～280頁。
〔註45〕《陳亮集》卷28《墓誌銘·錢叔因墓碣銘》，第420頁。
〔註46〕（清）黃宗羲：《宋元學案》卷58《象山學案》，全祖望修補，第1918頁；又（宋）葉適：《水心文集》卷17《胡崇禮墓誌銘》，《葉適集》，北京：中華書局，1961年，第338頁。
〔註47〕（清）黃宗羲：《宋元學案》卷56《龍川學案》序錄，全祖望修補，第1830頁。
〔註48〕（宋）葉適：《水心文集》卷27《答吳明輔書》，《葉適集》，第554頁。
〔註49〕（宋）葉適：《水心文集》卷20《文林郎前秘書省正字周君南仲墓誌銘》，《葉適集》，第382頁。

淵曾說:「世之人所以攻道學者,亦未可全責他。蓋自家驕其聲色,立門戶與之為敵,嘵嘵騰口實,有所未孚,自然起人不平之心。某平日未嘗為流俗所攻,攻者卻是讀《語錄》《精義》者。程士南最攻道學,人或語之以某,程云:『道學如陸某,無可攻者』。」〔註50〕其中「讀《語錄》《精義》者」實指朱學,如當有人問朱熹「公常讀何書?」朱熹答云:「看伊川《易傳》《語孟精義》《程氏遺書》《近思錄》」。「《語孟精義》皆諸先生講論,其間多異同,非一定文字,又在人如何看。」〔註51〕如此,程士南所攻道學實為朱學之人,而對於陸九淵等則持認可態度。

淳熙十五年(1188年),兵部侍郎林栗彈劾朱熹說:「熹本無學術,徒竊張載、程頤之緒餘,以為浮誕宗主,謂之『道學』,妄自推尊。所至輒攜門生十數人,習為春秋戰國之態,妄希孔孟歷聘之風」。〔註52〕林栗以攻朱熹為事,但從中可以看出他把道學視為張載、程頤創始之學。其時,張栻、呂祖謙已去世,政敵攻擊矛頭直指朱熹而已。反道學者視朱陸等為道學,但政治因素無疑影響了學術觀點,損害了學術價值。

綜上所述,在南宋,道學一詞所指包括北宋所用的廣義的道學概念,南宋時人中則主要指洛學中的程朱一系與陸九淵心學。此關於道學的觀點終南宋一朝較為被認可,如李心傳亦認為:「乾道、淳熙間,二人相往來,復以道學為己任,學者號曰晦庵先生、南軒先生。東萊呂伯恭,其同志也」。〔註53〕宋末元初人周密載:「伊洛之學行於世,至乾道、淳熙間盛矣。其能發明先賢旨意,溯流徂源,論著講解卓然自為一家者,惟廣漢張氏敬夫、東萊呂氏伯恭、新安朱氏元晦而已。……蓋孔孟之道,至伊洛而始得其傳,而伊洛之學,至諸公而始無餘蘊。必若是,然後可以言道學而已。此外有橫浦張氏子韶,象山陸氏子靜,亦皆以其學傳授。而張嘗參宗杲禪,陸又學參杲之徒德光,故其學往往流於異端而不自知」。〔註54〕又:「嘗聞吳興老儒沈仲固先生云:『道

〔註50〕 《陸九淵集》卷35《語錄下》,第440~441頁。
〔註51〕 (宋)黎靖德:《朱子語類》卷114《朱子十一·訓誡門人二》,第2764頁。
〔註52〕 (宋)李心傳:《道命錄》卷6《林栗劾晦庵先生奏狀》,第48頁;又葉適:《水心文集》卷2《辨兵部郎官朱元晦狀》,第17頁;又《宋史》卷429《朱熹傳》,第12758頁。
〔註53〕 (宋)李心傳:《建炎以來朝野雜記》甲集卷6「道學興廢」條,北京:中華書局,2000年,第137頁。
〔註54〕 (宋)周密:《齊東野語》之「道學」條,北京:中華書局,1983年,第202~203頁。

學』之名，起於元祐，盛於淳熙。其徒有假其名以欺世者，眞可謂噓枯吹生。……其所讀者，止《四書》、《近思錄》、《通書》、《太極圖》、《東西銘》、《語錄》之類，自詭其學爲『正心、修身、齊家、治國、平天下』，故爲之說曰『爲生民立極，爲天地立心，爲萬世開太平，爲前聖繼絕學。』其爲太守、爲監司，必建立書院，立諸賢之祠，或刊注《四書》，衍輯《語錄》，然後號爲賢者，則可以釣聲名、致朣仕。而士子場屋之文必須引用以爲文，則可以擢巍科爲名士，否則立身如溫國，文章氣節如坡仙，亦非本色也」。〔註55〕

二、理學名稱

「理學」之名，非起於宋。東晉宗炳（375～443）曾說：「遠和尙澄業廬山……高潔貞厲，理學精妙，固遠流也」。〔註56〕此處理學實指佛學。以道德本體化爲核心的理學的最早使用則在南宋。本書所談即爲後者。

第一，朱熹的理學觀。如前所言，朱熹視洛學與心學爲道學，並把范仲淹、胡瑗、孫復、石介等視爲道學的先驅。但於理學而言，朱熹認爲范、胡、孫、石等並未見理，承認他們對「道學」有功，但又認爲他們「於理未見，故不得中」〔註57〕，而二程「得孔孟以來不傳之緒」，輔以邵張二人，「遂使聖道暗而復明」，二程見理而得中。也就在此基礎上，朱熹將洛學稱爲「理學」，如他說：「理學最難，可惜許多印行文字，其間無道理底甚多，雖伊洛門人亦不免如此。如解《中庸》，正說得數句好，下面便有幾句走作無道理了，不知是如何。舊嘗看《欒城集》，見他文勢甚好，近日看，全無道理。如《與劉原父書》說藏巧若拙處，前面說得盡好，後面卻說怕人來磨我，且恁地鶻突去，要他不來，便不成說話。又如蘇東坡《忠厚之至論》說『舉而歸之於仁』，便是不奈他何，只恁地作個鶻突了。二蘇說話，多是如此」。〔註58〕視洛學爲理學，而把蘇學排斥於理學之外。

對周敦頤、張載等，朱熹認爲「宋興，……有濂溪先生者作，然後天理

〔註55〕 （宋）周密：《癸辛雜識續集》卷下「道學」，北京：中華書局，1988 年，第169 頁。

〔註56〕 （梁）僧祐：《弘明集》卷 2《明佛論》，《四部叢刊》本，上海：上海涵芬樓影印汪道昆本〔無出版時間〕。

〔註57〕 （宋）黎靖德：《朱子語類》卷 129《本朝三・自國初至熙寧人物》，第 3089～3090 頁。

〔註58〕 （宋）黎靖德：《朱子語類》卷 62《中庸一・綱領》，第 1485 頁。

明而道學之傳復續。」〔註 59〕「天地之間，理一而已。……《西銘》之作，
意蓋如此，程子以爲『明理一而分殊』，可謂一言以蔽之矣。」〔註 60〕從明理
的角度把周張之學視爲理學的。

　　第二，陸九淵的理學觀。除朱熹以「理學」指稱周張程氏之學外，南宋
時還有人以「理學」指稱他人的，如陸九淵說：「秦漢以來，學絕道喪，世不
復有師，以至於唐，曰師、曰弟子云者，反以爲笑，韓退之、柳子厚猶爲之
屢歎。惟本朝理學，遠過漢唐，始復有師道」。〔註61〕「人謂唐無理學，然反
有不可厚誣者。」〔註62〕從秦漢至唐，理學不曾存在，理學始於宋。他又說：
「近時伊洛諸賢，研道益深，講道益詳，志向之專，踐行之篤，乃漢唐所無
有，其所植立成就，可謂盛矣！然江漢以濯之，秋陽以暴之，未見其如曾子
之能信其皓皓；肫肫其全，淵淵其淵，未見其如子思之能達其浩浩；正人心，
息邪說，距詖行，放淫辭，未見其如孟子之長於知言，而有以承三聖也。」〔註
63〕伊洛諸賢的學問「乃漢唐所無有」的新事物，且「講道益詳」使「復有師
道」，如此，陸九淵視伊洛諸賢爲理學，在宋代有開創之功。但又指出他們有
不足，難以「承三聖」，能繼孟子知道的唯有他自己而已。不過，陸九淵還是
有與洛學相同的地方，如他說：「塞宇宙一理耳，學者之所以學，欲明此理耳。
此理之大，豈有限量？程明道所謂有憾於天地，則大於天地者矣，謂此理也。」
〔註 64〕不以自己承洛學，但承認他所講的理不是他的發明，而是同於洛學之
理。再者，從「研道益深，講道益詳」，「有師道」的角度言理學這一新事物
的話，結合陸九淵的學術活動，陸九淵應把自己視爲理學，雖然未有明確言
論。

　　第三，朱陸後學的理學觀。朱陸二人的理學觀並不是十分明確，但他們
的後學越來越明確了理學的指稱。如黃震爲朱氏後學，他曾說：「本朝理學，
闡幽於周子，集成於晦翁」。〔註65〕「本朝理學，發於周子，盛於程子」。〔註

〔註59〕　（宋）周敦頤：《周濂溪集》卷 12《附錄諸記・韶州先生祠記》，上海：商務
　　　　　印書館，1937 年，第 231 頁。
〔註60〕　（宋）朱熹：《朱熹西銘論》，《張載集》，第 410 頁。
〔註61〕　《陸九淵集》卷 1《書・與李省幹書》，第 14 頁。
〔註62〕　《陸九淵集》卷 34《語錄上》，第 405 頁。
〔註63〕　《陸九淵集》卷 1《書・與任孫濬》，第 13 頁。
〔註64〕　《陸九淵集》卷 12《書・與趙詠道》，第 161 頁。
〔註65〕　（清）黃宗羲：《宋元學案》卷 86《東發學案》，全祖望修補，第 2898 頁。
〔註66〕　（清）黃宗羲：《宋元學案》卷 86《東發學案》，全祖望修補，第 2898 頁。

66〕「東萊先生以理學辨，朱、張，鼎立爲世師，其精辭奧義，豈後學所能窺其萬分之一」。〔註67〕其理學觀念與當時道學觀念同，即把理學等同於道學。更明顯的是，他說：「師道之廢，正學之不明，久矣。宋興八十年，安定胡先生、泰山孫先生、徂徠石先生始以其學教授，而安定之徒最盛，繼而伊洛之學興矣。本朝理學，雖至伊洛而精，實自三先生而始，故晦庵有伊川不敢忘三先生之語」。〔註68〕此語與朱熹評論三先生與二程關係之語同，體現出理學與道學等同的傾向。

又陳謙亦爲朱氏後學，他曾說：「當慶曆、皇祐間，宋興未百年，經術道微，伊洛先生未作，景山獨能研精覃思，發明經蘊，倡明道學二字，著之話言。此永嘉理學開山祖也。不幸有則亡之歎，後四十餘年，伊洛儒宗始出，從遊諸公還鄉轉相授受，理學益行，而濫觴亦有自焉」。〔註69〕以王開祖爲理學，但這種觀點並不占主流地位。不過，從中也可看出陳謙視理學道學爲一的傾向。

由上述可見，理學一詞在南宋的使用有一個變化過程，在朱陸那裡，理學一詞尚不是十分明確，而在其門人弟子那裡，理學基本上與當時流行的道學觀念等同。〔註70〕本書即以後者爲準。

三、宋學道學理學三者的關係

上文已表明本書宋學所指，但對宋學一詞的運用還需指明二種觀點。一爲宋學等同於理學與道學。如 1980 年北京商務印館版《辭海》中有：「宋儒理學，稱爲宋學，別於漢學而言。東漢以來，治經專重訓詁，宋儒則以義理爲主，故有理學之稱。又以其談性命，故也稱性理學。《宋史》爲周敦頤、程頤、朱熹等人特立《道學傳》，故也稱道學。後來，元明清的理學也稱宋學」。不過，宋學與道學、理學明顯不能等同，此說有誤。二爲宋學含道學，道學

〔註67〕（清）黃宗羲：《宋元學案》卷 51《東萊學案》引黃東發《日鈔》，全祖望修補，第 1679 頁。

〔註68〕（清）黃宗羲：《宋元學案》卷 86《東發學案》，全祖望修補，第 2899〜2900頁。

〔註69〕（宋）陳謙：《儒志先生學業傳》，文淵閣四庫全書本（696 冊），上海：上海古籍出版社，1987 年，第 803 頁。

〔註70〕陳植鍔先生認爲：「理學一名，在宋人自己的理解中，本無分南北，無分派別，乃趙宋一代儒學之通稱。」可參陳植鍔：《北宋文化史述論》，第 165 頁。

含理學。如陳俊民先生認爲：「宋學是經學，道學是哲學。道學孕育於經學之中，隨著經學的演變而發展」。「道學包含程朱『理學』、二陸『心學』、呂葉陳『事功學』及張載『氣學』四派」。〔註71〕從研究對象的角度把宋學視爲經學，而把道學視爲哲學，但道學本身就是依據經典詮釋而形成的，是經學發展過程中的有機部分，故以研究對象爲標準把宋學道學截然二分併不妥帖。再者，如前所述，葉適、陳亮等人並不以己之學爲道學，這也是歷史事實。

　　就本書而言，宋學指發端於唐中期，而大行於慶曆後以迄元明清的以義理之學爲主要傾向的學術，而道學、理學爲宋學的一部分。至於道學、理學則以上述論證爲準。

〔註71〕陳俊民：《道學與宋學、新儒學、新理學通論》，《渭南師範學院學報・社科版》，
　　　　2000 年第 3 期。

第三章　北宋慶曆前《尚書》學

第一節　慶曆前《尚書》學的成就與特點

　　如前所言，宋代《尚書》學著作遠超前此各代此類著作之和。雖然種種原因使此類著作多佚，但成就的卓著不能不令人關注。近來，學術界已有不少研究成果問世，皆表對宋初《尚書》學的狀況關注不夠。究其因，多囿於吳曾引《國史》云：「慶曆以前，學者尚文辭，多守章句注疏之學。」〔註 1〕且史料缺乏以及宋學之義理之風更引人注意之故。但宋初（慶曆前）《尚書》學是宋代《尚書》學的不可缺少的一部分，從學術與社會角度來看，自有其特點與學術價值。

一、宋初君主對《尚書》的重視

　　唐末五代，「干戈相尋，海寓鼎沸，斯民不復見《詩》、《書》、《禮》、《樂》之化。周顯德中，始有經籍刻板，學者無筆箚之勞，獲睹古人全書。然亂離以來，編帙散佚，幸而存者，百無二三。」〔註2〕就文化言，後周顯德間經籍刻板印刷，士人不用抄寫即可得讀古人全書，使讀書更為便利，但戰亂造成的「編帙散佚」也給文化帶來極大損失。宋的統一則為文化重建提供了便利條件。

　　非僅政治統一利於文化重建，而且統治者的文化態度與文化政策也利於

〔註 1〕　（宋）吳曾：《能改齋漫錄》卷 2「事始」，第 28 頁。
〔註 2〕　《宋史》卷 202《藝文一》，第 5032 頁。

文化的發展。宋初，統治者十分重視讀經。宋太祖曾對秦王侍讀說：「帝王之子，當務讀經書，知治亂之大體，不必學作文章，無所用也。」〔註3〕雖然宋初把詩賦文章與經書都視爲科舉功令，但君主所重則是從經中尋求治亂之道，而並不以文章之學爲重。對讀經的重視不能說不與宋太祖頒《九經舉人不第許令再應試詔》無關，此詔把舊制「九經一舉，不第而止」改爲「許再試」。〔註4〕科舉的變化必然利於經學的發展與普及。宋太宗淳化五年，判國子監李至上言：「《五經》書疏已板行，惟二《傳》、二《禮》、《孝經》、《論語》、《爾雅》七經疏未備」，主張「重加讎校，以備刊刻」而得從。〔註5〕宋眞宗咸平四年，「詔州縣學校及聚徒講誦之所，並賜《九經》。」〔註6〕景德二年，各經已「板本大備，士庶家皆有之，斯乃儒者逢辰之幸也。」〔註7〕固然，造紙術與印刷術的發展推動了各種書的版本大備，但不能否認統治者對經書的態度與政府的支持爲此況出現的重要原因之一。

　　無疑地，宋建國之初，宋代君主重視治道，重視讀經。具體到《尚書》而言，宋代君主對《尚書》爲載道之體也有充分認識。宋初統治者重視儒家思想與儒家經典，「五代不競，茲制日淪。國家興儒，追風三代。」〔註8〕《尚書》則作爲歷代政治大典爲宋初君主所重，從中取得統治經驗。宋太祖曾讀《二典》，歎曰：「堯舜之罪四凶，止從投竄，何近代法網之密乎！」〔註9〕縱觀宋代，重罪多流放而少殺，當有《尚書》之影響。淳化五年十一月，宋太宗幸國子監，詔孫奭說《尚書·說命》三篇，至「事不師古，以克永世，匪說攸聞」，帝稱善，歎曰：「天以良弼齎商，朕獨不得邪？」因以切勵群臣。〔註10〕以《尚書》古訓爲鑒，表明其賢臣觀念。至道初，宋眞宗初正儲位，太宗對李至與李沆說：「太子賢明仁孝，國本固矣。卿等可盡心規誨，若動皆由禮，則宜讚助，事有未當，必須力言。至於《禮》、《樂》、《詩》、《書》義有可裨

〔註3〕（宋）司馬光：《涑水紀聞》卷1「帝王之子當務讀經書」條，第20頁。
〔註4〕《宋史》卷155《選舉一》，第3605～3606頁。
〔註5〕《宋史》卷266《李至傳》，第9177頁。
〔註6〕《宋史》卷6《眞宗一》，第115頁。
〔註7〕《宋史》卷431《邢昺傳》，第12798頁。
〔註8〕《宋史》卷296《梁顥傳》，第9863頁。
〔註9〕《宋史》卷3《太祖紀三》，第50頁。
〔註10〕（宋）司馬光：《涑水紀聞》卷4「孫奭」條，第75頁；又《宋史》卷5《太宗紀二》，第96頁；《宋史》卷431《孫奭傳》，第12801頁。

益者，皆卿等素習，不假朕之言論也。」〔註11〕鼓勵群臣闡述《尚書》中有助於治道的義理。宋眞宗咸平元年，召學官崔頤正講《書》〔註12〕；咸平二年七月，召學官崔偓佺講《尚書·大禹謨》〔註13〕；景德四年，掛《尚書圖》於崇和殿壁。祥符七年，作《尚書詩》三章；〔註14〕並曾對王旦說：「朕在東宮講《尚書》凡七遍，《論語》《孝經》亦皆數回。今宗室諸王所習，惟在經籍，昨講《尚書》第五卷，此甚可喜也。」召寧王元偓等赴龍圖閣觀書目，諭之曰：「宮中常聽書習射，最勝他事。」元偓曰：「臣請侍講張穎說《尚書》，間日不廢弓矢。」因陳典謨之義，上喜甚。〔註15〕不僅宋眞宗多講《尚書》，且寧王也對宋眞宗強調《尚書》，由此足可見宋眞宗對《尚書》的重視。據《經義考》載，宋仁宗則著有《洪範政鑒》十二卷與《洛書五事圖》一卷。

　　君主注重從《尚書》中尋求治道以作借鑒，也爲大臣們從《尚書》中尋求勸諫依據提供了方便。淳化二年春，大旱，宋太宗延近臣問時政得失，眾以天數對。寇準對曰：「《洪範》天人之際，應若影響；大旱之證，蓋刑有所不平也」。〔註16〕宋仁宗天聖年間，晁迥「召對延和殿，帝訪以《洪範》雨暘之應。對曰：『比年災變薦臻，此天所以警陛下。願陛下修飭王事，以當天心，庶幾轉亂而爲祥也。」〔註17〕天人感應論本是神秘主義的說教，以一種信仰的方式賦予天以意志，強調天的神秘作用。這種學說一面對人愚弄，另一面也可加強對擁有無限權力的君主的限制。《尚書·洪範》中存在著天事與人事相互影響的詞句，並往往爲後人所發揮。上述事例說明，宋初，這種粗陋的學說仍對政治與學術產生著影響。不過，天人感應學說之所以能在宋初政治上發揮作用，是建立在君主注重《尚書》之借鑒價值上的，如「仁宗最深《洪範》之學，每有變異，恐懼修省，必求其端。」〔註18〕可想而知，一旦君主對天人感應加以排斥，所謂天的意志根本就沒有價值。在此意義上，宋初，《尚

〔註11〕　《宋史》卷266《李至傳》，第9177頁。
〔註12〕　《宋史》卷6《眞宗紀二》，第106頁。
〔註13〕　《宋史》卷6《眞宗紀一》，第109頁。
〔註14〕　（清）朱彝尊：《點校補正經義考》卷79「書八」，林慶彰、陳恒嵩、侯美珍點校，臺北：中央研究院中國文哲研究所籌備處，1997年，第267頁。
〔註15〕　《續資治通鑒長編》卷72，「大中祥符二年九月乙亥」條，第1635頁。
〔註16〕　《宋史》卷281《寇準傳》，第9527頁。
〔註17〕　《宋史》卷305《晁迥傳》，第10086頁。
〔註18〕　（清）朱彝尊：《經義考》卷95《書·洛書五事圖》下引，林慶彰等點校補正，第621頁。

書》學能得到發展並在政治上產生一定作用是與君主的態度密切相關的。

在封建社會裏，君主的行為往往影響著社會的興衰治亂，勤政也成為君主所必做的政事，是臣所希望的。《尚書‧無逸》篇就充滿了對君主勤政而不可怠政的要求與勸誡。宋初，臣子往往以《無逸》表達他們對君主的希望與勸誡。如孫奭與馮元薦楊安國為國子監直講，並召其父楊光輔至。宋仁宗命光輔說《尚書》，光輔曰：「堯舜之事，遠而未易行，願講《無逸》一篇。」〔註19〕而楊安國嘗請書《無逸篇》於邇英閣之後屏，帝曰：「朕不欲背聖人之言」，命蔡襄書《無逸》，王洙書《孝經》四章列置左右。〔註20〕以《尚書》古訓為鑒。其中，「朕不欲背聖人之言」再次表明了君主的態度與《尚書》在宋初的作用之間的關係，同時，上述事例也表明《尚書》在宋初的政治作用與影響。

由上述史實足可見，宋初最高統治者重視讀經。於讀《尚書》言，他們重視《尚書》之義理，重視從經中尋求治道，以作借鑒。這與政權初建，百廢待興，社會秩序需要穩定等因素相關。而宋初統治者對《尚書》的態度勢必影響後之帝王讀經與學士大夫對《尚書》的態度。

二、宋初《尚書》學的成就與學術特點

（一）宋初《尚書》學成就

君主重視讀經，本利於經學的發展，但宋初建，學風未開，漢唐之學風未習仍在學術界居於統治地位，加以戰亂初平，致使宋初學術並未得到大發展。就《尚書》學而言，只能以稍有成就概括之。據《宋史‧藝文志》、《郡齋讀書志》、《直齋書錄解題》、《經義考》等所存，宋初《尚書》學成就主要有：胡氏（旦）《尚書演聖通論》七卷〔註21〕，孫奭《尚書講義》〔註22〕，郭氏（忠恕）《古今尚書》〔註23〕，崔頤正《尚書講義》〔註24〕，崔偓佺《尚書‧大禹謨講義》〔註25〕，宋真宗《尚書圖詩》一卷〔註26〕，王氏（曙）《圖書音

〔註19〕《宋史》卷294《楊安國傳》，第9828頁。
〔註20〕《宋史》卷294《楊安國傳》，第9829頁。
〔註21〕（清）朱彝尊：《經義考》卷79「書八」，林慶彰等點校補正，第268頁。
〔註22〕（宋）司馬光：《涑水紀聞》卷4「孫奭」條，第75頁。
〔註23〕（清）朱彝尊：《經義考》卷79「書八」，林慶彰等點校補正，第267頁。
〔註24〕《宋史》卷6《真宗紀》，第106頁。
〔註25〕《宋史》卷6《真宗紀》，第109頁。
〔註26〕（清）朱彝尊：《經義考》卷79「書八」，林慶彰等點校補正，第267頁。

訓》十二卷〔註 27〕，張景《洪範解》一卷〔註 28〕，宋仁宗《洪範政鑒》十二卷與《洛書五事圖》一卷，范氏（雍）《尚書四代圖》一卷〔註 29〕，楊光輔《尚書・無逸講義》〔註 30〕等。

與宋代《尚書》學著作四百餘種相較，宋初《尚書》學成就極微十分明顯。這也從側面顯示出宋初文化有待復興之狀況。所以如此，唐末五代戰亂不僅給文化造成了極大破壞，「亂離以來，編帙散佚，幸而存者，百無二三」，而且其混亂環境使學士大夫無心進行文化研究；同時，雖然後周顯德間，「始有經籍刻板，學者無筆箚之勞，獲睹古人全書」，但至宋初，刻板印刷並不盛行，如景德二年，邢昺答宋真宗「經版幾何」的問題時，說：「國初不及四千，今十餘萬，經、傳、正義皆具。臣少從師業儒時，經具有疏者百無一二，蓋力不能傳寫。今板本大備，士庶家皆有之，斯乃儒者逢辰之幸也。」〔註 31〕宋初，讀書仍需「傳寫」，雕版印刷並不盛行；直至景德二年，隨著雕版印刷的運用，致「板〔版〕本大備，士庶家皆有之」。書籍的傳播困難亦為宋初學術凋落的原因之一。但宋的統一已使學術發展有了一定的條件，宋初只是文化大發展的過渡期而已。

（二）宋初《尚書》學的學術特點

由於上述宋初各《尚書》學著作皆佚，無法深入探究此期《尚書》學的詳細特點，不過，或可以當時人的隻言片語了此一端。

宋人吳曾引《國史》說：「慶曆以前，學者尚文辭，多守章句注疏之學。」目前學術界多以之為是。但如前言，吳氏之語只適合科舉範圍而不能涵蓋整個宋代學術界。具體而言，宋代學風中重義理與重章句注疏只表現為此重彼輕而非此消彼長，是義理注疏之學並重的。

宋初讀經傾向章句注疏不必多言，但宋初學士大夫研究《尚書》不重章句注疏，而重對《尚書》本經之疑改與義理闡釋而言，亦不乏其例。田敏為五代宋初人，他「篤於經學，亦好為穿鑿，所校《九經》頗以獨見自任，如改《尚書・盤庚》『若網在綱』為『若綱在綱』，重言『綱』字。又稱《爾雅》

〔註 27〕　（清）朱彝尊：《經義考》卷 79「書八」，林慶彰等點校補正，第 268 頁。
〔註 28〕　（宋）晁公武：《郡齋讀書志校證》卷 1，孫猛校證，上海：上海古籍出版社，1990 年，第 55 頁。
〔註 29〕　（清）朱彝尊：《經義考》卷 79「書八」，林慶彰等點校補正，第 270 頁。
〔註 30〕　《宋史》卷 294《楊安國傳》，第 9828 頁。
〔註 31〕　《宋史》卷 431《邢昺傳》，第 12798 頁。

『椵、木槿』注曰：『日及』，改爲『白及』。如此之類甚眾，世頗非之。」〔註32〕雖然他是在後唐時，與馬鎬等受詔同校《九經》而表現出改經特點，且「世頗非之」，此風並不盛行，但以不絕如縷形容之應不爲過；並且以受詔校《九經》，也足可見其經學觀念的影響。田敏在後周時解官歸鄉，「每日親授諸子經」，至宋開寶四年卒。宋初存在疑經改經者，甚而此風得以傳承是可以成立的。此現象也說明王應麟所言「自漢儒至於慶曆間，談經者守訓詁而不鑿」並不正確。另外，從書名也可大體推測當時《尚書》學有的重政治借鑒、有的重訓詁、有的帶有天人感應之類的神秘色彩等特點。

　　總之，重義理，尋治道爲宋初《尚書》學中不可或缺的一部分，與之相聯的是對《尚書》的疑改。無疑，宋初《尚書》學並不發達，但從中卻可看出其時經學義理注疏並重的特點與政治學術的相互影響。

第二節　劉敞《七經小傳·尚書》研究

　　劉敞（公元 1019～1068 年），江西新喻人，字原父。慶曆進士，曾官集賢院學士，判御史臺。宋人吳曾記：「《國史》云：『慶曆以前，學者尚文辭，多守章句注疏之學。至劉原父爲《七經小傳》，始異諸儒之說。王荊公修經義，蓋本於原父云。』」〔註33〕以劉敞爲宋代新學風的倡導者，以其《七經小傳》爲慶曆新學風的代表作。陳振孫、陸游、王應麟等沿襲此說，給後世學者產生極大影響。清儒全祖望《公是先生文鈔序》甚而說：「有宋諸家，盧陵（歐陽修）、南豐（曾鞏）、臨川（王安石），所謂深於經者也。而皆心折於公是先生。蓋先生於書無所不窺，尤篤志經術，多自得於先聖。所著《七經小傳》、《春秋五書》，經苑中莫與抗。」〔註34〕不僅強調《七經小傳》在宋代經學中的突出地位，而且強調了其中「經術，多自得於先聖」的特點。章太炎先生則進而說：「（《七經小記》，按：即《七經小傳》）雖和注疏背弛，卻不是妄想臆測」。〔註35〕古今學者對劉敞《七經小傳》讚美有加。然學術界對劉敞之學術探討並不多〔註36〕，甚而引吳曾等人之語一筆代過，殊爲不足。對其《七

〔註32〕　《宋史》卷 31《田敏傳》，第 12819～12820 頁。
〔註33〕　（宋）吳曾：《能改齋漫錄》卷 2「注疏之學」，第 28 頁。
〔註34〕　（清）黃宗羲：《宋元學案》卷 4「盧陵學案」，第 208 頁。
〔註35〕　章太炎：《國學概論》，上海：泰東圖書局，1922 年，第 48 頁。
〔註36〕　除上述各學者研究外，還有黃惠運：《歐陽修與劉敞》一文從政誼、詩文情、
　　　　　金石緣等方面論述了歐陽修與劉敞的交情，並論述了二人政治主張的一致

經小傳・尚書》加以探析，或可進一步顯現劉敞學術特點之一斑與他在宋代
學術史上的地位。

一、《七經小傳・尚書》概說

《七經小傳》之「七經」指《毛詩》三十五條、《尚書》二十二條、《公
羊》《國語》三條、《周禮》四十一條、《儀禮》四條、《禮記》三十一條、《論
語》八十六條，從書之整體看，爲「雜論經義之語」。《七經小傳》並未成書，
而是「未成書而傳」〔註37〕；所以如此，劉敞在當時學術界的學術地位與《七
經小傳》的學風新奇當爲重要原因。

《四庫》館臣說：「蓋敞本欲作《七經傳》，惟《春秋》先成，凡所札記
已編入《春秋傳》、《意林》、《權衡》、《文權說例》五書中，此三條……於經
文無所附麗，故其文仍在此書中」。〔註38〕由「蓋」字看，此語本爲四庫館臣
推測之語，但卻在情理之中。《七經傳》並不是後來的《七經小傳》，作爲札
記性的著作，在《春秋傳》等成書時，把《春秋》類的條目先編入，但現存
《七經小傳》中的三條《春秋》條目是否出於「經文無所附麗，故其文仍在
此書中」則未必，或此三條爲《春秋傳》等成書後而得亦可〔註39〕。如此，《七
經小傳》實爲《七經傳》的縮小本，在《春秋傳》等著作之前既已出現。從
宋人多以之作爲慶曆間學風變化的代表性著作來看，《七經小傳》雖未成書，
但在慶曆間當已極爲盛行，並給劉敞帶來相當名聲。以此，當劉敞慶曆間就
省試時，其父才可自負其子可以「魁天下」。〔註40〕換言之，《七經小傳》之
作在劉敞中進士前，即慶曆六年前，《七經小傳》是劉敞較早期著手的作品。

以慶曆間《尚書》學而言，在新學風影響下的諸學者中，歐陽修有《泰

性、詩文唱酬及金石學研究概貌。參黃惠運：《歐陽修與劉敞》（《吉安師專學
報》哲學社會科學版，1995 年 11 月。）。

〔註37〕　（清）錢曾：《讀書敏求記》卷 1，北京：書目文獻出版社，1984 年，第 15
頁。

〔註38〕　（清）永瑢、紀昀主編：《四庫全書總目提要》卷 33《七經小傳》下，第 180
頁。

〔註39〕　朱維錚先生推測：「（《七經小傳》）可能是傳寫者輯集，並非劉敞的寫定本。」
可參朱維錚：《中國經學史十講》（上海：復旦大學出版社，2002 年）第 274
頁。可備一說。

〔註40〕　丁傳靖輯：《宋人軼事彙編》卷 9「二劉」條引《默記》，北京：中華書局，2003
年第二版，第 431 頁。

誓論》一篇疑《尚書》，胡瑗有《洪範解》一卷、《尚書全解》二十八卷，而
《洪範解》「皆其（胡瑗）門人所錄，無詮次首尾」〔註41〕，《尚書全解》則
受到朱熹的懷疑：「胡安定《書解》，未必是安定所注，蓋專破古說，不似胡
平日意，又間引東坡說，東坡不及見安定，必是僞書。」〔註42〕如此，慶曆
新學風下，《尚書》較早且較爲全面的研究性著作尚推劉敞《七經小傳》。《七
經小傳》之《尚書》部分涉及《堯典》、《舜典》、《九共》、《大禹謨》、《皋陶
謨》、《益稷》、《禹貢》、《胤征》、《湯誓》、《伊訓》、《微子》、《泰誓》、《武成》、
《無逸》14 篇；從中，劉敞對《尚書》經傳注疏、經之字詞句及經之文義提
出了自己的觀點。

二、「及門而未心折」與劉敞的學術地位

　　關於劉敞與歐陽修二者的關係，目前學術界有三種觀點，一是認爲劉敞
爲歐陽修門人〔註43〕，二是否認劉敞爲歐陽修門人〔註44〕，三是以清代王梓
材爲代表的觀點，「及門而未心折者」，「黃涪翁跋先生帖，謂：『劉侍讀，文
忠公門人也。』涪翁及見先生，此語當得其實。觀謝山所云，蓋先生之於廬
陵，及門而未心折者耳。」〔註45〕前二者針鋒相對，第三種觀點則爲折衷而
偏向於第一種觀點。由於歐劉二人的關係涉及到慶曆新學風的定位問題，如
許道勳、徐洪興二先生據劉敞爲歐陽修門人而認爲：「長期以來經學史界都把
劉敞作爲北宋經學變古始作俑者，這是人云亦云的誤解，並不符合事實。」〔註
46〕故辨明劉歐二人關係對確定劉敞在宋代學術史上的地位尤爲重要。

〔註41〕（宋）晁公武：《郡齋讀書志》卷 1「書類」，第 54 頁。楊東蓴先生以之爲「以
　　　　象數言《尚書》者。」參楊東蓴：《中國學術史講話》（南京：江蘇教育出版
　　　　社，2005 年）。
〔註42〕（清）朱彝尊：《點校補正經義考》卷 79「書」，第 269 頁。
〔註43〕曾建林先生認爲：「劉敞是歐陽修的弟子，他的不守章句注疏的義理經學實際
　　　　上是得自歐陽修的影響。」參曾建林：《宋初經學的轉型與歐陽修的經學的特
　　　　點》（《浙江大學學報》人文社會科學版，2002 年 3 月）。
〔註44〕日本學者江口尚純的《劉敞的生平及學術成就》一文提出異議，該文以多種
　　　　材料論證了劉敞並非歐陽修的弟子。參江口尚純撰，馮曉庭譯：《劉敞的生平
　　　　及學術成就》（林慶彰主編：《經學研究論叢》第十二輯，臺灣：學生書局，
　　　　2004 年，第 311～326 頁）。
〔註45〕（清）黃宗羲原著、全祖望修補：《宋元學案》卷 4《廬陵學案》梓材案語，
　　　　第 208 頁。
〔註46〕許道勳、徐洪興：《中國經學史》，第 202 頁。

黃宗羲《宋元學案》以劉敞列入廬陵門人，但劉敞並未把歐陽修視爲先生之處多見，如《公是先生弟子記》爲學術界認同爲劉敞假借其弟子名義而作，其中，關於與歐陽修之間問答諸條顯示出，歐陽修對劉敞的請教，且直記爲「永叔」，沒有弟子對先生的尊敬。〔註47〕更明確表示出劉敞對歐陽修缺乏尊敬的是劉敞對歐陽修的譏諷之詞，如：

> 劉原父望歐公稍後出，同爲昭陵侍臣，學問文章，勢不相下，然相樂也。歐陽公喜韓退之文，皆成誦。原父戲以爲韓文究，每戲曰：「永叔於韓文，有公取，有竊取。竊取無數，公取粗可數。」歐陽公以退之《讀墨子》不相用不足爲孔、墨爲叛道，原父笑曰：「永叔無傷事主也。」〔註48〕

在提倡師道的宋代，這種不尊敬是格格不入的。能對此解釋得通的就是劉敞本人的性格中含有的「自負」，即如清儒全祖望所說：「自負獨步，虎視一時」。〔註49〕劉敞的自負加以並非完全得之於歐陽修，而且有自己獨立的學術原則與觀點使然。換言之，「及門而未心折者」更能體現劉歐二人的關係。如此，劉敞《七經小傳》大行於慶曆間，是劉敞個人的學術風格與學術成就的體現。慶曆新學風不必始於某一具體個人，而是作爲一種風氣存在著〔註50〕，《七經小傳》則使劉敞在當時可以獨樹一幟。

三、《七經小傳‧尚書》的學術特點

自唐孔穎達《五經正義》定爲科舉功令，政府以行政力量使士子守訓詁而不鑿。靠政府力量，晚出孔傳《古文尚書》大行，在經學中居於統治地位。宋初承唐制，科舉以進士、明經等取士，直至慶曆間范仲淹改革，科舉明經一直要求士子恪守《五經正義》之注疏而不變，不過，范仲淹科舉改革顯示了一種對義理重視的學風向政治上滲透的傾向。當然，這是宋代社會危機給

〔註47〕　（清）黃宗羲：《宋元學案》卷4《廬陵學案》，第207～208頁。
〔註48〕　丁傳靖輯：《宋人軼事彙編》卷9「二劉」條引《邵氏聞見錄》，第432頁。
〔註49〕　（清）黃宗羲：《宋元學案》卷四《廬陵學案》謝山《公是先生文鈔序》，全祖望修補，第208頁。
〔註50〕　如清儒錢大昕說：「宋景文《唐書‧儒學傳》，於啖助贊深致貶斥。蓋其時孫復、石介輩，已有此等議論，而歐陽公頗好之，故於此《傳》微示異趣，以防蒧古之漸。」可參錢大昕：《十駕齋養新錄》卷十八「宋儒經學」條（上海：上海書店，1983年），第425頁。由此可見，疑經惑傳是當時一種風氣，且歐陽修對此尚有所保留。

學士大夫的刺激使然。學術中依據經典作義理發揮的慣性衝擊了原有經典的不可動搖性，學士大夫疑經傳，發揮義理成爲一時風氣。劉敞《七經小傳》即爲其代表著作之一。作爲宋代第一部以義理解經方式研究《尚書》的著作，儘管還不夠系統，但亦足可見劉敞的解經特點與學術風貌。四庫館臣從經文角度認爲劉敞解經「改易經字以就己說」、「以己意改經」、「穿鑿」等〔註51〕，但並未注意劉敞對舊傳注的態度及義理解經的傾向。

（一）批評《孔傳》

宋初士子守章句訓詁，學術界常舉的例子是宋真宗時李迪、賈邊事，「邊以《當仁不讓於師論》以『師』爲『眾』，與注疏異」，被認爲「邊特立異說，將令後生務爲穿鑿，漸不可長。」被黜。〔註52〕就《尚書》言，宋初科舉要求則爲遵循孔穎達在晚出古文《尚書》基礎上所作的《尚書正義》。不過，科舉可以範圍士子思想，卻不能限制所有學士大夫的思想，劉敞《七經小傳·尚書》即表現出對孔傳的批評（此處《孔傳》指晚出孔安國傳古文《尚書》之《傳》）。

（1）**批《孔傳》與回歸鄭注**。就《尚書》的解釋而言，東漢鄭玄對《尚書》的注從漢至南北朝在學術界基本上一直佔優勢，直至隋唐時，由於劉炫、劉焯的提倡，特別是唐代孔穎達《尚書正義》得政府支持頒爲科舉功令後，晚出孔傳古文《尚書》逐漸代替了鄭玄注在學術界的地位而使之泯沒。此後，唐至宋初的大部分時間裏，晚出孔傳古文《尚書》都在學術界與政治上占著統治地位。慶曆間，劉敞《七經小傳·尚書》則一反常態，顯示出否定《孔傳》而提倡鄭注的特點。

對《堯典》中「南交」二字，晚出《孔傳》認爲：「南交，言夏與春交。」〔註53〕劉敞批評說：「『春與夏交』，非也」。「冬與秋交，秋與夏交，春與冬交，亦何不曰西交、北交、東交乎？且春曰嵎夷，曰暘谷；秋曰宅西，曰昧谷；冬曰朔方，曰幽都；此皆指地而言，不當至於夏獨以氣言也」。他進一步指出：「本蓋言宅南日交趾，後人傳寫脫兩字故爾，非眞也」。〔註54〕劉敞指出孔傳

〔註51〕 （清）永瑢、紀昀主編：《四庫全書總目提要》卷33《七經小傳》下，第181頁。

〔註52〕 《宋史》卷282《王旦傳》，第9550頁。

〔註53〕 （唐）孔穎達：《尚書正義》引，上海：上海古籍出版社，2007年，第39頁。

〔註54〕 （宋）劉敞：《公是七經小傳》卷上，上海涵芬樓據宋槧本影印〔民國十七年〕。

釋「南交」的自我矛盾所在，以爲「南交」當「指地而言」，爲交趾，相較孔傳，確爲勝，並爲後世學者沿用，如蘇軾、林之奇〔註55〕等。不過，劉敞指出「後人傳寫脫兩字故爾」，卻沒說所脫兩字爲何，殊爲憾事。考鄭玄注：「宅南，曰大交」〔註56〕在「南」與「交」之間加以「曰大」二字。進而溯其源，「大交」出於伏生《大傳》，如「中祀大交」，其注則有「南交稱大交」。再者，「交趾」一義亦出於伏生《大傳》，其在「申命羲叔，宅南交」下釋曰：「堯南撫交趾」。〔註57〕鄭玄注經兼用今古文，「南交」之義取自伏生無疑。以此，在「南交」一詞的釋義上，可以看出，劉敞注《尚書》是對晚出《孔傳》的反動，而對今文《尚書》的回歸，對伏生《大傳》、鄭玄注的回歸。

又，《舜典》「如五器，卒乃復」一句。晚出《孔傳》釋爲：「器，謂圭璧。如五器，禮終則還之，三帛、生、死則否。」〔註58〕與馬融注同，「五器，上五玉。五玉禮終則還之，三帛已下不還也。」〔註59〕而劉敞以爲：「『卒乃復』者，巡守事畢，王乃還者也。」〔註60〕與鄭玄同：「卒，已也。復，歸也。巡守禮畢，乃反歸矣。」〔註61〕

再，對《益稷》「州十有二師」一語，《孔傳》釋爲：「一州用三萬，九州二十七萬庸。」〔註62〕劉敞批評說：「說者謂：『禹治洪水，州用三萬人』，非也。」〔註63〕認爲：「師猶長爾，一州十二師，以商周之制推之則連率卒之類也。」〔註64〕南宋人林之奇指出：「『州十有二師者』，孔鄭之說不同。孔氏以謂『一州用三萬人功，九州二十七萬庸』。薛氏云『大司馬法二千五百人爲師，

〔註55〕如北宋蘇軾《書傳》以「南交爲交趾」（蘇軾：《書傳》卷1《堯典第一》）南宋林之奇以「南交即交趾」，且其理由與劉敞相似：「『南交』，孔氏云：夏與春交：⋯⋯此說不然。於東西曰嵎夷，曰昧谷，皆地名也，不應於南方獨言其萬物相見之時。」（林之奇：《尚書全解》卷1《堯典》）

〔註56〕顧頡剛、劉起釪：《尚書校釋譯論》引鄭玄注，第46頁。

〔註57〕（清）孫星衍：《尚書今古文注疏》卷1《堯典第一上·虞夏書一》，北京：中華書局，1986年，第17頁。

〔註58〕（唐）孔穎達：《尚書正義》引，第82頁。

〔註59〕（清）孫星衍：《尚書今古文注疏》卷1《虞夏書一·堯典第一下》「卒乃復」注引，第47頁。

〔註60〕（宋）劉敞：《公是七經小傳》卷上。

〔註61〕（清）孫星衍：《尚書今古文注疏》卷1《虞夏書一·堯典第一下》「卒乃復」注引，第47頁。

〔註62〕（唐）孔穎達：《尚書正義》卷5《益稷第五》，第174頁。

〔註63〕（宋）劉敞：《公是七經小傳》卷上。

〔註64〕（宋）劉敞：《公是七經小傳》卷上。

此蓋兵制也。禹之治水豈故用此師也哉!』以是知孔氏之說爲不可用。鄭氏云『每州立十二諸侯爲之師,以佐牧也。』此則正與下文『外薄四海,咸建五長』相應;其說爲長。」〔註65〕兩相比較,劉敞之說實與鄭玄之說同,都以「師」爲州牧之官佐,且與伏生《大傳》亦相異,《大傳》認爲:「古之處師,八家而爲鄰,三鄰而爲朋,三朋而爲里,五里而爲邑,十邑而爲都,十都而爲師。州十有二師焉。」〔註66〕以「師」爲地方之制。

由上述可知,劉敞《七經小傳·尚書》在某些地方似乎是對今文《尚書》家的回歸,但由於鄭玄注經兼用今古文,且伏鄭相異時而取鄭說,故更確切地說,是對鄭注的回歸,對晚出《孔傳》的批評。

(2)以義理批評《孔傳》。義理體現人的思想認識與經驗基礎。劉敞在對《孔傳》加以批評時,往往以義理爲標準指責《孔傳》之誤。如《湯誓》小序「伊尹相湯伐桀,升自陑」一語,《孔傳》釋爲:「桀都安邑,湯升道從陑,出其不意。」〔註67〕劉敞則認爲:「陑,桀恃險也;升之者,言其易也;著此者,言桀雖據險亦不能拒湯,所謂地利不如人和。孔氏注乃曰:『出其不意』,孫吳之師非湯與伊尹之義也。」〔註68〕從實際而論,劉敞之說未必優於《孔傳》,但劉敞仍以聖人之德爲標準否認《孔傳》而張揚其德之理論。

又,《泰誓》「惟十有一年,武王伐殷」,《孔傳》以爲:「觀兵孟津,以卜諸侯伐紂之心。諸侯僉同,乃退以示弱。」〔註69〕劉敞視之爲非,以爲:「聖人豈有私天下之心哉!觀兵孟津者,所以憚紂也,欲其畏威悔過,反善自修也。如紂遂能改者,武王亦北面事之而已矣。然則,進非示強也,退非示弱;進所以警其可畏,退所以待其可改。及其終不畏,終不改,然後取之。此篇稱紂『罔有悛心,乃夷居弗事上帝神祇』,足以知武王退非示弱而襲之明矣。」〔註70〕文意相接,《孔傳》釋《武成》「既戊午,師逾孟津。癸亥,陳於商郊,俟天休命。」認爲:「自河至朝歌出四百里,五日而至,赴敵宜速。」〔註71〕

〔註65〕（宋）林之奇:《尚書全解》卷6《益稷》,文淵閣四庫全書本（55冊),上海:上海古籍出版社,1987年,第121頁。
〔註66〕（清）孫星衍:《尚書今古文注疏》卷2《虞夏書二·皋陶謨第二下》,第117頁。
〔註67〕（唐）孔穎達:《尚書正義》,第283頁。
〔註68〕（宋）劉敞:《公是七經小傳》卷上。
〔註69〕（唐）孔穎達:《尚書正義》,第396頁。
〔註70〕（宋）劉敞:《公是七經小傳》卷上。
〔註71〕（唐）孔穎達:《尚書正義》,第435頁。

劉敞亦以為非，認為：「《傳》曰：『紂使膠鬲問師期，武王告以甲子。武王恐失期而膠鬲死於是，亟行軍。吏曰：請少緩。武王不可，曰：膠鬲賢者也。』吾以此《傳》雖不見經而以解此經為合。夫王者之師正而不奇，不乘人以險，不掩人以不備者也。何以赴敵宜速哉？」〔註72〕與前例相類，劉敞從其聖人觀（王者）出發，否認《孔傳》「示弱」之說，否認「赴敵宜速」之說，正如他以德來對軍事行動作出判斷一樣，未必正確，只是以其自己的觀點釋經而已。

（3）以史實反《孔傳》。事實無疑是最好的證據。劉敞在反對《孔傳》時亦往往引用史實加以反證。對亡佚的《九共》篇，劉敞認為「共當作丘」，由於「（丘）與共相近，故誤傳以為共耳」；並進而批評《孔傳》曰：「孔安國為隸古定書，不知丘字誤為共，遂肆臆說云：『述職方以除九丘』。」〔註73〕

在《伊訓》篇，《孔傳》認為「湯沒而太甲立，稱元年」，〔註74〕且以為「湯崩逾月，太甲即位」，〔註75〕，即以「元祀十有二月乙丑」之「元祀」視為太甲元年。劉敞則以「一年不二君」〔註76〕的史實，否認孔說。

（二）對經文的疑改

劉敞非僅對《孔傳》加以批評，而且把懷疑的矛頭指向了《尚書》經文本身，指出《尚書》中衍、誤、錯編等處。

衍例：對《舜典》「夔曰：『予擊石拊石，百獸率舞』」一語，劉敞認為：「《益稷》之末又有『夔曰：於！予擊石拊石，百獸率舞。』然則，《舜典》之末衍一簡也。何以知之邪？方舜之命二十二人，莫不讓者，惟夔、龍為否，則亦已矣；又自贊其能，夔必不為也；且夔於爾時始見命典，不應遂已有百獸率舞之事，是今日適越而昔至也。」〔註77〕既然疑為衍，則《舜典》此句當刪。林之奇批評說：「薛氏、劉氏皆以為《益稷》脫簡重出。蓋方命夔典樂而夔遽言其擊石拊石致百獸率舞之效，非事辭之序也。而《益稷》篇又有此文，故二公疑其差誤，以理觀之，義或然也；然筆削聖人之經以就己意，此風亦不可長。孔子曰：『多聞闕疑，慎言其餘，則寡尤。』此實治經之法也。」

〔註72〕　（宋）劉敞：《公是七經小傳》卷上。
〔註73〕　（宋）劉敞：《公是七經小傳》卷上。
〔註74〕　（唐）孔穎達：《尚書正義》，第300頁。
〔註75〕　（唐）孔穎達：《尚書正義》，第301頁。
〔註76〕　（宋）劉敞：《公是七經小傳》卷上。
〔註77〕　（宋）劉敞：《公是七經小傳》卷上。

〔註78〕其中，劉氏即劉敞。不管「筆削聖人之經以就己意」正確與否，但劉敞對《尚書》詞句的推斷卻反映了他的疑改精神。

誤例：對《皋陶謨》「願而恭」，劉敞認為：「『恭』當作荼字誤也。荼者，舒也。願愨過者，患在不荼，故以荼濟願也。」〔註79〕

對《無逸》「此厥不聽，人乃訓之。」「此厥不聽，人乃或譸張為幻。」劉敞認為「此兩『聽』字皆當作『德』字，字形相似故誤爾。」〔註80〕

錯編例：此則更突出地表現在劉敞對《武成》篇的態度上。劉敞認為：「此書簡策錯亂，兼有亡逸」，並「粗次定之於下曰：『壬辰，帝死魄，越翼日癸巳，王朝步自周，於征伐商』。此下當次以『底商之罪，告於皇天后土』。『所過名山大川』下至『大賚於四海而萬姓悅服』比在紂都所行之事也。然後次以『厥四月哉生明，王來自商至於豐』。然後又次以『丁未祀於周廟』，下至『予小子其承厥志』。此下武王之誥未終，當有百工受命之語。計脫五六間矣。然後次以『乃偃武修文，』然後又次以『列爵惟五。戊午，師逾孟津。癸亥，陳於商效。甲子，俟天休命。」〔註81〕南宋人林之奇說：「此處先後，說者極多。惟唐孔氏依漢孔氏先後為說，而其先後失次者與夫簡編之疑有脫逸，則論其端而使學者以意逆志而自得焉。此為得體，但惜其論之有所未至也。某今於此篇不敢輕有去取。劉元甫（敞）、王介甫、程伊川、孫元忠數家之說始依唐孔氏之意。」〔註82〕如此，劉敞等人改定《武成》實以唐孔穎達「以意逆志」之意，即以己意改經。

（三）《七經小傳・尚書》的義理闡發

就《七經小傳》而言，其中《尚書》部分的義理闡發主要是強調了他的「德」的思想。劉敞認為：「人之性固有九德」，〔註83〕德為人性固有，從而把道德規範先驗地賦予人。在此基礎上，劉敞又指出：「於九德之中，能一德有常，則可謂士矣。三德，可以為卿大夫。六德，可以為諸侯。九德咸事，

〔註78〕（宋）林之奇：《尚書全解》卷三《舜典》，文淵閣四庫全書本（55 冊），第 65 頁。
〔註79〕（宋）劉敞：《公是七經小傳》卷上。
〔註80〕（宋）劉敞：《公是七經小傳》卷上。
〔註81〕（宋）劉敞：《公是七經小傳》卷上。
〔註82〕（宋）林之奇：《尚書全解》卷二十三《武成》，文淵閣四庫全書本（55 冊），第 434 頁。
〔註83〕（宋）劉敞：《公是七經小傳》卷上。

可以王天下。」能否行事以德順性決定了人在社會中的價值，但價值並不等於地位，「可以爲」不等於「爲」。劉敞關於德的思想實際上是企圖以虛的價值代替實的地位，以實現其大力提倡德的思想的目的，其中，實潛含了對人性中追求名利地位的承認。不過，劉敞所言之德更多地強調善性之存在，「三德，所謂善人；六德，所謂君子；九德，所謂聖人。惟聖人爲能王天下，君子可以爲諸侯，善人可以爲卿大夫，有恒者可以爲士。」〔註84〕劉敞這種明善暗惡的德論恰表現出其德之思想的欺騙性。正是用這種德的思想，劉敞對《尚書》中的一些篇章詞句作出判斷，如前所言，劉敞對《湯誓》「伊尹相湯伐桀，升自陑」，認爲非「出其不意」，「出其不意」是一種詭詐，湯之師是講究「德」的，「孫吳之師非湯與伊尹之義也」。〔註85〕又如《泰誓》篇，劉敞不認爲「觀兵孟津」是「退以示弱」，而認爲「觀兵孟津者，所以憚紂也，欲其畏威悔過，反善自修也。如紂遂能改者，武王亦北面事之而已矣。」根據就是「聖人豈有私天下之心哉！」〔註86〕再如《武成》「戊午，師逾孟津。癸亥，陳於商郊。」劉敞反對《孔傳》「赴敵宜速」之說，而認爲武王以膠鬲爲賢者，「恐失期而膠鬲死於是，亟行軍。」根據是「夫王者之師正而不奇，不乘人以險，不掩人以不備也。」故「何以赴敵宜速哉？」〔註87〕以上是以「德」行事的正面例子。從反面而言，劉敞認爲失「德」則致亡，如對《微子》篇，劉敞釋「王子弗出，我乃顛隮」曰：「今王子不出必見殺，王子見殺，我乃隕滅矣。所以然者，三仁存則殷存，三仁亡則殷亡。」〔註88〕總之，劉敞依《七經小傳‧尚書》所用的義理闡發只能說明他是一個儒家思想的繼承者。

四、結論

綜上所述，劉敞《七經小傳‧尚書》之作除《四庫》館臣所言「改易經字以就己說」、「以己意改經」、「穿鑿」〔註89〕外，還包含批評孔《傳》及注重依經作義理闡發的特點。但觀其學術態度，「穿鑿臆說」非其本意，如他在《上仁宗論龍昌期學術乖僻》中攻擊龍昌期說：「前日朝廷以龍昌期所著書下

〔註84〕（宋）劉敞：《公是七經小傳》卷上《皋陶謨》「彰厥有常，吉哉」下。
〔註85〕（宋）劉敞：《公是七經小傳》卷上《湯誓》「伊尹相湯伐桀，升自陑。」下。
〔註86〕（宋）劉敞：《公是七經小傳》卷上《泰誓》「惟十有一年，武王伐殷」下。
〔註87〕（宋）劉敞：《公是七經小傳》卷上《武成》。
〔註88〕（宋）劉敞：《公是七經小傳》卷上《微子》。
〔註89〕（清）永瑢等：《四庫全書總目提要》卷33《七經小傳》下，第181頁。

兩制。臣等觀其穿鑿臆說，詭僻不經，甚至毀訾周公，疑誤後學，難以示遠。
乞下益州，毀棄板〔版〕本。……昌期之學，違古背道，所謂言僞而辨，學
非而博，是王制之不聽而誅者也」。〔註90〕此疏遠在《七經小傳》盛行之後。
由此可見，在慶曆新學風的影響下，「穿鑿臆說，詭僻不經」者更有其人，相
對而言，劉敞之《七經小傳》尚稍爲緩和。此疏上後，「昌期聞之，懼不敢受
賜」，〔註91〕亦說明《七經小傳》固然有「新奇」之處，但在當時可以爲人所
接受，更重要的是，劉敞強調傳統的德的思想，不「違古背道」，這也是劉敞
不同於龍昌期之處，以此才可理解《七經小傳》在慶曆間的「未成書而行」
且未受攻擊。總之，從劉敞《七經小傳·尚書》可以看出，慶曆間存在著疑
經疑傳，由經發揮義理的學風，劉敞是慶曆新學風的一個突出的代表人物，
古道的維護仍是學士大夫們的基本主張，換言之，慶曆新學風並不意味著必
然隨意解經。

〔註90〕（宋）劉敞：《公是集》卷 32《奏疏·上仁宗論龍昌期學術乖僻》，叢書集成
　　　　初編本，上海：商務印書館，1935 年，第 388 頁。
〔註91〕（清）黃宗羲：《宋元學案》卷 4《廬陵學案》，全祖望修補，第 207 頁。

第四章　王氏新學《尚書》學

　　王安石（公元 1021～1086 年），字介甫，江西臨川人。王安石是「荊公新學」學派的創立者，熙寧變法的主持者，是將學術與政治緊密結合在一起的重要範例，正如南宋人陸九淵所評：「掃俗學之凡陋，振弊法之因循，道術必爲孔孟，勳績必爲伊周，公之志也」。「用逢其時，君不世出，學焉而後臣之，無愧成湯高宗，公之得君，可謂專也」。〔註1〕學術與政治的互動在王安石身上的體現是被共認的，其學「獨行於世者六十年」〔註2〕，對宋代學術與政治產生了深且巨的影響。王安石學術曾爲當時政治活動的指導思想，因此，其學術特點值得關注毫無疑問。

　　固然，新學之「新」源於熙寧間王安石《三經義》之作與頒行，「安石訓釋《詩》、《書》、《周禮》，既成，頒之學官，天下號曰『新義』。」〔註3〕但新學成就則應包括王安石及其弟子的學術著作。其中，新學學派的《尚書》學成就主要有王安石的《洪範傳》、《尚書新義》，及其弟子蔡卞的《尚書解》（佚）〔註4〕，陸佃的《二典義》一卷〔註5〕，張綱的《尚書講義》三十卷〔註6〕等。

〔註1〕　《陸九淵集》卷十九《荊國王文公祠堂記》，第232頁。清人陸心源在其《儀顧堂集》卷11《臨川集書後》也說：「三代而下，有經濟之學，有經術之學，有文章之學，得其一皆可以爲儒。意之所偏喜，力之所偏注，時之所偏重，甚者互相非笑，蓋學之不明也久矣。自漢至宋千有餘年，能合經濟、經術、文章而一之者，代不數人，荊國王文公其一焉。」對王安石有較高評價。

〔註2〕　（宋）陳振孫：《直齋書錄解題》卷2《書義》下，上海：上海古籍出版社，1987年，第29頁。

〔註3〕　《宋史》卷327《王安石傳》，第10550頁。

〔註4〕　侯外廬主編：《中國思想通史》第4卷，第441～448頁。

〔註5〕　（宋）陳振孫：《直齋書錄解題》卷2，第30頁。

本書主要對王安石本人的《尚書》學著作加以研究，藉以探討王安石的思想學術特點及其在學術史上的地位與影響。

第一節　王安石《洪範傳》研究

　　《洪範傳》為王安石早期著作，是反映其早期學術特點的代表作。對《洪範傳》，今人從唯物論、辯證法、道德性命等角度多有研究，並有較高評價。〔註7〕本書擬在前人研究成果的基礎上對《洪範傳》加以探討，以明瞭王安石早期的學術特點及其給《洪範傳》恰當的學術定位。

一、《洪範傳》的成書與流傳

　　資料的缺乏使準確地考證出王安石《洪範傳》的著作時間已不可能，但《洪範傳》為王安石早期作品大體可以界定。王安石弟子陸佃曾在《傅府君墓誌銘》中記：「淮之南，學士大夫宗安定（胡瑗）先生之學，予獨疑焉。及得荊公《淮南雜說》與其《洪範傳》，心獨謂然，於是願掃臨川先生之門。」〔註8〕在《沈君墓表》中又記：「治平三年，今大丞相王公守金陵，以緒餘成學者，而某也實並群英之遊。」〔註9〕陸佃於宋英宗治平三年從學於王安石，而此前他曾得荊公《洪範傳》且為之傾倒而「願掃臨川先生之門」。《洪範傳》作於治平三年之前無疑。又，王安石在《書〈洪範傳〉後》中曰：「吾所以教者，非將善其口耳也」。〔註10〕《洪範傳》當為安石於江寧收徒講學時的作品。嘉祐八年八月，王安石的母親在開封去世，他遂去官奉母柩歸金陵。其後，治平二年十月，朝廷「復以王安石為工部郎中知制誥，母喪除故也。」〔註11〕但安石並未去任職，而是繼續留在江寧，收徒講學，並從事著作。《洪範傳》

〔註6〕（宋）陳振孫：《直齋書錄解題》卷2，第32頁。

〔註7〕侯外廬主編：《中國思想通史》第4卷，第450～462頁；漆俠：《宋學的發展和演變》，第322頁。

〔註8〕（宋）陸佃：《陶山集》卷15《傅府君墓誌銘》，上海：商務印書館，1935年，第165頁。

〔註9〕（宋）陸佃：《陶山集》卷16《沈君墓表》，第183頁。

〔註10〕《王安石全集》卷33《雜著·書洪範傳後》，上海：上海古籍出版社，1999年，第301頁。

〔註11〕《續資治通鑒長編》卷206，「治平二年十月甲午」條，第5004頁。

之作當在此時，即治平二年前後。〔註12〕同時，從陸佃所記可以看出，與胡瑗弟子所記《洪範口義》相較，《洪範傳》是一部有王安石獨立見解的著作，治平年間很快即廣爲流傳。

《續資治通鑑長編》卷二百十六記：「安石嘗進所著《洪範傳》，上手詔答之，及奏事罷，因留身謝。」「《洪範傳》或於此附見一二，九月壬子亦可附。」〔註13〕即王安石曾向神宗進呈《洪範傳》，時間約在熙寧三年九、十月間〔註14〕。時，變法正在進行，並受到反對派極大的阻撓，即如王安石在《進洪範表》中所說：「朝士未化，海內未服，紀綱憲令，尚或紛如」〔註15〕。在此變法受阻的情況下，王安石進呈《洪範傳》，目的則爲堅定神宗的變法意志，「考箕子之所述，以深發獨智，趣時應變」〔註16〕，使變法能持續進行下去。也就是在此次進呈中，王安石對《洪範傳》「刪潤繕寫」，有所改訂。因此，《洪範傳》應有治平間的與熙寧間修改後的兩種文本。現存於《王安石全集》中的《洪範傳》文本可能爲修改後的，但無實證，不能確言。

由上述可知，王安石《洪範傳》約作於治平二年前後，熙寧間作過一定修改，文本應有兩種。同時，王安石《洪範傳》是一部具有獨立見解的著作，一定程度上可以反映王安石早期的學術志趣與學術特點。

二、《洪範傳》的研究原則與目的

如前所言，《洪範傳》本爲王安石江寧講學時所作，而其《書洪範傳後》則明確表達了他的施教原則與方法，表現了他個人的學術志趣。

首先，「資其言以施於世」。王安石在《書〈洪範傳〉後》說：「古之學者，

〔註12〕 鄧廣銘先生認爲：「(《〈洪範〉傳》之作) 當爲宋英宗初年也。」可參鄧廣銘：《北宋政治改革家王安石》，第 65 頁。漆俠先生認爲：據陸佃《傅府君墓誌》，陸佃讀《淮南雜說》和《洪範傳》的時間是在嘉祐六、七年間，並進而指出此二書在此時〔或稍前〕雕版印行。可參漆俠：《宋學的發展和演變》，第 319 頁。高克勤先生認爲：「《洪範傳》撰成於治平三年前，而『刪潤繕寫』於熙寧初年。」可參高克勤：《王安石著述考》(《復旦學報》社科版，1988 年第一期)。

〔註13〕 《續資治通鑑長編》卷 216，「熙寧三年十月甲戌」條，第 5257 頁。

〔註14〕 清人蔡上翔說：「惟《洪範傳》以入於《臨川集》百卷中幸存。其進御覽，必在元豐之世，又無年月日可考……」恐有誤。可參蔡上翔：《王荊公年譜考略》卷 22，《王安石年譜三種》，第 511 頁。

〔註15〕 《王安石全集》卷 20《表·進洪範表》，第 181 頁。

〔註16〕 《王安石全集》卷 20《表·進洪範表》，第 181 頁。

雖問以口，而其傳以心；雖聽以耳，而其受以意。故爲師者不煩，而學者有得也。……孔子沒，道日以衰熄，浸淫至於漢，而傳注之家作。爲師則有講而無應，爲弟子者則有讀而無問。非不欲問也，以經之意爲盡於此矣，吾可無問而得也。豈特無問，又將無思。非不欲思也，以經之意爲盡於此矣，吾可以無思而得也。夫如此，使其傳注者皆已善矣，固足以善學者之口耳，而不足善其心，況其有不善乎？宜其歷年以千數，而聖人之經卒於不明，而學者莫能資其言以施於世也。」〔註17〕反對傳注之學的口耳之教使「聖人之經卒於不明，而學者莫能資其言以施於世」，主張對經義的心領意會，在問與思中得「經之意」，以達到「資其言以施於世」。換言之，王安石只是視治經爲手段，而以治世爲最終目的。在熙寧年間《進〈洪範傳〉表》中，王安石再次表明了他的學以治用的志趣：「以所嘗學措之事業爲天下利。」〔註18〕由此，可以說，經世致用是王安石作爲學士大夫一生所追求的最高價值。梁啓超先生以同情的角度對此有很高評價：「欲求荊公治經之法，尤在於其所著《書〈洪範傳〉後》」，其法則爲「傳之以心，受之以意，切問深思，而資所學以施於世，公之所以治經者盡於是矣。」〔註19〕

其次，傳注之學與「通其意」。王安石「資其所學以施於世」的追求使他治經不注重傳注之學，而是注重其中闡發的大義，他在《書〈洪範傳〉後》曰：「吾所以教者，非將善其口耳也。」其中，「口耳」之學就是「爲師則有講而無應，爲弟子則有讀而無問」的記誦式的教學方式，而「使其傳注者皆已善矣，固足以善學者之口耳」的傳注之家即持此。傳注之學非但「不足善其心」，況且傳注尚有「不善」之處。〔註20〕王安石明確表達了對傳注之學的反對。這是他明聖人之經意，「資其言以施於世」的追求的必然結果。

我們可以說，重實用便於學術適應時代需求，輕傳注則可能導致穿鑿解經與對經典的破壞，安石從《洪範傳》所表現出來的解經方法兼此兩種傾向。但慶曆前，重注疏之學風占居著學術界的統治地位，在此學風下，學士大夫思想受到禁錮而不可能使學術眞正達到「經世致用」，利於社會，而王安石的學術志趣無疑是對舊學風的猛烈衝擊，利於學士大夫解放思想，積極探尋治

〔註17〕《王安石全集》卷33《雜著・書洪範後》，第301頁。
〔註18〕《王安石全集》卷20《表・進洪範傳表》，第181頁。
〔註19〕梁啓超：《王荊公》，陳引弛編《梁啓超學術論著集・傳記卷》，第 291～292頁。
〔註20〕《王安石全集》卷33《雜著・書洪範傳後》，第301頁。

世之道。總之，王安石的學術原則與方法是在對當時社會與學風的眞切認識基礎上的概括。《洪範傳》就是其學術原則與方法的實踐與重要載體，「予悲夫《洪範》者，武王之所以虛心而問，與箕子之所以悉意而言，爲傳注者汨之，以至於今冥冥也，於是爲作傳以通其意」〔註21〕。

三、王安石《洪範傳》與孔《傳》的比較

固然，如前所言，王安石反對傳注之學，主張治經應「通其意」，但他並不否認傳注亦有善者，並且在《洪範傳》中對晚出孔《傳》作了一定吸收。從某種程度上可以說，與孔《傳》之《洪範》部分相較，王安石《洪範傳》是在孔《傳》基礎上的進一步發揮，也就是說，王安石《洪範傳》在對《洪範》篇的基本解釋上是與孔《傳》相同的，然後，以己意作了進一步的闡發。其例可見下表：〔註22〕

《尚書》原文	孔《傳》之《洪範傳》	王安石《洪範傳》
一，五行：一曰水，二曰火，三曰木，四曰金，五曰土。	皆其生數。	自天一至於天五，五行之生數也。以奇生者成而耦，以耦生者成而奇，其成之者皆五。五者，天數之中也，蓋中者成以成物也。道立於兩，成於三，變於五，而天地之數具。其爲十也，耦之而已。蓋五行之爲物，其時、其位、其材、其氣、其性、其形、其事、其情、其色、其聲、其臭、其味，皆各有耦，推而散之，無所不通。一柔一剛，一晦一明，故有正有邪，有美有惡，有醜有好，有凶有吉，性命之理、道德之意皆在是矣。耦之中又有耦焉，而萬物之變遂至於無窮。其相生也，所以相繼；其相剋也，所以相治也。語器也以相治，故序六府以相剋；語時也以相繼，故序盛德所在以相生。

〔註21〕《王安石全集》卷33《雜著·書洪範傳後》，第301頁。
〔註22〕據（漢）孔安國傳，〔唐〕孔穎達正義：《五經正義》，上海：上海古籍出版社，2007年；《王安石全集》卷25《傳·洪範傳》，上海：上海古籍出版社，1999年。

《尚書》原文	孔《傳》之《洪範傳》	王安石《洪範傳》
二，五事：一曰貌，二曰言，三曰視，四曰聽，五曰思。貌曰恭，言曰從，視曰明，聽曰聰，思曰睿。恭作肅，從作乂，明作哲，聰作謀，睿作聖。	容儀。詞章。觀正。察是非。心慮所行。儼恪。是則可從。必清審。必微諦。必通於微。心敬。可以治。照了。所謀必成當。於事無不通謂之聖。	恭則貌欽，故作肅；從則言順，故作乂；明則善視，故作哲；聰則善聽，故作謀；睿則思無所不通，故作聖。五事以思為主，而貌最其所後也，而其次之如此，何也？此言修身之序也。恭其貌，順其言，然後可以學而至於哲。既哲矣，然後能聽而成其謀。能謀矣，然後可以思而至於聖。思者，事之所終而所成始也，思所以作聖也。既聖矣，則雖無思也、無為也，寂然不動，感而遂通天下之故可也。
三，八政：一曰食，二曰貨，三曰祀，四曰司空，五曰司徒，六曰司寇，七曰賓，八曰師。	勤農業。寶用物。敬鬼神以成教。主空土以居民。主徒眾，教以禮義。主奸盜，使無縱。禮賓客，無不敬。簡師，所任必良，士卒必練。	食、貨，人之所以相養也，故一曰食，二曰貨。有相生養之道，則不可不致孝於鬼神，而著不忘其所自，故三曰祀。有所以相生養之道，而知不忘其所自，然後能保其居，故四曰司空，司空所以居民。民保其居，然後可教，故五曰司徒，司徒所以教民。教之不率，然後俟之以刑戮，故六曰司寇。自食貨至於司寇，而治內者具矣，故七曰賓，八曰師。賓所以接外治，師所以接外亂也。

由上表可見，王安石並沒有從根本上改變孔《傳》對《洪範》篇的基本解釋，只是在孔《傳》解釋的基礎上作了進一步的發揮。當然，除以上所舉例外，其他如「四，五紀」、「五，皇極」、「六，三德」、「七，稽疑」、「八，庶徵」、「九，五福六極」之章都有此類特點，限於內容太多，不便全錄，謹以上表為例。

總之，王安石反對舊之傳注對學士大夫思想的禁錮，但他在《洪範傳》中並未完全拋棄舊傳注，而是在舊傳注的基礎上作進一步的發揮。這是與他對舊傳注之善處吸納的結果，是他一面主張治經「通其意」，另一面又注重經典依據的學術作風使然。王安石《洪範傳》是他治經「通其意」以經世致用的實踐，也是他不穿鑿解經的嚴謹學風的體現。由此，可以說，《洪範傳》作為從偏重注疏至偏重義理之學風過渡時期的代表性作品反映了早期的王安石在學術作風上是較為和緩的。

四、《洪範傳》與《尚書義・洪範》篇的比較

　　王安石《洪範傳》約作於治平間，爲王安石早期作品，熙寧三年，又作了修改；《尚書義》成於熙寧七年〔註23〕，爲其後期作品。在某種程度上，二者都是熙寧間的作品，都是王安石學術思想的體現。不過，二者相較，《尚書義・洪範》篇對《洪範傳》有因襲，也有發展，而不是完全相同。

　　首先，因襲例。對《尚書義》因襲《洪範傳》之處，臺灣學者程元敏先生已指出「次五，曰建用皇極。……次六，曰乂用三德。」等八條〔註24〕。除此之外，釋義與《洪範傳》略同者還有以下兩條：

　　（1）「皇極之敷言，是彝是訓，於帝其訓。凡厥庶民，極之敷言，是訓是行，以近天子之光。」〔註25〕

　　（2）「六三德：……惟辟作福，惟辟作威，惟辟玉食。臣無有作福作威玉食；臣之有作福作威玉食，其害於而家，凶於而國。人用側頗僻，民用僭忒。」〔註26〕

　　其次，發展例。《尚書義》之《洪範》篇晚於《洪範傳》的最後定稿，如前所言，有對《洪範傳》的因襲，但也不乏與《洪範傳》的相異處，且這種相異更多地表現爲在《洪範傳》基礎上進一步發展。如下表〔註27〕：

《尚書》原文	《洪範傳》	《尚書義・洪範》
（1）二，五事	此言修身之序也。	以五事分別配五行。
（2）三，八政：……七曰賓，八曰師。	賓所以接外治，師所以接外亂也。	所以相交際者不可廢，故賓次之。所以相保聚者不可廢，故師又次之。賓者，非

〔註23〕臺灣學者程元敏先生考證：「《尚書新義》在（熙寧）七年四月已上進」。可參程元敏：《三經新義修撰通考》，《三經新義輯考彙評（一）——尚書》（臺北：國立編譯館，1986年），第303頁。但程先生又說：「（《洪範傳》）定稿在《尚書新義》之後，說頗與《新義》同」。可參程元敏：《三經新義輯考彙評（一）——〈尚書〉》上篇《周書・洪範》，第143頁。此當有誤。

〔註24〕程元敏：《三經新義輯考彙評（一）——尚書》上編《周書・洪範第六》，第112頁，第113頁，第116頁，第119頁，第120頁，第121頁，第122頁，第123頁。

〔註25〕程元敏：《三經新義輯考彙評（一）——尚書》上編《周書・洪範第六》，第116頁；《王安石全集》卷25《傳・洪範傳》，第213頁。

〔註26〕程元敏：《三經新義輯考彙評（一）——尚書》上編《周書・洪範第六》，第116頁；《王安石全集》卷第二十五《傳・洪範傳》，第215頁。

〔註27〕據程元敏：《三經新義輯考彙評（一）——尚書》與《王安石全集》而成。

《尚書》原文	《洪範傳》	《尚書義‧洪範》
		獨施於來諸侯通四夷而已也，鄉使相賓。師者，非獨於征不庭、伐不順而已也，殺越人於貨，暋不畏死，不待教而誅之。
（3）惟辟作福，惟辟作威。	三德者，君道也。作福，柔克之事也；作威，剛克之事也。以其侔於神天也，是故謂之福。作福以懷之，作禍以威之，言作福則知威之為禍，言作威則知福之為懷也。三德者，君之所獨任而臣民不得僭焉者也。	惟辟作福，惟辟作威，荀子曰：「擅生殺之謂王，能利害之謂王。」義如此。君王用人惟己，亦「作福」之義。
（4）七，稽疑：擇建立卜筮人。	言有所擇，有所建，則立卜筮人。	有所選用謂之擇，有所創立謂之建。《周官‧太卜》所謂「凡國大貞，卜立君，卜大封」者，所謂「建」也；「大祭祀、國大遷、大師，則貞龜」，所謂「擇」也。
（5）曰貞，曰悔	（無具體解釋）	貞者，靜而正，故內卦曰「貞」。悔者，動而過，故外卦曰「悔」。動乎外豈皆有悔哉？而以外卦為「悔」者，悔生乎動故也。
（6）衍忒。	（二者有相同處，如上述。但《尚書義》又有增加如後）	推衍其義，以極其變也。如觀之否，則占九四之變；大有之睽，則占九三之變。
（7）汝則有大疑，……謀及卿士，謀及庶人。	言人君有大疑，則當謀之於己，己不足以決，然後謀之於卿士，又不足以決，然後謀之於庶民，又不足以決，然後謀之於鬼神。	周官：有大事，眾庶得至外朝，與群臣以序進，而天子親問焉。

由上表可知，《尚書義‧洪範》篇對《洪範傳》即有因襲，也有發展。其中，因襲者固然反映了王安石思想的一貫性，但如前所言，出於「資所學以施於世」的追求，發展者則體現了隨著形勢的變化，王安石的思想出現了相應的變化。熙寧六年設置經義局，時變法愈益深入，國內外反對勢力聯合阻

撓變法，變法鬥爭進入第二個高潮〔註28〕。在此情況下，王安石主張加大處罰力度，反擊對變法的阻撓。出於此，對《尚書義・洪範》篇「惟辟作福，惟辟作威」一語，王安石釋爲：「惟辟作福，惟辟作威，荀子曰：『擅生殺之謂王，能利害之謂王。』義如此。君王用人惟己，亦『作福』之義。」〔註29〕強調君主集權，甚而違反「不殺士大夫」的祖宗家法而強調誅殺。這反映出此時變法鬥爭的激烈狀態。正是由於變法鬥爭的激烈，《尚書義・洪範》篇中的某些釋義並不同於早期的《洪範傳》。實際上，《尚書義・洪範》篇所遭受的批評從側面也反映了這一點，如陳淵批評王安石「擅生殺之謂王，能利害之謂王」說：「此申商韓非之所爲，豈是先王之道？而彼不悟，反以證經。……今人勸人主攬權，多用此說，而不知聖人之言，意有所主。其下文云：『臣無有作福作威玉食，臣之有作福作威玉食，其害於而家，凶於而國。』蓋曰威福之作，唯人主當爾。人臣如此，必致凶害，所以戒也，豈生殺由我之謂哉？」〔註30〕作爲反變法派一員的陳淵的言論說明變法與反變法的鬥爭不僅表現在政治上而且擴展到了學術領域，鬥爭激烈程度與範圍可見一斑。

　　王安石的這種變化了的思想多爲後人所詬病，除《洪範》篇「惟辟作福，惟辟作威」被批評外，還如：《洪範》「五事」，王安石「以五事分別配五行。」林之奇認爲：「諸儒之論五事，皆以配五行，……王氏、蘇氏之說，大抵類此；而王氏祥明。……諸儒皆是附會穿鑿而爲之說；箕子之意，本不如是。若『五事』果可以配『五行』，則自『八政』以下，皆各有所配，豈止於五事？而『皇極』、『庶證』、『福極』猶可條而入之，至於其餘不可以穿鑿通者，則捨之不論，此豈自然之理哉！……蘇氏每譏王氏，以爲喜鑿；至於此論，則其去王氏無幾矣。」〔註31〕再如：《洪範》「曰貞，曰悔」，王安石釋爲：「貞者，靜而正，故內卦曰『貞』。悔者，動而過，故外卦曰『悔』。動乎外豈皆有悔哉？而以外卦爲「悔」者，悔生乎動故也」。林之奇認爲王氏之說「未必是古人意如此也」，而主張「多聞闕疑」。〔註32〕項安世則認爲：「王介甫謂『靜爲貞，

〔註28〕漆俠：《王安石變法》，第 155～156 頁。
〔註29〕程元敏：《三經新義輯考彙評（一）——尚書》，第 117 頁。
〔註30〕（宋）陳淵：《默堂集》卷 22，文淵閣四庫全書本（1139 冊），上海：上海古籍出版社，1987 年，第 539 頁。
〔註31〕（宋）林之奇：《尚書全解》卷 24《洪範》，文淵閣四庫全書本（55 冊），第 460 頁。。
〔註32〕（宋）林之奇：《尚書全解》卷 25《洪範》，文淵閣四庫全書本（55 冊），第 481 頁。

動爲悔』，亦臆之而已。」〔註33〕等等。批評者所指出的主要問題就是穿鑿與臆測解經。固然，其間攻擊未必不摻雜政見不同之私意，但王安石《尚書義‧洪範》篇所表現出的穿鑿與臆測之處確可見。

總之，與《洪範傳》相較，《尚書義》顯示出王安石失去了他早期的較和緩的學術作風，以己意解經的色彩更濃。當然，這是與他「資所學以施於世」的認識與熙寧年間變法鬥爭的激烈分不開的。同時，《尚書義‧洪範》篇對《洪範傳》的繼承與發展也說明《洪範傳》雖在熙寧間加以「刪潤繕寫」，但它仍爲王安石早期思想的代表作，基本思想上沒有作大的變動。

五、王安石《洪範傳》的義理詮釋

王安石主張「資所學以施於世」，使他不固守舊傳注，而體現出以己意解經的特點。本書擬從自然觀與天命論、辯證法、社會思想等方面以《洪範傳》爲依據探討王安石早期的學術思想特點。

（一）從《洪範傳》看王安石的自然觀與天命論

（1）「氣」。王安石否定天的主宰作用，認爲「夫天之爲物也，可謂無作好，無作惡，無偏無黨，無反無側，會其有極，歸其有極矣。」〔註34〕天爲萬物根源，天沒有人的好惡，沒有人的意志。在這裡，萬物之生沒有差異，或者說生而平等的；天也沒有神秘的氣息。王安石又曰：「生物者，氣也」。〔註35〕氣爲萬物之源。天與氣是等同的，只是一種以傳統方式表達的氣的概念，天純粹是自然之天。在《洪範傳》中，他有時借用「五行」的概念來表達他的「氣」的觀念，「五行，天所以命萬物者也。」〔註36〕「五行」、「氣」與天在王安石看來並沒有實質的不同，只是名稱差異而已。

總之，王安石把氣作爲世界的本源，且在與天的等同中也把氣指認爲充塞宇宙。這就有力地打擊了神秘之天的觀念，爲發揮人的作用奠定了堅實的基礎。無疑，這是對中國傳統唯物主義自然觀的繼承與發展，也爲其無神論思想奠定了堅實的基礎。在此點上，正如漆俠先生所說：「（王安石）對天人

〔註33〕 （宋）項安世：《項氏家說》卷3《說經篇三》，文淵閣四庫全書本（706 冊），
　　　　 上海：上海古籍出版社，1987 年，第 498 頁。
〔註34〕 《王安石全集》卷25《傳‧洪範傳》，第 213 頁。
〔註35〕 《王安石全集》卷25《傳‧洪範傳》，第 209 頁。
〔註36〕 《王安石全集》卷25《傳‧洪範傳》，第 207 頁。

之際的表述中，強調人的作用，強調發揮人們的主觀能動性。」〔註37〕這也是王安石變法思想形成與發展的重要原因。

（2）在自然之天與神秘之天間的徘徊。通過「氣」的觀念，王安石批判了天的神秘性，強調了天的自然性，而利於把主動權還給人，但在某些地方，王安石又賦於天以神秘性，他釋《洪範》「念用庶徵」說：

> 天者，固人君之所當法象也，則質諸彼以驗此，固其宜也。然則，世之言災異者，非乎？曰：人君固輔相天地以理萬物者也，天地萬物不得其常，則恐懼修省，固亦其宜也。今或以為天有是變，必由我有是罪以致之；或以為災異自天理耳，何豫於我，我知修人事而已。蓋由前之說，則蔽而葸；由後之說，則固而怠。不蔽不葸、不固不怠者，亦以天變為己懼，不曰天之有某變，必以我為某事而至也，亦以天下之正理考吾之失而已矣，此亦「念用庶徵」之意也。〔註38〕

這是主要針對君主而言的。一方面，王安石從「人君固輔相天地以理萬物者」的角度肯定人君當法天，有災異而當恐懼修省，承認災異說〔註39〕；但又反對「天有是變，必由我有是罪以致之」，否定天人感應。另一方面，王安石否定災異說，又反對「以為災異自天理耳，何豫於我，我知修人事而已」，純粹強調人事作用的行為。王安石反對天的主宰作用，又保留天的神秘作用；強調人事作用，又對人事加以限制。這種搖擺於自然之天與神秘之天間的觀念對他在氣的理論基礎上形成的對人的主觀能動性的重視打了折扣。就一般人而言，王安石的這一理論不免有它的欺騙性，但就封建時代的人君而言，此理論則具有一定的積極性。在封建等級制度下，君主高高在上，君主的作為往往對社會興衰有著極大的影響。通過神秘性的天對人君加以限制是漢代「災異」說的初衷，也是王安石為限制皇權而保留天的神秘性的用心所在。王安石對人君的理想境界是「亦以天變為己懼，不曰天之有某變，必以我為某事

〔註37〕 漆俠：《宋學的發展和演變》，第396頁。

〔註38〕 《王安石全集》卷25《傳·洪範傳》，第217～218頁。

〔註39〕 南宋晁公武解題王安石《洪範傳》指出：「安石以劉向、董仲舒、伏生明災異為蔽，而思別著此傳。以『庶徵』所謂『若』者不當訓『順』，當訓『如』，人君之五事，如天之雨、暘、寒、燠、風而已。大意言天人不相干，雖有變異不足畏也」。可參晁公武：《郡齋讀書志》卷1，第55頁。此不能正確概括《洪範傳》的思想。

而至也，亦以天下之正理考吾之失而已矣」。畏天又不泥於天，更重要的是以「天下之正理考吾之失」，更傾向於強調人事。

《洪範傳》是王安石早期的作品。在《洪範傳》中，王安石強調天的自然性，反對天人感應之說，但又爲其保留了餘地；一面強調人的主觀能動性，另一面又隱晦地希望對皇權加以限制。這是王安石思想的階級性的時代特色的體現，即他有著階級偏見，有著等級意識，而又欲對君主加以限制，傳統的神秘之天成了他的選擇。

到熙寧年間，隨著變法的深入發展，反對派對變法事業激烈阻撓，甚而有人借自然災害附會「天譴」說以攻擊新法，如鄭俠上「游民圖」攻擊王安石。這種攻擊對於有著「君權神授」觀念的宋神宗來說是恰中其軟肋的。在此狀況下，王安石不但給宋神宗奉上《洪範傳》，希望宋神宗不爲所動；甚而打出「天變不足畏，祖宗不足法，人言不足恤」〔註40〕的旗號，以反擊反對派的進攻，實際上逐漸違背了其《洪範傳》的思想，但在客觀上推動了他的自然觀的發展，使他對天的自然性理解更爲徹底。

（3）從《洪範傳》看王安石的天命論。對天的自然性的認識使王安石強調人事作用，但他沒有完全擺脫神秘之天的觀念，從而使他的思想帶上了天命論的色彩。在《洪範傳》中，王安石表達了這種思想，他曰：

> 《洪範》語道與命……。道者，萬物莫不由之者也。命者，萬物莫不聽之者也。〔註41〕

> 由於道、聽於命而不知者，百姓也；由於道、聽於命而知之者，君子也。道萬物而無所由，命萬物而無所聽，唯天下之至神爲能與於此。〔註42〕

王安石把不得已而必由必聽者稱之爲「道」與「命」。就人而言，不管知與不知，在「道」與「命」面前是無能爲力的，從而限制了人的積極能動性的發揮。在這裡，王安石對天的神秘性所涉及的範圍作了擴大，並不是僅針對君主，而是涵蓋所有人。由於人的能力是有限的，當人面對自然與社會現象時，有不得已的狀況出現，但王安石沒有把他的命的觀點限於人的範圍，而是與神秘性結合起來，最終走向了天命論。

〔註40〕《宋史》卷327《王安石傳》，第10550頁。
〔註41〕《王安石全集》卷25《傳·洪範傳》，第208頁。
〔註42〕《王安石全集》卷25《傳·洪範傳》，第208頁。

強調人事，又承認天命，二者本爲相互矛盾的。爲解決這一矛盾，王安石爲天命與人事之功效排定了次序，他說：

> 人君有大疑，則當謀之於己，己不足以決，然後謀之於卿士，又不足以決，然後謀之於庶民，又不足以決，然後謀之於鬼神。鬼神尤人君之所欽也，然而謀之反在乎卿士、庶民之後者，吾之所疑而謀者，人事也，必先盡之人，然後及鬼神焉，固其理也。聖人以鬼神爲難知，而卜筮如此其可信者，《易》曰：「成天下之亹亹者，莫大乎蓍龜。」唯其誠之不至而已矣，用其至誠，則鬼神其有不應，而龜筮其有不告乎？〔註43〕

就君主對事件的決策而言，先可感可知的人事，後神秘的鬼神龜筮之類，爲之在我，成之在天，把命運的最終決定權交給了所謂鬼神帶來的不可預知不可把捉的偶然。結合上述王安石對神秘之天的承認，此點是他天命論的集中體現。不過，王安石並沒到此爲止，他又搬來了天人感應的陳腐觀念，認爲人能至誠則鬼神有應，把命運再次還給人自身，有強調人事的特色，但這只是虛假的，人事仍不能擺脫命必由的歸途，只是表現了他不向天命的屈服。熙寧三年，王安石向神宗奉上《洪範傳》，他對人事的強調對於推動變法的發展有著一定作用，他的天命論觀點與向君主至誠的歸結，也利于堅定宋神宗改革的信念。

王安石從對人事的重視出發，承認天命，但並不依賴天命，在其心目中，民眾的力量是必須重視的。如他云：

> 卜筮者，質諸鬼神，其從與違爲難知，故其占也從眾而已也。〔註44〕

在現實中，王安石更傾向於以民心向背代替天命作爲行事取決的標準，人事仍是最現實的標準，並不把一切歸結爲天命〔註45〕，天命僅是對不得已的結果的一個評價而已。

總之，《洪範傳》作爲王安石早期思想的體現，是他複雜思想觀念的反映，

〔註43〕《王安石全集》卷25《傳‧洪範傳》，第216頁。
〔註44〕《王安石全集》卷25《傳‧洪範傳》，第216頁。
〔註45〕鄭曉江認爲：「從孔子的觀念出發，王安石首先是一個徹底的命定論者」，但又指出命於仁義禮智等服務。可參鄭曉江：《論王安石的學術思想與變法實踐》（《求索》，2005年3月）但究王安石天命思想，以「徹底」一詞加以描述當爲過論。

他認識到了天的自然性，重視人事，又欲對君主加以一定的限制，搬出了天作爲工具，導致天命論的產生，且把天命論觀念加以擴大而涵蓋整個社會。不過，天命論並不是他的主導思想。儘管如此，學術界還是有人對此作了擴大，如梁啓超先生對其天命論思想大加讚揚：

> （王安石之學）蓋大有本原在。其大旨在知命，而又歸於行法以俟命。故其生平高節畸行，乃純任自然，非強而致。而功名事業，亦視爲性分所固然，而不以一毫成敗得失之見雜其間。〔註46〕

> 荊公之學術，内之在知命屬節，外之在經世致用。〔註47〕

> 明夫力與命之相須爲用，其庶幾於中道乎！荊公此論，蓋有所見矣。二千年學者之論老氏，未有如公之精者也。〔註48〕

梁先生是清末維新變法的主要人物之一，而維新變法與熙寧變法結果並無二致。梁先生對王安石的評價應是從變法中有所得而爲之，但不能不說梁先生此論有以王安石的天命論表達其自身的感想之嫌。

（二）從《洪範傳》看王安石的辯證法思想

（1）變的思想。熙寧三年，王安石在《進洪範表》中說：

> 當考箕子之所述，以深發獨智，趣時應變故也。〔註49〕

王安石勸宋神宗「趣時應變」，隨時勢變化而作出相應的變化，與固守因循者相較，無疑有著極大的進步性。這也是他主張變法的思想根源。

就變的思想而言，嘉祐三年，王安石在《上仁宗皇帝言事書》中就表明了他變革政治的基本主張〔註50〕。《洪範傳》則是他通過經典對其變的思想所作的理論論證。王安石借《洪範》篇，對變的思想作了充分發揮。

在《洪範》篇中，「五行」指金木水火土五種自然物。漢代，與讖緯相結合而形成帶有神秘色彩的陰陽五行學說。王安石對之作了不同的解釋，不僅賦於「五行」以生物特性，而且賦以變化運動的特性，他曰：

> 五行也者，成變化而行鬼神，往來乎天地之間而不窮者也，是故謂之行。〔註51〕

〔註46〕梁啓超：《王荊公》，陳引弛編《梁啓超學術論著集·傳記卷》，第 127 頁。

〔註47〕梁啓超：《王荊公》，陳引弛編《梁啓超學術論著集·傳記卷》，第 287 頁。

〔註48〕梁啓超：《王荊公》，陳引弛編《梁啓超學術論著集·傳記卷》，第 295 頁。

〔註49〕《王安石全集》卷20《表·進洪範表》，第 181 頁。

〔註50〕鄧廣銘：《北宋政治改革家王安石》，第 37 頁。

〔註51〕《王安石全集》卷25《傳·洪範傳》，第 207 頁。

「五行」本身具有「往來乎天地之間而不窮」的運動特性，並以此而能「成變化而行鬼神」，推動變化的發生與進展。王安石又指出：

> 五行，天所以命萬物者也。〔註52〕

「五行」先於萬物而存在，具有永恒性、普遍性。以此，「五行」的運動特性亦無所不在，即萬事萬物都是在永恒的不斷發展變化中的。換言之，於萬事萬物而言，變是必然的。

（2）「耦」的思想。「耦」，王安石有時稱之為「對」，二者異名同實。王安石借用《洪範》篇中「五行」概念，發揮了他的變的思想。以此為基礎，王安石又進而論證了所以變的內在根據。他曰：

> 蓋五行之為物，其時、其位、其材、其氣、其性、其形、其事、
> 其情、其色、其聲、其臭、其味，皆各有耦，推而散之，無所不通。
> 一柔一剛，一晦一明，故有正邪，有美有惡，有醜有好，有凶有吉，
> 性命之理、道德之意皆在是矣。耦之中又有耦焉，而萬物之變遂至
> 於無窮。其相生也，所以相繼也；其相剋也，所以相治也。〔註53〕

「五行之為物」「皆各有耦，推而散之，無所不通」。「耦」指事物中存在著二個對立面，或者說，矛盾的特性，如柔剛、晦明、正邪、美惡、醜好、凶吉等。對立面「其相生也，所以相繼也；其相剋也，所又相治也」，二者有統一性，也有鬥爭性。具有統一與鬥爭性的矛盾使「萬物之變遂至於無窮」，生生不息。這無疑是摸索到了辯證法的真髓。同時，由上述材料也可看出，王安石視「耦」普遍於時空中的萬事萬物，不僅涵蓋自然界中的柔剛、晦明等，而且涵蓋社會中的正邪、美惡、醜好、凶吉等。這種存在於事物中的對立特性是萬事萬物發展變化的動力，也是社會發展演變的根源；換言之，由於「耦」的存在，萬事萬物都不是一成不變的，不管是自然，還是社會，「性命之理、道德之意皆在是矣」。

總之，「耦」的思想是王安石變的思想的深入發展，使變的必然性認識更具有說服力。王安石借用《洪範》篇對變的思想的論證，深刻地說明變是自然與社會永恒不變的真理。熙寧三年，王安石將《洪範傳》進獻於宋神宗，對於讓宋神宗明確變法的必要性，進一步推動變法的深入進行有著重要意義。在此意義上，如果說，《上仁宗皇帝言事書》是王安石變的思想的正式提

〔註52〕《王安石全集》卷25《傳‧洪範傳》，第207頁。
〔註53〕《王安石全集》卷25《傳‧洪範傳》，第208頁。

出，《洪範傳》則是對變的思想的理論論證，而熙寧變法則是其變的思想的大實踐。正是由於變的思想，《洪範傳》是王安石學術與政治生涯中的一部有著重要意義的著作。

（3）「無對」。無疑地，王安石「對」的觀念是進步的，但他並沒把此堅持到底，即當他追溯終極的時候，又取消了「對」。在其罷相後退居金陵所作《老子注》〔註54〕中，他說：

> 有之與無，難之與易，〔長之與短〕，高之與下，音之與聲，前之與後，是皆不免有所「對」。唯能兼忘此六者，則可以入神；可以入神，則無對於天地之間矣。〔註55〕

王安石承認「對」的存在，但他又認爲「入神」則可「無對於天地間」，以「無對」爲最高境界。從最高境界的實現途徑爲「忘」來看，王安石晚年企圖用「忘」的方式沖淡在「耦」的觀念下產生了變革思想。如此，在晚年，他的天命論思想確有所顯現了。

（三）從《洪範傳》看王安石的君臣民關係論

君主是封建士大夫得君行道理想的核心。對君主的理解與態度往往關係到士大夫的行爲。王安石借助《洪範》篇，對其君主論作了闡發，「《洪範》所序，則人君也」〔註56〕。

（1）**對皇權的擁護**。王安石釋《洪範》「皇極」說：

> 皇，君也；極，中也。言君見其有中，則萬物得其所，故能集五福以敷錫其庶民也。〔註57〕

> 中者，所以立本，而未足以趣時，趣時則中不中無常也，唯所施之宜而已矣。〔註58〕

> 有皇極以立本，有三德以趣時，而人君之能事具矣。〔註59〕

〔註54〕漆俠先生認爲，王安石的《老子注》當是在嘉祐三年到六年（1058～1061）之間完成雕印的。《宋學的發展和演變》（河北人民出版社，2002年），第320頁。李欣復、紀燕認爲：「《老子注》當在其晚年作成。」《王安石〈老子注〉再評述》，《中國哲學史》2009年第2期。

〔註55〕容肇祖輯：《王安石老子注輯本》，北京：中華書局，1979年，第4頁。

〔註56〕《王安石全集》卷25《傳·洪範傳》，第214頁。

〔註57〕《王安石全集》卷25《傳·洪範傳》，第211頁。

〔註58〕《王安石全集》卷25《傳·洪範傳》，第207頁。

〔註59〕《王安石全集》卷25《傳·洪範傳》，第207頁。

「皇極」與「三德」是人君應當具備的素質。其中,「皇極」為「君見其有中」,可使民眾得到幸福,是人君之本所在;「三德」則體現為「趣時」,根據形勢的變化作出相應的措施,「唯所施之宜」;二者同備於君是王安石所期望的。不過,「趣時則中不中無常」,「三德」會影響「皇極」,二者易於陷入衝突,對此,王安石的解決辦法就是選擇「三德」為君主所獨佔,他說:

　　　　皇極者,君與臣民共由之者也。三德者,君之所獨任而臣民不
　　得僭焉者也。〔註60〕

　　　　三德者,君道也。〔註61〕

「皇極」是君與臣民共由的,即「極」對人而言具有普遍性。如上引,王安石釋「極」為「中」,其「中」之義實為無過不及之義,「庶民無淫朋,人無比德者,惟君為中而已。蓋君有過行偏政,則庶民有淫朋,人有比德矣。」〔註62〕在這點上,王安石與傳統儒家對中的解釋並無二致,強調的是行為的合理性,表現的是行為的基本原則。

　　「三德」是君主獨佔而不可僭越的,其「三德」之義則為正直、柔克與剛克三者。其中,正直表現為等級秩序下的各守其分,「君君臣臣,適各當分」。在守分而不逾越而言,正直與中沒有差別,「正直者,中德也」,但正直並不等同於中,「正直也者,變通以趣時,而未離剛柔之中者也」,正直更能體現隨形勢變化而作出相應的變化。〔註63〕。如前所言,中為君臣民所共有,是行為的基本原則,正直不僅包括這種原則,而且所體現的「變通以趣時」的特性則體現為行為的趨向,體現了制導行為的決策權。中與正直之間的區別就在於此。就王安石看來,這種「變通以趣時」的決策權是應由君主所獨佔的。

　　如果說,正直是行為的基本原則與趨向決策權的體現的話,那麼,柔克與剛克則體現了在正直基礎上行使決策權以制導行為的方法,「人君之用剛克也,沉潛之於內;其用柔克也,發見之於外。……沉潛之於內,所以制奸慝;發見之於外,所以昭忠善」。〔註64〕或對行為加以制止,或促使行為繼續進行,具體而言,則表現為或順從輔助行為的發展,或不順從不輔助行為的繼續發展,「『平康正直,強弗友剛克,燮友柔克。』何也?燮者,和孰上之所為者

〔註60〕　《王安石全集》卷25《傳・洪範傳》,第215頁。
〔註61〕　《王安石全集》卷25《傳・洪範傳》,第215頁。
〔註62〕　《王安石全集》卷25《傳・洪範傳》,第211頁。
〔註63〕　《王安石全集》卷25《傳・洪範傳》,第214頁。
〔註64〕　《王安石全集》卷25《傳・洪範傳》,第214頁。

也；友者，右助上之所爲者也。強者，弗柔從上之所爲者也；弗友者，弗右助上之所爲者也。」〔註65〕柔克剛克爲「變通以趣時」的更爲具體的實踐。

「三德」之正直、柔克與剛克作爲政治社會生活的法則與作爲德目，重要性是不同的，「教人、治人宜皆以正直爲先，至於序德之品，則正直者中德也，固宜在柔剛之中也」。〔註66〕具體實踐中，正直是三者中最重要的。這是因爲正直體現的是行爲的基本原則與制導行爲的決策權，「禮所以定其位，權所以固其政，下僭禮則上失位，下侵權則上失政，上失位則亦失政矣。」〔註67〕守禮則可「適各其分」，執權則可「變通以趣時」，二者是固位施政必不可少的，是君主必須獨佔的。正是在此意義上，王安石強調「終於正直，而王道成矣。」〔註68〕由此可見王安石對君權的維護。這是他皇權主義的表現，恰如侯外廬等先生所分析：「由於小官僚階層的社會地位和經濟情況，使王安石更容易接近和瞭解農民的生活。在皇權對品級性地主之間的鬥爭裏，他們很容易扮演擁護皇權的角色。」〔註69〕

由上述可見，王安石強調等級秩序的穩定性，也強調隨形勢變化而作出相應變化的必要性。穩定與變化本爲矛盾的事物，在解決這個問題上，他本著「有變以趣時，而後可治也」〔註70〕的理想，要求君臣民共同守分以獲得秩序穩定，同時，把變化的決策權交給了君主，並認爲這是必須加以保證的。固然，王安石與固守「中」而不知變的冥頑不化者有天壤之別，更能體現時代演進所帶來的不同要求，但他對變的基本原則的確定與他對皇權的依賴則使他只能是一個封建社會的改良主義者，並且改革也易於受到限制。儘管如此，王安石在維護皇權的前提下爲君主推行控制社會、變革社會的措施找到了一種模式。熙寧三年，他上《洪範傳》於宋神宗有其重要價值。

（2）君臣關係。王安石擁護皇權的獨佔，而對臣則要求必守其分，「執常以事君者，臣道也；執權以御臣者，君道也。」〔註71〕其中，「常」指「君君臣臣，適各其分」的基本原則；「權」則指體現決策權的「變通以趣時」，

〔註65〕《王安石全集》卷25《傳・洪範傳》，第214頁。
〔註66〕《王安石全集》卷25《傳・洪範傳》，第214頁。
〔註67〕《王安石全集》卷25《傳・洪範傳》，第215頁。
〔註68〕《王安石全集》卷25《傳・洪範傳》，第213頁。
〔註69〕侯外廬主編：《中國思想通史》第4卷，第425頁。
〔註70〕《王安石全集》卷25《傳・洪範傳》，第207頁。
〔註71〕《王安石全集》卷25《傳・洪範傳》，第215頁。

為君主所獨佔的。就君主而言，行為決策的執行是以行為原則為前提的，在此時，王安石以禮表達行為原則，「有其權，必在禮以章其別，故惟辟玉食也。禮所以定其位，權所以固其政，下僭禮則上失位，下侵權則上失政，上失位則亦失政矣。上失位失政，人所以亂也。」〔註72〕

總之，就王安石看來，臣必須守禮安分，保持秩序的穩定，而隨形勢作出變化則由君主決定而臣不得僭越，換言之，臣必須完全服從君主的決定，「惟辟玉食」。

（3）重民思想。王安石從其小官僚地主階級的立場出發，王安石十分注重民眾力量的重要性，「夫民者，天之所不能違也，而況於王乎，況於卿士乎？」〔註73〕不過，社會狀況與階級地位又給王安石的重民思想打上了時代烙印。對此，從以下幾方面加以論述：

首先，君民關係。王安石強調「中」為「君民共由者」，但在「中」之實踐上，君主成了民的標準，他說：

　　庶民以君為中，君保中，則民與之也。〔註74〕

　　君中則民人中也。庶民無淫朋，人無比德者，惟君為中而已。

　　蓋君有過行偏政，則庶民有淫朋，人有比德矣。〔註75〕

「庶民以君為中」，君主對民有導向作用，而民則對君有傚仿性。不過，民不但傚仿君行「中」，而且當君有「過行偏政」時，民亦也加以傚仿。換言之，君主要想民沒有過激行為，必先自治行「中」。這就使民對君產生了限制性。王安石沒有明確地從民可以推翻君主的統治入手，只是隱晦地指出民對君主的傚仿性而達到對君主的限制。他是重視民眾力量的，但皇權主義的思想又削弱了他對民眾力量的充分重視。如前述其天命論思想一樣，在如何處置君的位置的問題上，他既欲使君能維持地位，又欲對君加以限制，既欲強調君權，又注意到了民的作用。這是他作為小官僚地主出身的階級地位使然。王安石發現了民眾力量與民眾疾苦，欲為民謀利，又不能離開對君權的依賴。

其次，「虐煢獨」與「畏高明」。在現實社會中，有下層勞動人民與有著經濟政治實力的高官顯貴，二者的地位並不相同，「煢獨也者，眾之所違而虐

〔註72〕《王安石全集》卷25《傳·洪範傳》，第215頁。
〔註73〕《王安石全集》卷25《傳·洪範傳》，第218頁。
〔註74〕《王安石全集》卷25《傳·洪範傳》，第211頁。
〔註75〕《王安石全集》卷25《傳·洪範傳》，第211頁。

之者也；高明也者，眾之所比而畏之者也。」〔註 76〕存在著壓迫與被壓迫的
關係。對這種狀況，王安石指出，君主不能無所事事，任其發展，否則，將
致「大亂之道」。他說：

> 人君蔽於眾，而不知自用其福威，則不期虐煢獨而煢獨實見虐
> 矣，不期畏高明而高明實見畏矣。煢獨見虐而莫勸其作德，則爲善
> 者不長；高明見畏而莫懲其作僞，則爲惡者不消。善不長，惡不消，
> 人人離德作僞，則大亂之道也。〔註 77〕

君主應積極干預「虐煢獨」與「畏高明」局面的發展，緩解壓迫與被壓迫者
之間關係的緊張，使善長而惡消，從而達於治道。歸結爲一句話，王安石對
君主的警告就是「虐煢獨而寬朋黨之多，畏高明而忽卑晦之賤，最人君之大
戒也」。〔註 78〕

由於「不抑兼併」的土地政策的實行，宋代土地高度集中，貧富急劇分
化，階級矛盾日益尖銳，社會危機日益嚴重。針對此狀況，王安石提出控制
「虐煢獨」與「畏高明」局面的主張，無疑有利於下層勞動人民，而與高官
顯貴處於衝突之中。由此可見，熙寧間抑兼併，打擊富商大地主階級的做法
在《洪範傳》中也顯示出了基調。

再次，「富之然後善」。王安石重視民眾力量，重視民眾疾苦，希望民能有
穩定富裕的生活，「得其常性，又得其常產，而繼之以毋擾，則康寧矣。」〔註
79〕相應地，王安石指出，「爲政於天下者，在乎富之、善之」，〔註 80〕要想治理
好天下，需使人民走上富裕之道、行善之途。對此，王安石提出了「凡正人之
道，既富之然後善」〔註 81〕的辦法，使民眾富裕是使民眾行善的前提，顯示了
他注重制產業的思想。也正是在此點上，有人攻擊他爲申商之術。不過，王安
石並不是只注重物質生活對精神生活的影響而拋棄教化功能，「徒富之，亦不能
善也，必先治其家，使人有好於汝家，然後人從汝而善也」。與前述君主對民眾
的影響作用相應，王安石也主張君主自治然後治人，「必自吾家人始」。〔註 82〕

〔註 76〕《王安石全集》卷 25《傳‧洪範傳》，第 211 頁。
〔註 77〕《王安石全集》卷 25《傳‧洪範傳》，第 211～212 頁。
〔註 78〕《王安石全集》卷 25《傳‧洪範傳》，第 212 頁。
〔註 79〕《王安石全集》卷 25《傳‧洪範傳》，第 219 頁。
〔註 80〕《王安石全集》卷 25《傳‧洪範傳》，第 212 頁。
〔註 81〕《王安石全集》卷 25《傳‧洪範傳》，第 212 頁。
〔註 82〕《王安石全集》卷 25《傳‧洪範傳》，第 212 頁。

　　總之，王安石希望民眾能得到康寧生活。這是他重民思想的體現。為此，他主張民眾生活的富裕與安定，強調物質與精神教化對民眾的作用。無疑，王安石更能夠從現實出發來尋求解決問題的辦法，與僅靠精神愚弄來尋求社會安定的學士大夫有著極大的差別。王安石是一位傑出的政治家與思想家。

第二節　新學《尚書義》研究

　　熙寧年間，王安石在宋神宗的支持下推行變法，《三經新義》（三經指《詩》、《書》、《周官》）的撰著與頒行即為變法的重要組成部分。縱觀中國學術史，歷來學者對《三經新義》褒貶不一，或言其開風氣之先，如南宋人王應麟說：「自漢儒至於慶曆間，談經者守訓詁而不鑿。……至《三經義》行，視漢儒之學若土梗。」〔註 83〕此看法仍為目前一些學者所繼承〔註 84〕。或由反對新法進而攻擊《三經新義》，如南宋人林之奇說：「王氏《三經》率為新法地。晉人以王、何清談之罪，深於桀紂。本朝靖康禍亂，考其端倪，王氏實負王、何之責。在孔孟書，正所謂邪說、詖行、淫辭，不可訓者。〔註 85〕不過，褒貶之間顯露的卻是《三經新義》在學術與政治上的重要性。實際上，《三經新義》也在熙寧後的北宋後期的學術與政治上居於統治地位〔註 86〕。對之加以研究，不僅利於推動宋代思想學術史研究，而且利於推動宋史的進一步研究，有著重要價值。不過，在反對派的攻擊下，南宋時《三經新義》

〔註 83〕　（宋）王應麟：《困學紀聞》卷 8「經說」，（清）翁元圻等注，欒保群等校點，上海：上海古籍出版社，2008 年，第 1094 頁。

〔註 84〕　侯外廬等先生認為：「（《三經義》）訓釋經義，主要在闡明義理，反對章句傳注的煩瑣學風，這一點，實開宋儒義理之學的先河」。可參侯外廬主編《中國思想通史》第 4 卷，第 440 頁。張廣保先生認為：「王安石《三經新義》開創了北宋義理之學的風氣」。參張廣保：《經世致用：荊公新學對經學原典精神的復歸》，《經學今詮續編》，第 468 頁。

〔註 85〕　《宋史》卷 433《林之奇傳》，第 12861 頁。宋儒晁說之亦有類似言論。可參〔清〕黃宗羲著、全祖望修補：《宋元學案》卷 98《荊公新學略》，第 3249 頁。

〔註 86〕　陶豐先生認為：「《三經新義》是王安石新學的核心部分」。「《三經新義》頒於學官，成為國子監的教科書，這表明新學已經取得了國家意識形態的地位。之所以如此，是由於新學不但有政治力量的支持，而且有道德學術感召力與制度上的支撐」。可參陶豐：《王安石新學興廢述》，王水照主編：《新宋學》第一輯（上海：上海辭書出版社，2001 年），第 327～329 頁。

罷廢於學官，僅爲學者學習的一種經注。〔註 87〕約在明代後期亡佚。〔註 88〕
目前，臺灣學者程元敏輯佚《三經新義》，對學術界有著重要貢獻。本書即以
此輯本爲主對王安石《三經新義》之《尙書義》加以研究。

一、《尙書義》的成書背景

（一）義理的追求

北宋慶曆間，在社會危機的刺激下，學士大夫注重從經中尋求治道，義
理解經的風氣日益超越漢唐注疏訓詁之學而在學術界居於顯學地位。慶曆
間，在范仲淹改革中，雖然義理解經作風在科舉中曇花一現，但義理解經的
風氣對學術與政治的影響已經以不可扼止的勢頭髮展著，並爲學士大夫們所
推崇。宋仁宗皇祐二年（1050）程頤上書說：

> 國家取士，雖以數科。然而賢良方正，歲止一二人而已，又所得
> 不過博聞強記之士爾。明經之屬，唯專念誦，不曉義理。最貴盛者，
> 唯進士科，以詞賦聲律爲工，詞賦之中非有治天下之道也。〔註 89〕

科舉以「博聞強記」、「唯專念誦」之學取士，使士「不曉義理」，以詞賦聲律
取士，也無關治天下之道。這使學士大夫們對現行科舉制度產生了不滿，他
們所追求的是義理與治道。通過對經典的解釋而獲得義理與治道成爲宋代學
士大夫們追求義理與治道的重要途徑，解經重義理之風日益盛行。

正是在此狀況下，主張「資所學以施於世」的王安石於熙寧四年在變法
中正式把解經重義理定爲科舉標準，從而使義理解經的作風不僅在學術界而
且在政治上都居於主導地位。《三經新義》就是在此風氣下的典型之作，如南
宋人趙彥衛說：「王荊公爲《新經》、《說文》，推明義理之學。」〔註 90〕

（二）「一道德」的要求

固然，義理之風的盛行利於學術的活躍，但另一面也使學風敗壞。熙寧
二年（1069 年），司馬光在《論風俗箚子》中說：

> 新進後生，未知臧否，口傳耳剽，翕然成風。至有讀《易》未

〔註 87〕邱漢生輯注：《詩義鈎沈》序，北京：中華書局，1982 年，第 5 頁。
〔註 88〕孫欽善：《中國古文獻學史簡編》，第 279 頁。
〔註 89〕《河南程氏文集》卷 5《上仁宗皇帝書》，《二程集》，第 513 頁。
〔註 90〕（宋）趙汝衛：《雲麓漫鈔》卷 8，瀋陽：遼寧教育出版社，1998 年，第 83
頁。

識卦爻，已謂《十翼》非孔子之言；讀《禮》未知篇數，已謂《周
官》爲戰國之書。〔註91〕

學風所使，不僅壞了學術，而且在義理解經風氣下，各人自出己意，並不利
於政治的統一，如熙寧二年王安石曾說：

今人材乏少，學術不一，一人一義，十人十義。朝廷欲有所爲，
異論紛然，莫肯承聽。此蓋朝廷不能一道德故也。〔註92〕

如此，在學術活躍與政治統一之間出現了衝突。在這種狀況下，一些學士大
夫主張犧牲學術而保全政治。王安石的「一道德」的要求就是其中表現之一。
除王安石外，熙寧元年，程顥曾奏：「方今人執私見，家爲異說，支離經訓，
無復統一，道之不明不行，乃在於此。」〔註93〕在義理解經帶來的副作用與
政治統一的要求影響下，熙寧年間，經訓統一成爲需要，而在學士大夫們的
呼籲下，「一道德」的要求也得到了皇帝的認可。熙寧五年正月，王安石以試
中學官等第進呈，且言黎侁、張諤文字佳，第不合經義。宋神宗說：「經術今
人人乖異，何以『一道德』？卿有所著，可以頒行，令學者定於一。」〔註94〕
皇帝是政事的最後決策者，其行爲直接影響著政事的走向。宋神宗反對經術
人人乖異，主張「一道德」，而他選擇了王安石的經義以「令學者定於一」。
這就爲《三經新義》的編撰與頒行提供了保障。

就在這種情況下，更大範圍的對「一道德」的呼籲把「一道德」的實踐
向前推進了一步。熙寧六年三月（庚戌前），宋神宗諭執政王安石曰：「今歲
南省所取，多知名舉人；士皆趨義理之學，極爲美事。」王安石曰：「民未知
義，則未可用，況士人大乎？」宋神宗曰：「舉人對策，多欲朝廷早修經義，
使義理歸一。」〔註95〕士子們的進一步呼籲與皇帝的認可，徹底地把「義理
歸一」的行動提上了日程。也就在這一年，朝廷設經義局，由王安石提舉修
經義。修經義原則遵循王安石，如熙寧五年五月，王安石曾說：「臣觀佛書，
乃與經合；蓋理如此，則雖相去遠，其合猶符節也。」宋神宗說：「誠如此。」
〔註96〕即經義一以「理如此」爲標準。這樣，《三經新義》應運而生。

〔註91〕　（宋）司馬光：《傳家集》卷42，文淵閣四庫全書本（1094 冊），第 390 頁。
〔註92〕　（元）馬端臨：《文獻通考》卷 31《選舉考》四引，第 293 頁。
〔註93〕　《河南程氏文集》卷 1《請修學校尊師儒取士箚子》，《二程集》，第 448 頁。
〔註94〕　《續資治通鑒長編》卷 229，「熙寧五年正月戊戌」條，第 5570 頁。
〔註95〕　《續資治通鑒長編》卷 243，「熙寧六年三月庚戌」條，第 5917 頁。
〔註96〕　《續資治通鑒長編》卷 233，「熙寧五年五月甲午」條，第 5660 頁。

（三）變法的需要

北宋中期，義理之學已蔚成風氣，而「一道德」的要求亦成爲在朝與在野人士的共同主張。不過，他們主張「一道德」的目的不盡相同，如程顥主「明道」、呂公著主「同風俗之原」，士子出於漢唐以來科舉重注疏之學的慣性，而宋神宗則希望以王安石「倡導天下士大夫」，王安石則希望爲新法尋求理論根據，反擊反對派的攻擊，並且希望以「經術造士」，「道德一於上，而習俗成於下，其人材皆足以有爲於世」。正是變法的學理要求與人才需求促成了新學《三經義》之作。總之，「一道德」的共同要求加以變法的需要促成了「一道德」的實踐。最終，王安石在宋神宗的支持下，編撰頒行了《三經新義》。

二、王安石與《尚書義》

王安石在《書義序》中曾說：

> 熙寧二年，臣某以《尚書》入侍，遂與政，而子雱實嗣講事，有旨爲之說以獻。八年，下其說太學，班〔頒〕焉。……又命訓其義，兼明天下後世；而臣父子以區區所聞，承乏與榮焉。〔註97〕

王安石曾爲宋神宗經筵講《尚書》，熙寧二年參知政事後由其子王雱繼講。王安石爲宋神宗經筵講《尚書》始於熙寧元年十月，時任知制誥，在其建議下，宋神宗以《尚書》代替原來講於經筵的《禮記》，「詔講筵權罷《禮記》，自今令講《尚書》。先是，王安石講《禮記》，數難記者之非是。上以爲然，曰：『《禮記》既不當法言，擇其有補者講之如何？』安石對曰：『陛下必欲聞法言，宜改他經。』故有是詔。」〔註98〕之所以如此，是由於王安石以《尚書》可「當法言」。實際上，王安石對《尚書》的重視，在其治平間所作《虔州學記》中就已表現出來了，「先王之道德，出於性命之理，而性命之理，出於人心。《詩》、《書》能循而達之，非能奪其所有而予之以其所無也」。〔註99〕由此可見，《尚書義》之作並非偶然。

由《書義序》還可見，《尚書義》爲宋神宗所命而由王氏父子所完成。不過，王氏父子在修經義中的作用是有所分工的。熙寧八年九月，王安石曾說：

〔註97〕《王安石全集》卷36《序・書義序》，第322頁。
〔註98〕（宋）楊仲良：《皇宋通鑑長編紀事本末》卷59《王安石事跡上》，哈爾濱：黑龍江人民出版社，2006年，第1044～1045頁。
〔註99〕《王安石全集》卷34《記・虔州學記》，第304頁。

「臣子雱奉詔撰進《詩義》，臣以當備聖覽，故一一經臣手，乃敢奏御。」〔註100〕而在《詩義序》中他更明確地說：「上既使臣雱訓其辭，又使臣安石等訓其義。」〔註101〕《詩義》不僅由王安石「訓其義」，而且一一經其手，這是他對宋神宗的尊重，也是他學風嚴謹的表現。另外，元豐三年八月，王安石奏《乞改三經義誤字劄子》，二十八日，奉聖旨宜令國子監照會改正。〔註102〕在該劄子中，王安石對《三經義》作了一些錯誤修正，其中，對《尚書義》之《皋陶謨》、《益稷》、《微子》、《洪範》、《周官》等篇作了一些修改。當時，王安石賦閒金陵，「疾病之間，考正誤失」。這種嚴謹的做法完全可以說明王安石是對《三經義》負責任的。既如此，《書義》也為王安石一一經手而成是可以理解的。

由上述可見，《尚書義》之作與王安石關係十分密切，包括《尚書》選擇、經義確定及其修正等。如此，《尚書義》雖由王安石王雱父子共同撰寫，但以之為王安石學術思想的凝結更為合適〔註103〕。清儒蔡上翔認為：「《三經義》，安石實董《周官》，而《詩》、《書》則以子雱訓其辭，見於三序甚明。」〔註104〕語不明確。宋人陳振孫語：「雱蓋述其父之學」，〔註105〕恐得其實。

三、從熙寧科舉改革到《三經義》頒佈

（一）科舉改革

自隋唐以來，科舉尚詩賦文辭與經學傳注記誦，直到宋熙寧四年科舉改革規定：

> 進士罷詩賦帖經墨義，各占治《詩》、《書》、《易》、《周禮》、《禮記》一經，兼以《論語》、《孟子》。每試，初本經，次兼經，並大義十道。務通義理，不須盡用注疏。〔註106〕

〔註100〕《續資治通鑑長編》卷268，「熙寧八年九月辛未」條，第6563頁。
〔註101〕《王安石全集》卷36《序·詩義序》，第321頁。
〔註102〕（清）顧棟高：《王荊國文公年譜》卷下，《王安石年譜三種》，第113頁。
〔註103〕邱漢生先生認為：「就當時實際工作考察，《三經義》是根據王安石的經說立論的」。可參邱漢生輯注：《詩義鈎沈》序，第2頁。《書義》根據王安石的經筵講義，由王雱撰述。參邱漢生輯注：《詩義鈎沈》序，第3頁。陳良中：《刑名相雜 穿鑿好異——論〈尚書新義〉的特點與命運》，《中華文化論壇》2007年2月。
〔註104〕（清）蔡上翔：《王荊公年譜考略》卷19，《王安石年譜三種》，第497頁。
〔註105〕（宋）陳振孫：《直齋書錄解題》卷2《書義》下，第29頁。
〔註106〕《續資治通鑑長編》卷220，「熙寧四年二月丁巳」條，第5334頁。

科舉「罷詩賦帖經墨義」，而主「務通義理，不須盡用注疏」。在慶曆間范仲淹改革中曾曇花一現的科舉對義理的重視至此正式列為國家政策。正是在科舉導向下，熙寧六年科舉考試，出現「士皆趨義理之學」的現象。

宋初以來，科舉沿襲唐以來的科舉做法，士子注重注疏記誦，思想受到限制。熙寧間科舉改革打破此局面而一以義理為主。無疑地，在科舉導向下，學風日變，利於學術的活躍發展，利於從科舉中得到真實人才，從而推動社會的發展。熙寧四年二月，王安石也提出了他的宏偉計劃：

> 今欲進復古制，以革其弊，則患於無漸。宜先除去聲病對偶之
> 文，使學者得以專意經義，以俟朝廷興建學校，然後講求三代所以
> 教育選舉之法，施於天下，則庶幾可復古也。〔註107〕

從漸進角度出發，王安石強調在科舉推動下「學者得以專意經義」，然後，興建學校，造就人才，最終達於社會大治。

總之，繼范仲淹慶曆改革失敗，經熙寧間王安石變法，義理之學終於在政權的支持下超越章句訓詁之學而確立下來，在學術中居於統治地位。科舉改革則為其實現社會理想的重要一環，也利於推動學術的活躍與治道的尋求以及人才的養成與社會理想的實現。

（二）《三經義》頒佈

在「一道德」的要求下，《三經義》成。熙寧八年六月，《三經義》頒於學宮。作為教材，《三經義》頒於學宮無可厚非，但在客觀上，《三經義》的頒行在士子中引起了大變化。如前所述，熙寧六年科舉中，在科舉改革的推動下「士皆趨義理之學」；既體現了科舉導向的作用，也說明了王安石科舉改革的成功。但熙寧八年「荊公《經義》行，舉子專誦王氏章句，而不解義。」〔註108〕這是王安石所始料不及的，本為倡導義理之學，反倒重蹈漢唐覆轍，把科舉改革帶來的些許成功淹沒了。王安石自己亦歎息：「本欲變學究為秀才，不謂變秀才為學究也。」〔註109〕

由上述可知，熙寧間科舉改革使學者的思想得到解放，不再宥於漢唐之注疏訓詁，利於學術的發展；但《三經義》的頒行卻禁錮了學者的思想，造成學術的沉悶。程頤批評說：「本朝經術最盛，只近二三十年來議論專一，使

〔註107〕《續資治通鑑長編》卷220，「熙寧四年二月丁巳」條，第5334頁。
〔註108〕（清）顧棟高：《王荊國公年譜》卷下，《王安石年譜三種》，第104頁。
〔註109〕（清）顧棟高：《王荊國公年譜》卷下，《王安石年譜三種》，第104頁。

人更不致思。」〔註110〕蘇軾則說:「王氏之文,未必不善也,而患在好使人同己。自孔子不使人同,顏淵之仁,子路之勇,不能以相移,而王氏欲以其學同天下」。〔註111〕承認「王氏之文,未必不善」,但「患在好使人同己」,「以其學同天下」。需注意的是,蘇軾此語有動機與效果等同的傾向,實際上,王安石之學「同天下」僅爲客觀效果而已,並非其本意,恰如梁啓超先生所說:「使荊公而禁異說,則爲戕賊思想之自由,然公固未嘗禁之,不過提倡己之所主張而已。」〔註112〕「考荊公當時,亦非於《新義》之外,悉禁異說,不過大學以此爲教耳。」〔註113〕但《三經義》行後之學術沉悶也是不爭的事實。

總之,王安石《三經義》頒行全國,結束了漢唐章句訓詁之學,而又進入了另一個「漢唐章句訓詁之學」,即從漢唐的師法、家法變成了王氏的師法、家法,從而束縛了學者的思想。正如蘇軾所說:「文字之衰,未有如今日者也。其源實出於王氏。王氏之文,未必不善也,而患在於好使人同己。自孔子不能使人同,顏淵之仁,子路之勇,不能以相移。而王氏欲以其學同天下!地之美者,同於生物,不同於所生。惟荒瘠斥鹵之地,彌望皆黃茅白葦,此則王氏之同也。」〔註114〕究此局面出現之因,學術與政治是既相聯繫又相矛盾的兩個方面,即學術可以爲政治尋求治道與借鑒,也可通過思想上的自由而引起政治的混亂;而政治可以推動學術的發展,也可以對學術加以限制而使之苦萎。對此,梁啓超先生有深刻評價:

> (荊公)以一學術爲正人心之本,……此實荊公政術之最陋者也。蓋欲社會之進化,在先保其思想之自由,故今世言政治者,無不似整齊畫一爲貴,而獨於學術則反是,任其並起齊苗,而信仰各從乎人之所好,則理以辨而欲明,人心之靈,濬之而不竭矣。強束而歸於一,則是敝之也。〔註115〕

〔註110〕《河南程氏遺書》卷18,《二程集》,第232頁。

〔註111〕《蘇軾文集》卷49《書·答張文潛縣丞書》,第1427頁。

〔註112〕梁啓超:《王荊公》,陳引弛編《梁啓超學術論著集·傳記卷》,第215頁。

〔註113〕梁啓超:《王荊公》,陳引弛編《梁啓超學術論著集·傳記卷》,第215頁。

〔註114〕《蘇軾文集》卷49《書·答張文潛縣丞書》,第1427頁。當時,指出《三經義》使學風尚同的非僅程氏、蘇氏而已,還如晁說之也曾上疏說:「《三經》之學,義理必爲一說,辭章必爲一體,以爲一道德,道德如是其多忌乎?古人謂『寧道孔聖誤,諱言鄭、服非』,正今日之患也。」可參〔清〕黃宗羲著、全祖望修補:《宋元學案》卷98《荊公新學略》,第3249頁。這都說明當時學風確實出現了問題。

〔註115〕梁啓超:《王荊公》,陳引弛編《梁啓超學術論著集·傳記卷》,第214~215頁。

四、《尚書義》的考據特點

（一）《尚書義》的不成熟

元豐三年八月，王安石上《乞改三經義箚子》，對《尚書義》的一些篇章作了修正。〔註116〕固然，王安石的做法無疑顯示了他的學風嚴謹，但不可否認，此現象恰暴露出《三經義》的不成熟。就《尚書義》來說，可從作書時間與內容等方面說明此點。

（1）《尚書義》的作書時間較短。如前所述，熙寧元年，王安石對經筵講《禮記》發難，至熙寧二年，經筵改講《尚書》。同年，王安石參知政事後，講職由其子雱所繼。熙寧五年，宋神宗要求王安石「朕欲卿錄文字，且早錄進。」而王安石答以「臣所著述，多未成就，止有訓詁文字，容臣綴輯進御。」〔註117〕熙寧六年三月，設經義局，以王安石提舉修《三經義》。其修書原則非為「訓詁文字」，而是以義理為主。即使如呂惠卿言《詩義》：「自置局以來，先檢討官分定篇目，大抵以『講義』為本。」〔註118〕王安石父子都曾任經筵講官，《尚書》應有經筵講本，《尚書義》可以「講義」為本。不過，《尚書義》針對變法的變化而作出相應的義理闡釋當在熙寧六年三月置經義局後，這也是《尚書義》的主體部分。南宋人陳振孫言《尚書義》說：「（熙寧）八年，安石復入相，《新傳》乃成。」〔註119〕熙寧七年四月王安石第一次罷相後，曾在金陵對《三經義》作修改，陳振孫所言當為經王安石修訂後的定稿。臺灣學者程元敏考證認為「《尚書新義》在（熙寧）七年四月已上進」，為《三經義》中最早上進的部分。〔註120〕如此，在大約一年的時間裏，《尚書義》就已完成，當是王安石罷相離京倉促上進，並不完善，王安石對《尚書義》的修改就說明了這一點。即使修改，也只是枝枝節節的問題，並未涉及《尚書》義的主體思想的變動（下有論述）。換言之，熙寧七年四月所上《尚書義》基本上也是定稿。就將定之為科舉功令的文本而言，《尚書義》的完成無疑是倉促的，這就影響了它的質量。

〔註116〕《王安石全集》卷20《表‧乞改三經義箚子》，第176頁。
〔註117〕《續資治通鑑長編》卷229，「熙寧五年正月壬寅」條，第5575頁。
〔註118〕《續資治通鑑長編》卷268，「熙寧八年九月辛未」條，第6565頁。
〔註119〕（元）馬端臨：《文獻通考‧經籍考》卷4，上海：華東師範大學出版社，1985年，第115頁。
〔註120〕程元敏：《三經新義輯考彙評（一）——尚書》下編《〈尚書新義〉修撰通考》，第303頁。

（2）「思索不精，校視不審」。元豐三年九月，王安石奏《乞改三經義箚子》提到：「思索不精，校視不審」〔註121〕。這是王安石本人對《三經義》的評價，當然包括《尚書義》在內。僅就王安石所要求修改《尚書義》例而言，確可歸納出此兩點。

首先，「思索不精」例。

《洪範》：「有器也然後有法。此書所以謂之範者，以五行爲宗故也。五行猶未離於形而器出焉者也。擴而大謂之弘，積而大謂之丕，合而大謂之洪。此書合五行以成天下之大法，故謂之《洪範》也。」已上七十一字，今欲刪去。又云：「陶復陶穴尚矣，後世易之棟宇，而其官猶曰司空，因其故不忘始也。」已上二十六字，今欲亦刪去。〔註122〕

《微子》「純而不雜，故謂之犧」，「犧」當作「牷」；「完而無傷，故謂之牷」，「牷」當作「犧」。

其次，「校視不審」例。

《皋陶謨》「按見其惡」，當作「按其見惡」。

《益稷》「故懋使之化」，當作「則懋使之化」。

《周官》「唐虞稽古」字上，漏「曰」字。〔註123〕

有的應刪，有的應改，有的應添，如此等等。誠然，就不諱錯誤，勇於改正而言，王安石的學風是嚴謹的；但就錯誤本身而言，尤其是一些低級的字詞錯誤，不能說學風嚴謹的王安石必然會有的。如此，解釋只有一個，那就是書成倉促而致誤。

（3）**自相矛盾**。就一部著作而言，個別字詞的校訂失漏並不是大問題，一些觀點在後期修正亦屬正常的學術現象。何況王安石本人對此已作了修改，如清儒蔡上翔所說：「夫前人著書，後之人猶有起而議其非是者，如使同時人議之，而己即從而改之，不獨見從善虛懷，亦爲當身一大幸事也，況己自知之而自爲改之。所謂懸諸日月不刊者，不當如是耶？」〔註124〕。但一部著作內，觀點前後矛盾是不能不被注意的。王安石《尚書義》中，此類錯誤多有。列表如下：

〔註121〕《王安石全集》卷20《表·乞改三經義箚子》，第176頁。
〔註122〕《王安石全集》卷20《表·乞改三經義箚子》，第176頁。
〔註123〕《王安石全集》卷20《表·乞改三經義箚子》，第176頁。
〔註124〕（清）蔡上翔：《王荊公年譜考略》卷21，《王安石年譜三種》，第545頁。

同一篇中，既對《梓材》篇爲成王命康叔持疑，又以爲此篇爲成王誥康叔之作。	「《書序》、孔安國以此篇爲成王命康叔之書，而伏生《尚書大傳》以爲周公命伯禽之書，二說皆可疑。」（《三經新義輯考彙評（一）——尚書》上編《周書·梓材》引《書經注》卷八，《尚書表注》卷下，P170）	《梓材》「今王惟曰。……肆王惟德用。……惟王。……子子孫孫永保民」下又說：「成王自言必稱『王』者，以觀禮考之，天子以正遇諸侯則稱王，此誥正教康叔以諸侯之事故也。」（《三經新義輯考彙評（一）——尚書》上編《周書·梓材》引《全解》卷二，《蔡傳》卷四）
同一篇中，既把「羲和」與陰陽之氣聯繫起來，又以「羲和」爲職名。	《尚書·堯典》「乃命羲和」下說：「散義氣以爲羲，斂仁氣以爲和。日出之氣爲羲，羲者陽也；利物之謂和，和者陰也」。（《三經新義輯考彙評（一）——尚書》上編《虞書·堯典第一》引《全解》卷一 P7）	《尚書·堯典》下又說：「及夏，羲、和合爲一，其職已略。至周爲太史，正歲年以敘事，以下大夫爲之；馮相氏掌日月星辰，以中士爲之，則其官益輕」。（《三經新義輯考彙評（一）——尚書》上編《虞書·堯典第一》引《輯纂》卷一等 P18）
同一篇中，既以「王人」斷句，又以「王」斷句。	《說命》「說曰：『王！人求多聞，時惟建事。學於古訓，乃有獲』下，《尚書新義》說：「王人，猶君人也。」（《三經新義輯考彙評（一）——尚書》上編《商書·說命中第十三》引《纂傳》卷十五下，P96）	又說：「此言『王人求多聞』，乃傅說稱王而告之曰：『人之爲人，貴乎求多聞也』」。（《三經新義輯考彙評（一）——尚書》上編《商書·說命中第十三》引《夏解》卷十四，《全解》卷二十）
不同篇中，把認爲周公未嘗代王爲辟，又把「周公既復辟」與「成王既即位」對舉，以周公曾代王爲辟。	《洛誥》「朕復子明辟」下，《尚書新義》認爲：「復，如『復逆』之『復』，成王命周公往營成周，周公得卜，覆命於成王。謂成王爲『子』者，親之也。謂成王爲『明辟』者，尊之也。」（《三經新義輯考彙評（一）——尚書》上編《周書·洛誥第十五》引，P179）認爲「以書考之，周公位冢宰，正百工而已，未嘗代王爲辟」，反對「先儒謂：成王	在《君奭》序下又說：「召公不悅，何也？成王可與爲善，可與爲惡者也。周公既復辟，成王既即位，蓋公懼王之不能終，而廢先王之業也，是以不悅焉。」（《三經新義輯考彙評（一）——尚書》上編《周書·君奭》引 P191）

| | 幼，周公代王爲辟，至是乃反政於成王，故曰『復子明辟』。」（《三經新義輯考彙評（一）──尚書》上編《周書‧洛誥第十五》引 P179） | |

謹舉此數例，或窺一斑而見全豹。

由上述可知，《尚書義》一書除王安石上書要求改正者外，釋義尚有不少前後不一致處。這種草率的行爲並不能說明王安石學術不嚴謹。究其因，則是由於當時新法正在進行當中，變法受到重重阻礙，王安石在宋神宗的支持下倉促出《尚書義》爲變法作理論基礎。恰如王安石在嘉祐二年在《上仁宗萬言書中》說：「夫以今之世，去先王之世遠，所遭之變，所遇之勢不一，而欲一一修先王之政，雖甚愚者，猶知其難也。然臣以謂今之失，患在不法先王之政者，以謂當法其意而已。夫二帝、三王，相去蓋千有餘載，一治一亂，其盛衰之時具矣。其所遭之變，所遇之勢，亦各不同，其施設之方亦皆殊，而其爲天下國家之意，本末先後，未嘗不同也。臣故曰當法其意而已。法其意，則吾所改易更革，不至乎傾駭天下之耳目，囂天下之口，而固已合乎先王之政矣。」〔註125〕「法其意」的方法則爲對經書的義理闡釋，而義理的要求影響了學術的求實。

（二）《尚書義》的「善不可掩處」

由於《尚書義》的不成熟與王安石對義理解經方法的偏受，《尚書義》的章句訓詁往往爲人攻爲「穿鑿」，梁啓超先生直言：「夫章句之學，則公之糟粕也」。〔註126〕但南宋人朱熹則非如此：「王氏《新經》盡有好處，蓋其極平生心力，豈無見得著處？」〔註127〕對王安石《三經新義》所遭受的批評表示不同意見，並進而說：「王說傷於鑿，然其善亦有不可掩處」。〔註128〕

（1）闕疑。《尚書》爲中國最早的文獻資料，在流傳過程中，由於自然的與人爲的原因，出現錯亂及僞等種種情況，從而使《尚書》成爲中國學術史上問題最多且最複雜的一部文獻。以此，對《尚書》正確理解並釋義成爲十分困難的事情，甚而是不可能的事情。從學術的嚴謹態度以及對經典文本

〔註125〕《王安石全集》卷1《上皇帝萬言書》，第1頁。
〔註126〕梁啓超：《王荊公》，陳引弛編《梁啓超學術論著集‧傳記卷》，第292頁。
〔註127〕（宋）黎靖德：《朱子語類》卷130，第3099頁。
〔註128〕（元）馬端臨：《文獻通考‧經籍考》卷4，第116頁。

的重視出發，對《尚書》的研究採取闕疑的態度不失為正確方法。固然，王安石解《尚書》不乏穿鑿，但他的解經方法也有可稱道處，如王安石解《洛誥》說：「其間煞有不可強通處，今姑擇其可曉者釋之」。難解則闕，只解其可解者無疑體現了學風的嚴謹。朱熹對此稱讚說：「今人多說荊公穿鑿，他卻有如此處。若後來人解《書》，又卻須要盡解。」〔註129〕當然，闕疑不能推動學術發展，但也不會使學術走上歧途，是與完全以己意解經的「穿鑿」做法無疑有著天壤之別，是學風嚴謹的表現。當然，對王安石闕疑態度的贊同非僅朱熹一人，也非僅《洛誥》一例，為避累贅，不多舉。

（2）**釋詞斷句**。詞句的正確理解是對文本正確理解的基礎，為達「資所學以施於世」，王安石的詞句闡釋或有己意之見，但也有些釋詞斷句為他人所贊同。如北宋人呂陶說：「先儒傳注未必盡是，王氏之解未必盡非。」〔註130〕南宋人朱熹也曾說：「《尚書》句讀，王介甫、蘇子瞻整頓得數處甚是，見得古注全然錯」。〔註131〕「且如『矧惟若疇圻父薄違農父若保宏父定辟』，古注從『父』字絕句，荊公則就『違』、『保』、『辟』絕句，夐出諸儒之表。」〔註132〕等。

（3）**經義**。對《尚書義》，時人多攻王安石為新法立意，如南宋人汪應辰就說：「臣竊以王安石訓釋經義，穿鑿附會，專以濟其刑名法術之說」〔註133〕。固然，這是王安石「資所學以施於世」的原則使然。但其中義說，也不乏為人認同的，如北宋人劉摯說：「王安石經訓，視諸儒義說，得聖賢之意為多。」〔註134〕又如南宋人林之奇說：「王氏之所謂『代王為辟』者，指此也。則王氏之破先儒之說，可謂明於君臣之大分，而有功於名教也。」〔註135〕無疑，這些也是於封建社會而言王安石經義有價值處。

由上述可見，王安石從「資所學以施於世」的基本原則出發，注重依經作義理闡釋，從而使人以穿鑿垢病，《尚書義》則為人攻擊為「為新法地」，

〔註129〕（宋）黎靖德：《朱子語類》卷78《尚書一・綱領》，第1986頁；又馬端臨：《文獻通考・經籍考》卷4，第116頁。

〔註130〕轉引於錢穆：《國史大綱》，第580頁。

〔註131〕（宋）黎靖德：《朱子語類》卷78《尚書一・綱領》，第1986頁。

〔註132〕（宋）黎靖德：《朱子語類》卷79《尚書二・酒誥》，第2057頁。

〔註133〕（宋）黎靖德：《朱子語類》卷七十八《尚書一・綱領》，第1987頁。

〔註134〕轉引於錢穆：《國史大綱》，第580頁。

〔註135〕（宋）林之奇：《尚書全解》卷三十一《洛誥》，文淵閣四庫全書本（55冊），上海：上海古籍出版社，1987年，第624頁。

儘管如此，但他在解經態度、釋詞斷句以及經解義說上的一些做法與成就仍得到他人的認可，而這種認可則更多地體現在學術求實上。依此，我們可以說，《尚書義》並非只顧社會效益，而且不乏學術價值。

五、《尚書義》的學術思想闡釋

如前所言，王安石解經主張「資所學以施於世」，傾向於從經中闡發義理。《尚書義》編撰頒行於變法與反變法鬥爭激烈的熙寧間，其中之義理闡發必然與變法活動有著密切的關係。以下謹對《尚書義》中之義理體現作一論述。

（一）天人感應論與「修其在我者，不責命於天」

（1）天人感應論。在《洪範傳》中，王安石雖然有反對漢以來的「天人感應」的謬說的說法，但他依然存在著天命論思想，反對「天人感應」說並不徹底。在熙寧間《尚書義》之作中，王安石承認天人感應說，如他釋《說命上》「恭默思道，夢帝賚予良弼」說：

> 古之人齊三日以致其思，必見其所爲齊者，況於恭默思道致一而深思？則感格上帝，夢賚良弼，蓋無足怪者。淺陋之人不知天人之際，至誠可以感通如此。〔註136〕

在天人之際，人可以影響天，天對人有主宰作用。正是以天對人的主宰作用爲基礎，王安石釋《湯誓》「非臺小子，敢行稱亂。有夏多罪，天命殛之」說：

> 以常情言之，以臣伐君，疑於亂矣；以天命言之，湯所謂「天吏」，非稱亂也。〔註137〕

王安石承認，君尊臣卑，君臣之分不可亂，但他又指出，天爲最高主宰者，天的介入消彌了「常情」下君尊臣卑的關係。

天對人事的干涉使統治秩序的維護不能不考慮到天的因素，尤其是君主必須考慮此點。王安石說：「有極之所在，吾安所取正？取正於天而已」。〔註138〕既然天爲最高主宰，效法天之所爲成爲必然。

由上述可見，王安石強調天人感應主要針對君主而言，即君主的行爲態度與天可以發生反應，從而主張君主法天、至誠等。在此點上，《尚書義》與其早期作品《洪範傳》所反映的思想特點並無不同。王安石從《洪範傳》到

〔註136〕程元敏：《三經新義輯考彙評──〈尚書〉》，第93頁。
〔註137〕程元敏：《三經新義輯考彙評──〈尚書〉》，第73頁。
〔註138〕程元敏：《三經新義輯考彙評──〈尚書〉》，第116頁。

《尙書義》一再強調的天的神秘觀念也說明，他認識到了天的自然性，但一直沒有眞正拋棄神秘之天。在封建社會裏，君主的權力是無限的，君主的行爲往往無所取正與無所限制，王安石強調天人感應則對君主起著一定的限製作用。這是封建社會中學士大夫不能跳出等級偏見又欲限制君主而採取的一個辦法，體現了他們的階級局限性。

（2）「**修其在我者，不責命於天**」。爲限制君主的作爲，王安石強調了天人感應思想，但一般而言，他更重人事之重要，從而主張「修其在我者，不責命於天」。如王安石釋《召誥》「今天其命哲，命吉凶，命曆年」說：

> 哲者，性也。吉凶者，事也。曆年者，數也。性在我，事在物，數在時，君子修其在我者，不責命於天也。〔註 139〕

性爲我固有，事外在於我而賦於物，數則隨形勢變化而變化。雖然三者同出於天，但相對而言，事數有外在條件的影響而不易把握，王安石更強調自身的努力，「君子修其在我者，不責命於天也。」換言之，王安石注重修養在我之性，如他釋《西伯勘黎》「不虞天性」說：「能度天性而行則義矣」。〔註 140〕根據天性行事則合乎道義。進而推之，如此即可使人與人之間的關係和諧，社會得以大治。

王安石又釋《湯誥》「若有恒性」說：「善者，常性也；不善者，非常性也。」〔註 141〕性有善有不善。〔註 142〕有人據此批評說：「或問王氏謂：『……。』不幾於善惡混乎？曰：程子謂有義理之性，有血氣之性。血氣之性，有善有不善；義理之性，無不善。常性，義理之性也；非常性，則血氣之性也。」〔註

〔註 139〕程元敏：《三經新義輯考彙評（一）——〈尚書〉》，第 176 頁。

〔註 140〕程元敏：《三經新義輯考彙評（一）——〈尚書〉》，第 98 頁。

〔註 141〕程元敏：《三經新義輯考彙評（一）——〈尚書〉》，第 79 頁。

〔註 142〕賀麟先生說：「（王安石）承繼孔孟、調解孟揚，反對荀子的性論。他以性情合一論爲出發點，以性善惡混之說爲過渡思想，而歸結到性善論。」可參陳來主編，賀麟著：《北大哲學門文萃·賀麟選集》（長春：吉林人民出版社，2005 年）第 201 頁。韋政通先生則指出：「安石在思考人性問題的過程中，一度依違於揚、孟之間，後來歸向孔孟，不論從前者之說，或是從後者之說，都與『性不可以善惡言』之旨相矛盾。」可參韋政通：《中國思想史》（上海：上海書店出版社，2003 年）第 715 頁。其中，「性不可以善惡言」爲安石《性論》中語。王安石在其人性論的問題上有著不同的變化，所以不能以某一種人性論貫穿王安石學術的始終，對其人性論分階段地探討是有益的。

〔註 143〕（宋）陳大猷：《尚書或問》卷上，轉引於〔臺〕程元敏：《三經新義輯考彙評（一）——〈尚書〉》，第 79 頁。

143〕但從前述「能度天性而行則義矣」來看，王安石更傾向於善性的修養，而使善性的發現不假人爲，「人爲之謂僞。」〔註144〕

總之，王安石承認天人感應論，希望籍此對君主的行爲加以限制，但他又強調使人之善性發現並據以行事，從而把天與人二者在善的基礎上統一起來。在天事與人事衝突之間，他「修其在我者，不責命於天」的觀念更強調了人的主動性的發揮與對天的控制下的被動性的捨棄，從中透露出重視人事的積極因素。

（二）從《尚書義》看王安石的君主論、君臣關係論與君民關係論

（1）君主論。如前所述，王安石針對皇權的至高無上，希望用天來對君主加以一定的限制。如果說王安石天的觀念是消極地用天來影響君主的話，那麼，他還提出了理想君主的形象，藉此加強對君主的引導。本書從以下幾方面對王安石的君主論加以論述。

首先，「無爲」與「清心寡欲」。王安石認爲君主的職責就是擇人，然後「無爲而用天下」，「君道以擇人爲職，上必無爲而用天下，下必有爲而爲天下用，此君臣之分也」。〔註145〕在要求君主無爲的同時，又強調了臣有爲的必然性。其中，君主無爲的具體做法就是「清心寡欲」，王安石釋《皋陶謨》「無教逸欲有邦」說：

> 天子當以勤儉率天下，諸侯不當以逸欲教有邦。蓋天子逸欲於上，則諸侯化之，亦將肆其逸欲以盤樂怠傲於下。使有邦者皆肆其逸欲，則生民之受其禍，可勝計哉！而其源則自夫上之人以逸樂導之也。誠使爲天子者澹然無營，清心寡欲，舉天下之聲色貨利曾不足以動其心，彼諸侯者其敢肆其逸欲於下哉！〔註146〕

作爲宰相，王安石勸君主無爲、「清心寡欲」，不免有攬權之嫌。

其次，「咈百姓以從先王之道」。《洪範傳》體現了王安石的重民思想，在《尚書義》中，重民思想仍是王安石思想的重要組成部分，他說：「聖人之於古政，有便於今者則順之，有妨於民者則考之。」〔註147〕聖人作爲人的理想狀態，具有可效法性；聖人政事以民之便利爲準，則具有對人的引導性。換

〔註144〕程元敏：《三經新義輯考彙評（一）——〈尚書〉》，第209頁。
〔註145〕程元敏：《三經新義輯考彙評（一）——〈尚書〉》，第201頁。
〔註146〕程元敏：《三經新義輯考彙評（一）——〈尚書〉》，第36頁。
〔註147〕程元敏：《三經新義輯考彙評（一）——〈尚書〉》，第5頁。

言之，王安石認為民對於政事是必須加以考慮的。不過，王安石主張利民，並不主張一切以民為主，如他說：「民之有欲，至於失性命之情以爭之，故攘奪誕謾無所不至。為之主者，非聰明足以勝之，則亂而已。」〔註148〕民有欲而致於爭，不利於社會安定。以此，為之主者必治而勝之方利於社會穩定；同時，上述材料也說明，民固然重要，但並不可以作為政事標準。那麼，君主治政標準是什麼？王安石提出了「從先王之道」的觀點。他釋《大禹謨》「罔違道以干百姓之譽，罔咈百姓以從己之欲」說：

> 咈百姓以從先王之道則可，咈百姓以從己之欲則不可。古之人
> 有行之者，盤庚是也。蓋人之情順之則譽，咈之則毀，所謂「違道
> 以干百姓之譽」也，即咈百姓以從先王之道者也。〔註149〕

君主需「清心寡欲」，自不可「從己之欲」，但在百姓與先王之道之間，王安石選擇了先王之道作為政事標準。

總之，王安石一方面認識到「民之有欲，至於失性命之情以爭之」，對社會有著不利影響，聖人之政「有妨於民者則考之」；另一方面，王安石又主張以先王之道來施政，而對民之欲則主張「勝之」。這就使他在治民與順民、行先王之道與非聖人之政之間產生了矛盾。經義衝突不能不使《尚書義》之經解打上了牽強附會的烙印。實際上，王安石「咈百姓以從先王之道」的思想是在熙寧變法期間的特定情況下而拋出的維護變法的思想，正如南宋人林之奇所批評說：「當時王介甫變更祖宗之制度，立青苗免役等法，而當朝公卿、下而小民皆以為不便，而介甫決意行之，其事與盤庚遷都相類，故介甫以此籍口，謂臣民之言皆不足恤。」〔註150〕

再次，果斷、「果於自任」。王安石解《湯誥》「慄慄危懼，若將隕於深淵」說：

> 有為之初，眾人危疑，則果斷之以濟功；無事之後，眾人豫怠，
> 警戒所以居業。其異於眾人也遠矣，此其所以為湯也。若夫事未濟
> 則從而懼，事已濟則喜而怠，則是眾人也，豈足以制眾人哉！〔註151〕

成事者具有異於眾人的素質：事之初，眾疑而己不懼，處之以果斷；事成，

〔註148〕程元敏：《三經新義輯考彙評（一）——〈尚書〉》上編，第75頁。

〔註149〕程元敏：《三經新義輯考彙評（一）——〈尚書〉》上編，第30頁。

〔註150〕（宋）林之奇：《尚書全解》卷十八《盤庚上》，文淵閣四庫全書本（55冊），第338頁。

〔註151〕程元敏：《三經新義輯考彙評（一）——〈尚書〉》上編，第80頁。

眾豫殆而己不怠，處之以警戒。反之，與眾同，而事亦不濟。《尚書義》作時，熙寧變法日益深入，反變法者多，在此情況下，王安石出此論意在勸說宋神宗不為不同意見所惑，堅持變法的推行。南宋人林之奇說：「王氏此說，徒以其為新法之地而已，學者遂信之，以成湯之意果如是，豈不誤與！……今謂有事則不當懼，豈非邪說簧鼓惑人主之聽，以逞其私乎？」〔註152〕果斷處事未必如林之奇所說「邪說簧鼓惑人主之聽，以逞其私」，亦有利於推動決策順利進行的一面，但王安石「為新法之地」確如林氏所言。如果說果斷帶有「逞其私」的色彩的話，那麼，「果於自任」更易於顯示出獨斷特色而為人所攻。如林之奇說：「王氏（安石）曰：『用人惟己，己知可用而後用之。』如此則是果於自任，而不從天下之所好惡也。王氏心術之異，大抵如此」。〔註153〕「果於自任，而不從天下之所好惡」明顯把「果於自任」的說法視為獨斷。究其實，王安石固然有「果於自任」的說法，但並非如林之奇所理解之獨斷。王安石釋《仲虺之誥》「用人惟己，改過不吝，克寬克仁，彰信兆民」說：

> 用人惟己，己知可用而後用之。如此則是果於自任，而不從天下之所好惡也。王者心術之真，大抵如此。改過不吝，言己有過則改之，無復吝惜，若所謂「過則不憚改」也。用人惟己，則善者無不從；改過不吝，則不善者無不改：此所以能合併為公，以成其大也。其發而為政，又能寬以居之，仁以行之，蓋所謂「以不忍人之心，行不忍人之政」也。……湯於是時，以寬仁之德彰信於天下，故天下歸之，若大旱之望雲霓。然湯之所以能成寬仁之德者，其本則自於清淨寡欲，眇然天下，舉不足以動其心，故能利與人同，以施其不忍人之政，茲其所以彰信於天下也。蓋撥亂反正，以成帝王之業者。苟有利之之心，則將奪於物欲，見利而動，惑於聲色貨利之私，遂至以私害公，不能執其所有以與天下共其利。剛愎自用，遂其非而莫之入，如此則所施者無非虐政，是水之益深火之益熱也。
>
> 〔註154〕

「果於自任，而不從天下之所好惡」為「王者心術之真」。但王安石此說是有

〔註152〕（宋）林之奇：《尚書全解》卷十五《湯誥》，文淵閣四庫全書本（55 冊），第 279 頁。

〔註153〕（宋）林之奇：《尚書全解》卷十四《仲虺之誥》，文淵閣四庫全書本（55 冊），第 266 頁。

〔註154〕程元敏：《三經新義輯考彙評（一）──〈尚書〉》上編，第 75～76 頁。

前提的，即君主必在「善者無不從」、「不善者無不改」、「合併爲公」的基礎上，發而爲政；換言之，「以不忍人之心，行不忍人之政」；而非「奪於物欲、見利而動、惑於聲色貨利之私」而行其政，即王安石言「果於自任」非主張以私害公，而是「與天下共其利」。同時，王安石反對「剛愎自用」，決不能把「果於自任」與以私害公的獨斷聯繫起來。究其實，王安石「果於自任，而不從天下之好惡」實有所指，他的「天下之好惡」指所謂「嘉言」與「妄言」。他解「盤庚斅於民，由乃在位，以常舊服，正法度，曰：『無或敢伏小人之攸箴」說：

> 無或敢伏小人之攸箴者，斅之以無自用而違其下。……治形之疾以箴，治性之疾以言。小人之箴雖不可伏，然亦不可受人之妄言。妄言適足以亂性，有至於亡國敗家者，猶受人之妄刺，非特傷形，有至於殺身者矣。故古人即讒說，放淫辭，使邪說者不得作，而所不伏者嘉言而已。〔註155〕

「無自用」固然重要，但並非「受人之妄言」，「所不伏者嘉言而已」。何爲妄言？何爲嘉言？王安石沒提出一個明確標準，他所暗含的標準無非是新法，把新法反對派之言論爲妄言，而擁護新法的言論則爲嘉言。宋蘇軾說：

> 矇誦、工諫、士傳言、庶人謗於市，此先王之舊服正法也。今民敢相聚怨誹，疑當立新法行權政，以一切之威治之。盤庚，仁人也。其下教於民者，乃以常舊事而已，言不造新令也；以正法度而已，言不立權政也。曰「無或敢伏小人之攸箴」者，尤百官有司逆探其意而禁民言也。盤庚遷而殷復興，用此道與！〔註156〕

南宋林之奇進一步說：

> （蘇氏）此論甚善，亦有爲而發也。當時王介甫變更祖宗之制度，立青苗免役等法，而當朝公卿、下而小民皆以爲不便，而介甫決意行之，其事與盤庚遷都相類，故介甫以此藉口，謂臣民之言皆不足恤。然所以處之則與盤庚異者，盤庚斅於民，由乃在位，以常舊服，正法度，而介甫一以新法從事。盤庚言「無或敢伏小人之攸箴」，而介甫則峻刑罰以繩天下之人言新法之不便者。故（介甫）雖

〔註155〕程元敏：《三經新義輯考彙評（一）——〈尚書〉》上編，第87頁。
〔註156〕（宋）蘇軾：《東坡書傳》卷8，曾棗莊、舒大剛：《三蘇全書》（第二冊），北京：語文出版社，2001年，第36頁。

以盤庚自解説，而天下之人終不以盤庚許之者，以其跡雖同而其心
則異也。非特天下之人不許以盤庚之事，而介甫亦自知其叛於盤庚
之説，其解盤庚又從而爲之辭，以爲其新法之地，而既曰：「……。」
而又曰：「……。」觀王氏此言，其與誦六經以文奸言者，何以異哉！
蘇氏之言爲王氏而發也。雖爲王氏而發，實得盤庚斅民之意，非奮
其私意與王氏矛盾也。〔註157〕

蘇軾、林之奇之言明顯表達了對王安石的批評態度，反對王安石「峻刑罰以
繩天下之人言新法之不便者」，或爲過論，但他們指出王安石爲新法立意則爲
事實。王安石果斷、「果於自任」之説教就是勸宋神宗果斷行新法，對新法「果
於自任」。

　　第四，「以眾人爲制」與「不自用」。如前所言，王安石主張君主應果斷
「果於自任」，但他是以反對反變法派，推動新法爲目的的。另一方面，王安
石又強調君主「以眾人爲制」而「不自用」。王安石釋《堯典》「方命圮族」
説：

　　　　聖人之立法，皆以眾人爲制，中才之君，獨見其所見，不從眾
　　人之所見，逆度其不可任，而不待其有所試，則其爲失也多矣。故
　　堯之聰明雖足以逆知來物，明見鯀之不可任，猶不敢自用，所以爲
　　中人法也。夫利之一時而其法不可以推之萬世者，聖人不爲也。此
　　所謂聖人之仁也。用己則聖人有所殆，用眾則雖中人可以無爲而治
　　也。〔註158〕

君主如「以眾人爲制」，用臣「有所試」，「中人可以無爲而治」，達於至治了。
「無爲而治」本爲王安石之理想政治，「用眾」爲實現此理想之一重要途徑。
如前所言，王安石指出君主應受「嘉言」而「果於自任」，其中，「嘉言」實
爲利於變法的言論，相應地，王安石所言「以眾人爲制」而「不自用」也指
君主應以擁護變法者爲制而不自用。表面上看，王安石「以眾人爲治」的思
想表現出民主的特色，但他實爲變法行專制。另一方面，王安石主張君主任
臣應「有所試」，而不能「逆度」，顯示出王安石更注重效果的觀念，有事功
主義的傾向，但「有所試」之臣也指行變法之臣，效果則指變法之效果。

〔註157〕（宋）林之奇：《尚書全解》卷十八《盤庚上》，文淵閣四庫全書本（55冊），
　　　　第338頁。
〔註158〕程元敏：《三經新義輯考彙評（一）——〈尚書〉》，第13頁。

　　總之，王安石主張君主應「清心寡欲」而無爲，又主張果斷、「果於自任」而有爲，有爲與無爲使君主成爲矛盾之體，不過，王安石的眞正目的是君主無爲以使在他的主持下推動變法的進行，而君主有爲以壓制反變法勢力的發展。同時，從字面上看，果斷、「果於自任」與「以眾人爲制」而「不自用」二種主張也有著矛盾性，但實際上，王安石的這兩種主張也各有所指，前者爲針對反變法者而言，後者則爲針對變法者而言。只有如此，才可理解王安石《尚書義》的眞正用心所在。再者，不管王安石主張君主有爲還是無爲，都是以皇權主義爲基礎的。

　　（2）君臣關係論。首先，君「無爲」臣「有爲」與君臣相賓。如前所言，在《尚書義》中，王安石主張君主應當「無爲而用天下」，把行道的責任放在臣的身上，「君道以擇人爲職，上必無爲而用天下，下必有爲而爲天下用，此君臣之分也」。〔註159〕君無爲而臣有爲，這是君臣所應遵守而不可逾越的。王安石借《益稷》「元首叢脞！股肱惰哉！萬事墮哉！」加以闡發說：「皋陶以爲人君不必下侵臣職以求事功，但委任而責成功爾。……苟爲不然，而欲下侵眾職，則元首叢脞而股肱懈怠。天下之事豈一人所能辦哉？萬事之墮，固其宜矣」。〔註160〕天下事不是一個人所能辦的，故君主「不必下侵臣職以求事功」，擇臣以「委任而責成功爾」；否則，「元首叢脞而股肱懈怠」，君主之事瑣細而臣下無所事事，事功亦不能成。如此，在君主擇臣之後，即委權於臣，用而不疑。這是建立在君主對臣的極大信任基礎上的。在此點上，王安石提出君臣相賓的觀點，「諸侯有不能臣之義，復之所以賓之也」。〔註161〕君臣相賓的提出使君臣處於平等地位，這是對君臣等級觀念的衝擊，是君「與士大夫共治天下」觀念的進一步發展。熙寧年間，宋神宗以王安石爲相實行變法，君臣相知爲世稱道。無疑，王安石主張君主擇臣而任，委權不疑，實際上是主張宋神宗少干涉，甚而不干涉變法之事，而由他主持變法，取得成效。如，理財是熙寧變法的重要組成部分，王安石借《周官》「冢宰掌邦治，統百官，均四海」之語把理財之權攬歸己有，「《周官》一書，理財居其半，故以理財爲冢宰之職」。〔註162〕對此，南宋人林之奇批評說：「王氏置「制置三司條例」，

〔註159〕程元敏：《三經新義輯考彙評（一）——〈尚書〉》，第201頁。
〔註160〕程元敏：《三經新義輯考彙評（一）——〈尚書〉》，第45～46頁。
〔註161〕程元敏：《三經新義輯考彙評（一）——〈尚書〉》，第19頁。
〔註162〕程元敏：《三經新義輯考彙評（一）——〈尚書〉》，第206頁。

議者皆譏其以天子之宰相而下行有司之事。此言蓋自爲地爾」。〔註163〕需注意的是，王安石固然有攬權之嫌，但他並不是主張宰相專權，他的君無爲的主張沒有衝破他的皇權主義思想，而是以皇權爲基礎的，即如他釋《周官》「皐成兆民。……永康兆民，萬邦惟無斁」所說：「天之所以立君，君之所以設官分職者，凡以安民而已。」〔註164〕

其次，「責難於君」與「以人事君」。王安石主張君無爲臣有爲，君臣相賓，以圖提高臣之地位，但他並未衝破君臣之義，換言之，臣事君之義仍然存在。對此，王安石主張臣要對君提出自己的見解以糾正君主的失誤，如王安石釋《胤征》「工執藝事以諫」說：

> 責難於君謂之恭，不諫則謂之不恭。〔註165〕

另外，朋黨之爭是困擾宋代政治的一大問題，嚴重影響著宋代政治。對此，王安石指出：

> 大臣之善，在乎能讓；讓則推賢揚善，而無妨功害能。〔註166〕

> 道二，義利而已。推賢讓能，所以爲義。大臣出於義，則莫不出於義，此庶官所以不爭而和。蔽賢害能，所以爲利。大臣出於利，則莫不出於利，此庶官所以爭而不和。庶官不和，則政必雜亂而不理矣，稱亦舉也。所舉之人，能修其官，是亦爾之所能。舉非其人，是亦爾不勝任。古者大臣以人事君，其責如此。〔註167〕

「推賢揚善」或「推賢讓能」可以消彌官員之間的爭鬥，也是「大臣以人事君」之義。這是王安石爲朋黨問題開出的藥方。不過，宋代朋黨問題源於政見不一，並非純粹爭權奪利，賢能沒有恰當標準，所以放在一般意義上而言，這種辦法並沒有價值，但如果說把變法派視爲「賢能」的話，也僅是王安石的一己之見。

（三）從《尚書義》看王安石對德禮與刑罰的運用

首先，刑爲德輔。刑罰作爲強硬手段，歷來爲傳統儒家所反對，而王安

〔註163〕（宋）林之奇：《尚書全解》卷三六《周官》，文淵閣四庫全書本（55 冊），第 732 頁。
〔註164〕程元敏：《三經新義輯考彙評（一）——〈尚書〉》，第 210 頁。
〔註165〕程元敏：《三經新義輯考彙評（一）——〈尚書〉》，第 70 頁。
〔註166〕程元敏：《三經新義輯考彙評（一）——〈尚書〉》，第 195 頁。
〔註167〕程元敏：《三經新義輯考彙評（一）——〈尚書〉》，第 209 頁。

石則認爲刑有其獨到之處，如他說：「刑非教也，而言『以教祗德』，蓋聖人莫非教也。刑之所加，非苟害之，亦曰騙而納之於善而已。」〔註168〕教化固然可以使人致善，刑也可「騙而納之於善」。另外，刑對人還有警戒之作用。如王安石釋《伊訓》「制官刑，警於有位」說：「湯豈眞以刑加之哉？警戒之而已。」〔註169〕從刑具有「騙而納之於善」與警戒作用角度言，刑亦爲治世不可少的手段之一。儘管如此，但王安石更強調德治優於刑罰。他說：

> 刑罰之有敘者，正而已，未及夫德也。故民之和，強勉而已，
> 非其德也。惟導之以德，然後民應之以德也。畢棄咎，其康乂，所
> 謂應之以德也。〔註170〕

以刑治人，「民之和，強勉而已」，不如以德治人而得「民應之以德」，達於眞正的「民之和」。德作爲溫和手段較刑而言更爲達於至治不可或缺的，「先王之爲天下，內明而外治，其發號施令，以德教爲主，不使民覿刑辟」。〔註171〕「以德教爲主，不使民覿刑辟」，刑處於可有可無的狀態則爲理想政治狀態。

禮是德的外在表現，對德的重視亦意味著王安石對禮的重視，如他釋《仲虺之誥》「殖有禮」說：

> 禮者，天之經，地之義，治道之極，強國之本也。人君之所殖，
> 孰大乎此？〔註172〕

王安石重視德禮，但並非認爲可以廢刑，而是指出刑於治世亦爲必要。如：

> 敬明乃罰者，教康叔以作新民之道也。民習舊俗，小大好草竊
> 奸宄，卿士師師非度，而一日欲作而新之，其變詐強梗，將無所不
> 爲，非有以懲之則不知所畏，故當敬明乃罰也。〔註173〕

> 民悅汝德，乃以刑罰之行也。有罪而不能罰，則小人無所懲艾，
> 驕陵放橫，責望其上無已。雖加以德，未肯心說，故於罰行，然後
> 說德也。〔註174〕

德固然重要，刑對德之行亦有輔助之功。王安石又說：

〔註168〕程元敏：《三經新義輯考彙評（一）——〈尚書〉》，第225頁。

〔註169〕程元敏：《三經新義輯考彙評（一）——〈尚書〉》，第82頁。

〔註170〕程元敏：《三經新義輯考彙評（一）——〈尚書〉》，第155頁。

〔註171〕程元敏：《三經新義輯考彙評（一）——〈尚書〉》，第223頁。

〔註172〕程元敏：《三經新義輯考彙評（一）——〈尚書〉》，第78頁。

〔註173〕程元敏：《三經新義輯考彙評（一）——〈尚書〉》，第154頁。

〔註174〕程元敏：《三經新義輯考彙評（一）——〈尚書〉》，第159頁。

人君以正德爲內事，正法爲外事。上所戒者，正德之事；於是
戒之以正法之事。〔註175〕

君主「以正德爲內事，正法爲外事」，以德爲主，刑爲輔，則可以如「先王之
爲天下，內明而外治」。

其次，「威嚴勝於慈愛」。王安石強調德主刑輔，但有時候他對刑罰極爲
重視，如他說：

威嚴勝於慈愛，人則畏而勉力，故誠有成；若慈愛勝於威嚴，
則人無所畏而懈怠，故誠無功。〔註176〕

欲事有成，必威嚴重於慈愛以使人畏而勉力；反之，「人無所畏」則易於懈怠
而事難成。相對而言，威嚴爲較強硬的手段，而慈愛指較溫和的手段。王安
石更強調強硬手段的運用，他解《盤庚》「起信險膚」說：

不夷謂之險，不衷謂之膚。造險膚者，所不待教而誅。〔註177〕

宋林之奇說：

王氏曰：「不夷謂之險，不衷謂之膚。」此論甚善！而繼之曰：「造
險膚者，所不待教而誅。」此言大害義理！夫盤庚之時必誅其造險膚
者。此蓋王氏藉此言簧鼓以惑天下，欲快意於一時。老成之人言新法
之不便者，皆欲指爲造險膚之人而悉誅也。不仁之禍，至六經而止。
王氏乃借六經之言欲以肆其不仁之禍，是可歎也！〔註178〕

某些時候，王安石甚而直接強調以殺治人，他解《洪範》「惟辟作福，惟辟作
威」說：

惟辟作福，惟辟作威，荀子曰：「擅生殺之謂王，能利害之謂王。」
義如此。君王用人惟己，亦「作福」之義。〔註179〕

君主可以擅生殺之權，或如王安石釋《洪範》「三八政」下說：「正法度，敷
教制，刑必自其上出」〔註180〕。這是與宋代「不殺士大夫與上書言事人」的
「祖宗家法」不符合的。宋陳淵批評說：

〔註175〕程元敏：《三經新義輯考彙評（一）——〈尚書〉》，第156頁。
〔註176〕程元敏：《三經新義輯考彙評（一）——〈尚書〉》，第71頁。
〔註177〕程元敏：《三經新義輯考彙評（一）——〈尚書〉》，第89頁。
〔註178〕（宋）林之奇：《尚書全解》卷十八《盤庚上》，文淵閣四庫全書本（55冊），
　　　　第340頁。
〔註179〕程元敏：《三經新義輯考彙評（一）——〈尚書〉》，第117頁。
〔註180〕程元敏：《三經新義輯考彙評（一）——〈尚書〉》，第115頁。

> 荊公引「擅生殺之謂王，能利害之謂王」，此申商韓非之所為，豈是先王之道？而彼不悟，反以證經。曰：此自荀子之說，何為不善？曰：若論道，則荀卿容有不知者，其說亦何足取？……然則書言「惟辟作福，惟辟作威」，非耶？曰：今人勸人主攬權，多用此說，而不知聖人之言，意有所主。其下文云：「臣無有作福作威玉食，臣之有作福作威玉食，其害於而家，凶於而國。」蓋曰威福之作，唯人主當爾。人臣如此，必致凶害，所以戒也，豈生殺由我之謂哉？〔註181〕

宋蘇軾批評說：

> 先王之用威、愛，稱事當理而已，不惟不使威勝愛，若曰：「與其殺不辜，寧失不經」，又曰「不幸而過，寧僭無濫」，是堯舜已來，常務使愛勝威也。今乃謂「威勝愛則事濟，愛勝威則無功」，是為堯舜不如申商也，而可乎？此胤侯之黨，臨敵誓師，一切之言當與申商之言同棄不齒，而近世儒者欲行猛政，輒以此藉口，予不可以不辨。〔註182〕

宋林之奇批評說：

> 王氏蘇氏二說，大為穿鑿。據此二說而考之，皆以威為刑罰之威、愛為仁愛之愛，故其說如此。……若以此威為刑威之威、愛為仁愛之愛，此誠申商之言也，豈詩書之訓哉！〔註183〕

總之，王安石主張德主刑輔，有時他又把刑罰放在優先位置。當然，刑罰可以「驅而納之於善」，可以起到警戒作用，不過，刑罰的這種作用是有條件性的，而王安石的條件就是變法的進行，即用加大懲罰力度來打擊反對派，維護變法的順利進行。

再次，王安石與申商之術的爭論。王安石強調德主刑輔，有時又把刑推向極致，而被人攻擊為申商之言。此點也多為後人所繼承。

明末清初的王夫之繼承此說：

〔註181〕　（宋）陳淵：《默堂文集》卷22，轉引於〔臺〕程元敏：《三經新義輯考彙評（一）——〈尚書〉》，第117頁。

〔註182〕　（宋）蘇軾：《東坡書傳》卷6，曾棗莊、舒大剛主編《三蘇全書》（第二冊），第36頁。

〔註183〕　（宋）林之奇：《尚書全解》卷十三《胤征》，文淵閣四庫全書本（55冊），第252頁。

逮慶曆而議論始興，逮熙寧而法制始密，捨己以求人，而後太
祖之德意漸以泯。……知其簡，可以爲天下王。儒之狡者，濫於申
韓，惡足以興於斯！〔註184〕

清人錢大昕說：

予嘗論安石之學，出於商鞅，而鞅之法專而一，安石之法繁而
紛，則才已不逮。鞅自言其治之不如三代，而安石藉口講學，動必
稱先王，以掩其言利之名，則鞅猶不若是之詐也。此所以敗壞滅裂，
不如鞅之尚有小效也。〔註185〕

但也有與此持相反意見者。如蕭公權先生認爲：「宋人反新法者每斥王氏之學
爲申商之異端。其實安石乃『儒而有爲者』，排斥老莊則有之，入於申韓則未
也。」〔註186〕張廣保先生亦認爲，不管是王道的理想，仁義禮信之道，還是
「修身而移之政，則天下莫不化之」的經世致用觀念，都顯示了王安石對儒
家思想的繼承。也就是在此意義上指出王安石新學是對經學原典精神的復
歸。〔註187〕

美國學者田浩持論採取中間路線：

在力圖實施經典的烏托邦理想中，王安石將法家觀念糅進了他
的儒家政治理想。……面對著保守派敵意的批評和阻撓，王安石從
韓非子、申不害那裡吸取了管理技術與方法方面的思想。〔註188〕

不管那一種觀點，就王安石而言，以儒家爲本是任何人都不能否認的，如他
說：

王者之道，其心非有求於天下也，所以爲仁義禮信者，以爲吾
所當爲而已矣。以仁義禮信修身而移之政，則天下莫不化之也。是
知王者之治，知爲之於此，不知求之於彼，而彼固已化矣。霸者之
道則不然，其心未嘗仁也，而患天下惡其不仁，於是示之以仁；其
心未嘗義也，而患天下惡其不義，於是示之以義。其於禮信，亦若

〔註184〕（清）王夫之：《宋論》卷 1「太祖」，北京：中華書局，2003 年，第 5～6
　　　　頁。
〔註185〕（清）錢大昕：《潛研堂文集》卷 2《王安石論》，陳文和點校《錢大昕先生
　　　　全集》，南京：江蘇古籍出版社，1997 年，第 31 頁。
〔註186〕蕭公權：《中國政治思想史》，瀋陽：遼寧教育出版社，1998 年，第 424 頁。
〔註187〕張廣保：《經世致用：荊公新學對經學原典精神的復歸》，姜廣輝主編《經學
　　　　今詮續編》，第 466～508 頁。
〔註188〕（美）田浩：《功利主義儒家——陳亮對朱熹的挑戰》，第 29 頁。

是而已矣。是故霸者之心爲利，而假王者之道以文其所欲。〔註189〕

德主刑輔是王安石所主張的，儒家思想仍在王安石思想中佔據主導地位，但亦不排除法家思想的補充作用。

〔註189〕《王安石全集》卷28《雜著·王霸》，第243頁。

第五章　蘇氏蜀學《尚書》學

　　宋代蜀學是指以蘇洵父子三人爲代表的，與新學，道學學派鼎立的重要學派，盛於元祐，政、宣間被禁止〔註1〕，南宋中後期漸衰落而被程朱理學代替〔註2〕。蘇轍總結其父兄的學術特點爲：「父兄之學，皆以古今成敗得失爲議論之要，以爲士生於世，治氣養心，無惡於身，推是以施之人，不爲苟生也。不幸不用，猶當以其所知，著之翰墨，使有所聞焉。」〔註3〕突顯了蘇氏父子對孟子「窮則獨善其身，達則兼善天下」理念的踐履與發展，與他們利天下的濟世精神。就《尚書》學而言，蘇氏《尚書》學成就主要指蘇洵《洪範論》與蘇軾《書傳》等。研究蘇氏《尚書》學，不但可彰顯蘇氏蜀學的學術特點，而且可進而推動宋史研究的發展，有著重要的意義。

第一節　蘇洵《尚書》學研究

　　宋人王拱辰曾贊蘇洵「玩《易》窮三經，論《書》正九疇。」〔註4〕其中，論《書》之作即爲蘇洵的《洪範論》〔註5〕。《洪範論》作於至和二年九月〔註

〔註1〕　胡昭曦：《宋代蜀學芻論》，《宋代蜀學論集》，成都：四川出版集團、四川人民出版社，2004年，第229頁。
〔註2〕　胡昭曦：《宋代書院與宋代蜀學》，《宋代蜀學論集》，第175頁。
〔註3〕　（宋）蘇轍：《欒城後集》卷7《歷代論一（並引）》，《蘇轍集》，北京：中華書局，1990年，第958頁。
〔註4〕　（宋）蘇洵：《蘇洵集》附錄卷下《老蘇先生挽詞》，北京：中國書店，2000年，第189頁。
〔註5〕　晁公武曾記：「或言非洵作」。可參〔宋〕晁公武：《郡齋讀書志校證》卷1，第56頁。馬端臨則記：「或云非洵作。」可參馬端臨：《文獻通考·經籍考》卷四《蘇明允洪範論圖》一卷下，第115頁。「或」本爲推斷之語，恐誤。

6），包括上中下三部分及敘與後敘，其中，《洪範論》中附「指《傳》之謬」與「形今之意」兩圖。蘇洵本人曾向歐陽修等人推薦此書，「近所爲《洪範論》、《史論》凡七篇，執事觀其如何？」〔註7〕「平生之文，遠不可多致，有《洪範論》、《史論》七篇，近以獻內翰歐陽公。度執事與之朝夕相從而議天下事，則斯文也其亦庶乎得陳於前矣」〔註8〕言中頗有自得之意。雅州守雷簡夫則通過《洪範論》屢贊蘇洵有「王佐才」〔註9〕。故此書當爲蘇洵力作。除《洪範論》外，蘇洵的《尚書》學著作還有《書論》，對其《尚書》學加以研究可以窺見蘇洵學術與宋代學術之一端。

一、從《書論》看蘇洵的變的思想

蘇洵《書論》是據《尚書》而作的議論，爲其《六經論》中的一部分，也作於至和二年，稍早於《洪範論》。〔註10〕在《書論》中，蘇洵對其變的思想作了論述。

蘇洵指出：「昔者，吾嘗欲觀古之變而不可得也，於《詩》見商與周焉而不詳。及今觀《書》，然後見堯舜之時與三代之相變，如此之亟也。」〔註11〕從《尚書》可以看出社會是變化的發展的，但蘇洵認爲這種社會的發展變化突出地表現在堯舜三代，「自堯而至於商，其變也皆得聖人而承之，故無憂。至於周，而天下之變窮矣。」〔註12〕不過，蘇洵所說的「天下之變窮矣」並不是指社會不再變化，而是說社會之變化不再是處於王道之世的變化，「其後無聖人，其變窮而無所復入，則已矣。周之後而無王焉，固也。」〔註13〕這種王道之世的變化過程表現爲從忠入質再到文，而文就表現出了變之窮，「忠之變而入於質，質之變而入於文，其勢便也。及夫文之變，而又欲反之于忠也，是猶欲移江河而行之山也。」〔註14〕其中，忠質體現爲順其自然的變化，而文則體現爲人爲干預的變化。如蘇洵認爲，從堯禪舜到舜禪禹「未嘗與其

〔註6〕 孔凡禮：《三蘇年譜》卷6，北京：北京古籍出版社，2004年，第195頁。
〔註7〕 （宋）蘇洵：《蘇洵集》卷12《書·上歐陽內翰第一書》，第112頁。
〔註8〕 （宋）蘇洵：《蘇洵集》卷11《書·上田樞密書》，第107頁。
〔註9〕 孔凡禮：《三蘇年譜》卷6引，第176、177頁。
〔註10〕 孔凡禮：《三蘇年譜》卷5，第155頁。
〔註11〕 （宋）蘇洵：《蘇洵集》卷6《六經論·書論》，第49頁。
〔註12〕 （宋）蘇洵：《蘇洵集》卷6《六經論·書論》，第49頁。
〔註13〕 （宋）蘇洵：《蘇洵集》卷6《六經論·書論》，第50頁。
〔註14〕 （宋）蘇洵：《蘇洵集》卷6《六經論·書論》，第49頁。

民道其所以當得天下之故也，又未嘗悅之以利，而開之以丹朱、商均之不肖也。其意以為天下之民以我為當在此位也，則亦不俟乎援天以神之，譽己以固之也。」而湯武革命，則大力數桀紂之罪而揚己之善與革命之宜。〔註15〕具體而言，忠質之變化是以天下之民的認可為基礎的，是自然而然的，而文所表現之變化則借助於神秘之天或者譽己之宣揚等欺騙手法。蘇洵贊成前者反對後者，一方面說明他對民眾的重視，另一方面也說明他對「君權神授」思想等的批判。換言之，蘇洵的變的思想實指社會的變化當以民眾的意志為轉移，而不當借助神秘之天或其他欺騙手段而實現所謂社會變化與政權轉移。在「君權神授」思想與「天人感應」學說仍有一定市場的當時，蘇洵的變的思想無疑是進步的，他對於廓清當時思想界中的沈腐思想有著重要意義。

　　總之，蘇洵承認社會有經，即風俗，但它是應當變的，這代表了一種變化趨勢，人可因此趨勢而用其權，因勢利導，「夫固由風俗之變而後用其權，權用而風俗成，吾安坐而鎮之，夫孰知夫風俗之變而不復反也？」〔註16〕社會變化有一定標準——民眾意志而非神秘之天的主宰等。他的變的思想是對當時社會中存在的神化皇權的思想的批判，也為社會變化提供了一種理論基礎與範式。

二、從《洪範論》看蘇洵的學術思想特點

（一）《洪範論》的作書目的與解經原則

蘇洵指出：

> 《洪範》其不可行與？何說者之多，而行者之寡也！曰：諸儒使然也。譬諸律令，其始作者非不欲人之難犯而易避矣，及吏胥舞之，則千機百阱。吁！夫《洪範》亦猶是耳。吾病其然，因作三論。
> 大詆斥末而歸本，襃《經》而擊《傳》，劖磨瑕垢以見聖秘。〔註17〕

此則明確指出了蘇洵作《洪範論》的目的，闡明《洪範》之義理以用於世。這是蘇洵經世致用思想的體現。再者，在蘇洵看來，「禹與箕子之言，《經》也」，〔註18〕經典本身對人是有引導價值的，但由於諸儒解經多種多樣，經典

〔註15〕　（宋）蘇洵：《蘇洵集》卷6《六經論・書論》，第50頁。

〔註16〕　（宋）蘇洵：《蘇洵集》卷6《六經論・書論》，第50頁。

〔註17〕　（宋）蘇洵：《蘇洵集》卷7《洪範論敍》，第53頁。

〔註18〕　（宋）蘇洵：《蘇洵集》卷7《洪範論上》，第53頁。

之眞義受到掩蔽而難行，「夫禹之疇，分之則幾五十矣。諸儒不求所爲統與端者，顧爲之傳，則嚮之五十又將百焉。人之心一，固不能兼百，難之而不行也。」〔註19〕。以這種認識爲基準，「斥末而歸本，褒《經》而擊《傳》」，最終獲得經典眞義以有益於世，「明其統，舉其端，而欲人君審從之易」〔註20〕也就成了蘇洵《洪範論》之作的根本原則。

與慶曆以來的學士大夫並無二樣，蘇洵爲尋求治道而「褒《經》而擊《傳》」，注重從經本身闡發義理。在此指導思想下，蘇洵首先把矛頭指向了劉向父子與孔安國孔穎達對《洪範》的解釋，「於《洪範》明其統，舉其端，削劉之惑，繩孔之失，使經意炳然」〔註21〕。由此，在某種程度上可以說，蘇洵是宋代「爲天下之憂而憂」的學士大夫的一個早期代表人物。他希望從經中尋求治道以有益於世，正是在此意義上，雷簡夫稱讚蘇洵有「王佐才」。當然，蘇洵矯諸儒之失，非僅反對二孔、二劉之說，而且反對夏侯勝、鄭玄、班固等人。這是他對天人感應說批判的必然結果。

（二）從《洪範論》看蘇洵對天人感應說的批判

從漢代濫觴的天人感應之說在宋初的思想界仍有著一定市場，特別是對君主仍存在相當作用。如「仁宗最深《洪範》之學，每有變異，恐懼修省，必求其端。」〔註22〕蘇洵在《書論》中對「天人感應」學說已有所觸及，在《洪範論》中，他對「天人感應」之說展開進一步批判，如他說：

> 歆、嚮之惑，始於福、極分應五事，遂強爲之說，故其失浸廣而有五焉。……〔註23〕

> 《傳》之法，二劉唱之，班固志之。後之史志五行者，孰不師而倣之？〔註24〕

> 夏侯勝之言曰：「天久陰不雨，臣下將有謀上者。」已而果然。……然則夏侯勝之言何以必應？曰：事固有幸而中者。〔註25〕

〔註19〕（宋）蘇洵：《蘇洵集》卷7《洪範論上》，第54頁。
〔註20〕（宋）蘇洵：《蘇洵集》卷7《洪範論上》，第54頁。
〔註21〕（宋）蘇洵：《蘇洵集》卷7《洪範論下》，第59頁。
〔註22〕（清）朱彝尊：《經義考》卷95《書·洛書五事圖》下引范祖禹語，林慶彰等校補，第621頁。
〔註23〕（宋）蘇洵：《蘇洵集》卷7《洪範論中》，第55頁。
〔註24〕（宋）蘇洵：《蘇洵集》卷7《洪範論中》，第56頁。
〔註25〕（宋）蘇洵：《蘇洵集》卷7《洪範論後敘》，第59～60頁。

漢代劉向父子借《洪範》中的「五行」觀念與讖緯思想相結合而形成具有神秘色彩的「天人感應」學說，並對後世產生了極大的影響。天人之間是否會相互感應？在蘇洵看來，天人感應在某種情況下似乎可以驗證，但這種證實只是偶然性所致，並不存在必然性。蘇洵對「天人感應」的批判是徹底的，他對「天人感應」學說的批判對於打破天的神秘觀念，還原天的自然性，以及強調人事作用有著重大意義，也是對「君權神授」說的一個衝擊。就宋代而言，由於宋仁宗對「天人感應」之說的信仰，《洪範論》無疑有著重要的現實意義。

第二節　蘇軾《書傳》研究

蘇軾曾說：「某凡百如昨，但撫視《易》、《書》、《論語》三書，即覺此生不朽過」〔註 26〕。其中，《書》即指其《書傳》，由此可見，蘇軾對《書傳》的重視。非僅蘇軾對《書傳》自視甚高，後人對蘇軾《書傳》在宋代學風變化上的影響與訓詁上的成就也有極高的評價，如陸游、《四庫》館臣等〔註 27〕。如此，蘇軾《書傳》是中國學術史，特別是宋代《尚書》學史上的重要文獻，具有重要研究價值。蘇軾的《尚書》學成就除《書傳》外，還有《書論》一篇，以下謹對此加以論述。

〔註 26〕　（宋）蘇軾：《蘇軾文集》卷 57《盡牘・答蘇伯固（三）》，第 1741 頁。
〔註 27〕　南宋陸游曾說：「唐及國初，學者不敢議孔安國、鄭康成，況聖人乎？自慶曆後，諸儒發明經旨，非前人所及，然排《繫辭》，毀《周禮》，疑《孟子》，譏《書》之《胤征》、《顧命》，黜《詩》之《序》，不難於議經，況傳注乎？」可參（宋）王應麟：《困學紀聞》卷 8「經說」。其中，「譏《書》之《胤征》、《顧命》」即指蘇軾《書傳》對《胤征》、《顧命》的懷疑。《四庫》館臣則說：「（《書傳》）以義和曠只為貳於羿而忠於夏，則林之奇宗之；以《康王之誥》服冕為非禮，引《左傳》叔向之言為證，則蔡沈取之；朱子亦稱其解《呂刑》篇以『荒度作刑』為句甚合於理。朱子雖有惜其太簡之說，然漢代訓詁文多簡質，自孔、賈以後徵引始繁。軾文如萬斛源泉隨地湧出，非不能曼衍其詞。當以解經之體詞貴典要，故斂才就範，但取詞達而止，未可以繁省為優劣也。」（〔清〕永瑢等：《四庫總目提要》）。館臣不察，南宋晁公武曾說：「（孫覺）至謂康王以喪服見諸侯為非禮，蘇氏之說蓋本於此。」可參〔宋〕晁公武：《郡齋讀書志校證》卷 1《書・孫莘老尚書解十三卷》，第 56 頁。美國學者劉子健認為：「（蘇軾）為《尚書》作了最好的注釋，強調它人性化的一面。到 12 世紀，爭論的力度減弱了。朱熹雖然對蘇軾多有微辭，卻讚賞這部書。然而，朱熹之後的新儒家們卻寧願忽略它，只因蘇軾曾經激烈地攻擊過該學派的祖師之一程頤。」可參劉子健：《中國轉向內在——兩宋之際的文化內向》（趙冬梅譯，南京：江蘇人民出版社，2002 年），第 25 頁。

一、《書傳》的成書與流傳

蘇軾在其《與王定國》中說：

> 某自謫居以來，可了得《易傳》九卷、《論語》五卷。今又下手作《書傳》。迂拙之學，聊以遣日。子由亦了卻《詩傳》，又成《春秋集傳》。〔註28〕

約在此時，其弟蘇轍已完成《詩傳》、《春秋集傳》，而蘇軾正著手《書傳》。據今人孔凡禮考證：此簡作於元豐四年秋九月。〔註29〕當時，馬（默）處厚赴廣南西路轉運使任過黃州，蘇軾作此書與王鞏（定國），請馬默順道致之。〔註30〕也就是說，約元豐四年九月，蘇軾謫居黃州期間已開始他的《書傳》之作，不過，做到何種程度不可考知。從他後來的《書信》與他人的記述來看，當為已著手，但不會太多。

元祐間，蘇軾一度入朝。紹聖元年，蘇軾又以「譏謗先朝」被貶，四年七月至海南，直至宋徽宗元符三年六月始渡海北返。其間，貶居海南共約三年。蘇軾北返時在《與鄭靖老》中說：「《志林》竟未成，草得《書傳》十三卷，甚賴公兩借書籍檢閱也。」〔註31〕也就是說，蘇軾於貶居海南期間，基本完成了《書傳》之作。

總計蘇軾作《書傳》的時間，從元豐四年九月著手至元符三年六月，約十九年。時間雖然很長，但《書傳》之作應是斷斷續續並不集中，而主要作於貶居海南期間。其弟蘇轍在《亡兄子瞻端明墓誌銘》中說：「最後居南海，作《書傳》」〔註32〕正是指《書傳》主要作於貶居海南期間而言。《宋史》沿襲此說而有「後居海南，作《書傳》。」〔註33〕再者，從上述《與鄭靖老》中所言「甚賴公兩借書籍檢閱」來看，蘇軾作《書傳》時條件惡劣，材料並不充足。當時，其子蘇過侍左右，在《借書》一詩中描述當時資料缺乏問題說：「海南寡書籍，蠹簡僅編綴。《詩》亡不見《雅》，《易》脫空餘《繫》。借書如假田，主以歲月計。」〔註34〕材料缺乏限制了蘇軾《書傳》之作的豐富性，朱熹「惜其太簡」

〔註28〕（宋）蘇軾：《蘇軾文集》卷52《與王定國（十一）》，第1519～1520頁。

〔註29〕孔凡禮：《三蘇年譜》卷31，第1281頁。

〔註30〕孔凡禮：《三蘇年譜》卷31，第1280頁。

〔註31〕（宋）蘇軾：《蘇軾文集》卷56《與鄭靖老（三）》，第1675頁。

〔註32〕（宋）蘇轍：《欒城後集》卷22，《蘇轍集》，第1127頁。

〔註33〕（元）脫脫等：《宋史》卷338《蘇軾傳》，第10817頁。

〔註34〕舒大剛：《三蘇後代研究》，成都：巴蜀書社，1995年，第114頁。

的評語也恰從一個側面印證了此書主要作於海南貶居期間。不過，在其得意之作《易傳》、《論語說》、《書傳》三部著作中，《書傳》還是用時最長的〔註35〕。

至於《書傳》之流行則更晚，蘇軾曾記：

> 余自海康適合浦，連日大雨，橋梁大壞，水無津涯。自興廉村淨行院下乘小舟至官寨，聞自此西皆漲水，無復橋船，或勸乘蜑並海即白石。是日六月晦，無月，碇宿大海中。……所撰《書》、《易》、《論語》皆已自隨，而世未有別本。撫之而歎曰：「天未欲使從是也，吾輩必濟！」已而果然。七月四日合浦記，時元符三年也。〔註36〕

此文明記元符三年七月，此時《書傳》「世未有別本」，僅有蘇軾草本。第二年，也就是建中靖國元年七月十五日，蘇軾去世。在建中靖國元年六月，蘇軾付託後事於友人錢濟明，其中語云：「某前在海外，了得《易》、《書》、《論語》三書，今盡以付子，願勿以示人。三十年後，會有知者，因取藏篋，欲開而鑰失匙。」〔註37〕三十年後，時已至南宋紹興年間，欲取而觀之，而藏篋之鑰已失匙，足可見如何冷落。究之時勢，此語當不爲過。北宋經建國靖國短暫過渡，徽宗再次推崇熙寧政治，相應地，王安石新學再次擡頭並占居統治地位，尤其是，「自蔡京擅權，專尙王氏之學，凡蘇氏之學，悉以爲邪說而禁之。」〔註38〕直至北宋末年，隨著金人入侵，政局危機，蔡京受到指責，王氏學受到衝擊，其他學術的復蘇才有了轉機，但隨之而來的戰亂並沒有給它們留下發展的機會。

〔註35〕蘇軾在《黃州上文潞公書》中說：「軾始就逮赴獄……。至宿州，御史符下，就家取文書。州郡望風，遣吏發卒，圍船搜取，老幼幾怖死。既去，婦女志罵曰：『是好著書，書成何所得，而怖我如此！』悉取燒之。比事定，重複尋理，十七其七八矣。至黃州，無所用心，輒復覃思於《易》、《論語》，端居深念，若有所得，遂因先子之學，作《易傳》九卷。又自作意作《論語說》五卷。」可參《蘇軾文集》卷48《書‧黃州上文潞公書》，第1380頁。據今人孔凡禮考證，元豐二年七月，「軾至宿州，御史符下，圍船搜取文書」。可參《三蘇年譜》卷29，第1145頁。那麼約在元豐二年七月，《易》、《論語》之作已完成，只是被燒而至「重複尋理，十七其七八」。同年八月，蘇軾因「烏臺詩案」赴臺獄；十二月，貶爲黃州團練副使。到黃州後，「復覃思於《易》、《論語》」，並在黃州，作完《易傳》與《論語說》，時在元豐四年四月（可參孔凡禮：《三蘇年譜》卷31，第1258頁），此二書完成約用一年多的時間。

〔註36〕（宋）蘇軾：《東坡志林》卷1「記過合浦」條，北京：中華書局，1981年，第1頁。

〔註37〕何薳：《春渚紀聞》卷6「坡仙之終」，北京：中華書局，1983年，第85頁。

〔註38〕洪邁：《容齋續筆》「注書難」，第401頁。

二、《書傳》的成因

（一）《書傳》非反對《尙書義》而作

自熙寧八年《三經新義》頒於學官，王氏新學在學術與政治上都居於統治地位，而蘇軾《書傳》就是在這種情景下成書，加以蘇氏王氏政治上觀點相左，於是出現一種觀點：《書傳》針對《尙書義》而作。如南宋人晁公武認爲：「熙寧以後，專用王氏之說進退多士，此書（《東坡書傳》）駁其說爲多。今《新經尙書義》不傳，不能盡考其同異」。〔註39〕又，陳善《捫虱新話》：「荊公於《三經新義》託意規諷，至《大誥》篇則幾罵矣。《召誥》眞有爲而作矣。後東坡作《書》、《論語》諸解，又矯枉過直而奪之。」〔註40〕不管是「駁其說」還是「矯枉過直」，都認爲蘇軾《書傳》與王安石《尙書義》相對立。此類觀點對後來學者有很大影響。不過，具體而言，以蘇軾《書傳》與王氏《尙書義》有異處則可，以《書傳》純爲反《尙書義》則不可，換言之，蘇軾對王安石《尙書義》的意見並非全盤否定。

首先，蘇軾反對王安石學術統一而非反對王安石學術。蘇軾在其《答張文潛縣丞書》中說：

> 文字之衰，未有如今日者也。其源實出於王氏。王氏之文，未必不善也，而患在於好使人同己。自孔子不能使人同，顏淵之仁，子路之勇，不能以相移。而王氏欲以其學同天下！地之美者，同於生物，不同於所生。惟荒瘠斥鹵之地，彌望皆黃茅白葦，此則王氏之同也。〔註41〕

不是反對王安石學術，「王氏之文，未必不善也」；而是反對王安石統一學術的做法，「患在於好使人同己」，並指出王安石「以其學同天下」，致使學術如「荒瘠斥鹵之地，彌望皆黃茅白葦」。這是蘇軾自述的對王安石學術的態度。當然，不反對王安石學術而反對其統一學術的做法也是當時人的共識，正如程元敏先生所指出的：「元祐初，朝臣議更科舉法，劉摯、呂公著、韓維等言，王安石經解非皆不善，惟不當強人同己。」〔註42〕

〔註39〕 （宋）晁公武：《郡齋讀書志校證》卷1《東坡書傳》下，第58頁。
〔註40〕 （宋）陳善：《捫虱新話》卷1「王荊公新法新經」條，上海博古齋影印汲古閣本，民國十五年。
〔註41〕 （宋）蘇軾：《蘇軾文集》卷49《答張文潛縣丞書》，第1427頁。
〔註42〕 程元敏：《三經新義輯考彙評（一）——尚書》下編《三經新義與字說科場顯微錄》，第363頁。

其次，蘇軾著手《書傳》早於見《尚書義》。《嬾眞子》載：

> 元祐中，東坡知貢舉日，並行詩賦經義，《書》題中出「而難任
> 人，蠻夷率服」，注云：「任，佞也；難者，拒之使不得進也。難任
> 人則忠信昭而四夷率服。」東坡習大科日，曾作《忠信昭而四夷服
> 論》。而《新經》與注同。當時舉子謂東坡與金陵異說，以爲難於任
> 人者，故四夷服。及東坡見說，怒曰：「舉子至不識字，輒以難（去
> 聲）爲難（平聲）。」盡黜之。惟作難（去聲）字者皆得。蓋東坡之
> 不曾見《新經》，而舉子未嘗讀注故也。〔註43〕

蘇軾元祐間知貢舉事在元祐三年正月乙丑日。《嬾眞子》所記上述事說明，蘇
軾在元祐三年時還不曾見到《尚書義》；但這就出現一個問題，即《尚書義》
於熙寧間已流行，爲什麼蘇軾卻未讀？或《尚書》非當時蘇軾興趣所在，或
有意排斥而未讀，不可考知，不過，事實是蘇軾對《尚書義》並不熟悉，元
祐間依然如此。如前所述，蘇軾《書傳》之作在元豐間就已著手，以此，把
蘇軾《書傳》之作視爲專攻王氏新說並不確切。

再次，《書傳》與《尚書義》的關係。就《書傳》而言，朱熹評其「太簡」，
但從中不乏蘇軾以「學者」或「近時學者」的字樣來指稱王安石以發表意見的
字句，究其因，當與蘇軾作書的環境與當時時勢相關。如前所言，蘇軾作《書
傳》主要是他貶居海南期間，即紹聖四年七月到元符三年六月，由於書籍缺乏
而不得不靠借書來完成著述。就當時來說，紹聖元年四月，宋哲宗起用章惇爲
相，「凡元祐所革，一切復之」。〔註44〕一切回到了熙豐時期的狀態。《三經新
義》也隨之漸居科場統治地位。〔註45〕《尚書義》在當時應相當流行。雖然蘇
軾著書條件極差，書籍缺乏，但他能讀到《尚書義》當無可疑。如此，《尚書
義》的流行使蘇軾作《書傳》時可與《尚書義》多作比較，加以蘇軾與王安石
政見相左（不須多論）及《尚書義》重義理發揮，《書傳》自會表現出許多與
《尚書義》不同的觀點。再者，《尚書義》在當時居於統治地位，蘇軾在表達
與王安石不同意見時只能採取「學者」或「近時學者」的字樣迂曲地發表意見。

總之，從蘇軾對王安石學術的態度與《書傳》著手時間來看，《書傳》並

〔註43〕（宋）馬永卿：《嬾眞子》卷1「《書》題試而難任人」條，文淵閣四庫全書本
　　　　（863冊），上海：上海古籍出版社，1987年，第407頁。

〔註44〕（元）脫脫等：《宋史》卷471《姦臣一・章惇傳》，第13711頁。

〔註45〕程元敏：《三經新義輯考彙評（一）——尚書》下編《三經新義與字說科場顯
　　　　微錄》，第330～335頁。

非出於反對《尚書義》而作。《書傳》與《尚書義》二者是有著不同見解的著作。由於《書傳》晚於《尚書義》，蘇軾可以針對《尚書義》來發表自己的看法。這是無可厚非的。而《尚書義》的流行與統治地位也造成《書傳》可能表達且隱晦地表達與《尚書義》的不同。

（二）「正古今之誤」與「有益於世」

如前所言，蘇軾《書傳》並非如晁公武、陳善等人所言針對王安石《尚書義》而作，以下謹對蘇軾作《書傳》的眞實目的作一分析。

第一，「正古今之誤」。元豐間被貶黃州時，蘇軾在《與滕達道》中說：

> 某閒廢無所用心，專治經書，一二年間，欲了卻《論語》、《書》、《易》，舍弟已了卻《春秋》、《詩》。雖拙學，然自謂頗正古今之誤，粗有益於世，瞑目無憾。〔註46〕

蘇軾「治經書」之意，一爲「閒廢無所用心」而聊以自娛，再爲「頗正古今之誤，粗有益於世」。其子蘇過對此有很好的總結：「天爵〔後三字遺〕，名高實自分。云何困積毀，抑未泯斯文。欲救微言絕，先懲百氏紛。韋編收斷簡，魯壁出餘焚。論斥諸儒陋，功逾絳帳勤。」〔註47〕其中，「韋編收斷簡，魯壁出餘焚」即指《尚書》而言。蘇氏被貶期間，爲「救微言絕」，而「懲百氏紛」、「斥諸儒陋」，非僅對王氏新學言。就蘇軾本意而言，其作書的最主要目的爲「正古今之誤，」以「有益於世」，其中，正「今之誤」可以說包含王氏《尚書義》，不必多論，而此不能涵蓋正「古之誤」。實際上，蘇軾《書傳》對漢宋《尚書》學都卓有獨見。就正「古之誤」而言，舉例如下：

①孔安國以四嶽爲羲和四子，而太史公以羲和爲司馬之先，以四嶽爲齊太公之祖，則四嶽非羲和也，當以史爲正。〔註48〕

②舜能以孝和諧父母昆弟，使進於德，不及於亂；而孟子、太史公皆言，象日以殺舜爲事，塗廩濬井，僅脫於死，至欲室其二嫂。其爲格奸也甚也。故凡言舜之事，不告而娶，避堯之子於南河之南，舉皆齊東野人之語，而二子不察也。〔註49〕

〔註46〕　（宋）蘇軾：《蘇軾文集》卷51《與滕達道（二十一）》，第1482頁。
〔註47〕　舒大剛：《三蘇後代研究》，第111頁。
〔註48〕　（宋）蘇軾：《東坡書傳》卷1《堯典第一》，曾棗莊、舒大剛主編《三蘇全書》（第一冊），第442頁。
〔註49〕　（宋）蘇軾：《東坡書傳》卷1《堯典第一》，曾棗莊、舒大剛主編《三蘇全書》（第一冊），第443～444頁。

　　③六宗，尊神也，所祭不經見。諸儒各以意度之，皆可疑。惟晉張髦以爲三昭三穆，學者多從其說，然以《書》考之，受終之初，既有事於文祖，其勢必及餘廟，豈有獨祭文祖於齊七政之前而別祭餘廟於類上帝之後者乎？以此推之，則齊七政之後所祭皆天神，非人鬼矣。孔安國：六宗，四時也，寒暑也，日也，月也，星也，水旱也。其說自西漢有之，意其必有所傳受，非臆度者。……但鄭玄曲爲異說，而改宗爲禜，不可信也。」〔註50〕

　　④世傳《汲冢書》以堯舜爲幽囚野死而伊尹爲太甲所殺，或以爲信，然學者雖非之，而心疑其說。考之於《書》，禹既受命於神宗，出征三苗而反，帝猶在位，修文德，舞干羽，以來有苗。此豈逼禪也哉？〔註51〕

　　⑤「絺繡以五釆彰，施於五色作服」者，通言十二章也，上六章繪而爲衣，下六章繡而爲裳，故曰作服也。自孔安國、鄭玄、王肅之流各傳十二章，紛然不齊。予獨爲此解與諸儒異者，以《虞書》之文爲正也。〔註52〕

　　⑥孔安國以爲，自彭蠡，江分爲三，入震澤爲北入於海，疏也。蓋安國未嘗南遊，按經文意度之，不知三江距震澤遠甚，決無入理，而震澤之大小決不足以受三江也。班固曰，南江從會稽陽羨東入海，從會稽毗陵縣北東入海。會稽並陽羨有此三江，然皆是東南枝流小水，自相別而入海者，非《禹貢》所謂中江、北江自彭蠡出者也。〔註53〕

　　⑦孔安國以謂：桀都安邑，陑在河曲之南，安邑之西，湯自亳往，當由東行，故以「升自陑」爲出不意。又言：武王觀兵孟津，以卜諸侯之心，而退以示弱。其言湯武皆陋甚。古今地名道路有改易不可知者，安知陑、鳴條之必在安邑西耶？升陑以戰，記事之實，猶《泰誓》「師渡孟津」而已。或曰：升高而戰，非地利，以人和而已。夫恃人和而行師於不利之地，亦非人情，故皆不取。〔註54〕

〔註50〕　（宋）蘇軾：《東坡書傳》卷2《舜典第二》，曾棗莊、舒大剛主編《三蘇全書》（第一冊），第 449 頁。

〔註51〕　（宋）蘇軾：《東坡書傳》卷3《大禹謨第三》，曾棗莊、舒大剛主編《三蘇全書》（第一冊），第 474 頁。

〔註52〕　（宋）蘇軾：《東坡書傳》卷4《益稷第五》，曾棗莊、舒大剛主編《三蘇全書》（第一冊），第 484～485 頁。

〔註53〕　（宋）蘇軾：《東坡書傳》卷5《禹貢第一》，曾棗莊、舒大剛主編《三蘇全書》（第一冊），第 506 頁。

〔註54〕　（宋）蘇軾：《東坡書傳》卷7《湯誓第一》，曾棗莊、舒大剛主編《三蘇全書》（第二冊），第 11～12 頁。

⑧太史公按《世本》湯之後二帝七年而後至太甲，其跡明甚，不可不信，而孔安國獨據經臆度以爲成湯沒而太甲立，且於是歲改元。學者因謂太史公爲妄，初無二帝，而太史公妄增之。豈有此理哉？經云「湯既沒，太甲元年」者，非謂湯之崩在太甲元年也。伊尹稱湯以訓，故孔子敘《書》亦以湯爲首，殷道親親，兄死弟及，若湯崩捨外丙而立太丁之子，則殷道非親親矣，而可乎？以此知《史記》之不妄也。安國謂湯崩之歲而太甲改元，不待明年者，因經文以臆也。〔註55〕

⑨鄭玄之徒以謂周初因商三等，其後周公得地於邊而增封於內，非動移諸侯，遷其城郭廟社安能增封乎？知玄之妄也。〔註56〕

⑩鄭玄以爲（君陳）周公子。非也。畢公，成王之父師，弼亮四世，豈以周公之子先之。〔註57〕

以上都屬於蘇軾明確指名正誤之例，包含孟子、司馬遷、孔安國、班固、鄭玄、王肅、張髦等，有經學家，也有史學家，甚而還有《汲冢書》，而對孔安國《傳》的批評實已涉及唐代定爲科舉功令的《五經正義》。如此，時間上從漢至唐，蘇軾對《尚書》學的成就作了一個疏理糾正。不管蘇軾之說是否正確，但他「正古之誤」意以此表達無遺。

第二，「有益於世」。固然，蘇軾《書傳》之作出於「正古今之誤」，但其「正古今之誤」並非停止在對《尚書》字詞的訓釋上面，還有希望通過對《尚書》訓釋的糾正以實現對社會秩序的維護的更深一層。如蘇軾解《堯典》「四嶽」時，認爲「當以史爲正」而重司馬遷之說；在解《伊訓》「成湯既沒，太甲元年」時，亦以司馬遷之說爲是；但在解《堯典》「嶽曰：『瞽子，父頑，母囂，象傲，克諧以孝，烝烝乂不格奸』」時，則認爲孟子、太史公甚而不察齊東野人之語，批評二人以「格奸也甚也」的「象日以殺舜爲事」等爲說。究其因，則爲蘇軾認爲後者存在著一個「孝」的問題。

再如，《汲冢書》爲記載夏、商、周、春秋時晉國及戰國時魏國歷史的重要史書。蘇軾指斥當時學者「或以爲信」《汲冢書》以堯舜爲幽囚野死而伊尹

〔註55〕（宋）蘇軾：《東坡書傳》卷7《伊訓第四》，曾棗莊、舒大剛主編《三蘇全書》（第二冊），第18頁。

〔註56〕（宋）蘇軾：《東坡書傳》卷9《武成第五》，曾棗莊、舒大剛主編《三蘇全書》（第二冊），第73頁。

〔註57〕（宋）蘇軾：《東坡書傳》卷16《君陳》，曾棗莊、舒大剛主編《三蘇全書》（第二冊），第192頁。

為太甲所殺的說法，而其根據則為《大禹謨》。《大禹謨》本為有問題的《尚書》篇章，不足具論。究其因，蘇軾的觀點出於該問題涉及是否「逼禪」，即臣對君是否「忠」的問題。

在以宗法血緣關係為基礎的中國政治社會中，忠孝涉及社會的根本問題，關乎統治秩序能否順利維持。在這個問題上，蘇軾不容置疑而極力加以維護。對此，蘇軾不僅在正「古之誤」上有所表現，在正「今之誤」上也是如此。如他反對王安石之學說：「王氏之學，正如脫墼，案其形模而出之，不待修飾而成器耳，求為桓璧彝器，其可乎？」〔註58〕王氏之學統一學術，使學術僵化，「案其形模而出之」不能「為桓璧彝器」，不能造就國家適用的人才。與此相反，蘇軾強調個人獨見的發揮，對社會秩序的有利。

當然，從《書傳》可以找出更多的義理闡釋，對社會秩序維護的詞句，此處不具論。

由上述可知，蘇軾「正古今之誤，粗有益於世」是其《書傳》之作的真實意圖，其中，最根本目的則為對封建統治秩序維護。蘇軾是封建社會的一個學士大夫，是當時即得利益者的代表人物。

三、《書傳》的考據特點

對於蘇軾《書傳》的考據成就，《四庫》館臣評價說：「其釋《禹貢》『三江』，定為南江、中江、北江，本諸鄭康成，遠有端緒，但未嘗詳審經文，考覈水道而附益以味別之說，遂以啟後人之譏議。至於以羲和曠職為貳於羿而忠於夏，則林之奇宗之；以《康王之誥》服冕為非禮，引《左傳》叔向之言為證，則蔡沈取之；朱子亦稱其解《呂刑》篇以『荒度作刑』為句，甚合於理，則皆卓然具有特見。朱子雖有惜其太簡之說，然漢代訓詁文多簡質，自孔賈以後徵引始繁，軾文如萬斛源泉，隨地湧出，非不能曼衍其詞，當以解經之體，詞貴典要，故斂才就範，但取詞達而止，未可以繁省為優劣也。」〔註59〕蘇軾對《尚書》的考訂，有疏略處，也有其獨到處，且為後世學者所承。《尚書》本為問題複雜的文獻，解《尚書》不必求全，但蘇軾《書傳》對後世的影響足以說明它在中國學術史，特別是《尚書》學史上的貢獻。以下謹對《書傳》的考據方法作一分析。

〔註58〕　（宋）蘇軾：《蘇軾文集》卷10《送人序》，第323頁。

〔註59〕　（清）永瑢、紀昀主編：《四庫全書總目提要》卷11《東坡書傳》下，第69頁。

　　首先，以本經考訂經文。文本自身的前後一致是必要的，也是必然的，所以文本前後的自相矛盾可以說明一定的問題。蘇軾在《書傳》中對語詞的校訂充分運用了這一點，如：「放，法也。有功而可法曰放勳，猶孔子曰『巍巍乎，其有成功』。此論其德之辭也。自孟子、太史公咸以放勳、重華、文命為堯舜禹之名，然有不可者，以類求之，則皋陶為名允迪乎？」〔註60〕對自孟子、太史公以放勳、重華、文命為堯舜禹之名提出疑問，根據就是《尚書》中的「允迪」一詞不可為皋陶之名，從而給「放勳」一詞以新解。

　　又如以本經訂簡編脫誤例。蘇軾以《康誥》中自「惟三月哉生魄」至「周公咸勤，乃洪大誥治」一段語詞為《洛誥》文，並指出「當在《洛誥》『周公拜手稽手』之前」。其根據是「周公東征二年，乃克管蔡，即以殷餘民封康叔，七年而復辟。營洛在復辟之歲，皆經文明甚，則封康叔之時，決未營洛。又此文終篇，初不及營洛之事。知簡編脫誤也」。〔註61〕

　　其次，以史傳考訂經文。《尚書》作為中國最早的文獻資料，記錄了中國堯舜禹夏商周時代的歷史事跡。對《尚書》的「羲和」與「四嶽」二詞，晚出古文《尚書》「以四嶽為羲和四子」，而蘇軾認為「當以史為正」，指出：「太史公以羲和為司馬之先，以四嶽為齊太公之祖」，從而得出「四嶽非羲和也」的結論。〔註62〕以史傳考訂《尚書》經文的做法顯示了蘇軾對不同材料相互印證的重視。

　　再次，以義理考訂經文。對一些無法用材料證明的文獻，用共認的道理來加以邏輯的推究也是考訂的一種重要做法。蘇軾《書傳》中對此法也有充分的運用。如蘇軾不認為《堯典》「分命羲和」以下是命羲氏和氏到四個地方任職，指出「理或不然」，而認為「當是致日景以定分至，然後歷可起也，故使往驗於四極，非常宅也。」〔註63〕

　　又如對堯禪舜時先讓四嶽事的解釋，蘇軾以為：「以天下予庶人，古無是

〔註60〕（宋）蘇軾：《東坡書傳》卷1《堯典》，曾棗莊、舒大剛主編《三蘇全書》（第一冊），第436頁。

〔註61〕（宋）蘇軾：《東坡書傳》卷12《康誥》，曾棗莊、舒大剛主編《三蘇全書》（第二冊），第108～109頁。

〔註62〕（宋）蘇軾：《東坡書傳》卷1《堯典》，曾棗莊、舒大剛主編《三蘇全書》（第一冊），第442頁。

〔註63〕（宋）蘇軾：《東坡書傳》卷1《堯典》，曾棗莊、舒大剛主編《三蘇全書》（第一冊），第437頁。

道也，故必先自嶽始，嶽必不敢當也，嶽不敢當而後及其餘，曰吾不擇貴賤也，而眾乃敢舉舜，理勢然也」。〔註64〕

《書傳》中多有此類例子，以說明問題爲足，不具舉。

第四，不同方法兼用。上面已說明蘇軾《書傳》以不同方法考訂經文，但有時候，蘇軾對不同方法是兼而用之。如：

兼用本經與他書考訂例：揆，度也。《書》曰：有能奮庸熙實之載，使宅百揆，亮采惠疇。僉曰：伯禹作司空。而《左氏傳》亦云：使主后土以揆百理。則百揆，司空之事也。〔註65〕

兼用他書與義理考訂例：凡祀上帝必及地，何以知其然也？以郊之有望知之。《春秋》書：「不郊，猶望」。《傳》曰：「望，郊之細也」。《書》曰：「庚戌，柴望，大告武成」。柴，祀天也，望，祀山川也，而禮成於一日，祀山川而不及地，此理之必不然者也。是以，知祀天必及地也。《詩》曰：「昊天有成命。」郊祀天地也。〔註66〕

兼用本經、他經與義理考訂例：水行乘舟、陸行乘車、泥行乘輴、山行乘樏；秦漢以來，師傳如此，且孔氏之舊也。故安國知之，非諸儒之臆說也。「四載」之解雜出於《尸子》、《慎子》，而最可信者太史公也，亦如六宗之說，自秦漢以來尚矣。豈可以私意曲學鐫鑿附會爲之哉！而或者以爲鯀治水九載，兗州作「十有三載」乃同，禹之代鯀蓋四載而成功也。世或喜其說然。詳味本文「予乘四載，隨山刊木」，則是駕此四物以行於山林川澤之間，非以四因儿通爲十三載之辭也。按《書》之文，鯀九載績用弗成，在堯未得舜之前而殛鯀，在舜登庸歷試之後，鯀殛而後禹興，則禹治水之年不得與鯀之九載相接。兗州之功安得通四與九爲十三乎？禹之言曰：「娶於塗山，辛壬癸甲。」是娶在治水之中。又曰：「啓呱呱而泣，予弗子惟荒度土功。」是啓生在水患未平之前也。禹服鯀三年之喪，自免喪而至於娶而至於子，自有子而至於止禹而泣，亦久矣。安得在四載之中乎？反覆考之，皆與書文乖異。《書》所云作「十有三載乃同」者，指兗州之事，

〔註64〕　（宋）蘇軾：《東坡書傳》卷1《堯典》，曾棗莊、舒大剛主編《三蘇全書》（第一冊），第443頁。

〔註65〕　（宋）蘇軾：《東坡書傳》卷2《舜典》，曾棗莊、舒大剛主編《三蘇全書》（第一冊），第445頁。

〔註66〕　（宋）蘇軾：《東坡書傳》卷2《舜典》，曾棗莊、舒大剛主編《三蘇全書》（第一冊），第448～449頁。

非謂天下共作十三載也。近世學者喜異而鑿，故詳辯之以解世之惑。〔註67〕

由上述可知，蘇軾《書傳》對《尙書》文本與語詞的考訂注重以經文本身、史實及義理推定爲據，並得到對後世學者有重大影響的成就。這是蘇軾對中國學術史的貢獻。不過，有時，蘇軾也會作出一些沒有根據的結論，顯示出他武斷的一面，如《舜典》篇中有：「夔曰：於！予擊石拊石，百獸率舞」一語，蘇軾毫無根據地斷言：「此舜命九官之際也，無緣夔於此獨稱其功。此《益稷》之文也，簡編脫誤，復見於此」。〔註68〕僅舉此一例，略示其特點而已。

四、從《書傳》看蘇軾的思想特點

《四庫》館臣評《東坡書傳》指出：「軾究心經世之學，明於事勢而又長於議論，故其詮解經義於治亂興亡之故，披抉明暢，較他經獨爲擅長。」〔註69〕十分推崇《書傳》的義理闡發。近人錢基博先生也承此指出：「議論得失，推究治亂者，如宋蘇軾之《東坡書傳》十三卷」。〔註70〕但他們都未對其中義理闡發的特點作進一步分析〔註71〕。本文擬對此作一疏理。

（一）從《書傳》看蘇軾的心性論

首先，心。蘇軾釋《大禹謨》篇之「人心惟危，道心惟微」曰：

> 人心，眾人之心也，喜怒哀樂之類是也；道心，本心也，能生喜怒哀樂者也。安危生於喜怒，治亂寄於哀樂，是心之發有動天地傷陰陽者，亦可謂危矣。至於本心果安在哉？爲有耶？爲無耶？有則生喜怒哀樂者，非本心矣；無則孰生喜怒哀樂者？故夫本心，學者不可以力求而達者，可以自得也，可不謂微乎？〔註72〕

〔註67〕（宋）蘇軾：《東坡書傳》卷4《益稷》，曾棗莊、舒大剛主編《三蘇全書》（第一冊），第482頁。

〔註68〕（宋）蘇軾：《東坡書傳》卷2《舜典》，曾棗莊、舒大剛主編《三蘇全書》（第一冊），第460頁。

〔註69〕（清）永瑢等主編：《四庫全書總目提要》卷11《東坡書傳》下，第69頁。

〔註70〕錢基博：《古籍舉要》，世界書局，1933年，第33頁。

〔註71〕劉威先生在其碩士學位論文《〈東坡書傳〉研究》一文中以蘇軾《書傳》爲基礎對其政治思想、人性論及天命思想作了簡略闡發。可參劉威：《〈東坡書傳〉研究》（華東師範大學2004年碩士論文）。

〔註72〕（宋）蘇軾：《東坡書傳》卷3《大禹謨第三》，曾棗莊、舒大剛主編《三蘇全書》（第一冊），第470頁。

人心是每個人都有的，心理活動的情感發露即為人心的表現，它對社會治亂與天地陰陽直接產生影響，或者說，人心是與現實性緊密相聯的。至於道心（本心），蘇軾肯定了它是人的情感基礎，但對它的存在狀態採取類於佛家的語言加以形容，給人以玄虛的感覺，但歸根結底，蘇軾還是認為道心（本心）是存在的，「不可以力求而達，可以自得」，人與道心（本心）更傾向於優游自然而不假人為的結合。

在《君陳》篇中，蘇軾又對道心（本心）作解釋說：「夫不忍人之心，人之本心也」。〔註73〕在這裡，蘇軾道出了道心（本心）的真實含義：道心（本心）就是對人的同情心。出於對他人痛苦的切身感受而產生的同情心，實際上表達的是一種愛人之心。蘇軾的道心（本心）也是愛人之心的一種體現。至此，蘇軾對道心（本心）的玄虛表達不能掩蓋他的真實意圖：把愛人作為人的先天的素質。在這點上，蘇軾與同時代的其他儒家並無不同，認為人有著先天的善性，只不過是他以自己的方式對此作了論證而已。

蘇軾進一步借《中庸》「喜怒哀樂之未發謂之中，發而皆中節謂之和。中也者，天下之大本也；和也者，天下之達道也。致中和，天地位焉，萬物育焉」解釋說：

> 夫喜怒哀樂之未發是莫可名言者，子思名之曰中，以為本心之表著。古之為道者，必識此心，養之有道則卓然可見於至微之中矣。夫苟見此心則喜怒哀樂無非道者，是之謂和。喜則為仁，怒則為義，哀則為禮，樂則為樂，無所往而不為盛德之事，其位天地育萬物，豈足恠哉！道心即人心也，人心即道心也，放之則二，精之則一。桀紂非無道心也，放之而已；堯舜非無人心也，精之而已。舜之所謂道心者，子思所謂中也；舜之所謂人心者，子思所謂和也。〔註74〕

道心（本心）表現為心的未發或靜止狀態，如果以道心為標準則人心之發自然符合仁義禮樂等道德規範，「夫所往而不為盛德之事」，天地位，萬物育。不過，道心人心異名同實，「道心即人心也，人心即道心也」，只不過以其背離還是統一則給以不同的名稱，換言之，當人心以道心為標準時，二者為一，當人心背離道心時，二者為二。如此，蘇軾實際上強調的是道心的標準性，

〔註73〕（宋）蘇軾：《東坡書傳》卷 16《君陳》，曾棗莊、舒大剛主編《三蘇全書》（第二冊），第 195 頁。

〔註74〕（宋）蘇軾：《東坡書傳》卷 3《大禹謨第三》，曾棗莊、舒大剛主編《三蘇全書》（第一冊），第 470 頁。

道心為心的先驗的善的賦性而已。如果用子思「中和」來表達的話，心之寂
然不動狀態稱之為中，心之發符合道心標準稱之為和。總之，蘇軾通過道心
與人心的論證，即給人的活動以現實性，又給人的行事以標準。如此，就達
到了對人的行為的引導與對社會秩序的維護。

其次，性情。孟子以來，性善論成為學術界中的一種重要人性論。蘇軾
承認這種觀點，他說：「性無不善者，今王習為不義，則性淪於習中，皆成於
惡也」。〔註75〕性本善，但現實中人往往表現出惡的因素，蘇軾把惡歸結於習，
認為習可以為惡而性則純粹至善。

蘇軾又在《湯誥》「惟皇上帝降衷於下民若有恒性克綏厥猷惟後」下說：

仁義之性，人所咸有，故言天降也，順其有常之性；其無常者，

喜怒哀樂之變非性也。能安此道乃君也。〔註76〕

在這裡，蘇軾把仁義之性歸結為人性所固有，而喜怒哀樂等情感則是處於經
常變化中的，不屬於性，而是性之發動，稱之為情，「情者，性之動也。」〔註
77〕蘇軾要求的是「順其有常之性」，讓善性自然流露。如前所言，喜怒哀樂等
情感由人心表現，而善性與道心（本心）則相聯繫，性可通過心來表現出來
而發揮作用。如此，性不是一個虛懸的東西，而是可以作為行事標準的樣板。
通過性的設置，蘇軾把仁義視為人的行事標準，為社會穩定製造了理論根據。

需注意的是，嘉祐六年，蘇軾應制舉時曾作《揚雄論》〔註78〕，其中，
對性作了明確的闡述。其中，蘇軾反對孟子性善論、荀子性惡論、揚子性善
惡混說及韓愈性三品說，以為「天下之言性者，皆雜乎才而言之，是以紛紛
而不能一也」。同時，蘇軾指出：「人生而莫不有飢寒之患，牝牡之欲，今告
乎人曰：饑而食，渴而飲，男女之欲，不出於人之性也，可乎？」把人的自
然本能視之為性〔註79〕，而否認性有善惡，「善惡者，性之所能之，而非性之

〔註75〕（宋）蘇軾：《東坡書傳》卷7《太甲上》，曾棗莊、舒大剛主編《三蘇全書》
（第二冊），第25頁。

〔註76〕（宋）蘇軾：《東坡書傳》卷7七《湯誥》，曾棗莊、舒大剛主編《三蘇全書》
（第二冊），第16頁。

〔註77〕（宋）蘇軾：《東坡易傳》卷1，文淵閣四庫全書本（9冊），上海：上海古籍
出版社，1987年，第5頁。

〔註78〕孔凡禮：《三蘇年譜》卷11，第331頁。

〔註79〕張豈之等先生指出：「（蘇氏）力圖排除人性的種種善惡規定，使之還原成為
一種純粹的自然本性。」並指出「蜀學人性論亦受道家人性自然說的影響」。
可參張豈之主編：《中國思想學說史・宋元卷》，第427頁。

所能有也。且夫言性者，安以其善惡爲哉！」性有至於善惡的可能性，但善惡不是性固有的，善惡只是性外在功效的評價形式，「天下之所同安者，聖人指以爲善，而一人所獨樂者，則名以爲惡。」〔註80〕此點與其《書傳》中關於人性論的論述明顯存在著差異。《揚雄論》與《書傳》作爲蘇軾前後期的不同作品所表現出來的不同只能說明蘇軾在人性論的思想上前後發生了一個變化，即在他晚年時，蘇軾接受了孟子的性善說。

蘇軾又在《揚雄論》中說：「苟性而有善惡也，則夫所謂情者，乃吾所謂性也」〔註81〕，性情相分，把善惡歸之於情。不過，元豐四年時蘇軾又在其《東坡易傳》中否定了這一說法，「性之與情，非有善惡之別也；方其散而有爲則謂之情耳。」〔註82〕情爲性的外在表現，不可以善惡爲標準對二者加以劃分。如此，如果強調性的自然性，則善惡也不可歸於情；而如果把善惡歸於情，則性亦帶有善惡色彩。如前所述，蘇軾在《湯誥》中主張「順其有常之性」，且指出「能安此道則君也」，把執守善性視爲當然。相應地，善也從情中分離出來，情也只能傾向於惡了。總之，蘇軾的性情觀有一個變化。至元符年間，《書傳》之作，這種變化已體現爲性善情惡論。

（二）從《書傳》看蘇軾的社會政治思想

（1）王道之世的理想

首先，王霸觀。蘇軾在《書論》中指出：

> 愚讀《史記‧商君列傳》，觀其改法易令，變更秦國之風俗，誅秦民之議令者以數千人，黥太子之師，殺太子之傅，而後法令大行，蓋未嘗不壯其勇而有決也。曰：嗟夫，世俗之人，不可以慮始而可樂成也。使天下之人，各陳其所知而守其所學，以議天子之事，則事將有格而不得成者。〔註83〕

極爲讚美商鞅「勇而有決」的舉動與成就，並得出「使天下之人，各陳其所知而守其所學，以議天子之事，則事將有格而不得成」的結論。蘇軾把商鞅之法歸結爲「要使汝獲其利，而何恤乎吾之所爲」〔註84〕，即完全的爲達目

〔註80〕　（宋）蘇軾：《蘇軾文集》卷4《論‧揚雄論》，第110～111頁。
〔註81〕　（宋）蘇軾：《蘇軾文集》卷4《論‧揚雄論》，第111頁。
〔註82〕　（宋）蘇軾：《東坡易傳》卷1，文淵閣四庫全書本（9冊），第5頁。
〔註83〕　（宋）蘇軾：《蘇軾文集》卷2《論‧書論》，第54頁。
〔註84〕　（宋）蘇軾：《蘇軾文集》卷2《論‧書論》，第55頁。

的而不擇手段的功利主義，與「三代之治柔懦不決」的做法相異，「此乃王霸之所以爲異也。」〔註85〕

蘇軾進一步指出：

> 夫三代之君，惟不忍鄙其民而欺之，故天下有故，而其議及於百姓，以觀其意之所向，及其不可聽也，則又反覆而諭之，以窮極其說，而服其不然之心，是以其民親而愛之。嗚呼！此王霸之所爲不同也哉！〔註86〕

對民反覆勸諭以最終使民心悅誠服是三代之君的做法。蘇軾把這種方法歸結爲「使天下樂從而無黽勉不得已之意，其事既發而無紛紜異同之論，此則王者之意也。」〔註87〕通過這種方法，得到「其民親而愛之」的效果。這也是王霸之所爲不同的地方。

總之，就蘇軾來看，他認爲霸道固然可以達到目的，但由於不擇手段而失去了民心，從而顯得急功近利；王道從民的角度出發，固然顯得「柔懦不決」，但得到了民心，從而達於長治久安。由此可以看出，蘇軾的王道選擇與重民思想〔註88〕。

其次，**堯舜之世**。蘇軾推崇王道之世，嚮往堯舜三代，但在堯舜時代與三代之間，他並沒有等同看待。他釋《周官》「唐虞稽古，建官惟百，夏商官倍，亦克用乂」說：「聖人不以官之眾寡論治亂者，以爲治亂在德，而不在官之眾寡也。」〔註89〕釋《太甲中》「視遠惟明，聽德惟聰」又說：「聖人一之於禮」，〔註90〕德禮是聖人治人治世的基本手段，而堯舜就是以德禮治天下的，「堯舜以德禮治天下」。〔註91〕在蘇軾看來，堯舜非僅以德禮治世值得稱道，而且君臣關係也相當融洽，「當堯舜之時，其君臣相得之心，歡然樂而無間，相與籲俞嗟歎唯喏於朝廷之中，不啻若朋友之親。雖其有所相是非論辨以求曲直之際，當亦無足怪者。」〔註92〕

〔註85〕 （宋）蘇軾：《蘇軾文集》卷2《論·書論》，第55頁。
〔註86〕 （宋）蘇軾：《蘇軾文集》卷2《論·書論》，第55頁。
〔註87〕 （宋）蘇軾：《蘇軾文集》卷2《論·書論》，第54頁。
〔註88〕 蘇轍的王霸觀與其兄蘇軾的觀點類似。可參〔宋〕蘇轍：《欒城應詔集》卷4《書論》，《蘇轍集》，第1271～1272頁。
〔註89〕 （宋）蘇軾：《蘇軾文集》卷6《書義》，第172～173頁。
〔註90〕 （宋）蘇軾：《蘇軾文集》卷6《書義》，第167頁。
〔註91〕 （宋）蘇軾：《東坡書傳》卷1《舜典第二》，曾棗莊、舒大剛主編《三蘇全書》（第一冊），第458頁。
〔註92〕 （宋）蘇軾：《蘇軾文集》卷2《論·書論》，第54頁。

　　對堯舜之世讚美的同時，蘇軾指出了三代不如堯舜時代之處，尤其表現在對刑罰的批判上。刑罰作爲治人治世的手段，蘇軾並不認同，他說：「孥戮非聖人之事也。言孥戮者，惟啓與湯，知德之衰矣，然亦言之而已，未聞眞孥戮人也」。〔註93〕雖然蘇軾爲啓湯加以辨白，但仍指出了其時的「德之衰」。在其《論武王》一文中他更明確指出：「武王，非聖人也。」〔註94〕

　　由上述可見，蘇軾反對霸道，主張王道，並以堯舜三代作爲王道之世，相對而言，他從德禮與刑罰的運用角度更傾向於以堯舜之世爲理想社會。

　　（2）「變而不失其常」的社會發展觀

　　蘇軾認爲：「執一而不知變，鮮不厭者」。〔註95〕承認變的必要性，就社會政治而言，「君子爲國有革弊去惡之政如毒藥瞑眩，非所畏也」。〔註96〕蘇軾認爲社會變革是必要的，但他又指出變革不可盲目，而應以審慎的態度來推行變革，「謀之不審，慮之不周，以敗國事，如跌不視地以傷足，乃所當畏也。」〔註97〕

　　具體而言，蘇軾主張「變而不失其常」，如他釋《太甲》「終始惟一，時乃日新」說：

　　　　《易》曰：「天下之動，正夫一者也。」夫動者，不安者也。夫

　　　惟不安，故求安者而託焉。惟一者爲能安。天地惟能一，故萬物資

〔註93〕（宋）蘇軾：《東坡書傳》卷6《甘誓》，曾棗莊、舒大剛主編《三蘇全書》（第一冊），第538頁。

〔註94〕（宋）蘇軾：《蘇軾文集》卷5《論·論武王》，第137頁。余文豹也曾指出：「孔子罪湯武之意深矣。曰：放桀於南巢，惟有慚德。曰《武》盡美矣，未盡善也。伊尹，相湯者也。無一辭及之；伯夷，非武王者也，則屢稱之。序《湯誓》曰：武王伐殷。序《洪範》曰：武王勝殷殺受。其罪湯武也甚矣。但書法謹嚴，語意含蓄，讀者未知其爲罪之之辭。漢王生曰：桀紂，君也；湯武，臣也；君有失，臣不正言而伐之。唐陸淳曰：太公，殷臣，紂暴不諫，反佐周傾之。聖人宗堯舜，賢夷齊，不贊伊尹，謂此也。此說正夫子之本旨。惜當時諸儒，見不及此，故言以人廢。韓文公《伯夷頌》，雖甚激揚，然終不敢斥言武王。至東坡《武王論》出，而後夫子之深意始大暴白於天下後世。」可參《吹劍錄》（上海古典文學出版社，1985年）第5頁。

〔註95〕（宋）蘇軾：《東坡書傳》卷10《洪範第六》，曾棗莊、舒大剛主編《三蘇全書》（第二冊），第76頁。

〔註96〕（宋）蘇軾：《東坡書傳》卷8《說命上》，曾棗莊、舒大剛主編《三蘇全書》（第二冊），第51頁。

〔註97〕（宋）蘇軾：《東坡書傳》卷8《說命上》，曾棗莊、舒大剛主編《三蘇全書》（第二冊），第51頁。

生焉。日月惟能一，故天下資明焉。天一於覆，地一於載，日月一於照，聖人一於仁，非有二事也。晝夜之代謝，寒暑之往來，風雨之作止，未嘗一日不變也。變而不失其常，晦而不失其明，殺而不害其生，豈非所謂一者常存而不變故耶！聖人亦然。以一為內，以變為外。或曰：聖人固多變也與？不知其一也，惟能一故能變。伊尹戒太甲曰：「今嗣王新服厥命，惟新厥德，終始惟一，時乃日新。」新與一，二者疑若相反然。請言其辨。物之無心者必一，水與鑑是也。水、鑑惟無心，故應萬物之變。物之有心者必二，目與手是也。目、手惟有心，故不自信而託於度量權衡。己且不自信，又安能應物無方日新其德也哉。齊人為夾谷之會，曰：孔丘儒者也，可劫以兵。不知其戮齊憂如殺犬豕。此豈有二道哉，一於仁而已矣。孟子曰：「天下定於一。孰能一之？曰：嗜殺人者。」愚故曰聖人一於仁。〔註98〕

不管自然界中的天地日月，還是社會中的聖人，一而不變〔註99〕是固有的，變也是經常存在的，但總體而言，在自然與社會中，「變而不失其常」卻是必然的，不變是起著主導作用的。變與不變本是相反的，對於如何實現二者「變而不失其常」的關係，蘇軾給出的答案是「無心」，「無心，故應萬物之變」，「有心」「安能應物無方，日新其德也哉？」蘇軾的「無心」實際上取消了人為的因素，而主張順其自然的變化，不管自然界還是社會都是如此。這樣，蘇軾名義上承認變革，而實際上有取消社會變革的傾向。

在現實生活中，社會是由人組成的，社會不能缺少人的因素，「無心」只能是一種理想。根據他的「變而不失其常」的理論，蘇軾作出了有限變革的姿態，如他說：「夫道何常之有，應物而已矣。物隆則與之偕升，物污則與之偕降。夫政何常之有，因俗而已矣。俗善則養之以寬，俗頑則齊之以猛。自堯、舜以來，未之有改也」。〔註100〕根據具體的形勢變化可以採取相應的措施，作出些變化，但這種變化只能是「因舊守成而潤色之，不當復有所建立」〔註

〔註98〕（宋）蘇軾：《蘇軾文集》卷6《書義》，第168頁。
〔註99〕蘇軾說：「一者，不變也。」可參〔宋〕蘇軾：《東坡書傳》卷7《咸有一德》，曾棗莊、舒大剛主編《三蘇全書》（第二冊），第31頁。
〔註100〕（宋）蘇軾：《蘇軾文集》卷6《書義》，第173頁。
〔註101〕（宋）蘇軾：《東坡書傳》卷13《梓材》，曾棗莊、舒大剛主編《三蘇全書》（第二冊），第128頁。

101〕。這就決定了他的變的思想無非是改良主義的，而終始不可變者是封建的根基。總之，就社會發展觀而言，蘇軾是一個溫和的改良主義者，是官僚地主階級的代表人物〔註102〕。

（3）君主論

錢穆先生曾說：「朔黨、蜀黨則主尊王，僅就漢、唐以下歷史事態立說，偏於現實而為守舊，又近似於法家也」。〔註103〕就尊王而言，錢先生確實道出了真諦，但具體言，蘇軾的君主論有著其獨特的特點。

首先，天人感應學說。蘇軾認為：「天人之不相遠。凡災異，可以推知其所自」。〔註104〕承認天人感應學說。其根本目的則為企圖以天加強對君主的限制，如他釋《高宗肜日》「越有雊雉……典祀無豐於昵」說：「人君於天下無所畏，惟天可以警之，今乃曰天災不可以象類求，我自視無過則已矣。為國之害莫大於此，予不可以不論。」〔註105〕蘇軾的天人感應思想與漢代以來的天人感應說並無不同，但與其父蘇洵《洪範論》的觀點則相反對，是其父子思想的相異處。在宋代理性主義日益占居主導地位的時候，蘇軾的思想無疑是落後的。封建時代的皇權是至高無上的，蘇軾意識到皇權不加限制而可能帶來的危害，出發點是好的，但他沒有從理性主義出發找到對皇權限制，而是從前代繼承了神秘主義的思想。

其次，無為與有為。蘇軾釋《皋陶謨》「皋陶曰：『都！在知人，在安民』。禹曰：吁，咸若時，惟帝其難之」之下說：

> 人主欲常有為則事繁而民亂，欲常無為則政荒而國削。自古及
> 今，兵強國治而民安者，無有也。〔註106〕

君主常有為則有害於人民安寧，君主常無為則有害於國家兵強國治，二者相互矛盾而不可協調，「兵強國治而民安者，無有也」。在這裡，蘇軾給出了二

〔註102〕漆俠先生指出：「蘇家是一個中等以上官僚地主則無可懷疑」。可參漆俠：《宋學的發展和演變》，第422頁。

〔註103〕錢穆：《國史大綱》，第594頁。

〔註104〕（宋）蘇軾：《東坡書傳》卷11《金縢》，曾棗莊、舒大剛主編《三蘇全書》（第二冊），第98頁。

〔註105〕（宋）蘇軾：《東坡書傳》卷8《高宗肜日》，曾棗莊、舒大剛主編《三蘇全書》（第二冊），第58頁。

〔註106〕（宋）蘇軾：《東坡書傳》卷3《皋陶謨》，曾棗莊、舒大剛主編《三蘇全書》（第一冊），第477頁。

者只能取一的選擇，即選擇兵強國治，還是選擇民安，而對目標的不同選擇就決定了君主的有爲或無爲。對此，蘇軾的主張是君主應該無爲。之所以如此說，可以從與其君主論相關的其他思想推知：蘇軾相信天人感應，以此爲基礎，主張君主應順天行事，如他釋《太甲下》「先王惟時懋敬厥德，克配上帝」說：

> 天無言無作而四時行百物生，王亦如是。〔註107〕

主張君主「無言無作」實際上把君主置於無爲的地位。

如前所述，蘇軾強調德禮在治世中的作用，而他釋《舜典》「難壬人」說：

> 壬人必好功名，不務德而勤遠略也。〔註108〕

把「勤遠略」視爲壬人「好功名」之舉，而「勤遠略」之爲明顯爲兵強而民不安的一種表現。

又，蘇軾釋《益稷》「禹曰：安汝止，惟幾惟康」一語說：

> 安汝止者，自處於至靜也；防患於微曰幾，幾則思慮周；無心於物曰康，康則視聽審。思慮周而視聽審則輔汝者莫不盡其直也。反而求之，無意於防患則思慮淺，有心於求物則視聽亂；思慮淺而視聽亂，則輔汝者皆諂而已。……汝能安居幾康而觀利害之實，是惟無動；動則凡徯志者皆應矣。夫豈獨人應之，天必與之。〔註109〕

「安汝止，惟幾惟康」本爲禹諫舜之語，是臣對君的進諫。經蘇軾解釋，「安汝止」、「幾」、「康」對君主有重要作用，「防患於微」、「無心於物」則臣下以直事君，反之，臣下以諂事君，治亂截然不同。前者體現爲君主「無動」、「至靜」，後者則相反且會導致天人的相應反應。顯然，蘇軾選擇的是前者而非後者。

總之，蘇軾一方面爲君主設置了一個有關有爲與無爲的二難推理式的命題，另一方面又以他天人感應說、對德禮治世的重視及對社會治亂的要求出發，爲君主作出了應當無爲的選擇。固然，在封建社會裏，君權至高無上，

〔註107〕（宋）蘇軾：《東坡書傳》卷7《太甲下》，曾棗莊、舒大剛主編《三蘇全書》（第二冊），第29頁。

〔註108〕（宋）蘇軾：《東坡書傳》卷2《舜典》，曾棗莊、舒大剛主編《三蘇全書》（第一冊），第456頁。

〔註109〕（宋）蘇軾：《東坡書傳》卷4《益稷》，曾棗莊、舒大剛主編《三蘇全書》（第一冊），第483～484頁。

蘇軾企圖以天人感應學說對君主加以限制，而他的君主無爲的主張又企圖進一步引導君主放棄對權力的控制。雖然如此，君主無爲並不會造成權力眞空，如前引關於《益稷》的材料中提到的君無爲則「輔汝者莫不盡其直也」，臣下以直事君，執行權力。在蘇軾看來，臣執行權力並不意味著篡奪權力，如他指出：「上執其要，下治其詳，所謂歲月日時無易也」。〔註110〕最終的權力仍歸君主。前已述，王安石主張君主無爲在其特定條件下不免有攬權之嫌，但君主無爲也是士大夫行道的一個前提，不同人發出的君主無爲的共同呼聲說明在當時的宋代社會中學士大夫對行道的渴望。這也是士大夫政治主體意識增強的表現之一。

再次，「厚於仁」。蘇軾釋《湯誥》「惟皇上帝降衷於下民，若有恒性，克綏厥猷惟後」說：

> 仁義之性，人所咸有，故言天降也；順其有常之性；其無常者，喜怒哀樂之變，非性也。能安此道乃君也。〔註111〕

能安於仁義之性爲君主的必要條件；而喜怒哀樂之變是無常的，不可依賴的。蘇軾又在《湯誓》「天乃賜王勇智」下說：

> 凡聖人之德仁義孝悌忠信禮樂之類皆可以學至，惟勇也智也必天予而後能，非天予而欲以學求之，則智勇皆凶敵國也。……短於智勇而厚於仁，不害其爲令德之主也。〔註112〕

君主未必皆如聖人而完具仁義孝悌忠信禮樂智勇等素質，「厚於仁」即可爲令德之主的充分條件。如此，在蘇軾看來，仁實爲令德之主的充分必要條件。如前已引，蘇軾曾說：「聖人一於仁」。〔註113〕在蘇軾看來，令德之主與聖人本爲異名同實的，即二者本爲一。

蘇軾又在《咸有一德》「終始惟一，時乃日新」下解釋說：

> 一者，不變也，如其善而一也，不亦善乎？如其不善而一也，不幾桀乎？曰：非此之謂也。中有主之謂中，有主則物至而應，物至而應則日新矣。中無主則物爲宰，凡喜怒哀樂皆物也。故伊尹曰：

〔註110〕　（宋）蘇軾：《蘇軾文集》卷6《書義》，第169頁。

〔註111〕　（宋）蘇軾：《東坡書傳》卷7《湯誥》，曾棗莊、舒大剛主編《三蘇全書》（第二冊），第16頁。

〔註112〕　（宋）蘇軾：《東坡書傳》卷7《仲虺之誥》，曾棗莊、舒大剛主編《三蘇全書》（第二冊），第14頁。

〔註113〕　（宋）蘇軾：《蘇軾文集》卷6《書義》，第168頁。

> 終始惟一，時乃日新。予嘗有言，聖人如天，時殺時生，君子如水，
> 因物賦形，天不違仁，水不失平，惟一故新，惟新故一，一故不流，
> 新故無斁。此伏羲以來所傳要道也。〔註114〕

> 中無主者，雖爲善，皆僞也。〔註115〕

如前所言，聖人（君主）都是「一於仁」的，仁也本爲君主性分中事。在蘇
軾看來，君主能一切行事以仁爲標準，則可達到「物至而應」，以致於「日新」
的境地。反之，則行事沒有一定標準，應物而役於物，直致混亂狀態。總之，
仁是令德之主的充分必要條件，也是君主行事的基本標準。

由上述可知，蘇軾強調君主無爲，但又不是無所作爲，而是一切行事以
仁爲主，以此達於「物至而應」。實際上，蘇軾的這種君主範式表現爲被動地
承受事物，而非主動地追求事物，君主的主動權交給了臣下，由臣去執行權
力。這是一種安靜型的理想君主範式。

（4）君臣關係與君民關係

首先，君臣關係。如前所言，蘇軾主張君主無爲，而把權力的執行交給
臣下，這實際上就存在著一個君臣之間關係如何處理的問題。對此，蘇軾認
爲：「臣常執剛以正君，君當體柔以納臣也」。〔註116〕其中，執剛與體柔的突
出事例如蘇軾所舉的從諫例：「唐太宗，中主也。其事父兄、畜妻子、正身治
家有不正者多矣，然所以致刑措，其成功去聖人無幾者，特以從諫而已。說
以爲此一言可以聖也，故首進之。以太宗觀之，知從諫之可使狂作聖也」。〔註
117〕從諫之事一方面說明臣執剛「責難於君」，正君；另一方面又說明君體柔
納諫於臣。同時，君之「體柔」也一方面說明君以仁處事的體現，另一方面
說明君對臣應有尊敬之意，前者已如上述，後者也爲蘇軾所強調，如他說：「士
之所求者，爵祿，而爵祿我有也。挾是心以輕士，此最人主之大患。故告之
曰：臣之所以爲民上者，非爲爵祿也，爲民屈也。知此則知敬其臣，知敬其

〔註114〕（宋）蘇軾：《東坡書傳》卷7《咸有一德》，曾棗莊、舒大剛主編《三蘇全
書》（第二冊），第31頁。

〔註115〕（宋）蘇軾：《東坡書傳》卷7《咸有一德》，曾棗莊、舒大剛主編《三蘇全
書》（第二冊），第31頁。

〔註116〕（宋）蘇軾：《東坡書傳》卷10《洪範第六》，曾棗莊、舒大剛主編《三蘇
書》（第二冊），第84頁。

〔註117〕（宋）蘇軾：《東坡書傳》卷8《說命上》，曾棗莊、舒大剛主編《三蘇全書》
（第二冊），第51～52頁。

臣而後天位安」。〔註118〕君主不能有垂爵祿以鬻臣的念頭，這是對臣的重視，而應從爲民謀利的角度待臣，敬臣。這也是宋代士大夫重民觀念的表現，是他們的道高於一切的觀念的表現。蘇軾正是以此爲基點才提出了君應敬臣的觀點。總之，蘇軾承認君臣等級，但對此又作了修正，要求君主敬臣納諫。這是宋代士大夫政治主體意識提高的表現。

其次，君民關係。蘇軾指出：「民猶水也。水能載舟，亦能覆舟，物無險於民者矣」。〔註119〕借用唐太宗的話，蘇軾表達了他對民的重視，但「物無險於民者矣」的觀念又暗含著對民的重視之極的憎恨，顯示了其階級偏見。蘇軾釋《大禹謨》「罔違道以干百姓之譽，罔咈百姓以從己之欲」下的說詞更能表明此點：「民至愚而不可欺。凡其所毀譽，天且以爲聰明，而況人君乎？」〔註120〕「民至愚而不可欺」突出地表明了蘇軾即重視民又卑視民的心態。

在蘇軾看來，民之所以應被重視，是由於：「古之言天者，皆言民也。民不難出其力以食諸侯，以養天子者，豈獨以逸豫之哉？將使濟己也。此所以爲天道也」。〔註121〕民「食諸侯」「養天子」與天子諸侯「濟民」是相互的。而「物無險於民」的認識又使蘇軾主張對民採取號令賞罰措施：「民者，上之所託，所因以爲號令賞罰者也。日月不自爲風雨寒暑，因星而爲節；君不自爲號令賞罰，因民而爲節」。〔註122〕並視號令賞罰爲當然，只不過作些「因民而爲節」的變化而已。重民又主張治民也是其重民又卑民的邏輯必然。

（5）人治與法治

蘇軾認爲：「國之所恃者，法與人也」。〔註123〕他以「變而不失其常」的社會發展觀爲基礎，在治國問題上，也主張以道爲經而以政事輔，「國以道爲經，以政事緯之，與刑無相奪倫而陰陽和」。〔註124〕道之載體在人，政事之標

〔註118〕（宋）蘇軾：《東坡書傳》卷 7《咸有一德》，曾棗莊、舒大剛主編《三蘇全書》（第二冊），第 32～33 頁。

〔註119〕（宋）蘇軾：《東坡書傳》卷 13《召誥》，曾棗莊、舒大剛主編《三蘇全書》（第二冊），第 134 頁。

〔註120〕（宋）蘇軾：《東坡書傳》卷 3《大禹謨》，曾棗莊、舒大剛主編《三蘇全書》（第一冊），第 467 頁。

〔註121〕（宋）蘇軾：《東坡書傳》卷 8《說命中》，曾棗莊、舒大剛主編《三蘇全書》（第二冊），第 52 頁。

〔註122〕（宋）蘇軾：《蘇軾文集》卷 6《書義》，第 169 頁。

〔註123〕（宋）蘇軾：《蘇軾文集》卷 6《書義》，第 170 頁。

〔註124〕（宋）蘇軾：《東坡書傳》卷 16《周官》，曾棗莊、舒大剛主編《三蘇全書》（第二冊），第 188 頁。

準在法，實際上，蘇軾傾向於治國以人爲主而以法爲輔。這是由於蘇軾認爲法治有許多弊端，他舉例說：「自唐以前，治罪科條止於今律令而已。人之所犯日變無窮而律令有限，以有限治無窮，不聞其有所闕，豈非人法兼行，吏猶得臨事而議乎。今律令之外，科條數萬而不足於用，有司請立新法者，日益而不已。嗚呼！任法之弊一至於此哉！」〔註 125〕

就人治而言，蘇軾認爲：「用庶人之賢者，不如用世家之賢者，民服也」。〔註 126〕強調用人惟賢是其重德治的體現，但世家之賢優於庶人之賢的觀點無疑表現了其官僚地主階級的特性，同時，也是其卑民心態在政治上的再次體現。就法治而言，蘇軾說：「失禮則入刑，禮刑一物也。」〔註 127〕但他又指出：「刑固不可廢也，而恃刑者必亡。」〔註 128〕同時，他又指出，即使用刑，也不可刑殺，如他說：「唐末五代之亂殺人如飲食，周太祖叛漢，漢隱帝使開封尹劉銖屠其家百口。太祖既克京師，夜召其故人知星者趙延義問漢祚所以短促者，延義答曰：漢本未亡，以刑殺冤濫，故不及期而滅。太祖方以兵圍銖及蘇逢吉第，且且滅其族，聞延義言，矍然貸之，誅止其身。予讀至此未嘗不流涕太息，故表其事於《書傳》以救世云」。〔註 129〕

總之，蘇軾的人治優於法治的觀點以及對人治與法治的闡釋都說明他從根本而言是儒家德治思想的主張者，同時，他也是上層地主階級利益的維護者。

〔註 125〕（宋）蘇軾：《東坡書傳》卷 16《周官》，曾棗莊、舒大剛主編《三蘇全書》（第二冊），第 190 頁。

〔註 126〕（宋）蘇軾：《東坡書傳》卷 11《微子之命》，曾棗莊、舒大剛主編《三蘇全書》（第二冊），第 105 頁。

〔註 127〕（宋）蘇軾：《東坡書傳》卷 19《呂刑第二十九》，曾棗莊、舒大剛主編《三蘇全書》（第二冊），第 225 頁。

〔註 128〕（宋）蘇軾：《東坡書傳》卷 13《召誥》，曾棗莊、舒大剛主編《三蘇全書》（第二冊），第 136 頁。

〔註 129〕（宋）蘇軾：《東坡書傳》卷 13《梓材第十三》，曾棗莊、舒大剛主編《三蘇全書》（第二冊），第 130 頁。

第六章　北宋理學《尚書》學

第一節　張載《尚書》學

　　張載（公元 1020～1077 年），字子厚，陝西鳳翔眉縣（今陝西眉縣）人，學者稱橫渠先生，關學創始人。二程稱讚說：「橫渠道盡高，言盡醇，自孟子後，儒者都無他見識」。〔註 1〕在宋代，張載有著重要的學術地位。歷來學者多認為張載經學以對《易》、《中庸》、《論》、《孟》的重視為突出特點，如《宋史·道學傳》：「（張載）以《易》為宗，以《中庸》為體，以孔孟為法，黜怪妄，辨鬼神。」〔註 2〕不過，張載自認為：「《詩》、《禮》、《易》、《春秋》、《書》，六經直是少一不得。」〔註 3〕把「六經」視為同等重要且缺一不可的。這就使人審視張載學術時，不得不注目於除《易》、《中庸》、《論》、《孟》以外的經書，以明瞭張載學術之全貌。就《尚書》學而言，張載沒有完整的著作，主要從《經學理窟》可尋得一些材料，從中也可略窺其《尚書》學的自得處。

一、張載的《尚書》觀

　　首先，《尚書》的名稱。《尚書》為記載夏商周史蹟之書，劉歆認為《尚書》名稱首起於漢今文《尚書》之歐陽一派，「《尚書》直言也，始歐陽氏先

〔註 1〕　《河南程氏遺書》卷 18《伊川先生語四》，《二程集》，第 196 頁。
〔註 2〕　《宋史》卷 427《道學傳一·張載傳》，第 12724 頁。
〔註 3〕　（宋）張載：《經學理窟·義理》，《張載集》，第 278 頁。

名之。」〔註4〕僞孔安國所作《序》則以爲：「（伏生）以其上古之書，謂之《尚書》。」〔註5〕以「尙」爲表示時間之詞，當得其意。其他帶有神秘色彩的解釋勿須論。張載認爲：「今稱《尚書》，恐當稱「尙書」。尙，奉上之義，如尙衣尙食」。〔註6〕以《尚書》爲動詞「奉上」，即《尚書》爲臣下所爲而上奉帝王之書。

其次，《尚書》的考據。張載認爲，從考據的角度來看，《尚書》多有不可信的，如他說：「《尚書》文顛倒處有，如《金縢》尤不可信。」〔註7〕「既有草書，則經中之字，傳寫失其眞者多矣，以此《詩》、《書》之中字，盡有不可通者」。〔註8〕

再次，《尚書》的義理。就義理而言，張載認爲：「聖人文章無定體，《詩》、《書》、《易》、《禮》、《春秋》，只隨義理如此而言」。〔註9〕「《尚書》難看，蓋難得胸臆如此之大，只欲解義則無難也」。〔註10〕讀《尚書》，可重其義理而不顧其他，權避其難。而先儒在此點上恰作得不夠，「《春秋》之爲書，在古無有，乃聖人所自作，惟孟子爲能知之，非理明義精殆未可學。先儒未及此而治之，故其說多穿鑿，及《詩》、《書》、《禮》、《樂》之言，多不能平易其心，以意逆志」。〔註11〕

第四，《尚書》爲禮之思想根源。張載指出：「觀《虞書》禮大樂備，然則，禮樂之盛直自虞以來。古者雖有崩壞之時，然不直至於泯絕天下，或得之於此國，或得之於彼國，互相見也」。〔註12〕欲瞭解禮樂之制，可追至虞舜之時，而《尚書》即爲一可供參考的早期文獻。

二、從張載《尚書》學看其思想

就《尚書》而言，張載認爲有顛倒處，不可信處，也有不可通處，更傾

〔註4〕 （清）朱彝尊：《經義考》卷73《書二・百篇尚書》下引劉歆語，林慶彰等點校補正，第133頁。
〔註5〕 （唐）孔穎達：《尚書正義》序，第14頁。
〔註6〕 （宋）張載：《經學理窟・詩書》，《張載集》，第257頁。
〔註7〕 《河南程氏遺書》卷22《二程集》，第290頁。
〔註8〕 （宋）張載：《經學理窟・學大原下》，《張載集》，第284頁。
〔註9〕 （宋）張載：《經學理窟・詩書》，《張載集》，第255頁。
〔註10〕（宋）張載：《經學理窟・詩書》，《張載集》，第256頁。
〔註11〕（宋）呂大臨：《呂大臨橫渠先生行狀》，《張載集》，第384頁。
〔註12〕（宋）張載：《張子語錄・語錄上》，《張載集》，第312頁。

向於解《尚書》義理。張載雖然沒有關於《尚書》的著作，但也可以據其隻言片語看出他依據《尚書》所作的義理闡釋。以下對此作一分析。

首先，天命論。張載有強烈的命定論觀念，如他說：「賢者在堯舜之世，亦有不得遇者，亦有甚不幸者，是亦有命也。即智之於賢者不獲知也」。〔註13〕堯舜之時本爲聖人之世〔註14〕，但其時仍有賢者出於命而不得志，顯示了張載的天命論思想。

張載又說：「『知之於賢者』，彼此均賢也，我不知彼是我所患，彼不知我是命也。鈞聖人也，舜禹受命受祿，舜禹亦無患焉」。〔註15〕張載以己爲得道者，但他在政治上並不得志，由上述言論可見，其命定論正是在此基礎上的產物。

其次，天人感應論與重民思想。天人感應是《尚書》中的神秘色彩的學說，張載對此發揮說：「《書》稱天應如影響，其禍福果然否？大抵天道不可得而見，惟占之於民，人所悅則天必悅之，所惡則天必惡之，只爲人心至公也，至眾也。民雖至愚無知，惟於私己然後昏而不明，至於事不干礙處則自是公明。大抵眾所向者必是理也，理則天道存焉，故欲知天者，占之於人可也」。〔註16〕張載承認天人感應，但他把民之意願作爲天道的外在表現，並以民作爲天的決定因素，明確提出「眾所向者必是理」的結論，反映了他重視民眾力量的觀念。

正是在重民的思想基礎上，張載認爲聖人以民之向背行事，「萬事只一天理。舜舉十六相，去四凶，堯豈不能？堯固知四凶之惡，然民未被其虐，天下未欲去之。堯以安民爲難，遽去其君則民不安，故不去，必舜而後因民不堪而去之也」。〔註17〕這是由於「天無心，心都在人心」，「從人之心同一則卻是義理，總之則卻是天。故曰天曰帝者，皆民之情然也，謳歌訟獄之不之焉，人也而以爲天命」。〔註18〕民之情即爲天爲帝爲理之當然。把以前神秘的天下降到人事，更強調了人事的重要性，體現了張載的現實精神。

也正是以此，張載認爲君主的得失以民心向背爲準，「先儒稱武王觀兵於

〔註13〕（宋）張載：《張子語錄・語錄上》，《張載集》，第311～312頁。

〔註14〕（宋）張載：《張子語錄・語錄上》，《張載集》，第400頁。

〔註15〕（宋）張載：《張子語錄・語錄下》，《張載集》，第333頁。

〔註16〕（宋）張載：《經學理窟・詩書》，《張載集》，第256～257頁。

〔註17〕（宋）張載：《經學理窟・詩書》，《張載集》，第256頁。

〔註18〕（宋）張載：《經學理窟・詩書》，《張載集》，第256頁。

孟津，後二年伐商，如此則是武王兩畔也。以其有此，故於《中庸》言『一戎衣而有天下』解作『一戎殷』，蓋自說作兩度也。孟子稱『取之而燕民不悅弗取，文王是也』，只爲商命未改；『取之而燕民悅則取之，武王是也』。此事間不容髮，當日而命未絕則是君臣，當日而命絕則爲獨夫；故『予不奉天，厥罪惟均』。然問命絕否，何以卜之？只是人情而已。諸侯不期而會者八百，當時豈由武王哉？」〔註19〕歸結起來，張載要求君主注意人情向背是其命運的決定因素，從而一改以前君主高高在上的狀況，注意人民的生活。以此，張載通過重民思想的闡發而對君主形成了一定的限製作用。

第二節　程頤《尚書》學

　　程顥（1032～1085年）字伯淳，學者稱明道先生，程頤（1033～1107年）字正叔，學者稱伊川先生，河南洛陽人。兄弟二人開創的洛學學派是北宋時期影響最大最典型的理學派別。南宋人朱熹稱讚說：「國初人便已崇禮義，尊經術，欲復二帝三代，已自勝如唐人，但說未透在。直至二程出，此理始說得透。」〔註20〕「若無他（張載、二程）說破，則《六經》雖大，學者從何處入頭？」〔註21〕認爲二程在宋代學術史、經學史上都有著開新氣象之功。朱子之語或有門戶之見，但二程在思想學術與經學上的地位不可忽視則無疑。就《尚書》學而言，程顥無專門著作，程頤有《伊川書說》一卷，爲「正叔之門人記其師所談四十餘篇」〔註22〕，及《書解》一卷。據說，程頤還有《五經解》；不過，當有人問起《五經解》時，他說：「惟《易》須親撰，諸經則關中諸公分去，以某說撰成之」，〔註23〕《尚書》部分爲其關中弟子作解，基本觀點爲程頤的。《郡齋讀書志》有其關中弟子呂大臨《書傳》十三卷〔註24〕，不知是否爲《五經解》中一部分。就現存資料看來，程氏《尚書》學多佚，僅《書解》一卷編入《二程集》中，其他還有與弟子們的對話中保存的一些資料。儘管如此，當時學者以程氏《書說》爲當時《尚書》學的重要一

〔註19〕　（宋）張載：《經學理窟·詩書》，《張載集》，第257頁。

〔註20〕　（宋）黎靖德：《朱子語類》卷129《本朝三·自國初至熙寧人物》，第3085頁。

〔註21〕　（宋）黎靖德：《朱子語類》卷93《孔孟周程張子》，第2363頁。

〔註22〕　（宋）晁公武：《郡齋讀書志校證》卷1，第59頁。

〔註23〕　《河南程氏遺書》卷18《二程集》，第239～240頁。

〔註24〕　（宋）晁公武：《郡齋讀書記》卷1，第60頁。

家，稱之爲「溫而邃」〔註25〕，故對程氏《尚書》學加以研究是中國學術史，尤其是《尚書》學史發展演變不可或缺的一部分。

一、程頤《尚書》觀

史載，二程弟子尹焞「和靖偶學《虞書》。伊川曰：『賢那得許多工夫』？」〔註26〕程頤不主張其弟子學《尚書》，但並不妨礙他以《尚書》作爲重要一經。總體而言，程頤視《尚書》亦經亦史，重對其中義理的闡釋。

首先，《尚書》爲載道之經。程頤認爲：「學者當以《論語》、《孟子》爲本。《論語》、《孟子》既治，則六經可不治而明矣。」〔註27〕似乎「六經」可有可無。不過，以「四書」重於「六經」並不表示「六經」不重要。當有人問：「學必窮理。物散萬殊，何由盡窮其理？」程頤曰：「誦《詩》、《書》，考古今，察物情，揆人事，反覆研究而思索之，求止於至善，蓋非一端而已也。」〔註28〕誦《書》也爲窮理的方法之一。「理」爲程氏思想的最高範疇，以此，誦《書》成爲其理學認識論之一。實際上，程頤以「六經」爲載道之具，「《六經》，則各自有個蹊轍，及其造道，一也。」〔註29〕就《尚書》而言，自不例外，「《書》爲王者執範，不獨著聖王之事以爲法也，亦存其失以示戒爾，《五子之歌》是也」〔註30〕。

其次，《尚書》爲記實之史。程頤不僅把六經視爲道之載體，而且把六經視爲史書。如他說：

> 《堯典》爲《虞書》，蓋虞史所修；《舜典》已下，皆當爲《夏書》。故《左氏傳》引《大禹》、《皋陶謨》、《益稷》等，皆謂之《夏書》也。若以其虞時事當爲《虞書》，則《堯典》當爲《唐書》了。大抵皆是後世史所修。〔註31〕

> 《書》之紀事，不如後史之繁悉也。〔註32〕

〔註25〕（宋）夏僎：《尚書祥解》卷首（時瀾序），上海：商務印書館，1936 年，第 1 頁。

〔註26〕《河南程氏外書》卷 12《二程集》，第 430 頁。

〔註27〕《河南程氏遺書》卷 25《二程集》，第 322 頁。

〔註28〕《河南程氏粹言》卷 1《論學篇》，《二程集》，第 1191 頁。

〔註29〕《河南程氏遺書》卷 18《二程集》，第 193 頁。

〔註30〕《河南程氏文集》卷 8《二程集》，第 580 頁。

〔註31〕《河南程氏經說》卷 2《二程集》，第 1033 頁。

〔註32〕《河南程氏經說》卷 2《書解・舜典》，《二程集》，第 1044 頁。

於史而言，程頤認爲：「看史必觀治亂之由，及聖賢修己處事之美」〔註33〕。「讀史須見聖賢所存治亂之機，賢人君子出處進退，便是格物」。〔註34〕把讀史與其理學道德修養論與認識論聯繫起來，使史學成爲其理學的一部分。

總之，程頤視《尚書》亦經亦史，且從對《尚書》義理的強調出發，實際上把經學與史學放在了其理學的從屬地位，即一切以理學爲指歸。程頤的這種《尚書》觀對其後學產生了極大的影響，此後的理學家往往在對《尚書》作義理闡釋時以理作爲最終標準。

二、程頤對《尚書》經傳的考據

程頤不滿意漢儒章句之學的煩瑣，批評說：「漢儒之談經也，以三萬餘言明《堯典》二字，可謂知要乎？」〔註35〕他更看重的是依經作義理闡釋。經典義理闡釋不能完全離開文本的正確性，以此，在程頤《尚書》學中也有對《尚書》的一些考據。正如錢穆先生所說：「惟在二程《語錄》中，極多說經語，亦有訓詁考據，較之濂溪橫渠著書，潔淨精微，只求自發己旨，絕不見說經痕跡者又不同。故此四人中，惟二程尚差與漢唐說經語較近，此亦特當指出」。〔註36〕實際上，非僅二程《語錄》，就程氏《尚書》學而言，也可看出其訓詁考據的學術特點。二程曾說：「學者要先會疑」。〔註37〕「疑」字奠定了程氏學的考據基調。就《尚書》言，程頤對其經文有疑，如他說：「《尚書》文顛倒處多，如《金縢》尤不可信。」〔註38〕又如：

> 介甫以武王觀兵爲九四，大無義理，兼觀兵之說亦自無此事。
>
> 如今日天命絕，則今日便是獨夫，豈容更留之三年？今日天命未絕，

〔註33〕《河南程氏遺書》卷24《二程集》，第313頁。

〔註34〕《河南程氏遺書》卷19《二程集》，第258頁。

〔註35〕《河南程氏粹言》卷1《二程集》，第1202頁。此處，之所以說此語爲程頤語，是因爲句中有「本朝經典，比之前代爲盛，然三十年以來，議論尚同，學者於訓傳言語之中，不復致思，而道不明矣。」可參《河南程氏粹言》卷1，《二程集》，第1202頁。其中，「三十年以來，議論尚同」實爲對王安石新學的批評。以「三十年」計算，此語大約爲宋徽宗初年，此時大程已逝。

〔註36〕錢穆：《朱子學提綱》，北京：三聯書店，2002年，第14頁。趙振先生在其《二程考據論》一文中對二程的考據之學作了一個疏理，並指出二程之考據學帶有理學化特徵。可參趙振：《二程考據論》（《史學史研究》，2008年第3期）。

〔註37〕《河南程氏外書》卷11《二程集》，第413頁。

〔註38〕《河南程氏遺書》卷22《二程集》，第290頁。

便是君也，爲人臣子，豈可以兵脅其君？安有此義？又紂鷙（很）
〔狠〕若此，太史公謂有七十萬眾，未知是否；然《書》亦自云，
紂之眾若林。三年之中，豈肯容武王如此便休得也？只是《太誓》
一篇前序云：「十有一年」，後面正經便說「惟十有三年」，先儒誤妄，
遂轉爲觀兵之說。先王無觀兵之事，不是前序一字錯卻，便是後面
正經三字錯卻。〔註39〕

首先，程頤從君臣之義角度否定「武王觀兵」之說；其次，以《史記》與《書》
爲據否定「觀兵」之說；第三，從「觀兵」之說的事實錯誤疑及《太誓》序
與「正經三字」。此材料充分顯示了程頤在疑經的同時，對理校、他校與本校
等考據方法的運用，是其考據特點的體現。

總之，程頤對《太誓》序與正經之疑及對《金縢》之疑衝擊了《尚書》
經典本文，利於催發對經典本文原貌的進一步考證。非止於疑，程頤對《尚
書》經文甚至有所改定，最明顯的例子就是其《書解》中的《改定武成》一
篇，對《武成》篇中的句段根據己意作了調整〔註40〕。程頤對《尚書》之疑，
甚而改定，顯示的是他對《尚書》原貌的追求，是他求眞精神的體現。在此
過程中，其考據之功不但有著文獻學上的價值，而且亦給後人留下了可供思
考的疑辨精神。不過，程頤的經解中有考據特色，但不是主要特色，考據爲
其義理服務而已。程頤曾說：

後之儒者，莫不以爲文章、治經術爲務。……經術則解釋辭訓，
較先儒短長，立異說以爲己工而已。如是之學，果可至於道乎？
〔註41〕

「道」（或理）爲程氏追求的終極目標，「解釋辭訓，較先儒短長」非其意所
在。換言之，程氏經解，義理高於考據，經典考據也是爲其理學服務的一部
分。

三、程頤《尚書》學的義理闡釋

如張豈之先生所言，二程將儒家經學與佛學結合，「經學爲主，佛學爲輔；

〔註39〕《河南程氏遺書》卷 19《二程集》，第 250 頁。
〔註40〕《河南程氏經說》卷 2《二程集》，第 1044～1045 頁。
〔註41〕《河南程氏文集》卷 8《試漢州學策問三首》，《二程集》，第 580 頁。

將經學改造爲理學」。〔註42〕對經學作了一定程度的改造而形成理學。但需進一步指出的是，理學形成後，就成爲經學的主導，以理學釋經學，給經學打上了理學烙印。

（一）心性理

程頤釋《大禹謨》「人心惟危，道心惟微」說：

> 心，道之所在；微，道之體也。心與道，渾然一也。對放其良心者言之，則謂之道心；放其良心則危矣。〔註43〕

心爲道（理）在人的方所。在這裡，程頤既強調心的生物特性，也強調心的意識特性，其中，生物特性使心可以容納理，意識特性則使心有了與物接觸的可能性。「理」的清虛不可感覺使理（道）與心「渾然一也」，以此，心與理（道）可以純然爲一，也可以在心與物接觸時以理作爲標準。

程頤又說：

> 人心，人欲；道心，天理。〔註44〕

欲望是指向物的，程頤把心指向於物的狀態稱爲人心；天理是純粹至善的，與心本渾然爲一，心不與物接觸時心即爲道心狀態。程頤主張「滅私欲則天理明矣」。〔註45〕如果按這個邏輯發展，程頤爲禁止人的欲望會割斷人的意識與物接觸，實際上，他並沒有這樣做。在其道德修養論中，他還強調「格物致知」與「克己復禮」，這都需要人的意識與物接觸，而後者道出了其「存天理滅人欲」的眞正目的，即當人的意識與物接觸時，自覺以禮來規範自己的言語行動，此時的心也可稱之爲道心之發現，其中，禮即爲天理的外在的現實表現。總之，就心而言，由於心指向或活動標準的不同而有人心與道心的異名，即人心爲心指向耳目等的欲望時所稱，而道心則爲心指向天理或以天理爲標準時所稱。人心道心最主要的區別就在於心是否以天理爲標準。

〔註42〕張豈之：《二程怎樣將經學改造爲理學》，《儒學・理學・實學・新學》，第109頁。崔大華先生則指出：「（理學）在對『理』的內涵由認知向本體性的形而上學的升越中，實現對經學的超越」。並指出：「在較嚴格的意義上，就思想理論內容考校，宋代理學與經學並不相同，理學是從經學義理中超越出來的，具有更高的『理』之哲學本體觀念和獨特理論論題的一個新的儒學理論形態」。可參崔大華：《超越經學——對理學形成的一個支點的考察》（《中州學刊》1996年第2期）。

〔註43〕《河南程氏遺書》卷21《二程集》，第276頁。

〔註44〕《河南程氏外書》卷2《二程集》，第364頁。

〔註45〕《河南程氏遺書》卷24《二程集》，第312頁。

如果說，在心與理的設置上，人與理還可分離的話，那麼在性與理的設置上，程頤把人牢牢地拴在了理上，如他說：

> 性即是理，理則自堯舜至於途人，一也。〔註46〕

理是普遍的，人人皆具，體現於人身則表現爲性。如此，理本不必外求，則可與心自然合一。

（二）從《尚書》學看程頤的聖人觀與修養工夫

（1）**聖人觀**。程頤釋《堯典》「允恭克讓，光被四表，格於上下」說：

> 聖人至公無我，故雖功高天下而不自有，無所累於心。蓋一介存於心，乃私心也，則有矜滿之氣矣。〔註47〕

聖人至公無我，無一毫私心。其中，「無私心」之意並非「無心」，「無心便不是，只當云無私心」。〔註48〕相應地，「無我」並不是取消「我」，實際上，「無我」爲忘我，我是存在的，只是在行爲處事時不以我爲標準。

程頤釋《堯典》「允恭克讓，光被四表，格於上下」又說：

> 聖人之公心，如天地之造化，生養萬物，而孰尸其功？故應物而允於彼。復何存於此也？故不害欽慎之神能，亦由乎理而已，故無居有之私。天下見其至當而恭，能高而讓，所以中心悅而誠服也。
> 蓋一出於公誠而已。〔註49〕

聖人無一毫之私，「一出於公誠」。公，自然無我，取向於外；誠則表面上體現爲內心的心理活動，實質上是以公爲對象，體現爲服從於公的要求。具體而言，程頤所說的「公」就是「由乎理而已，故無居有之私」，如此則「應物而允於彼」。在《太誓》「一月」的闡釋中，程頤說得更爲明白：「聖人一言一動，無不合於天理如此」。〔註50〕天理（理）爲程氏兄弟學術的最高範疇，程頤把天理（理）作爲他的聖人境界的終極標準，實際上，聖人成了人化的天理。在聖人狀態，心與理是完全合一的，而理與性的同一則爲理之標準更具有了可操作性。

（2）**修養工夫**。程頤認爲聖人境界就是心與理完全合一的境界，而此境

〔註46〕《河南程氏遺書》卷18《二程集》，第 204 頁。
〔註47〕《河南程氏經說》卷2《書解·堯典》，《二程集》，第 1034 頁。
〔註48〕《河南程氏外書》卷12《二程集》，第 440 頁。
〔註49〕《河南程氏經說》卷2《書解·堯典》，《二程集》，第 1035 頁。
〔註50〕《河南程氏遺書》卷24《二程集》，第 312 頁。

界的達成又具極大功用。這就爲人的修養設定了目標與方向。就成聖之路而言，程頤在其《尚書》學中提出了兩種工夫或實踐著手處。

首先，思。程頤釋《洪範》「思曰睿，睿作聖」說：

> 才思便睿，以至作聖，亦是一個思。〔註51〕

思是作聖的一個重要途徑。思的工夫沿用了孟子「心之官則思」的說法，肯定了心有知覺思維功能。程頤又說：

> 不深思則不能造於道。不深思而得者，其得易失。然學者有無思慮而得者，何也？以無思無慮而得者，乃所以深思而得之也。以無思無慮爲不思，而自以爲得者，未之有也。〔註52〕

> 思慮久後，睿自然生。若於一事上思未得，且別換一事思之，不可專守著這一事。蓋人之知識於這裡蔽著，雖強思亦不通也。〔註53〕

對如何「造於道」而言，程頤一方面否認「無思無慮」而得的說法，強調思的價值；另一方面反對強思，而主張思維的流暢自然。如此，思的工夫實際上不是消極地消解外物而杜絕欲望，而是從積極面強調了人的自覺對得道與成聖的作用，即爲人處事必須自覺地使心合於理。換言之，通過嚴格自律實現聖人之境。

其次，敬。在程頤工夫論中，「敬」與「思」一樣是不可或缺的。「敬」不是無目的的，而必有其對象，如二程把「敬」釋爲「主一無適」，「一」即指「理」，「敬」需以「理」爲標準與原則，時時專注於理。

「思」與「敬」二者相較，「思」實爲「敬」的前提與基礎，如他解《堯典》「克明俊德，以親九族」說：

> 親親本合在尊賢上，何故卻在下？須是知所以親親之道方得。

> 未致知，便欲誠意，是躐等也。學者是固當勉強，然不致知，怎生行得？勉強行者，安能持久？除非燭理明，自然樂循理。〔註54〕

不知「理」則意誠無所著落，「是躐等也」；而意誠處就爲敬之實踐處。同時，上述材料還表明程頤主張知先行後的主張，「然不致知，怎生行得？」

〔註51〕 （清）黃宗羲：《宋元學案》卷15《伊川學案》上，全祖望修補，第604頁。

〔註52〕 （清）黃宗羲：《宋元學案》卷15《伊川學案》上，全祖望修補，第604頁。

〔註53〕 （清）黃宗羲：《宋元學案》卷15《伊川學案》上，全祖望修補，第604頁。

〔註54〕 《河南程氏遺書》卷18《二程集》，第187～188頁。

再次，**知與行**。程頤不但主張知先行後，而且從其體會出發認爲，知行皆艱，他釋《尚書‧說命中》「知之非艱，行之惟艱」說：

> 人力行，先須要知。非特行難，知亦難也。《書》曰：「知之非艱，行之惟艱」。此固是也，然知之亦自艱……以此知知之亦難也。〔註55〕

更明確地表明了他的知先行後的觀點，並且對《尚書》之語從其理學思想的角度發出疑問，而主張知行皆艱。這也是程頤對《尚書》的懷疑精神的體現。

（三）從程頤的《尚書》學看其尚賢思想

程頤主張賢者治國，認爲「『凡爲天下國家有九經』，曰修身也，尊賢也，親親也。蓋先尊賢，然後能親親」。原因則爲「夫親親固所當先，然不先尊賢，則不能知親親之道」。〔註56〕他不否認儒家由親及疏，由近及遠的基本思路，但從行道的角度強調了以賢者爲師的重要性，主張尊賢。以此爲據，程頤釋《堯典》「克明峻德」爲「能明峻德之人」，顯示出以己意解經的傾向。

程頤主張尊賢，是士大夫要求提高自己政治地位的反映，而且，他更進一步主張「帝王之道也，以擇任賢俊爲本，得人而後與之同治天下」。〔註57〕主張君主應擇任賢臣，也沒否定皇權的中心地位，但他的「得人而後與之同治天下」的主張則是在皇權基礎上對士大夫政治地位的要求。如前所述，此觀念在熙寧年間已流行，爲士大夫與皇帝所共同認可。在此觀念影響下，學士大夫才能積極關心國家大事，而體現在學術上則是經世致用觀念的發展。這是從范仲淹開始的士大夫擔當天下精神的進一步發展。

程頤主張君主尚賢，主張提高士大夫的政治地位；但這種尚賢觀念不僅體現在擇任臣上，而且還體現在對君主的擇任上，如程頤說：「大抵五帝官天下，故擇一人賢於天下者而授之。三王家天下，遂以與子。論其至理，治天下者，當得天下最賢者一人，加諸眾人之上，則是至公之法。後世既難得人而爭奪興，故以與子。與子雖是私，亦天下之公法，但守法者有私心耳。」〔註58〕儘管程頤對世襲君主制採取了妥協態度，但他以賢者爲君的主張是明確的。

由上述可知，程頤《尚書》學中表現出明顯的尚賢傾向，不僅是針對臣

〔註55〕　《河南程氏遺書》卷18《二程集》，第187頁。
〔註56〕　《河南程氏遺書》卷19《二程集》，第257頁。
〔註57〕　《河南程氏經說》卷2《書解‧堯典》，《二程集》，第1035頁。
〔註58〕　《河南程氏遺書》卷18《二程集》，第228頁。

的問題，而且還包括君主的問題。這是賢人治國思想的體現。當然，在程頤的思想觀念中，賢者並不是聖人，但賢人依然是道（理）的可執行者。如此，程頤實際上只是把聖人作爲人之理想，而把現實寄託於賢人，從某種程度上可以說，程頤是一個理想主義與現實主義並重的代表人物。

四、程顥與程頤《尚書》學的異同

程顥沒有關於《尚書》的著作，且留世的關於《尚書》的言論也不多，但從其隻言片語仍可略窺其《尚書》學的一些看法，並可據此對二程《尚書》學思想稍加比較，以明瞭其《尚書》學之異同。

（一）二程《尚書》學之同

首先，對「人心惟危，道心惟微，惟精惟一」的解釋。程顥釋《大禹謨》「人心惟危，道心惟微，惟精惟一，允執厥中」說：「『人心惟危』，人欲也。『道心惟微』，天理也。『惟精惟一』，所以至之。『允執厥中』，所以行之」。〔註59〕以欲望天理的不同來分別人心道心之異，並把「精一」釋爲執守道心天理的修養方法。與程頤並無不同。

其次，對君臣共治的共識。與程頤一樣，程顥也主張君與臣共成天下之務，認爲這是《尚書》之義，「惟陛下稽先聖之言，察人事之理，知堯、舜之道備於己，反身而誠之，推之以及四海，擇同心一德之臣，與之共成天下之務，《書》所謂「尹躬暨湯，咸有一德」，又曰「一哉王心」，言致一而後可以有爲也」。〔註60〕君臣共治，提高士大夫的政治地位也是程顥的認識。

再次，以《尚書》爲經爲史。程顥認爲：「《泰誓》、《武成》稱一月者，商正已絕，周正未建，故只言一月」。〔註61〕明顯把《泰誓》、《武成》等篇視爲史。以此可見，二程都在把《尚書》視爲經的同時，不否認《尚書》爲史。

總之，正如程頤所說：「我昔狀明道先生之行，我之道蓋與明道同。異時欲知我者，求之於此文可也」，〔註62〕由二人的《尚書》學特點可看出，在一些重大學術觀點上，二人確有不少同處，但也不可否認，二人有同處並不能掩蓋其異處。

〔註59〕 《河南程氏遺書》卷11《二程集》，第126頁。
〔註60〕 《河南程氏文集》卷1《論王霸劄子》，《二程集》，第451頁。
〔註61〕 《河南程氏遺書》卷11《二程集》，第122頁。
〔註62〕 《伊川先生年譜》，《二程集》，第346頁。

（二）二程《尚書》學之異

　　經，於二程而言，在他們的學術發展歷程中有著不可替代的作用，程頤稱其兄爲「得不傳之學於遺經」〔註63〕，並說：「治經，實學也。」〔註64〕二人皆重視經的研究與義理闡發，但又有著差異。

　　就《尚書》學而言，程顥更顯渾融，而程頤則較具體。如程顥認爲：「《詩》、《書》只說帝與天」。〔註65〕「《詩》、《書》中凡有一個主宰的意思，皆言帝；有一個包涵遍覆的意思，則言天；有一個公共無私的意思，則言王。上下千百歲中，若合符契。言天自然者謂之天道，言天之賦予萬物者謂之天命」。〔註66〕把《尚書》說得包涵遍覆，而不像程頤那樣分解細密。究其因，則爲二人在治經方法上的差異使然。

　　首先，大程。程顥不否認「聖人作經，本欲明道」，但明確指出「今人若不先明義理，不可治經」〔註67〕，其過程爲由明義理再到治經，實際上，這是由己之道判斷經之道。也正是從注重義理的意義上，程顥批評謝良佐錄《五經》爲一冊，「昔錄《五經》語作一冊，伯淳見，謂曰：『玩物喪志』。」〔註68〕同時，程顥解經更側重於把握大義，如其弟子范祖禹說：「先生（程顥）於經，不務解析爲枝詞，要其用在己而明於知天」。〔註69〕以切己與知天爲解經之歸。

　　其次，小程。程頤認爲：「古之學者，先由經以識義理，蓋始學時盡是傳授。後之學者，卻須先識義理，方始看得經，蓋不得傳授之意云耳。如《易·繫辭》所以解《易》，今人須看了《易》，方始看《繫辭》」〔註70〕。認爲後之學者先識義理再看經之方法「不得傳授之意」，而主張如古之學者之「先由經以識義理」。這種方法與程顥的解經方法明顯不同。由此，可以說，程顥的方法爲純哲學的，而程頤的方法則具有學術求眞的性質。不過，程頤主張由經窮理，並非僅限於經之義理，更重要的是要有自得，「爲學，治經最好。苟不

〔註63〕《河南程氏文集》卷11《明道先生墓表》，《二程集》，第640頁。
〔註64〕《河南程氏遺書》卷1《二程集》，第2頁。
〔註65〕《河南程氏遺書》卷3《二程集》，第61頁。
〔註66〕（清）黃宗羲：《宋元學案》卷13《明道學案》上，第548頁。
〔註67〕《河南程氏遺書》卷2上，《二程集》，第13頁。
〔註68〕《河南程氏外書》卷12《二程集》，第427頁；亦可見（清）黃宗羲：《宋元學案》卷14《明道學案》下引《程氏遺書》，第576頁。
〔註69〕《門人朋友敘述並序》，《二程集》，第334頁。
〔註70〕（清）黃宗羲：《宋元學案》卷15《伊川學案》上，第627頁。

自得，則盡治《五經》，亦是空言」。〔註 71〕「解義理，若一向靠書冊，何由得居之安，資之深？不惟自失，兼亦誤人」。〔註 72〕雖然程頤解經方法即重經義，又重自得，但相對而言，在其方法認識上，治經爲得義理的手段，而最終目的則爲自得義理。

總之，程頤重先從經中尋理，故需要對經分解地理解闡釋，而程顥則以自己先驗的理去衡量經，則不必如程頤那樣去對經分解地看。正是對經的運用上的不同使二人解經有了不同，解經方法的小異也決定了他們《尚書》學有不同處。

〔註71〕《河南程氏遺書》卷 1《二程集》，第 2 頁。
〔註72〕《河南程氏遺書》卷 15《二程集》，第 165 頁。

第七章　林之奇學派《尚書》學

第一節　林之奇《尚書全解》研究

林之奇（公元 1112～1176 年），字少穎，號拙齋，學者稱三山先生，福建侯官人。林之奇有《尚書全解》（或稱《拙齋書集解》）五十八卷。金人王若虛說：「宋人解《書》者，惟林少穎眼目最高，既不若先儒之窒，又不爲近代之鑿，當爲古今第一。而邇來學者，但知有夏僎，蓋未見林氏本故耳。夏《解》妙處，大抵皆出於少穎，其以新意勝之者，有數也。」〔註1〕其中，王若虛所說夏《解》即爲林之奇弟子夏僎《柯山書解》十六卷，陳振孫記爲：「集二孔、王、蘇、陳、林、程頤、張九成及諸儒之說，便於舉子。」〔註2〕夏氏之書爲集諸儒之說之書，「林」即指林之奇《尚書全解》。南宋人時瀾則說：「《書》說之行於世，自二孔而下，無慮數十家，而卓然顯著者，不過河南程氏、眉山蘇氏、與夫陳氏少南、林氏少穎、張氏子韶而已。程氏溫而邃、蘇氏奇而當、陳氏簡而明、林氏博而贍、張氏該而華，皆近世學者之所酷嗜。」〔註3〕從時人與後人的評價足可見林之奇《尚書全解》在學術史上的重要性。

〔註1〕　（金）王若虛：《滹南遺老集》卷 31，叢書集成初編本，北京：中華書局，1985年，第 194 頁。

〔註2〕　（宋）陳振孫：《直齋書錄解題》卷 2，第 34 頁。

〔註3〕　（宋）夏僎：《尚書祥解》卷首（時瀾序），叢書集成初編本，北京：中華書局，1985 年，第 1～2 頁。

一、林之奇的學派歸屬與其《尚書全解》

（一）學派歸屬

對林之奇學派歸屬，目前學術界有兩種觀點：（一）林之奇為洛學後學。宋人鄧均說：「抑齋陳先生為僕言閩學源流，開教甚悉，乃知始於紫微呂公載道而南，而拙齋先生實親承心學。拙齋著書多，而於《尚書》尤注意」〔註4〕紫微呂公指呂本中，他曾師事二程弟子楊時，為理學傳人。此信息由鄧均親承林之奇之孫林畊而來，林之奇曾師承呂本中無疑。在此意義上，林之奇實為洛學後學。宋人陳振孫也說：「從呂紫微本中居仁學，而太史祖謙則其門人也」。〔註5〕呂氏本有中原文獻之學的家傳，而又受洛學影響，這也決定了林之奇的《尚書》學有著史學特色與理學特色。

（二）林之奇為新學後學。侯外廬等先生將林之奇歸於「傳王安石新學」，章權才先生繼之。〔註6〕不知何所據。

考其源，當以前者為是。

（二）《尚書全解》成書與概況

《四庫》館臣指出，《尚書全解》一書為「（之奇）辭祿家居，博考諸儒之說，以成是書。」〔註7〕《宋元學案》載：「符離之捷，中外稱賀，先生獨貽書幕府，戒以持重，已而果覆。以病乞去，除宗正丞、使泉舶，奉祠，尋卒。」〔註8〕符離之戰在宋孝宗隆興年間，戰後，林之奇「奉祠家居」。以此，林之奇《尚書全解》始作於宋孝宗在位初年。

現存《四庫全書》本《尚書全解》四十卷為林之奇之孫林畊所校，佚《多方》一篇，《四庫》館臣輯補於《永樂大典》。《宋志》記為五十八卷，《四庫》館臣據其孫畊後序指出：「《宋志》所載乃麻沙偽本之卷數」。〔註9〕

〔註4〕 （宋）林之奇：《尚書全解》序，文淵閣四庫全書本（55冊），第6頁。

〔註5〕 （宋）陳振孫：《直齋書錄解題》卷2，第32頁。

〔註6〕 侯外廬主編：《中國思想通史》第4卷（上），第447頁。張豈之主編：《中國思想史》，西安：西北大學出版社，1989年，第343頁。章權才：《宋明經學史》，廣州：廣東人民出版社，1999年，第114頁。

〔註7〕 （清）永瑢、紀昀主編《四庫全書總目提要》卷11《尚書全解》下，第69頁。

〔註8〕 （清）黃宗羲：《宋元學案》卷36《紫微學案》，全祖望修補，第1244頁。

〔註9〕 （清）永瑢、紀昀主編：《四庫全書總目提要》卷11《尚書全解》下，第69頁。

　　由林之奇孫林畊校本《尚書全解》來看，其書爲全本，但南宋時朱熹就曾說：「林（之奇）《書》盡有好處。但自《洛誥》已〔以〕後，非他所解」。〔註10〕；林氏後學夏僎作《尚書》解「多引林氏（之奇）說，自《洛誥》以後則略之，僅有一二語」；王應麟《玉海》也指出：「林少穎《書說》至《洛誥》而終，呂成公《書說》自《洛誥》而始，蓋之奇受學於呂居仁，祖謙又受學於之奇，本以終始其師說爲一家之學」；〔註11〕皆不同於林之奇之孫所校本。《四庫》館臣對此持闕疑態度，「毋乃畊又有所增修，託之乃祖歟？」〔註12〕

　　據鄧均《尚書全解》序引林之奇孫畊語，呂祖謙「取其全本以歸」，又說「東萊《解》只於《禹貢》引林三山數段，他未之詳。東萊非隱其師之說，蓋拙齋已解者，東萊不復解，而唯條暢其義。」〔註13〕而朱熹指出：「呂伯恭解《書》自《洛誥》始。」〔註14〕以朱呂二人的關係與經常書信往來問學，朱熹對呂祖謙作書當十分熟悉，其語爲可信。由此可見，林畊當有爲其祖諱之嫌，語不可信。再者，呂祖謙既取全本，自然對林氏《尚書全解》清楚，而林畊既說「拙齋已解者，東萊不復解」，而實際上呂祖謙仍解《洛誥》以後，也是一種矛盾，恰說明林之奇並沒有解《洛誥》以後。如此，林畊校本《尚書全解》的《洛誥》後部分從何而來？據《尚書全解》序，林畊校本《尚書全解》的《洛誥》以後部分的補訂，一爲「得之宇文故家」的《書說拾遺》一集，「宇文之先曾從拙齋學，親傳之稿也。其集從《康誥》至《君陳》，此後又無之。」　　一爲「建安余氏」刊本。〔註15〕此本爲先世曾從學於林之奇的葉真與呂祖謙同時「出家藏寫本林李二先生《書解》及《詩說》相示」，且「較之首尾並同」〔註16〕。二者皆非僞。如此，《洛誥》後的《書解》部分當爲林之奇弟子所記而非林之奇親撰，不過，也是林之奇思想的反映。

〔註10〕　（宋）黎靖德：《朱子語類》卷78《尚書一‧綱領》，第1988頁；又見〔清〕朱彝尊：《點校補正經義考》卷八十一引，第451頁。

〔註11〕　（清）永瑢、紀昀主編：《四庫全書總目提要》卷11《書說》三十五卷下，第70頁。

〔註12〕　（清）永瑢、紀昀主編：《四庫全書總目提要》卷11《尚書全解》下，第69頁。

〔註13〕　（宋）林之奇：《尚書全解》鄧均序，文淵閣四庫全書本（55冊），第6頁。

〔註14〕　（宋）黎靖德：《朱子語類》卷78《尚書一‧綱領》，第1988頁。

〔註15〕　（宋）林之奇：《尚書全解》序，文淵閣四庫全書本（55冊），第5頁。

〔註16〕　（宋）林之奇：《尚書全解》序，文淵閣四庫全書本（55冊），第4～5頁。

二、林之奇的《尚書》觀

（一）載道之具

林之奇指出：「道之大原出於天，堯以是傳之舜，舜以是傳之禹，禹以是傳之湯，此數聖人相傳之道蓋本於性命之至正，仁義之極致，其爲道也致廣大盡精微，極高明道中庸，學道而不自乎此，不可謂善學也」。〔註 17〕而道的最集中的表現則在於《尚書·大禹謨》「人心惟危，道心惟微，惟精惟一，允執厥中」，「此堯舜禹三聖人相授受之際，發明其道學之要以相畀付者」。〔註 18〕

又如：林之奇認爲《尚書·洪範》「蓋箕子爲武王歷陳天下之大法」。〔註 19〕其中，「天下之大法」的根據就在於《大禹謨》所言之道，「學者欲學《洪範》，不可不推原其所自來。《大禹謨》乃《洪範》之根本」。〔註 20〕等等。

此類例甚多，不一一列舉。

（二）嚴「名分」的筆法

林之奇認爲《尚書》有著謹嚴的注重名分的筆法，如他解《舜典》「舜曰：咨！四嶽。有能奮庸熙帝之載，使宅百揆，亮採惠疇」下說：「《書》之所載，其於名分之際最爲謹嚴。蓋懼其涉於疑似有以起後世異同之論也。如舜之居攝，疑其遂稱帝矣，故於命禹作司空則稱舜者，以見前此未嘗稱帝也。如成王幼沖，周公攝政，則疑於遂稱王以令天下之人，故作《書》者於《多士》則曰：周公初於新邑洛用告商王士『王若曰』，於《多方》則曰：王來自奄至於宗周。周公曰『王若曰』以見周公雖居攝，凡有號令，皆稱成王之命也。其於命名定分之際，謹嚴如此。……蓋名分之際不統於一，則雖堯之聖不能一朝居也」。〔註 21〕

〔註 17〕（宋）林之奇：《尚書全解》卷 20《說命下》，文淵閣四庫全書本（55 冊），第 384 頁。

〔註 18〕（宋）林之奇：《尚書全解》卷 4《大禹謨》，文淵閣四庫全書本（55 冊），第 86 頁。

〔註 19〕（宋）林之奇：《尚書全解》卷 24《洪範》，文淵閣四庫全書本（55 冊），第 445 頁。

〔註 20〕（宋）林之奇：《尚書祥解》卷 24《洪範》，文淵閣四庫全書本（55 冊），第 450 頁。

〔註 21〕（宋）林之奇：《尚書全解》卷 3《舜典》，文淵閣四庫全書本（55 冊），第 54 頁。

　　林之奇指出，《尙書》的這種注重名分的筆法是孔子刪訂《尙書》的結果，是孔子思想觀念的體現，也正是以名分觀念爲原則，《呂刑》篇能被選入《尙書》，「以穆王之爲君而呂侯之爲臣，君臣之間盡心刑罰如此，此夫子所以取之而預於百篇也」。〔註22〕不過，從林之奇對《尙書》筆法的認識來看，他是以史家的觀點來視《尙書》的。這也決定了他的《尙書》學也有著濃厚的史學特色。

（三）嚴華夷之辨之始

　　林之奇釋「帝曰：皋陶，蠻夷猾夏」一語說：「舜之世，九州之內蓋有蠻夷與吾民錯居境內……惟其與吾民雜居於境內而能肆爲侵叛，以爲吾民之害，於是使皋陶辨華夷內外之分，以法繩治，而時取其尤桀黠者而誅之爾。漢光武受南單于降處之內地，其後，華夷無辨，風俗雜糅，駸駸以成東晉五胡之亂，良由不能辨之於猾夏之初故也。」〔註23〕《尙書》爲中國最早的文獻記錄，其中即記有舜時嚴華夷之辨的歷史事跡，而漢時，華夷無辨，卻釀成禍端。兩相對照，林之奇認爲華夷之辨是必要的。林之奇華夷之辯的觀念爲他的抗金主張提供了理論依據。《尙書》作爲中國最早的文獻，就提供了這種華夷之辯的觀念。

三、林之奇的解經方法

（一）「多聞闕疑」

　　林之奇認爲：「孟子生於戰國之時，去帝王之世猶未遠而六經猶在，尚且以謂『盡信書不如無書』，蓋苟理之所不安則莫可信也，況又燼於秦火爛於孔壁而增損潤色於漢儒之手乎」。〔註24〕《尙書》或不合於理，或已非原貌。從注重文獻的角度出發，他對於當時宋學學風下以己意增損經的做法不以爲然，強調「多聞闕疑」，他說：

　　　　欲以己意而增損聖人之經，此近世學者之大患，不可爲也。〔註25〕

〔註22〕（宋）林之奇：《尙書全解》卷 39《呂刑》，文淵閣四庫全書本（55 冊），第 800 頁。

〔註23〕（宋）林之奇：《尙書全解》卷 3《舜典》，文淵閣四庫全書本（55 冊），第 58 頁。

〔註24〕（宋）林之奇：《尙書全解》卷 22《泰誓中》，文淵閣四庫全書本（55 冊），第 419 頁。

〔註25〕（宋）林之奇：《尙書全解》卷 1《堯典》，文淵閣四庫全書本（55 冊），第 23 頁。

筆削聖人之經以就己意，此風亦不可長。孔子曰：「多聞闕疑，
慎言其餘則寡尤」。此實治經之法也。〔註26〕

林之奇重視文獻文本不同於偏重從經中尋求治道的學人，具有史家之風。

（二）「以意逆志」

對《尚書》某些篇章語句，林之奇並不主張給以確解，而主張「學者以
意逆志可也」。

夫學者之於經，惟本於求其意而已，不必區區於物色牝牡之間。
如二典之所載皆史官變其文以成經緯，苟得其大意足矣。如必較量
輕重而爲之說，則將不勝其鑿。〔註27〕

此兩句乃是成王既言卜辭然後以事應繼之其所言者必殷人背叛
之事，然其語則聱牙難通，必欲字字而爲之說則非多聞闕疑之義，
故當以意逆志而闕其辭之不可知者。〔註28〕

學者於聖人之經但求其意而已，至於時月則不可設爲一定之
論。〔註29〕

「以意逆志」的方法對於年久缺失增損嚴重的《尚書》而言，不失爲一種好的解
讀辦法。不過，林之奇重「以意逆志」並不是主張以己意解經，而是主張超越文
本的語言文字而尋求文本原義，「夫學者以意逆志而得之，不可以輕重先後拘於
言語文字之間而失古人之大意也」。〔註30〕這仍然是林之奇史家作風的表現。

總之，不管林之奇主張「多聞闕疑」，還是「以意逆志」，都體現了他對
經典文本原貌的重視，有著史家的客觀作風。正是從他「多聞闕疑」與「以
意逆志」的解經主張出發，林之奇批評了當時流行的王安石、張載、蘇軾等
人對《尚書》的傳解〔註31〕。

〔註26〕（宋）林之奇：《尚書全解》卷3《舜典》，文淵閣四庫全書本（55 冊），第65
頁。

〔註27〕（宋）林之奇：《尚書全解》卷3《舜典》，文淵閣四庫全書本（55 冊），第52
頁。

〔註28〕（宋）林之奇：《尚書全解》卷 27《大誥》，文淵閣四庫全書本（55 冊），第
524 頁。

〔註29〕（宋）林之奇：《尚書全解》卷2《舜典》，文淵閣四庫全書本（55 冊），第46
頁。

〔註30〕（宋）林之奇：《尚書全解》卷 14《湯誓》，文淵閣四庫全書本（55 冊），第
258 頁。

〔註31〕林之奇說：「王氏曲生義訓皆從而爲之辭，穿鑿爲甚，如此等說，皆無取焉」。
（《尚書全解》卷 2《舜典》）「王氏解經，善爲鑿說，凡義理所不能者，必爲

（三）以理解經

　　林之奇生活在宋學注重義理解經的學風下，並且受理學影響，雖然他傾向於對經典文本原貌的保持，但仍不免於以理爲標準解經的習氣，如他說：

> 理義者，人心之所同然也。……苟不出於人心之所同然，則異論曲說，非吾聖人之所謂道也。……苟欲合人心之所同然，以義爲主，無適無莫，平心定氣，博采諸儒之說而去取之。苟合於義，雖近世學者之說，亦在所取；苟不合於義，雖先儒之說亦所不取。〔註32〕

雖然，「理義者，人心之所同然也」，但理義往往具有濃重的主觀色彩。以理爲標準「博采諸儒之說而去取之」，必不能「平心定氣」而去取。這種主觀的解經傾向有損於他「多聞闕疑」與「以意逆志」的客觀性較強的史家作風。不過，相對於當時義理解經之風大行的時代，林之奇的做法無疑有利於學術的發展，以此，他也得到了後世學者的贊同。《四庫》館臣即曰：「之奇是書頗多異說，……至其辨析異同，貫串史事，覃思積悟，實成一家言，雖眞贋錯雜不可廢也」。〔註33〕錢基博說：「《尚書》家有訓詁名物，考證典制者，……宋林之奇《尚書全解》四十卷……是也」。〔註34〕這都是對他樸實學風的認可。

四、林之奇《尚書全解》的思想特點

　　如前所述，林之奇《尚書全解》注重經典文本原貌，但又不乏以理解經之處。以此，從《尚書全解》也可略窺林之奇思想之一端。

（一）從《尚書全解》看林之奇的人性論、聖人觀與修養工夫

　　首先，人性論。林之奇繼承了二程關於人性的分析，將人性分成「天命之性」與「氣質之性」，他說：

鑿說以通之，其間如占夢教射者常矣。而於逸書未嘗措一辭，皆闕而不論。此又王氏之所長而爲近世法者也」。（《尚書全解》卷2《舜典》）「蓋以一己之私意測度聖人者，子厚之心術可見矣」。（《尚書全解》卷2《舜典》）「某嘗謂蘇氏之說經多失之易，易則己意之有所未安者必改易經文以就之。如此，則經之本文其存者幾希，非愼言闕疑之義也」。（《尚書全解》卷28《康誥》）

〔註32〕　（宋）林之奇：《尚書全解》序，文淵閣四庫全書本（55冊），第3頁。
〔註33〕　（清）永瑢、紀昀主編：《四庫全書總目提要》卷11《尚書全解》下，第69頁。
〔註34〕　錢基博：《古籍舉要》，第32～33頁。

人之生也，同稟此天命之性，初未嘗有智愚賢不肖之分，然其
所稟受則有氣質之性存焉。故論天命之性則凡受中於天者均一性
也，而論其氣質之性則有上智焉有下愚焉而於上智下愚之間乃有中
人之性焉。〔註35〕

天命之性為人所共有之性，是普遍的，是純粹至善的，「人之性本善」〔註36〕；
人有差異並非由於天命之性，而源於氣質之性，即氣質之性使人有了上智下
愚與中人之異。在這裡，林之奇把理學家的天命之性與氣質之性的劃分與韓
愈的性三品說結合了起來，顯示了林之奇的階級局限性。

如上面材料所言，「論天命之性則凡受中於天者均一性也」，天命之性實
為「中」在人的體現。林之奇又說：「天命之謂性，性者，中之本體也」。〔註
37〕「正直者，大中之體也」。〔註38〕如此，正直為天命之性的核心內容，是
人性善的根本體現。正直作為為人處事的一種態度，強調人的真實感受而不
雜人為。林之奇把正直視為天命之性的核心強調了人的自然性。

其次，聖人觀。聖人是現實人的理想狀態，而儒家的聖人則是道德完人。
林之奇的聖人觀與此並無不同，他認為聖人是全德的表現，「德無不備乃可謂
之聖人，苟一行之或虧則不足以為聖人」。〔註39〕其中，能盡人倫是成聖的基
本條件，「聖人之所以為聖人者，惟其能盡人倫之道而已」，而「人紀者，人
道之紀也，自愛敬而推之至於家邦四海也，三綱五常之道皆本於此」。〔註40〕
盡人倫的辦法則是儒家通常所強調的「愛敬」，維護的則是確定君臣父子夫婦
之分的「三綱五常」。這樣的聖人不會反對等級秩序，也不會消極地處於等級
秩序中，而是積極地用愛敬人的方式維護加固著等級秩序。以此，林之奇對
等級制度的維護十分明顯，也奠定了他以德治國的基調。

〔註35〕 （宋）林之奇：《尚書全解》卷 24《洪範》，文淵閣四庫全書本（55 冊），第
469 頁。

〔註36〕 （宋）林之奇：《尚書全解》卷 24《洪範》，文淵閣四庫全書本（55 冊），第
459 頁。

〔註37〕 （宋）林之奇：《尚書全解》卷 24《洪範》，文淵閣四庫全書本（55 冊），第
467 頁。

〔註38〕 （宋）林之奇：《尚書全解》卷 24《洪範》，文淵閣四庫全書本（55 冊），第
473 頁。

〔註39〕 （宋）林之奇：《尚書全解》卷 26《旅獒》，文淵閣四庫全書本（55 冊），第
503 頁。

〔註40〕 （宋）林之奇：《尚書全解》卷 15《伊訓》，文淵閣四庫全書本（55 冊），第
289 頁。

在林之奇看來，聖人不僅具有全德，而且還是一個善於治世者，「能成己又能成物則可以合內處之道而忠恕兩盡，此蓋爲學之終也」。〔註41〕「自天子至於庶人一是皆以修身爲本，其本亂而末治者否矣」。〔註42〕聖人既成己又成物，其中，以成己爲前提；欲使別人遵守道德，遵守社會秩序，必須自己首先做到。這就要求人人對道德的執行要有自覺意識，時刻嚴以律己，不使放縱。以此，也就達到了人人道德自覺下的社會穩定。

林之奇又說：「聖人以公天下爲心，一有所廢置必與眾共之，未嘗徇一己之私見」。〔註43〕聖人一切爲公，「一有所廢置必與眾共之」爲其中的重要表現。對此，就一般人而言，能做到此點無非是增加了一個保持社會穩定的分子而已，但如果能對君主產生影響則會產生另一種效果。君主擁有最高裁決權，君主的獨斷或集思廣義往往對社會國家的發展產生不可估量的影響，而一旦君主「一有所廢置必與眾共之」，則最先受益的無疑是學士大夫集團。在此點上，林之奇的觀點與熙寧以來的君主「與士大夫共治天下」的理念一脈相承，也說明了隨著士大夫政治主體意識的增強，士大夫希望參與國家治理的渴望。由此可見，宋儒所強調的格君心之非的作用是多麼重要。

再次，修養論。林之奇把人分成了三類。以此，在其修養論上，他再次強調了此點，認爲只有中人有修養的必要。他說：

> 人之生雖繫於天之性，而其所受之氣質則不無上智、中人、下愚之殊。上智者，無所事於教，而下愚者，教之有所不入，則其教者，唯中人而已。〔註44〕

如何達於成己成物兩得的聖人境界呢？林之奇認爲：

> 常人之情惟責人之詳故不能取諸人以爲善，惟恕己之略故不能捨己以從人。如此，則驕吝之心日積而在己之德喪矣。……責己之

〔註41〕　（宋）林之奇：《尚書全解》卷20《說命下》，文淵閣四庫全書本（55冊），第385頁。

〔註42〕　（宋）林之奇：《尚書全解》卷5《皐陶謨》，文淵閣四庫全書本（55冊），第95頁。

〔註43〕　（宋）林之奇：《尚書全解》卷3《舜典》，文淵閣四庫全書本（55冊），第56頁。

〔註44〕　（宋）林之奇：《尚書全解》卷24《洪範》，文淵閣四庫全書本（55冊），第471頁。

詳待人之略故其驕吝兩忘而物我之私不萌於胸中，此所以修身應物
兩得之矣。〔註45〕

要達到「修身應物兩得之」的目標，必先達到「驕吝兩忘而物我之私不萌於
胸中」，其最基本的著手處則爲「責己之詳待人之略」。換言之，就是「嚴以
律己，寬以待人」。

又，根據其人性論的分析，林之奇主張通過教化，變風俗而「復其固有
之性」，他說：

秉彝之性，人之所同有也。其有至於喪其秉彝而亂人倫之性者，
未必其中心之誠然也。良由教化有所未明，習俗有所未成，則其固
有之性逐物而喪矣。惟教化已明，習俗已成，將見復其固有之性矣。

〔註46〕

（二）社會政治思想

（1）天人關係

林之奇認爲：「蓋天地之與人一氣也，形於此動於彼未有不以類而應之
者」。〔註47〕天人同出於氣，在氣的基礎上天人之間是可以感應的。這種天人
感應突出地表現在善惡報應上，「天之難諶而禍福吉凶之報如影響，然未嘗有
毫釐之差也」。〔註48〕「竊謂天之於人，其吉凶禍福之間若未嘗有切切然與於
其間者，然而要其所終而究其成則實未嘗有錙銖之差，積善之家必有餘慶，
積不善之家必有餘殃」。〔註49〕

林之奇強調天的福善禍淫，「未嘗有毫釐之差」。這是漢代天譴說的遺留
〔註50〕。無疑地，這種帶著天命論色彩的學說易於使人陷入宿命論。林之奇

〔註45〕（宋）林之奇：《尚書全解》卷 15《伊訓》，文淵閣四庫全書本（55 冊），第
290 頁。

〔註46〕（宋）林之奇：《尚書全解》卷 3《舜典》，文淵閣四庫全書本（55 冊），第 57
頁。

〔註47〕（宋）林之奇：《尚書全解》卷 21《高宗肜日》，文淵閣四庫全書本（55 冊），
第 392 頁。

〔註48〕（宋）林之奇：《尚書全解》卷 29《酒誥》，文淵閣四庫全書本（55 冊），第
576 頁。

〔註49〕（宋）林之奇：《尚書全解》卷 16《太甲中》，文淵閣四庫全書本（55 冊），
第 360 頁。

〔註50〕劉起釪先生認爲：「在所有理學陣營中，則獨有林之奇《全解》數次指斥五行
說之非。」可參劉起釪：《尚書學史》，第 234 頁。

也意識到了這一點，他說：「莫之爲而爲者，天也；莫之致而至者，命也。古之人所爲非其力之所能致者，然後歸之於無可奈何而委分於天」。〔註51〕對天人感應說的認可使他注意到該學說的功用：愛民與限制君主。此則可從以下二方面表現出來。首先，強調君主修德與對君主限制。林之奇釋《無逸》「（中宗）嚴恭寅畏天命」下說：

　　　　畏天命者，言其畏天也。蓋天命之無常，修德則降之以福，不
　　修德則降之以禍，故不可不敬畏之也。〔註52〕

　　　　夫人君之德苟不上合於天而天降之災焉。〔註53〕

但有些地方，林之奇又沖淡了君主的天命論特色，如認爲：

　　　　人主造命而不可言命，予言之屢矣。〔註54〕

既要以天的神秘色彩加強對君主的限制，又不欲以天命論抑制君主能動性的發揮，圍繞君主問題，林之奇陷入了矛盾之中。這應是他皇權主義思想（下有論述）與重民思想使然。

　　其次，愛民。如林之奇說：

　　　　夫天視自我民視，天聽自我民聽，民之所附，天未有不眷之也，
　　民之所去，天未有不釋之也。〔註55〕

　　　　夫天之愛民也甚矣，東海殺一孝婦，天爲之大旱……〔註56〕

林之奇不僅認爲人受天所制，而且認爲人也可對天施加影響，天命是隨人之德而變化的，「人之德有常則天命亦有常，苟其德之不常則雖奄有九有之眾亦不救於亡。蓋人之德既無常則天命亦無常而不可信矣」。〔註57〕如此，在天人

〔註51〕（宋）林之奇：《尚書全解》卷 16《太甲中》，文淵閣四庫全書本（55 冊），第 307～308 頁。

〔註52〕（宋）林之奇：《尚書全解》卷 32《無逸》，文淵閣四庫全書本（55 冊），第 656 頁。

〔註53〕（宋）林之奇：《尚書全解》卷 15《伊訓》，文淵閣四庫全書本（55 冊），第 286 頁。

〔註54〕（宋）林之奇：《尚書全解》卷 19《盤庚中》，文淵閣四庫全書本（55 冊），第 355 頁。

〔註55〕（宋）林之奇：《尚書全解》卷 34《多方》，文淵閣四庫全書本（55 冊），第 693 頁。

〔註56〕（宋）林之奇：《尚書全解》卷 15《湯誥》，文淵閣四庫全書本（55 冊），第 276 頁。

〔註57〕（宋）林之奇：《尚書全解》卷 17《咸有一德》，文淵閣四庫全書本（55 冊），第 321 頁。

感應問題上，林之奇又把主動權交給了人。林之奇在天人之間也陷入了徘徊，只不過從不同角度而有不同看法而已。

（2）君主論、君臣關係與君民關係論

首先，君主論。林之奇釋《君陳》「惟民生厚，因物有遷」說：

> 蓋人之性始生之初，萬物皆備，固皆厚矣，惟其內爲血氣之所
> 使，外爲風俗之所移，故至於陷溺其良心放僻邪侈，靡所不爲，非
> 性本然也，因物有遷故耳。〔註58〕

在《酒誥》釋語中，他又說：

> 蓋民受衷於天以生，莫不有自然之性，所以陷溺其良心者，惟
> 其因物有遷而已，故必有以輔之而後知自返也。〔註59〕

人有天命之性與氣質之性，正是由於氣質之性而使民有欲而致於爭，社會不能穩定。君主之立成爲必要即出於此，「蓋所以爲之君者，惟生民之爭而無以主之則亂故也。夫惟立君以主民之欲而民不至於亂」。〔註60〕「蓋民之情至於亂而無以正之，則固擇夫能正之者，以爲君之而賴之以君四方矣」。〔註61〕同時，林之奇又指出：「君師者，所以代天而理民也」。〔註62〕「人之生也，其人倫之典天也，故其彝倫有自然之敘矣。人君勑之以爲五典，使父子有親，君臣有義，夫婦有別，長幼有敘，朋友有信，五者各致其厚矣。蓋所以助乎天之所敘也」。〔註63〕這是君權神授論的老調重彈，通過天而賦予君主以神聖權力。

林之奇十分重視君主在治世中的作用，「蓋朝廷者，天下之本也；人君者，朝廷之本也；始即位者，人君之本也」。〔註64〕把君主放在治天下正朝廷的根

〔註58〕（宋）林之奇：《尚書全解》卷36《君陳》，文淵閣四庫全書本（55 冊），第749 頁。

〔註59〕（宋）林之奇：《尚書全解》卷29《酒誥》，文淵閣四庫全書本（55 冊），第578 頁。

〔註60〕（宋）林之奇：《尚書全解》卷14《仲虺之誥》，文淵閣四庫全書本（55 冊），第262 頁。

〔註61〕（宋）林之奇：《尚書全解》卷16《太甲中》，文淵閣四庫全書本（55 冊），第305 頁。

〔註62〕（宋）林之奇：《尚書全解》卷22《泰誓上》，文淵閣四庫全書本（55 冊），第410 頁。

〔註63〕（宋）林之奇：《尚書全解》卷5《皋陶謨》，文淵閣四庫全書本（55 冊），第102 頁。

〔註64〕（宋）林之奇：《尚書全解》卷15《伊訓》，文淵閣四庫全書本（55 冊），第288 頁。

本的地位上。在某種程度上可以說，林之奇是皇權主義者，是皇權的維護者。
如他說：

> 善夫介甫之說曰，皇極者，君與臣民之所共由者也；三德者，
> 君之所獨任而臣民不得僭焉者也。此實至當之論。蓋大中之道，人
> 之所同有，爲君者，苟不能以先知覺後知以先覺覺後覺而與斯民共
> 之則人將淫朋比德而自棄於小人之域。此國家之所以亂也。威福名
> 器人主之利勢，苟不能執之於一己，使臣下得而僭焉，則庶民化之，
> 亦將側頗僻僭忒矣。此亦國家所由以亂也。二者雖殊，同歸於亂。
> 惟聖人能以皇極經綸天下之大經而與斯民共之，又以三德宰制天下
> 之大權而總攬於己，二者並行而不相悖則斯民必將相率而歸於大中
> 至正之域。此堯舜禹湯文武之治所以巍魏煌煌歷萬世而不可企及
> 也。〔註65〕

如前所言的人之修養目標爲成己成物一樣，林之奇認爲人君不僅要修養自身
而且要教化民眾，最終達於治世。如他指出，君主修身應達於堯舜之境：

> 蓋人君之學與匹夫異，其所宅者至廣，其所御者至眾則其所學
> 固不在乎區區章句訓詁之間，如學士大夫之一藝也，其所學者不過
> 學爲堯舜而已，不學乎堯舜而云學者是陳後主隋煬帝之學，所謂非
> 徒無益而又有害之者也。〔註66〕

另外，君主對民眾出於氣質之性而可能致於亂則應負教化之責：

> 衷者，善之本於固有者也。……惟民之衷本於上天之所命則是
> 民之性無有不善矣，然天雖能降衷下民，不能使民保其固有之常性
> 而勿失，故爲之君而付之以教命之任。〔註67〕

其次，君臣關係。林之奇指出，君臣有著非必然但當然的上下關係，「禮曰：
『君與臣無答拜』。蓋尊卑之分當然也」。〔註68〕君臣尊卑是當然，不可逾越
的。當然，權勢應爲君主所獨佔，臣不得犯分，「蓋君失其權勢則國從而亡

〔註65〕　（宋）林之奇：《尚書全解》卷25《洪範》，文淵閣四庫全書本（55冊），第
478～479頁。

〔註66〕　（宋）林之奇：《尚書全解》卷20《說命下》，文淵閣四庫全書本（55冊），
第387頁。

〔註67〕　（宋）林之奇：《尚書全解》卷15《湯誥》，文淵閣四庫全書本（55冊），第
274～275頁。

〔註68〕　（宋）林之奇：《尚書全解》卷31《洛誥》，文淵閣四庫全書本（55冊），第
625頁。

也。……蓋臣而竊君之權勢則亦非其利也，如魯之三家盜弄威福僭用名器而昭公卒見逐於季氏者，是凶於而國也，季氏卒亦見執於陽虎而三桓之子孫遂微者，是害於而家也。君臣上下既失其正則群下化之亦將側頗僭忒而犯分陵節無所不爲，此其爲患與皇極之不建無以異矣。」〔註69〕反之，則「凶於而國」、「害於而家」，甚而致於危亡之道，「經之言三德皆謂人君之德也，必以剛屬於臣，柔屬於君，此則周漢之季世所以致危亡之禍也」。〔註70〕由此亦可說，林之奇實爲一個皇權主義者。

君主既然有著獨佔的權勢，他也實際上掌握著臣下的命運，「自古君子小人並仕於朝廷之上，小人知其必不見容於君子，往往進其疑謀以惑人主之視聽。苟人主不察而使其疑謀得成則小人必得志，君子必受禍矣」。〔註71〕小人得志與君子得禍是以君主的主宰權力爲前提的，在小人與君子的爭鬥中，君主起著決定作用，掌握著臣子的命運。不過，林之奇主張君主獨攬大權並不表示他主張君主獨攬一切，在具體事務上，他更傾向於主張「君無爲而執其要於上，臣有爲而致其祥於下」。〔註72〕「有司之所守法令而已，至於操縱予奪權其輕重之宜以濟有司之不及者則在天子」。〔註73〕這就要求臣有積極性主動性。也正是在此意義上，林之奇把臣的命運交給君主，但又指出命運爲臣自己所致，「蓋命非人主之所言也，安危存亡之勢皆於己取之而已矣」。〔註74〕再者，林之奇的所謂「執其要」與「致其祥」，實爲君名義上的無爲，實際上把臣變成了君的工具與延伸。「君之治功，實自於臣，臣能稱職則其功必歸於君，此古今之常理也」。〔註75〕林之奇把臣淪爲君主的工具地位非僅表現在他

〔註69〕（宋）林之奇：《尚書全解》卷25《洪範》，文淵閣四庫全書本（55冊），第478頁。

〔註70〕（宋）林之奇：《尚書全解》卷25《洪範》，文淵閣四庫全書本（55冊），第477頁。

〔註71〕（宋）林之奇：《尚書全解》卷4《大禹謨》，文淵閣四庫全書本（55冊），第74～75頁。

〔註72〕（宋）林之奇：《尚書全解》卷6《益稷》，文淵閣四庫全書本（55冊），第130頁。

〔註73〕（宋）林之奇：《尚書全解》卷4《大禹謨》，文淵閣四庫全書本（55冊），第83頁。

〔註74〕（宋）林之奇：《尚書全解》卷16《太甲中》，文淵閣四庫全書本（55冊），第308頁。

〔註75〕（宋）林之奇：《尚書全解》卷38《君牙》，文淵閣四庫全書本（55冊），第792頁。

的君執其要而臣致其祥，而且表現在他的臣「致其祥」中仍不能離開君的主導的主張上，他說：「蓋爲臣者爲上爲德，爲下爲民，必先能致君於堯舜，然後可以澤民。君不如堯舜而能使民爲堯舜之民者，未之有也」。〔註76〕除此之外，臣的工具地位還表現在臣對君的效法上，如他說：「蓋臣之寬猛未有不視其君，漢文以寬厚爲之師，故其流風篤厚，刑罰大省，漢武以嚴察爲之師，故其禁網寢密，奸宄不勝，君之所爲，其臣未有不傚之也」。〔註77〕臣對君的效法實際上仍爲君權的不可侵犯的繼續與發展。

　　在林之奇的觀念中，君主獨攬大權，臣淪於工具的地位，但在某些地方似乎沒有一味地壓低臣的地位，使臣僅成爲被動地執行者，他也強調了臣對君的主動作用，即臣可以爲君師，「格君心」之非。林之奇強調：「自古帝王之所以致知格物正心誠意以修其身而推之以齊家治國平天下，未有不由學以成者，學必有師」。〔註78〕君師之責可由臣完成，「人不足以有適政，不足以有問，而惟以格君心之非爲先。蓋使大臣能格君心之非而納之於正，至於一正君而國定則人與政豈復有不善者哉」。〔註79〕在這裡，林之奇對臣的主動性的提倡可以發揮臣的積極性，也正是在此意義上，林之奇主張親親尊賢，「親親者，仁之本也；尊賢者，知之本也。人君之治天下，其極至於仁知不可勝用而其原則必本於親親尊賢之二者」。〔註80〕但他並沒有進一步貫徹下去，而是又反回到以君爲中心的觀念上去了，即把君之師「格君心」的作用的實現與否歸結爲由君主的素質來決定，「苟使爲君者其德不足則其心必有所蔽而不可誨則輔相之臣雖有格天之業亦無自而施之」。〔註81〕「蓋人君苟有尊德樂道之誠意則師保之臣必將樂告之以善而其德無有不成者，故推之以大有爲無所不可。苟不如是，則不足與有爲。夫其可以有爲與不可以有爲，惟在於德之

〔註76〕　（宋）林之奇：《尚書全解》卷 20《說命下》，文淵閣四庫全書本（55 冊），第 387 頁。

〔註77〕　（宋）林之奇：《尚書全解》卷 29《梓材》，文淵閣四庫全書本（55 冊），第 591 頁。

〔註78〕　（宋）林之奇：《尚書全解》卷 20《說命下》，文淵閣四庫全書本（55 冊），第 381 頁。

〔註79〕　（宋）林之奇：《尚書全解》卷 20《說命上》，文淵閣四庫全書本（55 冊），第 369 頁。

〔註80〕　（宋）林之奇：《尚書全解》卷 5《皋陶謨》，文淵閣四庫全書本（55 冊），第 96 頁。

〔註81〕　（宋）林之奇：《尚書全解》卷 20《說命上》，文淵閣四庫全書本（55 冊），第 369 頁。

成與不成，而德之成不成惟在於師保之臣納誨與不納誨耳」。〔註82〕如此，臣在「格君心」的過程中仍處於被動地位。臣在君臣關係中的地位僅爲「百官有司〔之職〕（按：「之職」二字疑爲衍。）各職其職業而使其職無曠，然後爲能」。〔註83〕

由上述可知，在君臣關係的問題上，林之奇主張「君無爲而執其要於上，臣有爲而致其祥於下」，實際上是主張君權獨攬的前提下，臣一以君爲中心而實行其作爲工具的職責。在君臣關係上，林之奇完全是一個皇權主義者。但在某些地方，林之奇似乎給宰相以特殊地位，「蓋殷先哲王之所以享天下者，得其民也，得其民者無他，畏相而已」。〔註84〕「君畏相則臣亦將畏其君，故凡治事之臣，其所以輔君者，皆盡其恭而不敢自爲暇逸。」〔註85〕主張君畏相，但沒有改變皇權中心的實質。

再次，君民關係。如前所言，民有欲固爲君師產生的主要原因，但林之奇又指出，民對君也有著極大的限製作用，如在立君問題上，「天之所以立君者，凡以爲民而已，民欲以爲君，天則必祐之，民不欲以爲君，天則必棄之」。〔註86〕「天子者，天下之共主也，故當與天下之人戴而君之，未有竊取諸宮中而立之，出於宦寺婦人之手而可以正天下者也」。〔註87〕林之奇雖然沒有放棄「君權神授」的理論，但他進而把民歸結爲君主得立的決定因素，強調了民的重要作用。這也是他重民思想的體現。

君民關係並非單方面作用的，而是相互作用的，君之命受民影響，反過來，君又給民以極大影響，如林之奇說：「人君之治天下所以設爲禮樂刑政而不可闕一者，以其民命之所繫故也。民命雖稟於天而君實制之，故天命謂之命而君之教令亦謂之命。天命出於自然而信萬物之耳目，至於君之造命則有

〔註82〕 （宋）林之奇：《尚書全解》卷 20《説命上》，文淵閣四庫全書本（55 冊），第 369 頁。

〔註83〕 （宋）林之奇：《尚書全解》卷 4《大禹謨》，文淵閣四庫全書本（55 冊），第 82 頁。

〔註84〕 （宋）林之奇：《尚書全解》卷 29《酒誥》，文淵閣四庫全書本（55 冊），第 585 頁。

〔註85〕 （宋）林之奇：《尚書全解》卷 29《酒誥》，文淵閣四庫全書本（55 冊），第 580 頁。

〔註86〕 （宋）林之奇：《尚書全解》卷 22《泰誓上》，文淵閣四庫全書本（55 冊），第 412 頁。

〔註87〕 （宋）林之奇：《尚書全解》卷 37《顧命》，文淵閣四庫全書本（55 冊），第 758 頁。

向勸於其間」。〔註88〕雖然君以禮樂刑政可以制民，且「君民之勢有尊卑上下之殊，若霄壤之不相侔」，極力維護皇權，但林之奇又指出：「苟君之於民而以其勢力與之較則爲君者將以至尊自侈而莫接於民。爲民者將以至卑自抑而莫親於君，上下之情離則危敗禍亂自此生矣」。〔註89〕在尊卑上下之分的前提下，君民之情接是必要的。

在此基礎上，林之奇給君主提出了「敬民」而不能虐民的要求，「王能敬民則得人主之義矣，得乎人主之義則命之有永，將至於億萬斯年而無斁」。〔註90〕「苟不能撫其民而虐之則失其所恃以爲固者而一人之勢孤，一人之勢孤則是一人，以一人而與億兆之人爲仇，豈能一朝居焉」。〔註91〕這就要求君主去其私心而以天下爲公，「蓋私心去則義理自明則物莫能奪而愛民之實著矣」。〔註92〕又，由於「五典之教與食喪祭之三者，民之最重者也」。〔註93〕君主還要對民「富之教之」。〔註94〕努力爲民樹立榜樣，「人君以皇極設教則民之過者不及者咸於君取中而皆自力於爲善，作善者百祥之所集也。君建極於上則民皆效於君而取中矣」。〔註95〕究其因，則爲「民受天地之中以生者，人性之所固有也。惟其因物有遷，故陷溺而不知返。聖人先得人心之所同然，還以民心所固有之中，揭而示之，使之率性而行得其所同然者共趨於大公至正之途。原其所以至此者則自夫人君昭其大德故也。昭其大德是乃所以建中於民也」。〔註96〕

〔註88〕　（宋）林之奇：《尚書全解》卷 25《洪範》，文淵閣四庫全書本（55 冊），第 494 頁。

〔註89〕　（宋）林之奇：《尚書全解》卷 19《盤庚中》，文淵閣四庫全書本（55 冊），第 351 頁。

〔註90〕　（宋）林之奇：《尚書全解》卷 21《高宗肜日》，文淵閣四庫全書本（55 冊），第 392 頁。

〔註91〕　（宋）林之奇：《尚書全解》卷 22《泰誓下》，文淵閣四庫全書本（55 冊），第 422 頁。

〔註92〕　（宋）林之奇：《尚書全解》卷 19《盤庚下》，文淵閣四庫全書本（55 冊），第 365 頁。

〔註93〕　（宋）林之奇：《尚書全解》卷 23《武成》，文淵閣四庫全書本（55 冊），第 444 頁。

〔註94〕　（宋）林之奇：《尚書全解》卷 21《西伯勘黎》，文淵閣四庫全書本（55 冊），第 395 頁。

〔註95〕　（宋）林之奇：《尚書全解》卷 24《洪範》，文淵閣四庫全書本（55 冊），第 468 頁。

〔註96〕　（宋）林之奇：《尚書全解》卷 14《仲虺之誥》，文淵閣四庫全書本（55 冊），第 270 頁。

　　總之，林之奇在君民關係的問題上，既是一個皇權主義者，又注意到了民眾的作用，尤其是他的對民「富之教之」的主張與純粹以教化手段來治世相較，更接近於民眾生活。如前所述，他反對王安石新法，但在此點上，他與王安石並無不同。

（3）治世之道

　　林之奇重視民眾力量，又把臣視爲君的工具，體現在治道上則爲倡導吏稱其職，民安其業，如他說：「蓋爲治之道必至於吏稱其職，民安其業，然後可以享其成。簡則吏稱其職，恤其民，安其業，此致治之成績也」。〔註97〕如何達「此致治之成績」？林之奇主要從兩個方面作了論述。

　　首先，「先王之道」與「百姓之欲」。林之奇認爲：「人君之治天下必欲言滿天下無口過，行滿天下無怨惡，然後有以貽子孫萬世無疆之業，欲言行之無愆繆則必自於學先王之道」。〔註98〕君主欲長保天下而不失，言語行動不能有錯誤而致於天下怨惡，其法則爲「學先王之道」。林之奇又認爲：「夫爲治者既不可違道以干百姓之譽，又不可咈眾以從己之欲。然則將奈何？惟上不違先王之道，下不咈百姓之欲則兩得之矣。王氏以謂咈百姓以從先王之道則可，咈百姓以從己之欲則不可。……夫王者之安天下必本於人情，未有咈百姓而可以從先王之道者也」。〔註99〕指出王安石把先王之道置於絕對標準的位置是不正確的，爲治者應「上不違先王之道，下不咈百姓之欲」。實際上，林之奇主張的是爲治既要注意鑒於古，又要立足於今，二者相互關聯，而「百姓之欲」爲「從先王之道」的基礎，爲「安天下」之本，換言之，「百姓之欲」本爲「先王之道」的有機組成部分。這也充分顯示出林之奇的重民思想。

　　具體而言，君主應以「不忍人之心」行「不忍人之政」，愛善百姓。他釋《太甲中》「允德協於下」說：

> 　　蓋先王之治天下所以能使天下中心悅而誠服者，無他，惟其不忍人之政出於不忍人之心而已。其愛善百姓之心惟恐一夫之失其所，視民之有困窮而無告者哀矜惻隱，若己實致之於困窮之地者，

〔註97〕（宋）林之奇：《尚書全解》卷40《文侯之命》，文淵閣四庫全書本（55冊），第824頁。

〔註98〕（宋）林之奇：《尚書全解》卷20《說命下》，文淵閣四庫全書本（55冊），第385頁。

〔註99〕（宋）林之奇：《尚書全解》卷4《大禹謨》，文淵閣四庫全書本（55冊），第75～76頁。

故其愛惠之心也若子然。既視之若子矣,豈有不能盡其所以撫字鞠
育之道哉?故困窮之民,先王之所以受天命之本於困窮而能子惠之
則其深仁厚澤無所不被,蓋可見矣。惟其子惠及於困窮則斯民信其
有愛人利物之心矣。故服其命令而罔有不悅也,罔有不悅則欲望爲
君矣。〔註100〕

以「不忍人之心」行「不忍人之政」就是「先王之道」,或者說行仁政,「王
者之治天下將欲仁覆天下」〔註101〕;同時,以「不忍人之心」行「不忍人之
政」自然包含對百姓的愛善,而使「斯民信其有愛人利物之心」,固然出於對
「百姓之欲」的滿足。總之,林之奇所主張的「先王之道」與「百姓之欲」
兩得之的治世之道就是以「不忍人之心」行「不忍人之政」。

其次,**刑爲德輔**。林之奇主張行仁政,注重德治,「敬仁誠皆是有德之名,
但變其文耳」。〔註102〕但他不認爲禮與刑有區別,「禮與刑一物」。〔註103〕刑
也是先王之道的重要組成部分,「夫先王之治天下使斯民之遷善遠罪,人人有
士君子之行者,豈獨德禮之力哉?刑罰不爲無力也。……第刑者,治道之輔
助而已,不可專恃以爲治也。使其專恃刑以爲治,如秦之世,固君子之所恥;
若以爲治道之輔助,如皋陶之制百姓,則何惡於刑乎?」〔註104〕「德者,本
也;罰者,其輔助也。不本於德,其何以行罰哉。故罰之行必本於德之說也」。
〔註105〕德禮與刑皆爲先王治道的重要組成部分,不過德主刑次而已。

林之奇又指出,「刑即禁也」。〔註106〕刑主要不是依賴人的自覺,而是依
賴外在的強力。以此,林之奇主張治刑應「使民難犯而易避」,從而「遷善遠

〔註100〕 (宋)林之奇:《尚書全解》卷16《太甲中》,文淵閣四庫全書本(55 冊),
　　　　 第 309 頁。
〔註101〕 (宋)林之奇:《尚書全解》卷15《伊訓》,文淵閣四庫全書本(55 冊),第
　　　　 288 頁。
〔註102〕 (宋)林之奇:《尚書全解》卷16《太甲下》,文淵閣四庫全書本(55 冊),
　　　　 第 312 頁。
〔註103〕 (宋)林之奇:《尚書全解》卷39《呂刑》,文淵閣四庫全書本(55 冊),第
　　　　 808 頁。
〔註104〕 (宋)林之奇:《尚書全解》卷39《呂刑》,文淵閣四庫全書本(55 冊),第
　　　　 806 頁。
〔註105〕 (宋)林之奇:《尚書全解》卷28《康誥》,文淵閣四庫全書本(55 冊),第
　　　　 566 頁。
〔註106〕 (宋)林之奇:《尚書全解》卷36《周官》,文淵閣四庫全書本(55 冊),第
　　　　 732 頁。

罪」，〔註107〕且「用刑之道惟敬」。〔註108〕不可濫用。而用刑的最終目的則是無刑，「先王之所以建典刑之官，其本意惟使天下亡一人之獄，圄圄空虛，刑措不用而已矣」。〔註109〕需要指出的是，林之奇指出了刑有著特殊的作用，但他也指出，在特殊情況下，刑並不是必不可少的，如他說：「夫民好生惡死者，天下之真情也。人惟畏死然後可以死懼之，既不畏死矣，則何所不至哉」。〔註110〕「與其殺不辜，寧失不經，此固先王之仁政」。〔註111〕

再次，人治與法治。林之奇認為：「法者，天子之所與天下共之也」。〔註112〕「夫法者，所與天下共也。苟輕重不麗於法而以人主之指意為出入則何以法為哉？如張湯之為廷尉所治，即上意所欲罪，予監史深刻者，即上意所欲釋，予監史輕平者。及杜周為之，大抵放張湯，上所欲擠者，因而陷之，上所欲釋，久係待問而微見其冤狀，是皆專以人主之旨意為獄，曰關則關，曰宥則宥者也。〔不〕（疑此字衍）以人主指意為獄者，法所當關則或從而宥之，法所當宥則或從而刑之；惟厥中，則法之所在人主不可得而出入矣。張釋之為廷尉，犯蹕者，上欲誅之則以為當罰金，盜鈇者，上欲族之，則以為當棄市，惟厥中故也」。〔註113〕法是包括君主在內的所有人都必須加以遵守的，在法面前，君主沒有例外權。實際上，林之奇以法陵駕於君主之上的觀點打破了皇帝「金口玉言」的傳統觀念，利於法律面前人人平等意識的發展，衝擊了傳統的等級秩序。

林之奇認為用法不能過於生硬，而應根據具體情況具體運用，以此，他主張人與法並用，「諸罰有權，刑罰世輕世重，此則委之於人。蓋人與法並

〔註107〕（宋）林之奇：《尚書全解》卷39《呂刑》，文淵閣四庫全書本（55冊），第806頁。

〔註108〕（宋）林之奇：《尚書全解》卷28《康誥》，文淵閣四庫全書本（55冊），第553頁。

〔註109〕（宋）林之奇：《尚書全解》卷28《康誥》，文淵閣四庫全書本（55冊），第553頁。

〔註110〕（宋）林之奇：《尚書全解》卷28《康誥》，文淵閣四庫全書本（55冊），第559～560頁。

〔註111〕（宋）林之奇：《尚書全解》卷39《呂刑》，文淵閣四庫全書本（55冊），第811頁。

〔註112〕（宋）林之奇：《尚書全解》卷28《康誥》，文淵閣四庫全書本（55冊），第557頁。

〔註113〕（宋）林之奇：《尚書全解》卷36《君陳》，文淵閣四庫全書本（55冊），第747頁。

行而後可」。〔註 114〕並舉例說：「蓋用刑如用藥焉。夫藥之君臣佐使甘苦寒熱，某可以治某疾，某可以已某病，此固在於方書，至於視脈觀色，聽其聲音而審其病之所由起，必以己意參之而後可。惟察者審其病之所由起也，惟法者案方書而視之也」。〔註 115〕林之奇還主張用法以簡，「蓋惟簡故能寬也。漢高祖入秦關約法三章，餘悉除去秦法而秦民皆案堵如故。由其簡故能寬也」。〔註 116〕

第二節　呂祖謙《東萊書說》研究

呂祖謙（公元 1137～1181 年），字伯恭，浙江婺州（今浙江金華）人，人稱東萊先生，與朱熹、張栻並稱「東南三賢」，清儒全祖望則以爲呂學「兼取其（朱學與陸學）長，而復以中原文獻之統潤色之」〔註 117〕，以呂祖謙爲宋代居於重要地位的學術人物。由於呂祖謙受洛學影響且有著深厚的家學淵源，從而在其解經中體現出理學傾向與史學特色。呂祖謙曾從師林之奇，「三山之門，當時極盛，今其弟子多無可考，而呂成公其出藍者也」〔註 118〕，正是在林之奇的影響下，呂祖謙著有《東萊書說》之作。

一、《東萊書說》的成書與流傳

呂祖謙《書說》的《四庫全書》本稱《增修書說》，即爲呂氏弟子時瀾所增修的《書說》，「瀾始刪潤其文，成二十二卷，又編定原書爲十三卷，合成是編」，又名《書傳》〔註 119〕。「原書始《洛誥》，終《秦誓》。其《召誥》以前，《堯典》以後，則門人雜記之語錄，頗多俚俗」。〔註 120〕據宋元之際人馬端臨引《大愚叟書後》記：

〔註 114〕（宋）林之奇：《尚書全解》卷 39《呂刑》，文淵閣四庫全書本（55 冊），第814 頁。

〔註 115〕（宋）林之奇：《尚書全解》卷 39《呂刑》，文淵閣四庫全書本（55 冊），第816 頁。

〔註 116〕（宋）林之奇：《尚書全解》卷 4《大禹謨》，文淵閣四庫全書本（55 冊），第83 頁。

〔註 117〕（清）黃宗羲：《宋元學案》卷 51《東萊學案》，全祖望修補，第 1653 頁。

〔註 118〕（清）黃宗羲：《宋元學案》卷 36《紫微學案》，全祖望修補，第 1244 頁。

〔註 119〕（清）永瑢、紀昀主編：《四庫全書總目提要》卷 11《書說》下，第 70～71頁。

〔註 120〕（清）永瑢、紀昀主編：《四庫全書總目提要》卷 11《書說》下，第 70 頁。

（呂祖謙）《尚書說》自《秦誓》至《洛誥》，凡十八篇，伯氏太史己亥（淳熙六年）之冬口授諸生而筆之冊者也。惟念太史退居里中之日，居多以《詩》、《書》、《禮》、《樂》訓授學者，俾其有以自得乎此，初未嘗喜爲《書》也。然聽之有淺深，記之有工拙，傳習既廣，而漫不可收拾，伯氏蓋深病之。一日，客有來告者曰：「記錄之易差，固也，各述其所聞，而復有詳略得失之異，則其差爲甚矣，非有以審其是，學者何從而信之？」於是然其言，取《尚書》置幾間而爲之說。先之《秦誓》者，欲自其流而上溯於唐虞之際也。辭旨所發，不能不敷暢詳至者，欲學者易於覽習而有以捨其舊也。訖於《洛誥》而遂以絕筆者，以夫精義無窮，今姑欲以是而廢夫世之所筆錄，蓋非所以言夫經也。未再歲，伯氏下世。整次《讀詩記》，猶未終篇；《書》及《三禮》，皆未及次第考論；而《書》則猶口授而非傳聞。南康史君曾候取而刊之學官，書來求記其本末，義不辭也，因書其所知，以附於卷末。〔註121〕

顯然，此本爲呂祖謙《書說》原本。觀大愚叟所記，呂祖謙「初未嘗喜爲《書》」，其《書說》是淳熙六年「口授諸生而筆之冊者」，爲其晚年之活動；呂祖謙爲此《書說》有不得已之意，即病於口授而致記錄之誤漫不可收拾，且應客之請而作此書；《書說》僅自《秦誓》至《洛誥》而未全之因爲「先之《秦誓》者，欲自其流而上溯於唐虞之際也」，差強人意，說「訖於《洛誥》而遂以絕筆者，以夫精義無窮，今姑欲以是而廢夫世之所筆錄」，則有所諱。南宋人晁公武所記對此有所補：

呂成公爲林少穎門人，少穎著《書集解》，朱子謂《洛誥》以後非其所解，蓋出於他人之手。成公意未安，故其《書說》始《洛誥》而終《秦誓》，以補師說之未及爾。門人不知微意，乃增修之，失成公之本懷矣。〔註122〕

呂祖謙著《書說》是由於朱熹批評林之奇《書集解》（或稱《尚書全解》），使呂祖謙「意未安」，故「始《洛誥》而終《秦誓》，以補師說之未及爾」。〔註

〔註121〕（元）馬端臨：《文獻通考‧經籍考》卷4《東萊書說》下引，第122～123頁。

〔註122〕（清）朱彝尊：《點校補正經義考》卷81引，第451頁。

〔註123〕《四庫》館臣說：「呂祖謙《書說》，亦先釋周誥而後及虞夏商《書》，蓋先通其難通者，則其餘易於究尋。」可參楊簡《五誥解》提要。此說恐誤。

123〕由晁公武所記還可知，後來流行的《書說》並非大愚叟所書原本，而是門弟子增修本。南宋人陳振孫所記與此同，「呂祖謙撰。其始爲之也，慮不克終篇，故自《秦誓》以上逆爲之說，然亦僅能至《洛誥》而止。世有別本全書者，其門人續成之，非東萊本書也」。〔註124〕

　　至於《書說》卷數之異，《四庫》館臣認爲：「《增修書說》三十五卷，宋呂祖謙撰，其門人時瀾增修。《通考》云十卷，趙希弁《讀書附志》云六卷，悉與此不合，蓋彼乃祖謙原書，未經時瀾所補者。其時，尚未成編，傳抄者隨意分卷，故二家亦互異耳。」〔註125〕《四庫》館臣接著又說：「祖謙原書始《洛誥》，終《秦誓》。其《召誥》以前《堯典》以後則門人雜記之語錄，頗多俚俗；瀾始刪潤其文，成二十二卷，又編定原書爲十三卷，合成是編（《增修書說》）。」〔註126〕不過，由此可知，《增修書說》雖是呂祖謙弟子修訂的，但可以作爲呂祖謙《尚書》學的成就。只不過，自《洛誥》至《秦誓》爲呂祖謙所親撰，其餘則爲其語錄而爲其弟子所記而已。固然，如鄧均所言：「東萊解多於《禹貢》引林三山數段，他未之詳。東萊非隱師說，蓋拙齋已解者，東萊不復解，而唯條暢其義」。〔註127〕其餘部分，呂祖謙雖未親撰，但如鄧均所說，整理而條暢過。但這不能否定呂祖謙在授課、談話之時對《洛誥》前諸篇發表一些獨立的見解而爲其弟子所記。

二、呂祖謙《東萊書說》的思想特點

　　呂祖謙出於家學淵源而重視史學，雖然有時他也說：「讀經多於讀史，工夫如此，然後能可久可大。」〔註128〕但這並不意味著他重經輕史，實際上，他更傾向於經史並重〔註129〕。就《尚書》而言，他視《尚書》爲經，不過，

〔註124〕（宋）陳振孫：《直齋書錄解題》卷2，第31頁。
〔註125〕（清）永瑢、紀昀主編：《四庫全書總目提要》卷11《書說》三十五卷下，第70頁。
〔註126〕（清）永瑢、紀昀主編：《四庫全書總目提要》卷11《書說》三十五卷下，第70頁。
〔註127〕（宋）林之奇：《尚書全解》鄧均序，文淵閣四庫全書本（55冊），上海：上海古籍出版社，1987年，第6頁。
〔註128〕（宋）呂祖謙：《東萊集·外集》卷6《與葉侍郎正則》，文淵閣四庫全書本（1150冊），上海：上海古籍出版社，1987年，第427頁。
〔註129〕張豈之主編：《中國思想學說史·宋元卷》，第447頁。

有時又說：「觀史先自《書》始，然後次及《左氏》、《通鑑》」。〔註130〕明顯視《尚書》為史。正是在經史之間，呂祖謙的《尚書》學既有史學特色，也有理學特點〔註131〕。以下僅對其理學特點加以闡釋。

（一）理氣心性論

（1）理與氣。呂祖謙指出：「德者，天地萬物所同得實然之理，聖人與天地萬物同由之也。此德既懋，則天地萬物自然各得其理矣。」〔註132〕對天地萬物而言，理是普遍的，並且主宰著天地萬物的發展演變。在這裡，理意味著事物發展演變的普遍規律，就此而言，呂祖謙的理的觀念無疑近於事實，但呂祖謙並未局限於此，他又說：「天命在人，自然有君臣父子之教」。〔註133〕「命者，正理也。」〔註134〕理還天然地包含著維護封建等級秩序的君臣父子之教，並使之具有了天然的主宰性。此時，呂祖謙的理與程朱之理並沒有什麼不同，都是涵括自然社會並對之主宰的最高本體。對理的闡發，顯示出呂祖謙以理學解經的傾向，這也是他《尚書》學的特點之一。

在現實世界中，人與物有著極大的不同，這是顯而易見的，呂祖謙則解釋說：「民與物，理一而分殊」。〔註135〕人與物的差異不損害理的同一性，只是在現實中表現出不同特點而已。這種「理一分殊」的觀念也與程朱相同。當然，這是呂祖謙作為洛學後學的必然。

呂祖謙用「理一分殊」的理論解釋了人與物的差異，他又用氣的理論解釋人與人之間的差異，如他說：「天生聰明之君以治民，非私於君也。五行之

〔註130〕（宋）呂祖謙：《東萊集》卷7《與張荊州》，文淵閣四庫全書本（1150冊），上海：上海古籍出版社，1987年，第227頁。

〔註131〕蔡方鹿先生在其《呂祖謙的經學思想及其方法論原則》一文中從「『以理釋經』，批評章句訓詁傳注之學」、「經非疏我，而我則疏經」及治經方法等方面對呂祖謙的治經特點作了闡述。可參蔡方鹿：《呂祖謙的經學思想及其方法論原則》（《中國哲學史》，2008年第2期）。

〔註132〕（宋）呂祖謙：《增修東萊書說》卷7《伊訓》第四，文淵閣四庫全書本（57冊），上海：上海古籍出版社，1987年，第219頁。

〔註133〕（宋）呂祖謙：《增修東萊書說》卷4《皋陶謨》第四，文淵閣四庫全書本（57冊），第181頁。

〔註134〕（宋）呂祖謙：《增修東萊書說》卷8《太甲上》第五，文淵閣四庫全書本（57冊），第225頁。

〔註135〕（宋）呂祖謙：《增修東萊書說》卷2《舜典》第二，文淵閣四庫全書本（57冊），第159頁。

氣有得其至精者則爲出群拔萃之人以治其餘」。〔註136〕在呂祖謙看來，現實社會中的人有著不同的社會地位，處於等級秩序之中，造成這種不同的原因不是人爲的，而是必然的，是人的氣稟不同所使，即稟得精氣者治人，而稟得粗氣者則爲人治。從邏輯而言，呂祖謙的理氣二者並沒有先後，以此，他在本體論上有著理氣二元論的傾向。從某種程度上可以說，呂祖謙用氣稟的差異來解釋人與人之間的差異也同於程朱的看法。

呂祖謙又指出，人人皆得同理，且統治者稟得精氣，但並不表示統治者處事時時合理，如他說：「太甲既有見之後，此理當曉然矣，而伊尹不忘戒者，蓋人之血氣有時或蔽」。〔註137〕理是至當的，以理爲標準處事必然事事中矩，但統治者的有時或昏則是由於血氣遮蔽住理，使理不得發揮作用的結果。如此，呂祖謙又爲統治者的錯誤找到了理論根據。

總之，不管是理還是氣的論證，都顯示了呂祖謙對封建統治秩序的維護，對統治者的維護，他是當時既得利益者的維護者。再者，呂祖謙認爲氣可以遮蔽理，而氣稟的不同又造成社會中的等級差異，這只是一種直觀想像的論證，是一種自然現象與社會現象的類比，沒有太多的理論色彩。

（2）**理與心**。呂祖謙在他的《書說》中明確指出：「天理不在人心之外」。〔註138〕如此，心與理的關係應當是心包含理或者心與理糾纏膠結，但可以確定的是，心與理不可分離。在這裡，呂祖謙強調的是理範圍人的意識的可能性，或者說，人的意識可以理作爲判斷標準，這就爲人遵守封建秩序提供了現實的可實踐性。也正是在此意義上，呂祖謙對心作了人心與道心的劃分，如他說：「人心，私心也，私則膠膠擾擾，自不能安；道心，善心也，乃本然之心，微妙而難見也，此乃心之定體」。〔註139〕如前所言，理與心不可分離，但心未發時理在人有血氣障蔽，已發時有外物引誘，以致「膠膠擾擾」而不能安，而純以理心二者而言則爲至善，以此，呂祖謙人心道心的分別實際上

〔註136〕（宋）呂祖謙：《增修東萊書說》卷 7《仲虺之誥》第二，文淵閣四庫全書本（57 冊），第 211 頁。

〔註137〕（宋）呂祖謙：《增修東萊書說》卷 9《太甲下第七》，文淵閣四庫全書本（57 冊），第 231 頁。

〔註138〕（宋）呂祖謙：《增修東萊書說》卷 21《酒誥》，文淵閣四庫全書本（57 冊），第 533 頁。

〔註139〕（宋）呂祖謙：《增修東萊書說》卷 3《大禹謨第三》，文淵閣四庫全本（57 冊），第 171 頁。

偏向於指心發時不以理爲標準則爲私心，以理爲標準則爲道心，「理之合與背即吉凶也」，〔註140〕而道心爲心的本然之體。

在以道心爲心之定體的基礎上，呂祖謙進一步強調了心的作用，如他說：「未占之先，自斷於心，而後命於元龜。我志既先定矣，以次而謀之人、謀之鬼、謀之卜筮。聖人占卜，非泛然無主於中，委占卜以爲定論也。……其所以謀之幽明者，參之以爲證驗耳」。〔註141〕「未占之先，自斷於心」，而龜卜僅「參之以爲證驗」，人心在此起著主導作用。在此，呂祖謙強調人的意識的作用。如此，呂祖謙對人的意識作用的認識使他陷於心與理對一切的獨斷，「聖人之心，即天之心；聖人之所推，即天所命也。故舜命禹，天之曆數已在汝躬矣。舜謂禹德之懋如此，績之丕如此，此心此理，蓋純乎天也」。〔註142〕不過，呂祖謙通過強調心，進而強調了理的標準作用，使人遵守封建秩序更具有現實的必要性與可行性。在這裡，呂祖謙對心的認識又類於陸九淵「心即理」的觀點。總之，呂祖謙對理氣心的認識使他介於程朱理學與陸氏心學之間而傾向於陸九淵。

（3）性。呂祖謙認爲：「天之所賦爲命，人之所受爲性」。〔註143〕「命者，正理也。」〔註144〕如此，性命理本爲一物，只是從不同角度言而有不同名稱。命傾向於「賦」的過程，性傾向於在人的表現，實際上，三者相較，理爲具體的存在之物。與理學家的人性論沒有不同，呂祖謙是主張人性善的。理是天地萬物莫不由之的，性也應當是人必然遵循的。這就給人的意念行動等合於理提供了現實的基礎。不過，這只是一種理想狀態，人之血氣的存在使人合於理只能是一種可能性，而不是絕對的必然性。如他說：「太甲既有見之後，此理當曉然矣，而伊尹不忘戒者，蓋人之血氣有時或蔽」。〔註145〕血氣可以遮蔽理而使之難以顯現與遵循。

〔註140〕（宋）呂祖謙：《增修東萊書說》卷10《咸有一德第八》，文淵閣四庫全書本（57冊），第234頁。

〔註141〕（宋）呂祖謙：《增修東萊書說》卷3《大禹謨第三》，文淵閣四庫全書本（57冊），第173頁。

〔註142〕（宋）呂祖謙：《增修東萊書說》卷3《大禹謨第三》，文淵閣四庫全書本（57冊），第171頁。

〔註143〕（宋）呂祖謙：《增修東萊書說》卷8《太甲上第五》，文淵閣四庫全書本（57冊），第214頁。

〔註144〕（宋）呂祖謙：《增修東萊書說》卷8《太甲上第五》，文淵閣四庫全書本（57冊），第225頁。

〔註145〕（宋）呂祖謙：《增修東萊書說》卷9《太甲下第七》，文淵閣四庫全書本（57冊），第231頁。

同時，除人本身的血氣會遮蔽理外，人與外物的接觸也會出現不合理的現象，「德者，性之固有，其要滅乎？雖固有之，放縱不已，溺於昏亂顛覆之中，所謂德者或幾乎亡矣，雖謂之滅可也」。〔註146〕固然，「理一分殊「，但人如果「放縱不已」，則可能產生越出其分的現象，不遵循他在現實中的地位與身份。這也將是不合乎理的。

總之，呂祖謙的性論的基本點是性善論，但當他聯繫到現實時，沒有漠視其中的惡的現象，而是用氣的理論等對之加以解釋。此點與程朱理學相似，也為他保持善性的修養論提供了前提。

（二）聖人觀與修養工夫

（1）**聖人觀**。如呂祖謙對人性的分析，人本性是善的，性理的同一也使人能與天合一。呂祖謙就把這種天人合一的境界稱之為聖人境界，「聖人與天地萬物為一體」。〔註147〕這種聖人觀與程顥所說的仁者與天地萬物渾然為一的境界實際上是一樣的。不過，呂祖謙以「聖人與天地萬物為一體」，不是把聖人與天地萬物放在平等的地位上，而是有主次之分的，「聖人為天地萬物之主」〔註148〕，是天地萬物的主宰者。如此，在聖人與天地萬物之間，聖人更具有主動權，而天地萬物則傾向於消極的受動者。這與現實社會中的君主高高在上，擁有最高裁決權的現象是相應的，階級的偏見使呂祖謙不可能把平等的權利交給除君主以外的他人。實際上，宋代社會中也僅有君主有著例外法權，他人在法律的名義上則是平等的。這就說明呂祖謙無意於改變社會現實，他是皇權的堅定維護者。

儘管如此，呂祖謙強調了聖人的地位，也注意到了民眾的不可忽視，他通過在聖人的追求目標中加上民眾因素解決了這一問題，他指出聖人以「公天下為心」，〔註149〕而「大抵聖賢之心與萬民之心如一，則公心也。」〔註150〕

〔註146〕（宋）呂祖謙：《增修東萊書說》卷 6《五子之歌第三》，文淵閣四庫全書本（57 冊），第 201 頁。

〔註147〕（宋）呂祖謙：《增修東萊書說》卷 4《益稷第五》，文淵閣四庫全書本（57 冊），第 186 頁。

〔註148〕（宋）呂祖謙：《增修東萊書說》卷 1《堯典第一》，文淵閣四庫全書本（57 冊），第 143 頁。

〔註149〕（宋）呂祖謙：《增修東萊書說》卷 4《皋陶謨第四》，文淵閣四庫全書本（57 冊），第 181 頁。

〔註150〕（宋）呂祖謙：《增修東萊書說》卷 7《湯誥第三》，文淵閣四庫全書本（57 冊），第 215 頁。

從而使聖人在決策與行動中必須加上民眾意志才能符合其聖人的身份地位。雖然這並沒有改變民眾的受動地位，但也使擁有主動權的聖人不能無視民眾的存在，相應地提高了民眾的地位，而對擁有主動權的聖人的決策行動形成一定的限制。在某種程度上也可說，這是呂祖謙重民思想的體現。

總之，呂祖謙的聖人無非是理的人化，理的普遍與永恒也使聖人之道經久不息，「聖人之道未嘗一日息，息則間繼不可以言聖矣」〔註151〕他對聖人的設置也顯示了他對道勢合一的嚮往。

（2）修養工夫。呂祖謙在他的聖人觀中已表現出把道與勢合一的傾向，這當然也是儒家內聖外王嚮往的體現。對如何修養而達於聖人境界，呂祖謙指出：「知人安民乃修身中綱目之大者」。〔註152〕就儒家修齊治平而言，知人安民本歸之於外王，呂祖謙的修身工夫實際上把成聖涵括了外王，換言之，呂祖謙認為成聖就自然成王，內聖外王統一於聖，外王成了內聖的一部分，從而使內聖變得十分必要。在此點上，呂祖謙的修養工夫是與其聖人觀相應的。如果把知人安民作為呂祖謙指向外的修養工夫的話，他的指向內的修養工夫還有以下幾點：

首先，保護元氣。呂祖謙認為修身當注意保護人身之元氣：「人之身元氣雖固，不廢保護則外邪客氣無自而入」。〔註153〕如前所述，呂祖謙談氣，並指出人氣稟的不同而造成人與人的差異，但如上述材料，呂祖謙依然重視保護人之生所稟之氣，保護人之生的固有狀態，從而不致於越出其天生之分。從其理論邏輯而言，保護元氣當為他修養工夫的最基點，而他保護元氣則「外邪客氣無自而入」的說法則有割斷與外物接觸的傾向。

其次，主敬。呂祖謙承認二程「主敬」之說，如他說：「欽之一字乃堯作聖之工夫也，聖聖相傳，入道門戶莫要切於此」。〔註154〕以敬為成聖的最基本的工夫。之所以如此，是由於呂祖謙認為敬是判斷為善為惡的界限，「一心之

〔註151〕（宋）呂祖謙：《增修東萊書說》卷 3《大禹謨第三》，文淵閣四庫全書本（57冊），第 167 頁。

〔註152〕（宋）呂祖謙：《增修東萊書說》卷 4《皋陶謨第四》，文淵閣四庫全書本（57冊），第 178 頁。

〔註153〕（宋）呂祖謙：《增修東萊書說》卷 2《舜典第二》，文淵閣四庫全書本（57冊），第 157 頁。

〔註154〕（宋）呂祖謙：《增修東萊書說》卷 1《堯典第一》，文淵閣四庫全書本（57冊），第 140 頁。

中少有不敬，善惡自此判矣」。〔註155〕能敬才能爲善，才能走上成聖之路。與保護元氣相應，在敬的工夫上，呂祖謙所強調的就是要人專注於理，「敬之工夫無窮，純亦不已之意也」。〔註156〕他的「純亦不已」就是一以理爲準則，如他說：「大抵天下有不可易之理，⋯⋯事事物物皆有是理。學者思不出其位，行無越思，此之謂也」。〔註157〕沒有了理，敬就沒有了對象，敬也失去了意義。總之，他的主敬說就是要求人時時專注於理，一以理爲準則。

第三，「無我」。人由血氣構成，並由天賦之以理，理氣爲人的基本要素。在成聖之途上，呂祖謙強調保護元氣，主敬工夫，兼顧到了理氣二者，尤其是主敬工夫，體現出人化之理在成聖之途上的作用。需注意的是，有時呂祖謙說：「天下之理必有對。己立則物對，有對則有爭」。「無我則無對，無對則無爭矣」。〔註158〕把「我」與物對立起來，並以之作爲紛亂之源，而解決辦法則是「無我」，通過取消自我達到和諧狀態。他的這種取消自我的辦法不是遮蔽掉構成「我」的理氣，否則保護元氣與主敬無自而適，更確切地說，他的取消自我是在「我」與物發生聯繫時的特定狀態下的辦法，即當「我」與物接觸時易於產生欲望，自不能成聖，但如果在物「我」相對時，沒有「我」而只有物，則欲望自不存在，無欲故能成聖。

（三）從《東萊書說》看呂祖謙的社會政治思想

（1）社會理想。中國上古時代有傳說中的堯舜之世，呂祖謙認爲：「唐虞君臣皆不以天下爲己有，故無一不出於至公」。〔註159〕以他的聖人觀爲標準，呂祖謙實際上視堯舜時代爲聖人之世。他又說：「史官總記舜經綸天下之大綱也。經略土地，表其州之鎮，濬治其川，使無壅塞泛濫之患，可以見唐虞廣大氣象與三代不同矣」。〔註160〕堯舜時代與夏商周三代是有差異的，其最

〔註155〕（宋）呂祖謙：《增修東萊書說》卷 4《臯陶謨第四》，文淵閣四庫全書本（57冊），第 181 頁。

〔註156〕（宋）呂祖謙：《增修東萊書說》卷 1《堯典第一》，文淵閣四庫全書本（57冊），第 149 頁。

〔註157〕（宋）呂祖謙：《增修東萊書說》卷 6《甘誓第二》，文淵閣四庫全書本（57冊），第 201 頁。

〔註158〕（宋）呂祖謙：《增修東萊書說》卷 3《大禹謨第三》，文淵閣四庫全書本（57冊），第 170 頁。

〔註159〕（宋）呂祖謙：《增修東萊書說》卷 2《舜典第二》，文淵閣四庫全書本（57冊），第 154 頁。

〔註160〕（宋）呂祖謙：《增修東萊書說》卷 2《舜典第二》，文淵閣四庫全書本（57冊），第 154～155 頁。

主要的區別就是對德的符合程度，「有德則治，出治則入亂，治亂之定理也。三代以前，證驗甚明，三代以後，不知本原，故不知所謂德，然亦有暗合於德者，亦庶可為治，如漢高之寬大，光武之柔道是也，但習之不著，行之不察，此治之所以不如古也」。〔註161〕三代就是有德無德的過渡時代，其前的堯舜時代完全合德，其後的時代不知德而稍有暗合於德。由此而言，以德治世的堯舜時代實為呂祖謙最高的社會理想。

（2）天人關係論。如前所言，呂祖謙以性理為中介，認為天人可以合一，這就奠定了他的天人關係論的基調。但與以天作為有意志的神秘主義學說不同，呂祖謙以他的理的學說為基礎，用天理代替了天在天人關係中的地位，如他說：「夏之先後懋德如此，宜可以憑藉扶持固億萬年之基本，子孫才爾不率天，遂降之以災，天理感應之速反覆手間耳。……伐夏非湯之本意，實迫於天命之不得已耳。」〔註162〕雖然對天人關係的論證沒有擺脫獨斷主義的氣息，但以天理代替天也顯示了在呂祖謙的時代理性主義的發展趨勢。也正是在此理論的基礎上，呂祖謙把以前要求君主尊天而行改成了循理而行，「使太甲循正理而行，安有覆亡之患哉！」〔註163〕把理作為最高主宰與把天作為最高主宰相較，使天的變化無常與天譴的有時不相應變得更具有可操作性與可把握。如前所述，呂祖謙雖然認為理涵蓋自然與社會，但落實在社會層面，理就是社會的現有秩序，循理就是要人各守其分而不逾越。在此意義上，也可以說，與其師林之奇相較，呂祖謙以理代替天在天人關係中的位置是天人關係理論的一大進步。

（3）君主論。呂祖謙的聖人觀就表現出聖君合一的傾向，其君主論更明確地表現出這一點，他說：「君者，萬物之主」。〔註164〕與其「聖人為天地萬物之主」之語只是主語詞不同，實際上，在呂祖謙的觀念中，聖君就是合一的。

呂祖謙認為，君主的存在是必要的，而民眾有欲望使君主的產生成為必

〔註161〕 （宋）呂祖謙：《增修東萊書說》卷9《太甲下第七》，文淵閣四庫全書本（57冊），第230頁。

〔註162〕 （宋）呂祖謙：《增修東萊書說》卷8《伊訓第四》，文淵閣四庫全書本（57冊），第219頁。

〔註163〕 （宋）呂祖謙：《增修東萊書說》卷8《太甲上第五》，文淵閣四庫全書本（57冊），第225頁。

〔註164〕 （宋）呂祖謙：《增修東萊書說》卷2《舜典第二》，文淵閣四庫全書本（57冊），第159頁。

然,「惟天生民有此身之欲,無人君以撙節之則亂」。〔註165〕君主的產生是爲了避免以欲望相爭而導致的混亂。不過,在此問題上,呂祖謙又拿出了「君權神授」論老調重彈,「天祐下民,作之君,作之師」。〔註166〕從君主的產生也決定了君主與民眾和天有著不可分離的關係。以此,呂祖謙明確指出,君主的職責就是「事神治民」,〔註167〕且「二事俱不偏廢,天運之變也」。〔註168〕結合呂祖謙對天人關係論的發展,他所說的「事神治民」實際上就是循理治民,君主也要在守其分的前提下治民。在此基礎上,呂祖謙批評後世君主「富國強兵」的做法,「後世之君,富國強兵乃其職耳,豈識代天理物之意哉?」〔註169〕「後世富國強兵非養民之政也」。〔註170〕固然,富國強兵的做法有擾民之嫌,但考慮到南宋內憂外患的形勢,呂祖謙的論調明顯與時代格格不入。由此,呂祖謙在此點上是一個脫離現實的理想主義者。

呂祖謙還認爲人君有引導世風的作用,如他說:「人君者,所以指天下之迷也。君仁莫不仁,君義莫不義,人君之迷即一世之迷,故曰世迷」。〔註171〕君正則民正,社會也相應地達於安定,君主成了社會興衰治亂的指南。以此,欲達於治世,「格君心」就成爲必要,「自古善獻言者必先格君心,然後言治天下之綱目,如孟子之告齊王使之反本,既陳正心之道而後繼之百畝數口之家,至於雞豚狗彘之微,詳及於政事之綱目。蓋民政出於人君之心也,君心既正,民政無有不善」。〔註172〕他的「格君心」之法就是從倫理道德的角度主張人君應「遏惡揚善」,「遏惡揚善,人君當爲之職也,是皆行其所無事,因

〔註165〕　（宋）呂祖謙:《增修東萊書說》卷 7《仲虺之誥第二》,文淵閣四庫全書本（57 冊）,第 210～211 頁。

〔註166〕　（宋）呂祖謙:《增修東萊書說》卷 6《胤征第四》,文淵閣四庫全書本（57 冊）,第 207 頁。

〔註167〕　（宋）呂祖謙:《增修東萊書說》卷 2《舜典第二》,文淵閣四庫全書本（57 冊）,第 153 頁。

〔註168〕　（宋）呂祖謙:《增修東萊書說》卷 1《堯典第一》,文淵閣四庫全書本（57 冊）,第 144 頁。

〔註169〕　（宋）呂祖謙:《增修東萊書說》卷 2《舜典第二》,文淵閣四庫全書本（57 冊）,第 159 頁。

〔註170〕　（宋）呂祖謙:《增修東萊書說》卷 3《大禹謨第三》,文淵閣四庫全書本（57 冊）,第 165 頁。

〔註171〕　（宋）呂祖謙:《增修東萊書說》卷 8《太甲上第五》,文淵閣四庫全書本（57 冊）,第 226 頁。

〔註172〕　（宋）呂祖謙:《增修東萊書說》卷 3《大禹謨第三》,文淵閣四庫全書本（57 冊）,第 165 頁。

天下所當爲而爲之」。〔註173〕「遏惡揚善」固然不錯，但在何爲惡何爲善的問題上，呂祖謙的標準就是他的理，即封建的倫理道德，實際上也就是遵守他的職責。

（4）民本思想。呂祖謙以民之有欲爲君主成爲必要的原因，但此並不意味著他輕視民，實際上，他也意識到了民爲邦本，「民惟邦本，本固邦寧，百世興王之定法也。且何以爲邦？不過合天下之民而聚之耳。則豈非邦本乎？民所聚而成邦，民所貳則不成邦，豈非本固則邦寧乎？」〔註174〕「蓋國之根本，全在小民，其興其亡，不在大族，不在諸侯，不在奸雄、盜賊，止在小民之身」。〔註175〕國家是凝聚民眾而組成的，民眾的團結與支持或叛離是國家能否存在的分界；在國家的生存問題上，民眾的力量是其他在等級制度中處於優等地位的貴族等不可替代的。呂祖謙的民本思想是中國傳統民本思想的繼承與發展，也應當是從宋代農民起義鬥爭與民眾抗金鬥爭所得到的啟示。縱觀宋代史，民本思想非僅體現在呂祖謙一人，而是有一大批學士大夫有此認識，以此，宋代社會狀況對此觀念的影響不可忽視。

（5）德與刑。如上所述，呂祖謙是一個德治主義者，但他不排斥法治，「蓋賞罰，天之權也」。〔註176〕賞罰也是治世的必要手段。不過，賞罰作爲治世手段是由人來執行的，這就使賞罰夾雜私意成爲可能，呂祖謙反對賞罰夾雜人爲的因素於其間，「典禮雖本於天，猶待人輔相撙節而成之，若賞罰則不可加一毫人欲於其間，有一毫之人欲則賞罰，我之賞罰，非天之賞罰矣」。〔註177〕有了人爲的因素就使賞罰失去了其客觀公正性。雖然呂祖謙把賞罰的使用歸之於天而否認人爲的因素並不符合實際，但卻利於增加賞罰行爲的權威性，也與他的天理的理論一脈相承。

呂祖謙主張德治，也不排斥法治，而是認爲二者可以相輔相承，「大抵刑

〔註173〕（宋）呂祖謙：《增修東萊書說》卷 7《仲虺之誥第二》，文淵閣四庫全書本（57 冊），第 213 頁。

〔註174〕（宋）呂祖謙：《增修東萊書說》卷 6《五子之歌第三》，文淵閣四庫全書本（57 冊），第 203 頁。

〔註175〕（宋）呂祖謙：《增修東萊書說》卷 22《召誥第十四》，文淵閣四庫全書本（57 冊），第 348 頁。

〔註176〕（宋）呂祖謙：《增修東萊書說》卷 2《舜典第二》，文淵閣四庫全書本（57 冊），第 153 頁。

〔註177〕（宋）呂祖謙：《增修東萊書說》卷 4《皋陶謨第四》，文淵閣四庫全書本（57 冊），第 182 頁。

政非不可以治天下，但一時之間整肅而有條理，久則必弛；若德澤之柔撫久而愈新」。〔註178〕刑政治世強硬但速效，德治柔順而持久，二者恰好取長補短，相互補充。

第八章　朱子學派《尚書》學

　　朱熹（公元 1130～1200 年），字元晦，晚年稱晦庵，又稱紫陽，徽州婺源人，被後人稱爲宋代理學的集大成者，在中國學術史上有著極高的地位。清儒皮錫瑞稱讚朱熹說：「漢學鄭君（玄）而集大成，於是鄭學行數百年；宋學至朱子（熹）而集大成，於是朱學行數百年。懿彼兩賢，師法百祀。其巍然爲一代大宗者，非特以學術閎通，實由制行之高卓也。以經學論，鄭學朱學皆可謂小統一時代」。〔註1〕近人錢穆先生甚而說：「論其（朱熹）學術史上之地位，尤應越出在鄭玄之上。就其在宋以後中國歷史上作用與影響言，殆可上埒孔子。孔子與朱子，是中國史上前後兩位最偉大的人物」。〔註2〕朱熹在中國學術史上的地位使其在南宋時既有眾多弟子而形成一個大的學派。以下僅以該學派中的朱熹與其弟子蔡沈的《尚書》學成就爲切入點以探析其學術特色。

第一節　朱熹《尚書》學

　　目前學術界對朱熹《尚書》學的研究已有較多成果，不管是對其方法上疑古辨僞、義理解經，還是對內容上的經籍考證、哲理闡發等都有相當成果問世。朱熹《尚書》學爲宋代《尚書》學不可或缺的一部分，本書擬在前人基礎上對朱熹《尚書》學的成果加以研究以突顯宋代《尚書》學發展演變的學術特色。

〔註1〕　（清）皮錫瑞：《經學歷史》，第 281 頁。
〔註2〕　錢穆：《中國歷史研究法》，北京：三聯書店，2005 年第二版，第 82 頁。

一、朱熹與《尚書》

周予同先生認爲：「朱熹之於經學，其用力最勤者，首推《四書》，其次即爲《詩經》」。〔註3〕但這並不能意味著朱熹不重視《尚書》。

（一）朱熹對《尚書》的關注

（1）朱熹《書說》。朱熹沒有親手完成《尚書》學著作，文獻所記的他的《尚書》學著作多爲其弟子所輯。朱熹非不願解《尚書》，實以《尚書》難爲，如：

> 問《尚書》未有解。曰：便是有費力處，其間用字亦有不可曉處。〔註4〕

> 請點《尚書》以幸後學。曰：某今無工夫。曰：先生於《書》既無解，若更不點，則句讀不分，後人承舛聽訛，卒不足以見帝王之淵懿。曰：公豈可如此說？焉知後來無人？再三請之。曰：《書》亦難點，如《大誥》語句甚長，今人卻都碎讀了，所以曉不得。某嘗欲作《書說》，竟不曾成。如制度之屬，只以《疏》文爲本。若其他未穩處，更與挑剔令分明，便得。〔註5〕

由上述材料可見，有弟子要求他解《尚書》，也有弟子要求他點《尚書》，朱熹都加以拒絕。概括起來，其因則爲「難」。這就是朱熹遲遲不爲《尚書》解說與點句的根本所在。無疑，這是朱熹對學術的謹慎態度使然。從上述材料還可知，朱熹亦「嘗欲作《書說》」，但未成。「按《大全集》，《二典》、《禹謨》、《金縢》、《召誥》、《洛誥》、《武成》諸說數篇，及親稿百餘段具在，其他悉口授蔡沈，俾足成之。」〔註6〕此當爲其《書說》中的一部分。

朱熹作《書說》數篇，時已晚年；由於年老多病，「其他悉口授蔡沈，俾足成之」。也就在此時，朱熹在《答蔡仲默書》中說：「諸說此間亦有之，但蘇氏傷於簡，林氏傷於繁，王氏傷於鑿，呂氏傷於巧，然其間盡有好處」。〔註7〕其中，蘇指蘇軾《書傳》、林指林之奇《尚書全解》、王指王安石《尚書新

〔註3〕 周予同：《朱熹》，朱維錚編《周予同經學史論著選集》，第 1983 頁。

〔註4〕 （宋）黎靖德：《朱子語類》卷 78《尚書一‧綱領》，第 1979 頁。

〔註5〕 （宋）黎靖德：《朱子語類》卷 78《尚書一‧綱領》，第 1981 頁。

〔註6〕 （清）王懋竑：《朱子年譜》卷 4，第 263 頁。

〔註7〕 （宋）朱熹：《晦庵先生朱文公文續集》卷 3《答蔡仲默書》，《朱子全書》，第 4717 頁。

義》、呂指呂祖謙《書說》。在朱熹看來，上述《書》家不能說沒有好處，但它們都有著這樣那樣的缺點。這當爲其《書說》之作的促成因素之一。如朱熹弟子曾多次要求朱熹解《書》、點《書》，且指出「後人承舛聽訛，卒不足以見帝王之淵懿」，且此類話語也爲朱熹所主，「《尚書》文義通貫猶是第二義，直須見得二帝三王之心，而通其所可通，毋強通其所難通」〔註8〕，其弟子定是對朱熹於《尚書》態度有所見而言，《書說》之作即出於此。

（2）朱熹與蔡沈《書集傳》。朱熹晚年曾爲《書說》，未完成，由於「病勢交攻」而將之託於弟子蔡沈，並囑以解《書》原則爲：「《尚書》文義通貫猶是第二義，直須見得二帝三王之心，而通其所可通，毋強通其所難通。……如制度之屬，只以疏文爲本。若其間有未穩處，更與挑剔令分明耳。」「《尚書》有不必解者，有須著意解者，有略須解者，有不可解者」。〔註9〕同時，積極敦促蔡沈「千萬便撥置此來，議定綱領，早日下手爲佳」。〔註10〕體例則爲仿其《詩集傳》，「熹病老益衰，今年尤甚。此中今年，絕無來學者。只邵武一朋友，見〔現〕編《書說》未備。近又遭喪，俟其稍定，當招來講究，亦仿《詩集傳》作一書」。〔註11〕其中，邵武一朋友即爲蔡沈。

從朱熹囑蔡沈作《書集傳》到他去世，約一年光景，如蔡沈說：「慶元己未冬，先生文公令沈作《書集傳》。明年，先生歿」。〔註12〕雖值晚年，「病勢交攻」，但朱熹對蔡沈《書集傳》之作仍不斷親加指導，除上述對《書集傳》作書原則的指導外，還如蔡沈記：

> 慶元庚申三月初二日丁巳，先生簡附葉味道，來約沈下考亭。當晚，即與味道至先生侍下。是夜，先生看沈《書集傳》，說數十條，及時事甚悉。精舍諸生皆在，四更方退。只沈宿樓下書院。初三日戊午，先生在樓下改《書傳》兩章，又帖修《稽古錄》一段。是夜，說書數十條。〔註13〕

〔註8〕　（宋）朱熹：《晦庵先生朱文公文續集》卷3《答蔡仲默書》，《朱子全書》，第4717頁。

〔註9〕　（宋）朱熹：《晦庵先生朱文公文續集》卷3《答蔡仲默書》，《朱子全書》，第4717頁。

〔註10〕（宋）朱熹：《晦庵先生朱文公文續集》卷3《答蔡仲默書》，《朱子全書》，第4717頁。

〔註11〕（宋）朱熹：《晦庵先生朱文公文集》卷58《答謝成之》，《朱子全書》，第2754頁。

〔註12〕（宋）蔡沈：《書經集傳》序，北京：中國書店，1994年，第1頁。

〔註13〕（宋）蔡沈：《夢奠記》，載〔清〕王懋竑：《朱子年譜》卷4，第266～267頁。

朱熹卒於慶元庚申三月甲子，距丁巳日約七日，時年七十一歲。年老多病，猶十分關注蔡沈所作《書集傳》，不僅指導，而且親加修訂，對此，蔡沈也有詳細的記錄：

> 沈自受讀以來，沉潛其義，參考眾說，融會貫通，乃敢折衷。微辭奧旨，多述舊聞。二典三謨，先生蓋嘗是正，手澤尚新，惜哉。先生改本已附《文集》中，其間亦有經承先生口授指劃而未及盡改者，今悉更定，見本篇。《集傳》本先生所命，故凡引用師說，不復識別。〔註14〕

這是朱熹嚴謹的治學態度的表現，亦是他對《書集傳》的重視使然。

（二）朱熹的《尚書》學成就

據學者統計，與朱熹相關的《尚書》學著作不少，計有：《書古經》五卷〔註15〕、《書傳輯說》七卷、《書說》三十卷〔註16〕、《文公書說》、《書經問答》一卷等。〔註17〕、《朱子經說》十四卷（未見，明陳龍正集）、《晦庵經說》三十卷（佚，宋黃大昌集）、《武夷經說》（佚，宋王遷、黃大昌合集）。〔註18〕遺憾的是，上述《尚書》學著作多佚。但如章權才先生所言：「（朱熹）在《尚書》學和《春秋》學方面雖無專著，但他對這兩部經書也曾悉心鑽研，也有許多精到的見解。蔡沈的《書集傳》和黃幹的《書傳輯說》，在某種程度上體現了朱熹對《尚書》一書的見解」。〔註19〕非僅如此，在現存的《朱子語類》與朱熹《文集》中不乏他關於《尚書》的言論與文章，如《與潘子善》及《雜著·尚書》等。這為研究其《尚書》學的學術特色提供了文獻材料。

〔註14〕（宋）蔡沈：《書經集傳》序，第 1 頁。

〔註15〕元馬端臨引陳氏曰：「晦庵所錄，分經與序，仍為五十九篇，以存古也」。可參（元）馬端臨：《文獻通考·經籍考》卷 4《書古經》及《序》共五卷下，第 123 頁。

〔註16〕宋人陳振孫曰：「《晦庵書說》七卷。朱熹門人黃士毅集其師說之遺，以為此書。……今唯《二典》、《禹謨》、《召誥》、《洛誥》、《金縢》有解，及『九江』、『彭蠡』、『皇極』有辨，其他皆《文集》、《語錄》中摘出。」可參（宋）陳振孫：《直齋書錄解題》卷 2《晦庵書說》七卷下，第 32 頁。

〔註17〕許道勳、徐洪興：《中國經學史》，第 212 頁；又周予同：《朱熹》，朱維錚編《周予同經學史論著選集》，第 181～182 頁。但周先生記為《書古經》四卷《序》一卷，《朱子五經語類》八十卷。

〔註18〕周予同：《朱熹》，載朱維錚編《周予同經學史論著選集》，第 186 頁。

〔註19〕章權才：《宋明經學史》，第 189 頁。

二、朱熹的《尚書》觀

（一）「《書》有兩體」

「《書》有兩體」之義並非始於朱熹，如南宋吳棫著有《書裨傳》，對孔傳《古文尚書》發難，指出：「安國所增多之《書》，今《書》目具在，皆文從字順，非若伏生之《書》，屈曲聱牙，至有不可讀者。夫四代之《書》，作者不一。乃至二人之手而定爲二體乎？其亦難言之矣。」〔註20〕從《書》有兩體致疑。但明確使用「《書》有兩體」對孔傳古文《尚書》加以歸結的則爲朱熹，「《書》有兩體：有極分曉者，有極難曉者」。〔註21〕綜朱熹之論，對晚出孔傳《古文尚書》難易之篇章列表如下：

「極分曉者」	《大禹謨》、《甘誓》、《五子之歌》、《胤征》、《伊訓》、《太甲》、《咸有一德》、《說命》、《高宗肜日》、《西伯戡黎》、《泰誓》、《武成》、《旅獒》、《畢命》、《微子之命》、《蔡仲之命》、《冏命》、《君牙》、《君陳》等
「極難曉者」	《堯典》、《舜典》、《皋陶謨》、《益稷》、《盤庚》、《牧誓》、《大誥》、《康誥》、《多方》、《多士》、《呂刑》等

（上表主要據《朱子語類》卷七十八而成）

由上表可知，朱熹言晚出孔傳《古文尚書》「極分曉者」並非都是晚出之篇，如《甘誓》，而「極難曉者」則爲伏生所傳。同時，朱熹指出「易曉」之篇「皆古文」，爲「壁中之書」，即晚出孔傳《古文尚書》；而「難讀」之篇爲伏生所傳，即「今文」，「《書》有古文，有今文。今文乃伏生口傳，古文乃壁中之《書》」。〔註22〕「伏生《書》多艱澀難曉，孔安國壁中《書》卻平易易曉」。〔註23〕

朱熹指出「《書》有兩體」，但不承認《史記》所記伏生所傳難讀者是由於伏生女子口授晁錯而致誤之說，「或者謂伏生口授女子，故多錯誤，此不然。今古書傳中所引《書》語，已皆如此，不可曉」。〔註24〕「伏生《尚書》，漢世卻多傳者。晁錯以伏生不曾出，其女口授，有齊音不可曉者，以意屬成，

〔註20〕　（明）梅鷟：《尚書考異》，文淵閣四庫全書本（64冊），上海：上海古籍出版社，1987年，第10頁。
〔註21〕　（宋）黎靖德：《朱子語類》卷78《尚書一‧綱領》，第1980頁。
〔註22〕　（宋）黎靖德：《朱子語類》卷78《尚書一‧綱領》，第1978頁。
〔註23〕　（宋）黎靖德：《朱子語類》卷78《尚書一‧綱領》，第1978頁。
〔註24〕　（宋）黎靖德：《朱子語類》卷78《尚書一‧綱領》，第1978頁。

此載於史者。及觀經傳，及《孟子》引『享多儀』出自《洛誥》，卻無差」。〔註25〕朱熹進一步指出，《書》難易之別多因方言與戒命之異而成，「只疑伏生偏記得難底，卻不記得易底。然有一說可論難易：古人文字，有一般如今人書簡說話，雜以方言，一時記錄者；有一般是做出告戒之命者。疑《盤》、《誥》之類是一時告語百姓；盤庚勸論百姓遷都之類，是出於記錄。至於《蔡仲之命》、《微子之命》、《冏命》之屬，或出當時做成底詔告文字，如後世朝廷詞臣所爲者。然更有脫簡可疑處。」〔註26〕

朱熹承認今文古文《尚書》二者有難易之別，但並不認爲二者有優劣之別。如當其弟子伯豐問：「《尚書》古文、今文有優劣否？」他說：「孔壁之傳，漢時卻不傳，只是司馬遷曾師授。如伏生《尚書》，漢世卻多傳者。晁錯以伏生不曾出，其女口授，有齊音不可曉者，以意屬成，此載於史者。及觀經傳，及《孟子》引『享多儀』出自《洛誥》，卻無差。只疑伏生偏記得難底，卻不記得易底。然有一說可論難易：古人文字，有一般如今人書簡說話，雜以方言，一時記錄者；有一般是做出告戒之命者。疑《盤》、《誥》之類是一時告語百姓；盤庚勸論百姓遷都之類，是出於記錄。至於《蔡仲之命》、《微子之命》、《冏命》之屬，或出當時做成底詔告文字，如後世朝廷詞臣所爲者。然更有脫簡可疑處。」〔註27〕弟子本來問的問題是《尚書》篇章是否有優劣，但朱熹並未作出正面回答，只是含糊地表達了自己對《尚書》篇章有難易之別的看法。朱熹迴避了問題，他根本不願作出《尚書》篇章優劣的判斷。在另一個場合，有人問他類似《尚書》篇章優劣的問題「壁中之《書》，不及伏生《書》否？」時，他說：「如《大禹謨》，又卻明白條暢。雖然如此，其間大體義理固可推索。但於不可曉處闕之，而意義深遠處，自當推究玩索之也。然亦疑孔壁中或只是畏秦焚坑之禍，故藏之壁間。大概皆不可考矣。」〔註28〕仍然沒有正面回答問題，不過，在這次談話中透露出他對易曉篇章的一些看法。如前所述，朱熹視《大禹謨》爲易曉篇章，但他從義理的角度肯定了《大禹謨》，並進而推測孔壁書爲眞。朱熹並不能夠對《尚書》易曉篇章求眞，但肯定了其中的義理。這是當時義理解經傾向的學風使然，也注定朱熹有只能對《尚書》懷疑但不能確論的癥結。

〔註25〕（宋）黎靖德：《朱子語類》卷78《尚書一‧綱領》，第1979頁。
〔註26〕（宋）黎靖德：《朱子語類》卷78《尚書一‧綱領》，第1979頁。
〔註27〕（宋）黎靖德：《朱子語類》卷78《尚書一‧綱領》，第1979頁。
〔註28〕（宋）黎靖德：《朱子語類》卷78《尚書一‧綱領》，第1979頁。

（二）《書》載「治天下之大法」

朱熹指出「《書》有兩體」，並對易曉諸篇有所懷疑，但他並沒有徹底推翻所疑各篇，究其因，則如他所說：「《書》中可疑諸篇，若一齊不信，恐倒了『六經』」〔註29〕，更確切地說，倒了「六經」則損害了依經所闡發的義理。朱熹認為《尚書》載有「治天下之大法」。他說：

> 《商書》中伊尹告太甲五篇，說得極切。其所以治心修身處，雖為人主言，然初無貴賤之別，宜取細讀，極好。〔註30〕

> 大概此篇（《大禹謨》）所載，便是堯舜禹湯文武相傳治天下之大法」。〔註31〕

> 《尚書》，卻只說治國平天下許多事較詳。如《堯典》「克明俊德，以親九族」，至「黎民於變」，這展開是多少！《舜典》又詳。〔註32〕

又：

> 問可學：「近讀何書？」曰：「讀《尚書》。」曰：「《尚書》如何看？」曰：「須要考歷代之變。」曰：「世變難看。唐虞三代事，浩大闊遠，何處測度？不若求聖人之心。如堯，則考其所以治民；舜，則考其所以事君。且如《湯誓》，湯曰：『予畏上帝，不敢不正。』熟讀豈不見湯之心？」〔註33〕

> 問《洪範》諸事。曰：「此是個大綱目，天下之事，其大者大概備於此矣。」問「皇極」。曰：「此是人君為治之心法。如周公一書，只是個八政而已。」〔註34〕

《尚書》有「雖為人主言，然初無貴賤之別」的治心修身之篇，更主要地是「說治國平天下許多事」，尤以《大禹謨》載「堯舜禹湯文武相傳治天下之大法」。以此，從《尚書》可以為君主提供治道出發，朱熹用經世精神限制了他的懷疑精神，也可以說，求用占勝了求真。總之，於朱熹而言，「治天下之大法」的存在成了晚出孔傳《古文尚書》的立身之基。

〔註29〕 （宋）黎靖德：《朱子語類》卷79《尚書二・洪範》，第2050頁。
〔註30〕 （宋）黎靖德：《朱子語類》卷78《尚書一・綱領》，第1983頁。
〔註31〕 （宋）黎靖德：《朱子語類》卷78《尚書一・大禹謨》，第2016頁。
〔註32〕 （宋）黎靖德：《朱子語類》卷78《尚書一・綱領》，第1982頁。
〔註33〕 （宋）黎靖德：《朱子語類》卷78《尚書一・綱領》，第1983頁。
〔註34〕 （宋）黎靖德：《朱子語類》卷79《尚書二・洪範》，第2041頁。

三、朱熹對《序》、孔傳及本經的疑辨

與其前《尚書》學著作不同，朱熹對《尚書》的研究方法有著自己獨特的看法，從主觀上更傾向於考據與義理並重，「讀書玩理外，考證又是一種工夫」。〔註35〕朱熹沒有完整的《尚書》學著作，但就其考辨方面而言，還是有一些專門的《尚書》學考辨文章，如「九江彭蠡考」〔註36〕、「皇極考」〔註37〕等。另外，《朱子語類》與其《文集》中亦不乏相關的語句，不具論。對此，周予同、錢穆、陳延傑等先生讚美有加。〔註38〕

就《尚書》學而言，北宋儒家對《尚書》的研究並非沒有考辨，但把考辨作爲重要部分而列出者則爲南宋人吳棫。他作《書裨傳》，「首卷舉要曰《總說》，曰《書序》，曰《君辨》，曰《臣辨》，曰《考異》，曰《訓詁》，曰《差牙》，曰《孔傳》，凡八篇。考據詳博。」〔註39〕朱熹繼承這一傳統，對晚出《古文尚書》進行考辨，此則主要體現爲對孔傳、《書序》及經本文的疑僞。

（一）疑僞《書序》

晚出《古文尚書》本有孔安國《序》與被放在各篇篇首的《小序》，一般

〔註35〕（宋）朱熹：《晦庵先生朱文公文集》卷54《答孫季和》，《朱子全書》，第2538頁。張岱年先生也說：「講義理之學者，有完全忽視考據的，如陸九淵；也有兼重考據的，如朱熹。朱熹對於考據是有貢獻的。」可參《張岱年全集》第8卷第353頁。蔡方鹿先生說：「在宋學中亦有在重義理的前提下，也重訓詁考釋的派別，如朱子學等」。可參蔡方鹿：《朱熹經學與中國經學》，第139頁。張立文先生說：「理學集大成者朱熹，亦主漢宋之學的融合而集其成」。可參蔡方鹿《朱熹經學與中國經學》序二。美國學者田浩說：「（朱熹）注釋熔宋學客觀的文獻取向和道學主觀的哲學詮釋於一爐。可參田浩：《功利主義儒家——陳亮對朱熹的挑戰》，第41頁。

〔註36〕（宋）朱熹：《晦庵先生朱文公文集》卷72《九江彭蠡考》，《朱子全書》，第3446～3453頁。

〔註37〕（宋）朱熹：《晦庵先生朱文公文集》卷72《皇極考》，《朱子全書》，第3453～3457頁。

〔註38〕陳延傑指出：「近儒之經學考訂，正是朱子家法也，陳氏（澧）亦可謂能發明朱學者矣。後人輒詆毀朱子者，是未讀朱子書也」。可參陳延傑：《經學概論》（上海商務印書館，1933年），第126頁。周予同認爲：「朱熹於《書經》學史上具有一大功績，即對於東晉晚出之僞《古文尚書》及僞孔安國《尚書傳》加以懷疑是也」。可參周予同：《朱熹》，朱維錚編《周予同經學史論著選集》，第153頁；亦見於周予同：《朱熹之經學》（武夷山朱熹研究中心成立大會，1988年8月1日）。錢穆先生認爲：「朱子於理學，既集北宋之大成，於經學，則爲此下明清兩代之開山。僞古文尚書一案，即由朱子提出」。可參錢穆：《朱子新學案》第四冊《朱子之書學》，第81頁。

〔註39〕（宋）陳振孫：《直齋書錄解題》卷2《書裨傳》十三卷下，第30頁。

認爲《小序》爲孔子所作。朱熹不但對《小序》，而且對孔安國《序》都產生了懷疑。

（1）疑《小序》。朱熹在多個場合表示對《小序》的懷疑，如他說：「《小序》不可信」。〔註40〕「《小序》皆可疑」。〔註41〕「《書小序》亦未是」。〔註42〕堅定的語氣表明他對《小序》之疑的肯定。

首先，對《小序》作者致疑。朱熹對《小序》作者表示懷疑，當有人問他：「『勝殷殺受』之文是如何？」時，他曰：「《書序》，某看來煞有疑。相傳都說道夫子作，未知如何」。〔註43〕在另一場合，他又說：「（《小序》）非孔子所作明甚。然相承已久，今亦未敢輕議，且據安國此序復合爲一，以附經後」。〔註44〕疑《尚書》小序爲孔子所作，但又未敢確論，且不刪而附經後。這是朱熹學術謹嚴的表現，也是《尚書》疑辨初始使然。

其次，對《小序》文致疑。究朱熹疑《小序》內容的根據，主要爲以下三點：（a）《小序》與經文衝突。如他說：

> 《書小序》亦未是。只如《堯典》、《舜典》便不能通貫一篇之意。《堯典》不獨爲遜舜一事。《舜典》到「歷試諸艱」之外，便不該通了，其他《書序》亦然。〔註45〕

> 《小序》皆可疑。《堯典》一篇自說堯一代爲治之次序，至讓於舜方止。今卻說是讓於舜後方作。《舜典》亦是見一代政事之終始，卻說「歷試諸艱」，是爲要受讓時作也。至後篇皆然。況先漢文章，重厚有量。〔註46〕

> 伏生以《康王之誥》合於《顧命》。今除著《序》文讀著，則文勢自相連接。〔註47〕

〔註40〕（宋）黎靖德：《朱子語類》卷78《尚書一‧綱領》，第1989頁。

〔註41〕（宋）黎靖德：《朱子語類》卷78《尚書一‧綱領》，第1985頁。

〔註42〕（宋）黎靖德：《朱子語類》卷80《詩一‧綱領》，第2075頁。

〔註43〕（宋）黎靖德：《朱子語類》卷79《尚書二‧洪範》，第2040頁。以《小序》作者爲孔子的說法可見《漢書‧藝文志》。

〔註44〕（宋）朱熹：《晦庵先生朱文公文集》卷65《雜著‧尚書》，《朱子全書》，第3152頁。

〔註45〕（宋）黎靖德：《朱子語類》卷80《詩一‧綱領》，第2075頁。

〔註46〕（宋）黎靖德：《朱子語類》卷78《尚書一‧綱領》，第1985頁。

〔註47〕（宋）黎靖德：《朱子語類》卷79《顧命康王之誥》，第2060頁。

諸序之文，或頗與經不合，如《康誥》、《酒誥》、《梓材》之類。
〔註48〕

　　《書序》誠有可疑。且如《康誥》第述文王，不爲說及武王，只有「乃寡兄」是說武王，又是自稱之詞。然則《康誥》是武王誥康叔明矣。但緣其中有錯說『周公初基』處，遂使序者以爲成王時事，此豈可信？〔註49〕

（b）文體差舛。如：

　　《書序》不可信，伏生時無之。其文甚弱，亦不是前漢人文字，只似後漢末人。〔註50〕

（c）義理推定。如：

　　看《史記》載紂赴火死，武王斬其首以懸於旌，恐未必如此。《書序》，某看來煞有疑。相傳都說道夫子作，未知如何。〔註51〕

理學家一般視周武王爲聖人，朱熹亦不例外，而《史記》與《書序》所載武王非聖人之態，故加以否定。

　　近人陳垣曾提出著名的「四校法」，即對校法、本校法、他校法與理校法。〔註52〕觀朱熹對《小序》之疑，於方法而言，實有陳先生「四校法」之端，如以《小序》與經文衝突致疑類於本校法，以文體差舛而疑類於他校法，以義理推定而疑則類於理校法。

　　朱熹認定《小序》不可信，進而爲《小序》推定時間與作者，但他並未眞正得出結論。他一面把《小序》作者推定在周秦間，「某看得《書小序》不是孔子自作，只是周秦間低手人作」。〔註53〕另一面又估計《小序》爲孔家人自做底，「《書序》是得書於屋壁，已有了，想是孔家人自做底」。〔註54〕

　　儘管朱熹對《小序》的眞實性破而未立，但他的做法已開對《小序》致疑之端，並且他的懷疑精神影響了一代學術風氣，此後直至清代學者對《尚

〔註48〕（宋）朱熹：《晦庵先生朱文公文集》卷82《跋·書臨漳所刊四經後》，《朱子全書》，第3888頁。
〔註49〕（宋）黎靖德：《朱子語類》卷78《尚書一·綱領》，第1987頁。
〔註50〕（宋）黎靖德：《朱子語類》卷78《尚書一·綱領》，第1986頁。
〔註51〕（宋）黎靖德：《朱子語類》卷79《尚書二·洪範》，第2040頁。
〔註52〕陳垣：《校勘學釋例》，劉夢溪主編《中國現代學術經典·陳垣卷》，石家莊：河北教育出版社，1996年，第421～424頁。
〔註53〕（宋）黎靖德：《朱子語類》卷78《尚書一·綱領》，第1983頁。
〔註54〕（宋）黎靖德：《朱子語類》卷78《尚書一·綱領》，第1985頁。

書》的疑辨成就不可謂與朱熹無關。也正是對《小序》的懷疑，在朱熹編訂《書說》時，把晚出孔安國傳《古文尚書》中各篇篇首之序合而爲一，列於書後。「諸序之文，或頗與經不合，如《康誥》、《酒誥》、《梓材》之類。……故今別定此本，一以諸篇本文爲經，而復合序篇於後。使覽者得見聖經之舊，而不亂乎諸儒之說」。〔註55〕這是朱熹治學嚴謹的表現，與其後傳弟子王柏、金履祥等人因疑而刪經的做法相比，是值得讚揚的。

（2）疑《大序》。朱熹對《大序》之疑主要表現爲對作者之疑。他說：「《大序》亦不是孔安國作」。〔註56〕朱熹之所以對《大序》致疑，其根據主要有二：首先，從文體疑《大序》。朱熹在多個場合提到此點。

孔氏《書序》不類漢文，似李陵《答蘇武書》。〔註57〕

《尚書注》並《序》，某疑非孔安國所作。蓋文字善困，不類西漢人文章，亦非後漢之文。〔註58〕

其次，從文本晚出致疑。朱熹還從孔傳《古文尚書》晚出進一步佐證《大序》之僞。

孔《書》至東晉方出，前此諸儒皆不曾見，可疑之甚。〔註59〕

在對孔安國所傳《古文尚書》致疑的同時，朱熹又進一步推斷此文本所出時間。如前所述，朱熹據文體不類漢文而疑，斷定《大序》非孔安國所作；他亦據文體特點，對《大序》的出現作出推斷，他說：

今《大序》格致極輕，疑是晉宋間文章。〔註60〕

孔安國《尚書序》，只是唐人文字。前漢文字甚次第。司馬遷亦不曾從安國受《尚書》，不應有一文字軟郎當地。後漢人作《孔叢子》者，好作僞書。然此序亦非後漢時文字，後漢文字亦好。〔註61〕

《大序》亦不是孔安國作，怕只是撰《孔叢子》底人作。〔註62〕

〔註55〕 （宋）朱熹：《晦庵先生朱文公文集》卷82，《跋‧書臨漳所刊四經後》，《朱子全書》，第3888頁。

〔註56〕 （宋）黎靖德：《朱子語類》卷78《尚書一‧綱領》，第1985頁。

〔註57〕 （宋）黎靖德：《朱子語類》卷78《尚書一‧綱領》，第1985頁。

〔註58〕 （宋）黎靖德：《朱子語類》卷78《尚書一‧綱領》，第1984頁。

〔註59〕 （宋）黎靖德：《朱子語類》卷78《尚書一‧綱領》，第1985頁。

〔註60〕 （宋）黎靖德：《朱子語類》卷78《尚書一‧綱領》，第1985頁。

〔註61〕 （宋）黎靖德：《朱子語類》卷78《尚書一‧綱領》，第1985頁。

〔註62〕 （宋）黎靖德：《朱子語類》卷78《尚書一‧綱領》，第1985頁。

亦如對《小序》之疑一樣，朱熹對《大序》之真偽的判斷有破而未能立。在不同場合，他作出了不同的結論，或者「疑是晉宋間文章」，或者「只是唐人文字」，或者「怕只是撰《孔叢子》底人作」（後漢），或者又加以否定。總之，朱熹對《大序》的態度是「疑或後人所託，然無所據，未敢必也」。〔註63〕儘管如此，疑端已開，見真亦不遠，隨著材料的增加與方法的更新，《大序》問題的徹底解決是必然的。

（二）疑偽《孔傳》

朱熹曾肯定《孔傳》之偽，「《尚書》決非孔安國所注。」〔註64〕其根據則可概括為二：一為「解經亂道」，義理不符。如：

> 孔安國解經，最亂道，看得只是《孔叢子》等做出來。〔註65〕

二為文體不類漢文。如：

> 《尚書注》並《序》，某疑非孔安國所作。蓋文字善困，不類西漢人文章，亦非後漢之文。〔註66〕

> 《尚書》決非孔安國所注，蓋文字困善，不是西漢人文章。安國，漢武帝時，文章豈如此！但有太粗處，決不如此困善也。〔註67〕

在疑偽《孔傳》的基礎上，朱熹亦對《孔傳》作者作了猜測。如上言，他認為「看得只是《孔叢子》等做出來」，又認為「後漢人作《孔叢子》者，好作偽書」〔註68〕。即以《孔傳》為後漢人所偽造。他有時又說：「（《孔傳》）文字善困，不類西漢文章，亦非後漢之文」。〔註69〕對《孔傳》作者為後漢人之說加以否定。有時，他又說：「《尚書孔安國傳》，此恐是魏晉間人所作，託安國為名。」〔註70〕總之，朱熹並未能對《孔傳》作者作出一個明確的結論。

儘管朱熹以《孔傳》為偽，但他仍把《孔傳》作為《尚書》的重要一說，非棄而不用，亦非全盤照搬。如：

〔註63〕（宋）朱熹：《晦庵先生朱文公文集》卷65《雜著・尚書》，《朱子全書》，第3152頁。
〔註64〕（宋）黎靖德：《朱子語類》卷78《尚書一・綱領》，第1984頁。
〔註65〕（宋）黎靖德：《朱子語類》卷78《尚書一・綱領》，第1985頁。
〔註66〕（宋）黎靖德：《朱子語類》卷78《尚書一・綱領》，第1984頁。
〔註67〕（宋）黎靖德：《朱子語類》卷78《尚書一・綱領》，第1984頁。
〔註68〕（宋）黎靖德：《朱子語類》卷78《尚書一・綱領》，第1985頁。
〔註69〕（宋）黎靖德：《朱子語類》卷78《尚書一・綱領》，第1984頁。
〔註70〕（宋）黎靖德：《朱子語類》卷78《尚書一・綱領》，第1984頁。

　　陳仲蔚問：「三皇」，所說甚多，當以何者爲是？曰：「無理會，
且依孔安國之說」。〔註71〕

　　孔安國以「衷」爲「善」，便無意思。「衷」只是「中」，便與「民
受天地之中」一般。〔註72〕

（三）疑孔傳《古文尚書》本經

　　晚出孔傳《古文尚書》自東晉出後，漸與鄭注並立，至隋唐則由政府提
倡而居於《尚書》學的統治地位。唐孔穎達《五經正義》的頒行，晚出《古
文尚書》成爲科舉功令，學士大夫唯尊而行之，少有論其非。不過，在對此
《尚書》文本尊奉的同時，唐代既有對之發難者，如孔穎達指出：「（《武成》）
敘事多而王言少，惟辭又首尾不結，體裁異於餘篇。」〔註73〕南宋吳棫則進
一步從「《書》有兩體」的角度致疑，他著有《書裨傳》，曾指出：「安國所增
多之《書》，今《書》目具在，皆文從字順，非若伏生之《書》，屈曲聱牙，
至有不可讀者。夫四代之《書》，作者不一。乃至二人之手而定爲二體乎？其
亦難言之矣。」從《書》有兩體致疑。在此基礎上，朱熹進一步對晚出孔傳
《古文尚書》發難。

　　（1）**對晚出諸篇的懷疑。**前文已經指出，朱熹認爲「《書》有兩體」，有
「易曉者」，有「難讀者」；他對「易曉者」之古文《尚書》之優劣不能下肯
定的結論，並以「方言」與「戒命」之別來解釋之所以難易的原因。在另一
些場合，朱熹則對「易曉」的古文《尚書》明確表示了他的懷疑。如他說：

　　　　蓋《書》有古文，有今文。今文乃伏生口傳，古文乃壁中之《書》。
　　　《禹謨》、《說命》、《高宗肜日》、《西伯戡黎》、《泰誓》等篇，凡易
　　　讀者皆古文。況又是科斗〔蝌蚪〕書，以伏生《書》字文考之，方
　　　讀得。豈有數百年壁中之物，安得不訛損一字？又卻是伏生記得者
　　　難讀，此尤可疑。〔註74〕

在朱熹看來，眞正的漢代孔傳《古文尚書》是「科斗〔蝌蚪〕書，以伏生《書》
字文考之，方讀得」，本亦難讀；而東晉後流傳的晚出孔傳《古文尚書》不僅
易讀，而且「數百年壁中之物」，不訛損一字，與漢代孔傳《古文尚書》不類。

〔註71〕　（宋）黎靖德：《朱子語類》卷78《尚書一·綱領》，第1977頁。

〔註72〕　（宋）黎靖德：《朱子語類》卷79《尚書二·湯誥》，第2030頁。

〔註73〕　（唐）孔穎達：《尚書正義》卷10《武成第五》疏，第427頁。

〔註74〕　（宋）黎靖德：《朱子語類》卷78《尚書一·綱領》，第1978頁。

同時，朱熹從經驗出發，認為「伏生記得者難讀」一事不合常情，更為可疑。除此之外，朱熹還從晚出孔傳《尚書》的文體與訓釋方法的差異以及孔傳《古文尚書》晚出上致疑，他說：「某嘗疑孔安國《書》是假書。比毛公《詩》如此高簡，大段爭事。漢儒訓釋文字，多是如此，有疑則闕。今此卻盡釋之，豈有千百年前人說底話，收拾於灰燼屋壁中與口傳之餘，更無一字訛舛！理會不得。……況孔《書》至東晉方出，前此諸儒皆不曾見，可疑之甚！」〔註75〕可以說，朱熹疑晚出孔傳《古文尚書》的根據是合理的，對「易曉」篇的致疑並非捕風捉影之談。

由上述可見，朱熹疑晚出古文《尚書》，但未判定其優劣，並以「雜以方言」與「戒命」之說為之彌縫。如學者們所承認的，這是由於朱熹的「《書》中可疑諸篇，若一齊不信，恐倒了『六經』」〔註76〕觀念使然，但在某種程度上，也可以說，這體現的是一種學術慣性，即辨偽之初，對大多數人承認且長時期流傳的文獻確定其偽不是一蹴而就的，尤其是朱熹這樣的學風嚴謹的學者，確定文獻之偽需一個過程。朱熹沒有完整的《尚書》學著作，但對一些孔安國傳《古文尚書》篇章，他還是標明了「古文、今文皆有」，（如《堯典》）、「古文有、今文無」（如《大禹謨》）等字樣。〔註77〕後來，蔡沈《書集傳》中對每篇標明「今文古文皆有」與「今文無，古文有」的字樣就是對其師的繼承。

（2）**對孔傳與伏生傳相同諸篇的懷疑**。如前所述，朱熹以為《尚書》難讀諸篇為伏生所傳，且指出：「或者以為今文自伏生女子口授晁錯時失之，則先秦古書所引之文皆已如此。」〔註78〕以伏生所傳非偽。而他有時又對孔傳與伏生所傳皆載之篇提出問題，如他說：

　　《書》亦多可疑者，如《康誥》、《酒誥》二篇，必是武王時書。
　　人只被作洛事在前惑之。如武王稱「寡兄」、「朕其弟」，卻甚正。《梓
　　材》一篇又不知何處錄得來，此與他人言皆不領。〔註79〕

〔註75〕（宋）黎靖德：《朱子語類》卷78《尚書一·綱領》，第1985頁。
〔註76〕（宋）黎靖德：《朱子語類》卷79《尚書二·洪範》，第2050頁。
〔註77〕（宋）朱熹：《晦庵先生朱文公文集》卷65《雜著·尚書》，《朱子全書》，第3160頁、第3174頁。
〔註78〕（宋）朱熹：《晦庵先生朱文公文集》卷82《跋·書臨漳所刊四經後》，《朱子全書》，第3888頁。
〔註79〕（宋）黎靖德：《朱子語類》卷78《尚書一·綱領》，第1986頁。

在朱熹看來，《康誥》、《酒誥》、《梓材》等篇是有問題的篇章，但他對《康誥》、《酒誥》只疑及時代問題，而對《梓材》篇的懷疑較為嚴重，直欲取消該篇的眞實性。

綜上所述，朱熹對晚出孔傳《古文尚書》之《序》、《傳》及經文本身都有懷疑，甚而對於伏生所傳之篇亦有懷疑，相對而言，他對孔傳《古文尚書》本經的懷疑有所保留。雖然其間存在一些紕漏之處，但總體而言，其論證是有力的，學術功績不可抹滅。

四、朱熹《尚書》學的義理闡釋

朱熹疑僞晚出孔傳《古文尚書》，但他又認為「若一齊不信，恐倒了六經」，從而極力彌縫其疑處，進一步推究，則是由於朱熹認為《書》載「治天下之大法」等。對朱熹《尚書》學加以探析可以反映他的思想特點。

（一）心性論與工夫論

（1）心。「心」說是朱熹思想的一個核心內容，借《尚書》，尤其是《大禹謨》篇來闡發其「心」說是朱熹思想的一個重要特色〔註80〕。

首先，心、人心與道心。朱熹借《尚書·大禹謨》「人心惟危，道心惟微」一語發揮說：

> 心者，人之知覺，主於身而應事物者也。指其生於形氣之私而言，則謂之人心；指其發於義理之公而言，則謂之道心。人心易動而難反，故危而不安；義理難明而易昧，故微而不顯。惟能省察於二者公私之間，以致其一，而不使其有頃刻之離，則其日用之間，思慮動作自無過不及之差，而信能執其中矣。〔註81〕

〔註80〕傅雲龍先生從朱熹的「道心」說出發，認為其「道心」說是對人的學說的深化、儒家人性學說的發展及對人的主體性的自覺。可參傅雲龍：《評朱熹的「道心」說》（《孔子研究》，1991年7月）。

〔註81〕（宋）朱熹：《晦庵先生朱文公文集》卷65《尚書·大禹謨》，第3180頁。陳來先生認為：「在朱子的哲學中，知覺神明之心是作為以知覺為特色的功能總體，而不是存在實體，故不能把對存在的形上學分析（理／氣）運用於對功能總體的瞭解。在功能系統中質料的概念找不到它的適當地位」。可參陳來：《朱子哲學中「心」的概念》，《中國近世思想史研究》，第194頁。「在全部《文集》、《語類》中，沒有一條材料斷言心即是氣，這清楚表明朱子思想中並沒有以心為氣的看法」。可參陳來：《朱子哲學中「心」的概念》，《中國近世思想史研究》，第195頁。

心有知覺功能，是人與事物發生關係的重要媒介之一。朱熹把心分成兩種：人心與道心。從「生於形氣之私」而言，心爲人心，當然，朱熹不排除「知覺從耳目之欲上去」而使心表現爲人心〔註82〕。人心可存在於發與未發兩種狀態下，即從心之靜的狀態言，心生於「形氣」而使心爲人心，從心之動的狀態言，心發之對象爲「耳目之欲」而使心爲人心，「人心者，是氣血和合做成，嗜欲之類，皆從此出」〔註83〕。同時，從「發於義理之公」而言，心稱爲道心，「道心，人心之理」；即道心在靜時表現爲與理同一，動時則以理爲標準，「道心是義理上發出來底」〔註84〕。心有人心與道心之異，不妨礙「人心亦只是一個」，只是由於人與事物相接時，心知覺之對象與標準不同而有兩種不同名稱。舉例言之，朱熹之人心與道心之別則如「知覺從饑食渴飲，便是人心；知覺從君臣父子處，便是道心」〔註85〕。

就現實而論，人心「生於形氣之私」，天然而不待人爲，「喚做人，便有形氣，人心較切近於人」〔註86〕發於「耳目之欲」，亦爲不可避免；人心於人而言是必然的，當有人問他「人心可以無否？」朱熹曰：「如何無得！」〔註87〕反對把人心視爲可有可無的觀點。道心與理同一，或「發於義理之公」，必待人之自覺性於其間。以此，從「只是這一個心」的角度出發，心未發是表現爲「形氣之私」與理的結合體，「物物上有個天理人欲」〔註88〕；已發時，則表現爲心之對外取向的區別，即或指向可感覺的事物，或指向純粹的道德體驗。正是從此出發，朱熹批評其弟子以心之未發與已發來對「道心」「人心」作階段性劃分。史載：

> 「公且說人心、道心如何？」某說：「道心者，喜怒哀樂未發之時，所謂『寂然不動』者也，人心者，喜怒哀樂已發之時，所謂『感而遂通』者也。人當精審專一，無過不及，則中矣。」曰：恁地，則人心、道心不明白。人心者，人欲也；危者，危殆也。道心者，天理也；微者，精微也。物物上有個天理人欲。」〔註89〕

〔註82〕（宋）黎靖德：《朱子語類》卷78《尚書一・大禹謨》，第2021頁。
〔註83〕（宋）黎靖德：《朱子語類》卷78《尚書一・大禹謨》，第2018頁。
〔註84〕（宋）黎靖德：《朱子語類》卷78《尚書一・大禹謨》，第2011頁。
〔註85〕（宋）黎靖德：《朱子語類》卷78《尚書一・大禹謨》，第2010～2011頁。
〔註86〕（宋）黎靖德：《朱子語類》卷78《尚書一・大禹謨》，第2011頁。
〔註87〕（宋）黎靖德：《朱子語類》卷78《尚書一・大禹謨》，第2011頁。
〔註88〕（宋）黎靖德：《朱子語類》卷78《尚書一・大禹謨》，第2017頁。
〔註89〕（宋）黎靖德：《朱子語類》卷78《尚書一・大禹謨》，第2017頁。

雖然朱熹提出，人心與道心相較，道心爲「先得之」〔註90〕，但這是基於他理先氣後理論的結果，實際上，從邏輯上言，朱熹所說的人心與道心並不存在先後問題，而是表現爲同一過程的兩個方面。「道心、人心，本只是一個物事，但所知覺不同」。〔註91〕「夫人自有生而梏於形體之私，則固不能無人心矣。然而心有得於天地之正，則又不能無道心矣。日用之間，二者並行，迭爲勝負，而一身之是非得失，天下之治亂，莫不繫焉」。〔註92〕又：

> 符舜功問：「學者當先防人欲，正如未上船，先作下水計。不如
> 只於天理上做功夫，人欲自消。」曰：「堯舜説便不如此，只云：『人
> 心惟危，道心惟微。』渠只於兩者交界處理會。堯舜時未有文字，
> 其相授受口訣只如此。」方伯謨云：「人心道心，伊川説，天理人欲
> 便是。」曰：「固是。但此不是有兩物，如兩個石頭樣，相挨相打。
> 只是一人之心，合道理底是天理，徇情慾底是人欲，正當於其分界
> 處理會。五峰云『天理人欲，同行異情』，説得最好。及至理會了精
> 底、一底，只是一個人。」〔註93〕

朱熹進一步指出，人心生於「形氣之私」，發於「耳目之欲」，但以道德價值爲標準加以判斷，人心趨向不是指向惡，而是有善有惡，「人心者，氣質之心也，可爲善，可爲不善」〔註94〕。善惡於人心而言，惡並沒有必然性，只是「人心既從形骸上發出來，易得流於惡」〔註95〕「形氣之私」與「耳目之欲」並不必然導向於惡。而「道心者，兼得理在裏面」，〔註96〕「道心是本來稟受得仁義禮智之心」。〔註97〕天然合乎道德標準，故發與未發時皆爲純粹至善的。

從道德價值出發，朱熹把心分解成人心與道心兩個概念。不過，既然「心一」，那麼，基於心之取向不同的概念分解不妨礙二種取向的互不排斥，「心，只是一個心，只是分別兩邊說，人心便成一邊，道心便成一邊。」〔註98〕「聖

〔註90〕（宋）黎靖德：《朱子語類》卷78《尚書一‧大禹謨》，第2011頁。

〔註91〕（宋）黎靖德：《朱子語類》卷78《尚書一‧大禹謨》，第2010頁。

〔註92〕（宋）朱熹：《晦庵先生朱文公文集》卷36《答陳同甫書》，《朱子全書》，第1586頁。

〔註93〕（宋）黎靖德：《朱子語類》卷78《尚書一‧大禹謨》，第2015頁。

〔註94〕（宋）黎靖德：《朱子語類》卷78《尚書一‧大禹謨》，第2013頁。

〔註95〕（宋）黎靖德：《朱子語類》卷78《尚書一‧大禹謨》，第2011頁。

〔註96〕（宋）黎靖德：《朱子語類》卷78《尚書一‧大禹謨》，第2013頁。

〔註97〕（宋）黎靖德：《朱子語類》卷78《尚書一‧大禹謨》，第2018頁。

〔註98〕（宋）黎靖德：《朱子語類》卷78《尚書一‧大禹謨》，第2012頁。

人以此二者對待而言，正欲其察之精而守之一也。」〔註99〕將心作概念分解，只是爲便於分別善惡，守住道心之善。

總之，朱熹承認心有知覺功能，保證了心與事物的接觸；並且從察守工夫之便著眼，把心作了概念分解，但概念分解不妨礙人心道心爲一。從心爲一的角度出發，靜時則心表現爲形氣與理的共存，動時則表現爲形氣與理的相互掩蔽，從而有了善與惡的表現。

其次，「人心如卒徒，道心如將」與「道心純一」。如前所述，人心道心只是據生成與指向不同而有此名稱之異，人心有惡之傾向且不可無，道心則爲至善。從善之追求出發，朱熹把「人心如卒徒，道心如將」〔註100〕設置爲心的理想境界，以道心控制人心，「人欲也未便是不好，謂之危者，危險，欲墮未墮之間，若無道心以御之，則一向入於邪惡，又不止於危也」。〔註101〕換言之，人心所指「耳目之欲」符合義理則爲正當的，「人心亦未是十分不好底。人欲只是饑欲食、寒欲衣之心爾，如何謂之危？既無義理，如何不危？」〔註102〕在義理的控制下，人心所嚮皆是而非非，但人心不能由此而變爲道心，如有人問：「人心、道心，如飲食男女之欲，出於其正，即道心矣。又如何分別？」朱熹曰：「這個畢竟是生於血氣。」〔註103〕從生成角度言，人心道心不是可以相互轉化的，但從心之發所指向言，人心道心之界限並不分明。朱熹說：

> 饑欲食，渴欲飲者，人心也；得飲食之正者，道心也。須是一心只在道上，少間那人心自降伏得不見。人心與道心爲一，恰似無了那人心相似。只是要得道心純一，道心都發見在那人心上。〔註104〕

「耳目之欲」合於義理，朱熹也把此心稱爲道心。但只是「恰似無了那人心相似」，並不是真無了人心。換言之，「道心純一」爲朱熹心說的最高境界，實際上，「道心純一」就是道心對人心的完全遮蔽。這就要求人有著很強的道德自覺。如朱熹說：

> 人心如船，道心如舵。任船之所在，無所向，若執定舵，則去住在我。〔註105〕

〔註99〕（宋）黎靖德：《朱子語類》卷78《尚書一・大禹謨》，第2018頁。
〔註100〕（宋）黎靖德：《朱子語類》卷78《尚書一・大禹謨》，第2012頁。
〔註101〕（宋）黎靖德：《朱子語類》卷78《尚書一・大禹謨》，第2010頁。
〔註102〕（宋）黎靖德：《朱子語類》卷78《尚書一・大禹謨》，第2009頁。
〔註103〕（宋）黎靖德：《朱子語類》卷78《尚書一・大禹謨》，第2012頁。
〔註104〕（宋）黎靖德：《朱子語類》卷78《尚書一・大禹謨》，第2011～2012頁。
〔註105〕（宋）黎靖德：《朱子語類》卷78《尚書一・大禹謨》，第2009頁。

心之爲物，至虛至靈，常爲一身之主，以提萬事之綱。一不自
覺而馳騖飛揚，以徇物欲於軀殼之外，則一身無主，萬事無綱。雖
其俯仰顧盼之間，蓋已不覺其身之所在，而況能反覆聖言，參考事
物，以求事物至當之歸乎？〔註106〕

道心如船之舵，執定則「去住在我」，而「執」必須一種自覺，換言之，這種
道德自覺就是要求人嚴格遵守前面所言各人之「分」而不逾越。朱熹也說：「有
道心，則人心爲所節制，人心皆道心也」〔註107〕，但不是指人心可以轉化爲
道心，而是由於人心爲道心所遮蔽而顯示出道心而已。如前所述，朱熹「人
心不可無」的斷語已決定了此點。

總之，朱熹對人心道心二者關係設置的境界是「人心如卒徒，道心如將」，
以道心節制人心，其中最佳境界是「道心純一」的境界。不過，「道心純一」並
非消解人心而保留道心，而是以道心遮蔽人心。這是由人心與道心的並存決定的。

（2）「精一」工夫。工夫論指爲達修養目標而必行之實踐著手處。由於
人心道心同存於人，且「日用之間，二者並行，迭爲勝負，而一身之是非得
失，天下之治亂，莫不繫焉」〔註108〕，故修養工夫亦成爲必要。就朱熹來說，
他依據《大禹謨》「十六字心傳」對之作了闡發，他說：

「惟精、惟一」，是兩截工夫：精，是辨別得這個物事；一，是
辨別了，又須守他。巨不辨別得時，更固守個甚麼？若辨別得了又
不固守，則不長遠。惟能如此，所以能合於中道。又曰：「惟精惟一」，
猶「擇善而固執之。」〔註109〕

「精」與「一」是朱熹實踐工夫的兩個階段，具體而言，「精」指辨別工夫，
「一」則指辨別後的執守工夫，二者正像《中庸》「擇善而固執之」。

首先，「察識」與執守。在現實世界中，人不可能不與外界接觸，積極地
去識別人心與道心之別，從而執守道心，更爲現實與普遍的修養方式，「精，
是識別得人心道心；一，是常守得定」〔註110〕。朱熹說：

〔註106〕（宋）朱熹：《晦庵先生朱文公文集》卷 14《甲寅行宮便殿奏箚二》，《朱子
　　　　全書》，第 669～670 頁。
〔註107〕（宋）黎靖德：《朱子語類》卷 78《尚書一‧大禹謨》，第 2011 頁。
〔註108〕（宋）朱熹：《晦庵先生朱文公文集》卷 36《答陳同甫書》，《朱子全書》，第
　　　　1586 頁。
〔註109〕（宋）黎靖德：《朱子語類》卷 78《尚書一‧大禹謨》，第 2010 頁。
〔註110〕（宋）黎靖德：《朱子語類》卷 78《尚書一‧大禹謨》，第 2014 頁。

> 舜禹相傳，只是說「人心惟危，道心惟微；惟精惟一，允執厥中」。只就這心上理會，也只在日用動靜之間求之，不是去虛中討一個物事來。「惟皇上帝降衷於下民」，「天敘有典」，「天秩有禮」，天便是這個道理，這個道理便在日用間。存養，是要養這許多道理在中間，這裏正好著力。〔註111〕

人心道心不是高深莫測的，它存在於日用常行中。能否識別人心道心，就在於能否在日用常行中以理作爲言語行動的標準，而存養就是能否堅持言語行動以理爲標準的一貫性，如此，修齊治平則無一不當，正如朱熹在《答陳同甫書》中所說：「欲其擇之精，而不使人心得以雜乎道心。欲其守之一，而不使天理得以流於人欲。則凡其所行，無一事之不得其中，而天下國家，無所處而不當」。〔註112〕

對理的察識與執守不能沒有人的自覺性的參與，實際上，朱熹在此點上表達的修養工夫就是要人在日用常行間自覺地遵守封建倫理道德的制約。不過，朱熹有時候卻似乎表現出不必著意的傾向，如他曾說「『執中』是無執之『執』。如云『以堯舜之道要湯』，何曾『要』來？」〔註113〕究其實，朱熹不是要取消道德自覺，而是要將道德自覺轉達化爲道德習慣而已。

其次，「虛明安靜」、「誠篤確固」與「警戒無虞」。如前所言，朱熹的工夫論是一種要求道德自覺的理論，不管「精」，還是「一」，都強調內心的心理狀態，如他說：「虛明安靜，乃能精粹而不雜；誠篤確固，乃能純一而無間」。〔註114〕其中，「虛明安靜」就是保持內心對於物欲的排斥，「誠篤確固」（或者說「敬」）則是使心與理一致，二者不是各行其是，而是一個過程的兩個方面。在這種狀態下，不僅「看得禮文分明，不糊塗」〔註115〕，而且「其心潔清而無物欲之污，可以交於神明矣。」〔註116〕

能與物欲割絕，而一以理爲標準是朱熹對人的理想狀態的觀點，但在現

〔註111〕（宋）黎靖德：《朱子語類》卷78《尚書一・大禹謨》，第2015～2016頁。

〔註112〕（宋）朱熹：《晦庵先生朱文公文集》卷36《答陳同甫書》，《朱子全書》，第1586頁。

〔註113〕（宋）黎靖德：《朱子語類》卷78《尚書一・大禹謨》，第2015頁。

〔註114〕（宋）黎靖德：《朱子語類》卷78《尚書一・大禹謨》，第2014頁。

〔註115〕（宋）黎靖德：《朱子語類》卷78《尚書一・舜典》，第2005頁。

〔註116〕（宋）朱熹：《晦庵先生朱文公文集》卷65《雜著・尚書》，《朱子全書》，第3172頁。

實中，人不可能不與外物接觸，這就使物欲的產生成爲可能。爲避免這種情況的發生，朱熹強調「警戒」的作用，他說：

> 當無虞時，須是警戒。所警戒者何？「罔失法度，罔遊於逸，罔淫於樂。」人當無虞時，易至於失法度，遊逸淫樂，故當戒其如此。既知戒此，則當「任賢勿貳，去邪勿疑，疑謀勿成」。如此，方能「罔違道以干百姓之譽，罔拂百姓以從己之欲。」〔註117〕

自覺地避免物欲的侵染，「警戒無虞」實爲保持敬守的一種積極方式。

（二）社會思想

朱熹認爲，《尚書》更多地說政治思想，「若《尚書》，卻只說治國平天下許多事較祥。如《堯典》『克明俊德，以親九族』，至『黎民於變』，這展開是多少！《舜典》又祥」。〔註118〕從《尚書》學對政治思想的發揮是朱熹學術思想的重要方面，其中，「求聖人之心」，及治民事君之義尤爲朱熹所關注〔註119〕。本文即對此試加探析。

（1）天人感應思想。朱熹說：「天人一理，只有一個分不同。」〔註120〕用他的最高哲學範疇「理」把天人統一起來。在天人關係問題上，天人感應思想本是漢代董仲舒等人結合讖緯而捏造的神秘主義思想，有限制君主亂作爲的作用，也有愚弄民眾的特點。對此，朱熹完全繼承並加以發揮。當有人問：『『天視自我民視，天聽自我民聽』，謂天即理也。」朱熹曰：「天固是理，然蒼蒼者亦是天，在上不妨其爲異；知其異，不害其爲同。」〔註121〕當有人把天與理等同時，朱熹承認天有理的特性，但又指出天的自然性，而前者則爲朱熹的天人感應說提供了以理代替天的前提。如：

> 問：「『天道福善禍淫』，此理定否？」曰：「如何不定？自是道理當如此。賞善罰惡，亦是理當如此。不如此，便是失其常理。」
> 又問：「或有不如此者，何也？」曰：「福善禍淫，其常理也。若不如此，便是天也把捉不定了。」又曰：「天莫之爲而爲，它亦何嘗有意？只是理自如此。且如冬寒夏熱，此是常理當如此。若冬熱夏寒，

〔註117〕　（宋）黎靖德：《朱子語類》卷78《尚書一·大禹謨》，第2007頁。

〔註118〕　（宋）黎靖德：《朱子語類》卷78《尚書一·綱領》，第1982頁。

〔註119〕　（宋）黎靖德：《朱子語類》卷78《尚書一·綱領》，第1983頁。

〔註120〕　（宋）黎靖德：《朱子語類》卷78《尚書一·皋陶謨》，第2020頁。

〔註121〕　（宋）黎靖德：《朱子語類》卷79《尚書二·泰誓》，第2039頁。

便是失其常理。」又問：「失其常者，皆人事有以致之耶？抑偶然耶？」曰：「也是人事有以致之，也有是偶然如此時。」又曰：「大底物事也不會變，只是小小底物事會變。」〔註 122〕

天有「賞善罰惡」的特性，朱熹以之爲理之當然，而天有照顧不全處，他歸之爲失其常理，而把天的「賞善罰惡」作爲必然。如此，朱熹賦予天以人的意識，賦予天無上的權威，在朱熹的觀念中天對人事有主宰作用。同時，朱熹指出人事影響而使天「失其常」，但他並不排除非人事造成的天的偶然。實際上，這就爲對天人感應思想的否定打開了缺口，儘管他又以「大底物事也不會變，只是小小底物事會變」的說詞對此加以彌縫。

從《尚書》篇章中，朱熹對他的天人感應思想作了闡發，他更把《洪範》篇作爲天人感應思想的集中體現，「《洪範》卻可理會天人相感。庶徵可驗，以類而應也。秦時六月皆凍死人」。〔註 123〕天人感應思想是一種注重附會的學說，以信仰爲其根基，是非理性的。在宋代理性主義得到大發展的學術風氣下，這是一種不和諧的音符。恰如劉起釪先生對朱子學派《洪範》學的批評：「朱子學派在《洪範》研究中承漢代陰陽方士之說，走向「演範」的方術邪說，爲宋儒《洪範》研究中落後反動的一方（進步正確的一方爲胡瑗、歐陽修、廖偁、蘇轍、曾鞏、王安石等人），因而對《洪範》自不能得到正解」。〔註 124〕

（2）「皇極」。朱熹認爲，《書》「因帝王政事而作」，他把《尚書·洪範》篇中的「皇極」視爲「人君爲治之心法」，〔註 125〕「《洪範》一篇，首尾都是歸從『皇極』上去」。〔註 126〕

朱熹反對自漢以來把《洪範》「皇極」釋爲大中的說法，「『皇極』，非說大中之道。若說大中，則皇極都了，五行、五事等皆無歸著處。」〔註 127〕他把「皇極」釋爲「皇，君也；極，標準也。」〔註 128〕其中，他又把「標準」

〔註 122〕（宋）黎靖德：《朱子語類》卷 78《尚書二·湯誥》，第 2030 頁。

〔註 123〕（宋）黎靖德：《朱子語類》卷 79《尚書二·洪範》，第 2050 頁。

〔註 124〕劉起釪：《日本早期的《尚書》研究》，《尚書研究要論》，齊魯書社，2007 年，第 136 頁。

〔註 125〕（宋）黎靖德：《朱子語類》卷 79《尚書二·洪範》，第 2041 頁。

〔註 126〕（宋）黎靖德：《朱子語類》卷 79《尚書二·洪範》，第 2048 頁。

〔註 127〕（宋）黎靖德：《朱子語類》卷 79《尚書二·洪範》，第 2045 頁。

〔註 128〕（宋）黎靖德：《朱子語類》卷 79《尚書二·洪範》，第 2041 頁。

釋爲：「聖人正身以作民之準則。」〔註129〕「標準立於此，四方皆面內而取法。」〔註130〕如此，「皇極」就是要求君主修己以正人。這就使君主在教化民眾方面承擔了基礎性作用，增加了君主的責任，而「應於事到至善，是極盡了，更無去處」的說教〔註131〕也是對君主的一個限制。總之，由朱熹對「皇極」的解釋來看，他無非是要求君主成爲一個道德上的完美無缺者，以此影響臣民，從而達於治世。

（3）**君臣互敬**。朱熹認爲君臣之間應互敬，如他說：「『同寅協恭』，是言君臣。」〔註132〕「『同寅協恭』，是上下一於敬」。〔註133〕君臣上下應當互敬，這是對君主獨斷的限制，對士大夫政治地位提高要求的體現。

（4）**刑爲德輔**。朱熹提倡教化的作用，但他不排斥刑的作用，只不過教化與刑在治世上有重要性的不同，如他說：「聖人之治，以德爲化民之本，而刑特以輔其所不及者而已」。〔註134〕以德爲主的教化是主要的，刑則起到輔助作用。

刑相對於教化而言，固然有殘忍的一面，但在特殊情況下，它有著教化所不可替代的作用，朱熹舉例說：「如被殺者不令償命，死者何辜！」〔註135〕刑有時是必要的。不過，刑只是手段，而不是目的，用刑也是爲了無刑。朱熹說：「聖人亦不曾徒用政刑，到德禮既行，天下既治，亦不曾不用政刑。故《書》說『刑期於無刑』，只是存心期於無，而刑初非可廢。又曰：『欽哉！惟刑之恤哉！』只是說『恤刑』」。〔註136〕總之，朱熹強調德治，並不否定法治，二者相輔相承。

第二節　蔡沈《書經集傳》研究

蔡沈（公元 1167～1230 年），字仲默，號九峰，福建建陽人，爲朱熹弟

〔註129〕（宋）黎靖德：《朱子語類》卷79《尚書二·洪範》，第 2045 頁。
〔註130〕（宋）黎靖德：《朱子語類》卷79《尚書二·洪範》，第 2046 頁。
〔註131〕（宋）黎靖德：《朱子語類》卷79《尚書二·洪範》，第 2046 頁。
〔註132〕（宋）黎靖德：《朱子語類》卷78《尚書一·皋陶謨》，第 2020 頁。
〔註133〕（宋）黎靖德：《朱子語類》卷78《尚書一·皋陶謨》，第 2020 頁。
〔註134〕（宋）朱熹：《晦庵先生朱文公文集》卷65《雜著·尚書》，《朱子全書》，第 3178 頁。
〔註135〕（宋）黎靖德：《朱子語類》卷78《尚書一·舜典》，第 2002 頁。
〔註136〕（宋）黎靖德：《朱子語類》卷78《尚書一·大禹謨》，第 2009 頁。

子。《書集傳》爲其代表著作〔註137〕。此書在元仁宗延祐年間，被列爲官書，成爲科舉功令，影響流及元明清三代，在中國政治史上佔有一席之地。非僅如此，此書在中國學術史，尤其是《尚書》學史上也有著極爲重要的地位，錢基博先生說：「大抵南宋以前之說書者，多守孔《傳》，而南宋以後之說《書》者，咸本蔡學。逮於清代，據蔡《傳》以攻孔《傳》者，如閻若璩《尚書古文疏證》是也。有據孔《傳》以攻蔡《傳》者，如蕭山毛奇齡西河撰《尚書古文冤詞》是也。有據馬、鄭而攻孔《傳》者，如江聲《尚書集注音疏》，孫星衍《尚書今古文注疏》、王鳴盛《尚書後案》是也。然則，《尚書》家當以鄭注、孔傳、蔡傳爲三大宗矣」。〔註138〕不管是攻還是守，都只能說明《書集傳》在政治與學術史上的重要性。以此，對《書集傳》加以研究不僅可以探討宋代社會與學術發展狀況，而且可以略窺元明清三代的社會發展與學術的關係演變。

一、《書經集傳》的成書與流傳

前文已述，朱熹晚年著手《書說》之作，但年老多病使他並沒能完成，《書集傳》爲蔡沈承其師朱熹之命而作。朱熹曾給蔡沈寫信說：「最是《書》說，未有分付處。因思向日喻及《尚書》文義通貫猶是第二義，直須見得二帝三王之心，而通其所可通，毋強通其所難通。即此數語，便已參到七八分。千萬便撥置此來，議定綱領，早與下手爲佳」。〔註139〕朱熹不但把《書》的闡釋工作交給蔡沈，而且還給蔡沈指定了「文義通貫猶是第二義，直須見得二帝三王之心，而通其所可通，毋強通其所難通」的原則。蔡沈自己也力求「沉潛其義，參考眾說，融會貫通，乃敢折衷。」〔註140〕《書集傳》即是在王安石《尚書義》、蘇軾《書傳》、呂祖謙《書說》、林之奇《尚書全解》的基礎上的自得之作。

慶元五年，朱熹把《尚書》的闡釋工作託付給蔡沈，第二年就去世了，「慶元己未多，先生文公令沈作《書集傳》。明年，先生歿。」直到嘉定二年，《書

〔註137〕除《書集傳》外，蔡沈《尚書》學著作還有《洪範皇極內篇》，主要以象數解經。可參侯外廬、邱漢生、張豈之主編：《宋明理學史》，第 529～538 頁。
〔註138〕錢基博：《古籍舉要》，第 32 頁。
〔註139〕（宋）朱熹：《晦庵先生朱文公文續集》卷 3《答蔡仲默》，《朱子全書》，第 5206 頁。
〔註140〕（宋）蔡沈：《書經集傳》序，第 1 頁。

集傳》才完成，「又十年，始克成編，總若干萬言」。〔註141〕此間，朱熹在其生年的最後一年，還抱病多次對《書集傳》加以訂正，如蔡沈在《書集傳》序中就說：「二典三謨，先生蓋嘗是正，手澤尚新」，「先生改本，已附文集中。其間亦有經承先生口授指畫，而未及盡改者，今悉更定。」〔註142〕由《書集傳》成書過程來看，《書集傳》實爲朱熹與蔡沈二人之作，而蔡沈作了大部分，「君（蔡沈）……從文公遊。文公晚年訓傳諸經略備，獨《書》未及爲整，環視門生，求可付者，遂以屬君。君沉潛反覆數十年然後克就其書。考序文之誤，訂諸儒之說，以發明二帝三王群聖賢用心之要，《洪範》、《洛誥》、《泰誓》諸篇往往有先儒所未及者」。〔註143〕。

　　宋理宗年間，蔡沈子蔡杭奉上《書集傳》於朝廷，「《書集傳》六卷，《小序》一卷，《朱熹問答》一卷。」〔註144〕其中，「《問答》一卷久佚。」繆荃孫所見明經廠本「首有仲默自序，次書圖，次《朱子說書綱領》，次《書序》。」〔註145〕元仁宗延祐年間，朝廷定《書集傳》與朱熹《詩集傳》、《周易口義》及胡安國《春秋傳》等並爲科舉功令。此後，《書集傳》代替了孔穎達基於孔《傳》的《尚書正義》而在科舉上占統治地位，歷元明清三代。

二、蔡沈《書經集傳》的考據特點

　　如其師朱熹，蔡沈在《書集傳》中對《尚書》篇章都注有「今文無，古文有」或「今古文皆有」的字樣，對一些篇章疑僞，但又不明確其僞。清儒皮錫瑞解釋說：「疑孔《傳》始於吳棫。朱子繼之，……。蔡《傳》不從師說，殆因其序以傳心爲說；傳心出虞廷十六字，不敢明著其僞乎！」〔註146〕如前所言，朱熹對《尚書》一些篇章也是疑而不決，其因則是「恐倒了六經」。在此點上，蔡沈與其師並無不同，皮氏之說有其道理。

　　對《尚書》的理學化闡釋是理學家們的共同特點，蔡沈亦不例外，這就

〔註141〕　（宋）蔡沈：《書經集傳》序，第 1 頁。

〔註142〕　（宋）蔡沈：《書經集傳》序，第 1 頁。

〔註143〕　（宋）眞德秀：《九峰先生墓表》，載《潭陽蔡氏九儒書》卷 5，福建省建陽市蔡氏九儒學術研究會、福建省蔡襄學術研究會濟陽柯蔡委員會聯合出版，第 235 頁〔此書無出版時間〕。

〔註144〕　（宋）蔡杭：《上書經集傳表》，《潭陽蔡氏九儒書》卷 8，第 360 頁。

〔註145〕　（清）繆荃孫等：《嘉業堂藏書志》卷 1，上海：復旦大學出版社，1997 年，第 135 頁。

〔註146〕　（清）皮錫瑞：《經學歷史》，第 235 頁。

影響了他解《尚書》的客觀公正性。後人批評說：「蔡沈作《書傳》，多變更事實，不可爲訓。」〔註147〕儘管如此，但如侯外廬等先生所說：「(《書集傳》)糾正了不少前人的誤解，發表了不少個人的獨出新義，並且十分精確。」《四庫》館臣評價則較爲中允：「朱子之說《尚書》主於通所可通，而闕其所不可通，見於語錄者不啻再三，而沈於《殷盤》《周誥》一一必求其解，其不能無憾也固宜。然其疏通證明，較爲簡易，且淵源有自，大體終醇。」〔註148〕

就考據方法言，蔡沈反對先儒釋《洛誥》「復子明辟」爲周公攝政而返政成王，以爲「先儒謂成王幼，周公代王爲辟，至是反政成王，故曰：『復子明辟』。夫有失，然後有復。武王崩，成王立，未嘗一日不居君位，何復之有哉！」〔註149〕利用史實否認先儒之說，但他非出於文獻價值的維護，而更多地出於封建統治秩序的維護，「王莽居攝，幾傾漢鼎，皆儒者有以啓之，是不可以不辨。」〔註150〕遵循朱熹借《尚書》闡發「二帝三王之心」的教導。

三、《書經集傳》的義理詮釋

蔡沈對《尚書》有極高評價：「二帝三王治天下之大經大法，皆載此書」。並進而言：「二帝三王之治本於道，二帝三王之道本於心，得其心則道與治固可得而言矣。……求心之要，捨是書何以哉？」〔註151〕以此，以《尚書》爲依據而作義理闡發也成爲其《書集傳》的一大特色。

（一）天理論

蔡沈作爲朱熹的弟子，理的觀念無疑在其思想觀念中占著突出的地位。他說：「理無往而不在，」〔註152〕肯定理的普遍性與永恆性。如其他理學家一樣，他也賦予理以倫理道德的色彩，「五教：父子有親，君臣有義，夫婦

〔註147〕陳延傑：《經學概論》，第110～112頁。
〔註148〕（清）永瑢、紀昀主編《四庫全書總目提要》，第71頁。亦可參侯外廬、邱漢生、張豈之主編《宋明理學史》，第524～527頁；劉起釪：《尚書學史》，第244頁。陳良中從蔡沈《書集傳》對朱子《尚書》學的繼承、補充、修改、背離及原因等方面作了論述。可參陳良中：《朱子〈尚書〉學研究》（華東師範大學2007年博士論文），第155～166頁。
〔註149〕（宋）蔡沈：《書經集傳》卷5《洛誥》，第149頁。
〔註150〕（宋）蔡沈：《書經集傳》卷5《洛誥》，第150頁。
〔註151〕（宋）蔡沈：《書經集傳》序，第1頁。
〔註152〕（宋）蔡沈：《書經集傳》卷2《胤征》，第63頁。

有別，長幼有序，朋友有信。以五者當然之理，而爲教令也」。〔註153〕

　　理的普遍與永恒的特性使它不可能有產生之源，但蔡沈說：「天者，理之所從出也」，〔註154〕，「天者，典常之理所自出。」〔註155〕似乎天爲理之源。蔡沈認爲，天有著主宰作用，「自其遍覆言之謂之天，自其主宰言之謂之帝。《書》或稱天，或稱帝，各隨所指，非有重輕」。〔註156〕不過，這僅增加了理的神秘性而已，即把理等同於原有著神秘性的天，「天命，即天理也。」〔註157〕同時，也把人爲的應然的封建倫理道德規範變成爲必然。

　　理的神秘性的獲得與天理的形成，給蔡沈運用中國傳統中的天人感應論提供了方便。在此基礎上，蔡沈強調人事與天之間有著某種感應，他說：「今世之匹夫匹婦，一念誠孝猶足以感格鬼神，顯有應驗，而況於周公之元聖乎？是固不可謂無此理也」。〔註158〕不過，與以前天人感應說不同的是，蔡沈承認天人感應的存在，但不認爲天人之間的感應有著必然的聯繫，「天命無常，理亂安危，相爲倚伏」。〔註159〕這就消弱了天的作用，而相應地增加了對人的主體性的認同。

（二）心性論

　　（1）心。現實中的人不能沒有血氣，也不能不與外物接觸，蔡沈不否認此點。但他認爲，正是由於人有血氣，有欲望指向外物，「出於人心之本然」之理才不能顯現，「五者之理，出於人心之本然，非有強而後能者。自其拘於氣質之偏，溺於物欲之蔽，始有昧於其理，而不相親愛，不相遜順者」。〔註160〕氣質造成理的隱而不彰。

　　蔡沈借《尚書・大禹謨》「人心惟危，道心惟微」一語又說：

　　　　心者，人之知覺，主於中而應於外者也。指其發於形氣者而言，
　　則謂之人心；指其發於義理而言，則謂之道心。人心易私而難公，
　　故危；道心難明而易昧，故微。惟能精以察之，而不雜形氣之私，

〔註153〕（宋）蔡沈：《書經集傳》卷1《舜典》，第13頁。

〔註154〕（宋）蔡沈：《書經集傳》卷4《康誥》，第1330頁。

〔註155〕（宋）蔡沈：《書經集傳》卷3《仲虺之誥》，第66頁。

〔註156〕（宋）蔡沈：《書經集傳》卷5《君奭》，第165頁。

〔註157〕（宋）蔡沈：《書經集傳》卷5《無逸》，第160頁。

〔註158〕（宋）蔡沈：《書經集傳》卷4《金縢》，第123頁。

〔註159〕（宋）蔡沈：《書經集傳》卷1《益稷》，第33頁。

〔註160〕（宋）蔡沈：《書經集傳》卷1《舜典》，第12頁。

> 一以守之，而純乎義理之正，道心常爲之主，而人心聽命焉，則危
>
> 者安，微者著。動靜云爲，自無過不及之差，而信能執中矣。〔註161〕

心有知覺功能，人通過心與物接觸，且心決定著人的言語行動。心有兩種狀態，一是從心有血氣屬性且與外物接觸言稱之爲人心，人心有導向於私的可能，二是從心以義理爲標準言稱之爲道心，道心是至公無私的。蔡沈對心的理想狀態的看法是「不雜形氣之私，一以守之，而純乎義理之正」，如此，他實際上把心的血氣屬性及與外物接觸的特性消除，而只保留心的思維特性與義理標準，正是以此得以達到「自無過不及之差，而信能執中」的境界。

蔡沈在《康誥》「王曰：『宅心知訓，……弘於天，若德裕乃身，不廢在王命。」一語下又說：

> 天者，理之所從出也。康叔博學以聚之，集義以生之，眞積力
>
> 久，眾理該通，此心之天理所從出者，始恢廓而有餘用矣。若是則
>
> 心廣體胖，動無違禮，斯能不廢在王之命也。〔註162〕

「眾理該通」則「動無違禮」，把維護封建統治秩序的禮作爲理在社會實踐中的落實。如此，蔡沈關於心的最高理想（道心）就是人的思維時刻以禮爲標準，從而達到社會秩序的定安與封建統治秩序的穩定。現實中，人不可能只保留道心而不要人心，蔡沈對此以「道心常爲之主，而人心聽命」的命題作了協調，也就是說，人在意識不管立足於血氣還是指向外物，都要以禮作爲限制而不可逾越。

從蔡沈對心的論證來看，當人能夠眞正達到「道心常爲之主，而人心聽命焉」的境界時，實際上也達到了他的「滅人欲，存天理」的目的，即「人欲消熄，天理流行，會極歸極，有不知其所以然而然者。」〔註163〕他的人心道心的設置與「滅人欲，存天理」目的本是一脈相承的。

（2）性情。蔡沈認爲：「天之降命，而具仁義禮智信之理，無所偏倚，所謂衷也。人之稟命，而得仁義禮智信之理，與心俱生，所謂性也」。〔註164〕性爲天命在人，表現爲「仁義禮智信之理」，性即爲理，把封建倫理道德內化。同時，隨天命，性「與心俱生」，一方面說明理對心的必要性，另一方面也說

〔註161〕（宋）蔡沈：《書經集傳》卷1《大禹謨》，第21頁。
〔註162〕（宋）蔡沈：《書經集傳》卷4《康誥》，第133頁。
〔註163〕（宋）蔡沈：《書經集傳》卷4《洪範》，第117頁。
〔註164〕（宋）蔡沈：《書經集傳》卷3《湯誥》，第69頁。

明蔡沈把性等同於心之道心。如此，性不是一個虛懸之物，而可以通過心的活動而表現出來，使性更具有現實的可把握性。

蔡沈又說：「夫天生民有欲，以情言也。上帝降衷於下民，以性言也」。〔註165〕欲對於常人而言，是必然的，更主要地體現在人心與外物接觸時，蔡沈稱之爲情，而與天命在人的性並存。情是人心發動的一種狀態。在此意義上，蔡沈與其師朱熹「心統性情」的說法沒有二致。

（三）聖人觀與修養工夫

蔡沈將人分成三等，有「合併爲公，私意不立」的聖人，〔註166〕有「未合於善，不陷於惡」的中人，〔註167〕當然，第三等則爲「陷於惡」，純是私意的人。這種三分法並沒有新義，唐韓愈已有之，但與當時理學家的善性人人皆有的說法相比卻顯得有些陳舊。與其他理學家「人人皆可爲堯舜」的說法也不同，蔡沈認爲：「聖人設教，欲中人以上，皆可能也。」〔註168〕把中人以下的人都放棄了。這就產生了惡人會繼續流於惡而不止的問題，聖人也不能眞正達到公了。此點且置勿論。以下繼續以蔡沈的思路來分析他的修養論。

與其他道德說教者相同，蔡沈也主張：「變惡爲善」〔註169〕而達於「人欲消熄，天理流行，會極歸極，有不知其所以然而然者」〔註170〕的境地，或者說聖人境界。對此，蔡沈如其師一樣，主張持敬工夫，「敬則誠實無妄，視聽言動一循乎理，好惡用捨不違乎天」。〔註171〕讓內心無一毫之私，「一循乎理」，從而達於「天與我一」〔註172〕的聖人境界。

（四）「二帝三王之道」

蔡沈在《書集傳》序中說：「《書》豈易言哉？二帝三王治天下之大經大法，皆載此書。」〔註173〕《書集傳》更主要地是爲君主提供治天下之道。

（1）天人關係論。蔡沈在《洪範》「休徵」、「咎徵」下釋曰：

〔註165〕（宋）蔡沈：《書經集傳》卷3《湯誥》，第69頁。
〔註166〕（宋）蔡沈：《書經集傳》卷3《仲虺之誥》，第67頁。
〔註167〕（宋）蔡沈：《書經集傳》卷4《洪範》，第116頁。
〔註168〕（宋）蔡沈：《書經集傳》卷4《洪範》，第116頁。
〔註169〕（宋）蔡沈：《書經集傳》卷1《堯典》，第2頁。
〔註170〕（宋）蔡沈：《書經集傳》卷4《洪範》，第117頁。
〔註171〕（宋）蔡沈：《書經集傳》卷5《召誥》，第146頁。
〔註172〕（宋）蔡沈：《書經集傳》卷5《召誥》，第146頁。
〔註173〕（宋）蔡沈：《書經集傳》序，第1頁。

> 在天爲五行，在人爲五事。五事修，則休徵各以類應之；五事
> 失，則咎徵各以類應之，自然之理也。然必曰某事得，則某休徵應。
> 某事失，則某咎徵應，則亦膠固不通，而不足與語造化之妙矣。天
> 人之際，未易言也。失得之幾，應感之微，非知道者孰能識之哉！
> 〔註174〕

蔡沈一方面通過五行與五事的相應把天人聯繫起來，承認人事的吉凶禍福可
以天降災祥加以顯示；另一方面又指出天譴說並沒有必然性，不過，蔡沈沒
有否定天譴說，而是認爲「知道者」是可以認識到的。如此，蔡沈對天人感
應必然性的否定，只是爲吉凶禍福的不相應保留餘地而已，並且也增加以其
天人感應學說運用的靈活性。實質上，他是宣揚天人感應的。如他釋《胤征》
「先王克謹天戒，臣人克有常憲，百官修輔，厥後惟明明」說：

> 天戒，日蝕之類。謹者，恐懼修省以消變異也。常憲者，奉法
> 修職以供乃事也。君能謹天戒於上，臣能有常憲於下；百官之眾，
> 各修其職以輔其君，故君內無失德，外無失政，此其所以爲明明後
> 也。又按，日蝕者，君弱臣強之象，后羿專政之戒也。羲和掌日月
> 之官，黨羿而不言，是可赦乎？〔註175〕

天出現異常現象時，君主應當「謹天戒於上」，「恐懼修省以消變異」。於此，
蔡沈天人感應說的用意十分明顯，就是限制君主的行爲，使君主司其職而不
亂作爲。雖然，天人感應學說是漢代神秘主義的遺留，但與宋代其他一些學
士大夫一樣，蔡沈沒有更好的限制君主的手段，只能借助於神秘之天的力量
來限制有著至高權力的君主。

（2）君主論。人人皆具善性，自不必治而治，但如前所言，人與人之間
並非相同的，由於稟受的不同而使人表現出千差萬別，尤其是欲的存在使人
有善性而難順，社會難治。蔡沈認爲，君師正以此而成爲必要，「由其理之自
然，而有仁義禮智信之行，所謂道也。……以稟受而言，則不無清濁純雜之
異，故必待君師之職，而後能使之安於其道也」。〔註176〕不過，蔡沈認識到了
對民眾的治理使君主成爲必要，但他沒有進一步強調民眾意志在君主產生問
題上的作用，而是把民眾僅作爲被治理的受動者，把君權歸結爲神秘的天的

〔註174〕（宋）蔡沈：《書經集傳》卷4《洪範》，第119頁。
〔註175〕（宋）蔡沈：《書經集傳》卷2《胤征》，第63頁。
〔註176〕（宋）蔡沈：《書經集傳》卷3《湯誥》，第69頁。

賦予，「人君代天理物，庶官所治，無非天事」。〔註177〕這仍是中國傳統的「君權神授」說的翻版。

蔡沈在《泰誓》的釋詞中又說：

> 大哉乾元，萬物資始；至哉坤元，萬物資生。天地者，萬物之
> 父母也。萬物之生，惟人得其秀而靈，具四端，備萬善，知覺獨異
> 於物，而聖人又得其最秀而最靈者，天性聰明，無待勉強，其知先
> 知，其覺先覺，首出庶物，故能爲大君於天下，而天下之疲癃殘疾
> 得其生，鰥寡孤獨得其養。舉萬民之眾，無一而不得其所焉，則元
> 後者，又所以爲民之父母也。夫天地生物而厚於人，天地生人而厚
> 於聖人，其所以厚於聖人者，亦惟欲其君長乎民，而推天地父母斯
> 民之心而已。天之爲民如此，則任元後之責者，可不知所以作民父
> 母之義乎？〔註178〕

聖人是天地生物「最秀而最靈者」，「無待勉強」而自然合乎理，是君主的最佳人選。換言之，蔡沈對君主的理想就是以聖人爲君主，從而達於「舉萬民之眾，無一而不得其所」的社會大治狀態。蔡沈聖君合一的君主論實承於其師朱熹，如朱熹曾說：「天子，必是天生聖哲爲之。」〔註179〕再者，天授權於聖人爲君以治民，其治民之法就是「推天地父母斯民之心」。「天地者，萬物之父母也」，天地把萬物視爲子女，蔡沈主張的就是君主對民眾的慈愛，一種以愛爲根基的仁政，「人君之於天下，仁而已矣。仁者，君之所依也。」〔註180〕

蔡沈主張君主以仁政治民，也強調君主自身的修養，他釋《洪範》「皇極」說：「皇極者，君之所以建極也。……人君治天下之法，是孰有加於此哉！」且把皇釋爲「君」，把極釋爲「標準之名」。與其師朱熹一樣，都是把皇極釋爲君主立標準之義。他接著又說：

> 言人君當盡人倫之至，語父子，則極其親，而天下之爲父子者
> 於此取則焉；語夫婦，則極其別，而天下之爲夫婦者於此取則焉；
> 語兄弟，則極其愛，而天下之爲兄弟者於此取則焉。以至一事一物

〔註177〕　（宋）蔡沈：《書經集傳》卷1《皋陶謨》，第26頁。
〔註178〕　（宋）蔡沈：《書經集傳》卷4《泰誓上》，第100頁。
〔註179〕　（宋）黎靖德：《朱子語類》卷4《性理一・人物之性氣質之性》，第81頁。
〔註180〕　（宋）蔡沈：《書經集傳》卷5《多方》，第173頁。

之接，一言一動之發，無不極其義理之當然，而無一毫過不及之差，
則極建矣。極者，福之本；福者，極之效。極之所建，福之所集也。
人君集福於上，非厚其身而已，用敷其福以與庶民，使人人觀感而
化，所謂敷錫也；當時之民，亦皆於君於之極，與之保守，不敢失
墜，所謂錫保也。言皇極君民，所以相與者如此也。〔註181〕

君主建極就是遵守父子、夫婦、兄弟等等的「三綱五常」，以之爲「義理之當
然」。君主不但要以此「厚其身」，而且要「使人人觀感而化」。在這裡，蔡沈
通過他的皇極觀念明確地表達了他要求從君主以身作則起下至民眾都要遵守
封建的道德規範，從而達到「無一毫過不及之差」。人君皇極得建，且人人效
法，自然也可以達到理學家們經常提到的「存天理，滅人欲」的目的，蔡沈
則把天理人欲的問題也囊括進他的皇極觀中，「人欲消熄，天理流行，會極歸
極，有不知其所以然而然者。……後世此意不傳，皇極之道，其不明於天下
也宜哉！」〔註182〕如此，社會得以大治爲自然之理。

（3）**君民關係論**。蔡沈把民眾作爲政治的被動對象放在了他的政治視野
中，但政治不能忽視民眾的反作用，蔡沈也不能不注意到這一點。他說：

天地以萬物爲心，人君以萬民爲心，故君人者，要當以民之怨
詈爲己責，不當以民之怨詈爲己怒。以爲己責，則民安而君亦安；
以爲己怒，則民危而君亦危矣。〔註183〕

民眾情緒的變化是政治得失的反映，君主對此當反省自身而不能進一步助長
不良情緒的繼續發展。這是社會至治的重要條件。蔡沈指出：「人君不能爲民
圖安，是亦虐之也。」〔註184〕「大君當謹其所居之位，敬修其所可願欲者。
苟有一毫之不善生於心，害於政，則民不得其所者多矣」。〔註185〕實際上，蔡
沈還是主張君主一切當以理爲標準施政，「天人一理，通達無間。民心所存，
即天理之所在。」〔註186〕

蔡沈指出：「君之與民，以勢而言，則尊卑之分，如霄壤之不侔；以情而
言，則相須以安，猶身體之相資以生也。故勢疏則離，情親則合。以其親，

〔註181〕（宋）蔡沈：《書經集傳》卷4《洪範》，第115～116頁。
〔註182〕（宋）蔡沈：《書經集傳》卷4《洪範》，第117頁。
〔註183〕（宋）蔡沈：《書經集傳》卷5《無逸》，第163頁。
〔註184〕（宋）蔡沈：《書經集傳》卷3《盤庚中》，第85頁。
〔註185〕（宋）蔡沈：《書經集傳》卷1《大禹謨》，第22頁。
〔註186〕（宋）蔡沈：《書經集傳》卷1《皋陶謨》，第27頁。

故謂之近；以其疏，故謂之下。言其可親而不可疏之也」。〔註187〕如其他封建士大夫一樣，蔡沉重視等級的不可逾越，但他也認識到了民眾作用，在一些地方，他更指出：「民者國之本，本固而後國安。本既不固，則雖強如秦，富如隋，終亦滅亡而已矣」。〔註188〕把民眾作爲國家之本。這與當時重民思想的流行是一致的。也正是在此意義上，蔡沉指出「君失人心，則爲獨夫」。〔註189〕儘管蔡沉承認「君權神授」說，給君主帶上神聖的光環，但他對民眾的重視也給君主的行爲加了一層限制。

君主應對民眾足夠重視，不僅表現在愛民，注意傾聽民眾的聲音，而且還應積極地對民眾加以引導。蔡沉說：「中者，天下之所同有也，然非君建之則民不能自中。而禮義者，所以建中者也。義者，心之裁制；禮者，理之節文。以義制事，則事得其宜；以禮制心，則心得其正。內外合道而中德立矣」。〔註190〕君主與民眾具備善性，這就爲君主對民眾的引導提供了基礎。君主對民眾的引導就是要使民眾順守作爲理之體現的禮義，在禮義的規範下言語行動。實際上，蔡沉的說教無非是要民眾遵守封建的倫理道德，以維持社會秩序的穩定。

（4）君臣關係論。君權神授，君主作爲國家的最高統治者，權力是獨佔的，而臣的篡權往往致於政治的混亂。蔡沉說：「疆理宇內，乃人君之事，非人臣之所當專者，故曰弼成」。〔註191〕臣的職責就是輔佐君主行政。不過，臣不能只是消極地聽命於君主，而應發揮其積極主動性，助理君主，達於至治。蔡沉說：「人臣樂於趨勢赴功，則人君之治，爲之興起，而百官之功皆廣也」。〔註192〕

（5）明德謹罰。蔡沉指出：「帝王之法，隨時制宜」。〔註193〕君主執政應根據形勢的變化而作出相應的變化，但如前所述，他最理想的政治就是仁政，蔡沉歸結爲明德與謹罰，「明德，仁之本也。謹罰，仁之政也」。〔註194〕德教與刑罰是軟硬不同的兩種治理手段，德教傾向於從思想上加強對人的影

〔註187〕（宋）蔡沉：《書經集傳》卷2《五子之歌》，第61頁。
〔註188〕（宋）蔡沉：《書經集傳》卷2《五子之歌》，第61頁。
〔註189〕（宋）蔡沉：《書經集傳》卷2《五子之歌》，第61頁。
〔註190〕（宋）蔡沉：《書經集傳》卷3《仲虺之誥》，第68頁。
〔註191〕（宋）蔡沉：《書經集傳》卷1《益稷》，第31頁。
〔註192〕（宋）蔡沉：《書經集傳》卷1《益稷》，第33頁。
〔註193〕（宋）蔡沉：《書經集傳》卷1《舜典》，第16頁。
〔註194〕（宋）蔡沉：《書經集傳》卷5《多方》，第173頁。

響，而刑罰則體現爲對人的身體的摧殘。對於強調愛人的理學家，當然不會偏重對人的肉體施加壓力的手段，他們更傾向於以德教爲主，蔡沈也說：「聖人之治，以德爲化民之本，而刑特以輔其所不及而已」。〔註195〕

就明德而言，蔡沈說：「德者，善之總稱；善者，德之實行。一者，其本原統會者也。德兼眾善，不主於善，則無以得一本萬殊之理；善原於一，不協於一，則無以達萬殊一本之妙」。〔註196〕明德的根據就是「理一分殊」，而明德也實指明理而言，即要求人人能遵守理，一切以理爲標準行事。

刑雖爲德之輔，但它作爲可能對人的肉體造成損害的手段，不是理學家們極力主張的，刑只不過作爲治世的不得已的手段。蔡沈指出：「夫刑，兇器也。而謂之祥者，刑期無刑，民協於中，其祥莫大焉」。〔註197〕對刑罰的實行是手段而無目的，其目的則爲無刑，完全實行德治。

〔註195〕（宋）蔡沈：《書經集傳》卷1《大禹謨》，第20頁。
〔註196〕（宋）蔡沈：《書經集傳》卷3《咸有一德》，第79頁。
〔註197〕（宋）蔡沈：《書經集傳》卷6《呂刑》，第205頁。

第九章　象山學派《尚書》學

第一節　陸九淵《尚書》學

陸九淵（公元 1139～1193 年），字子靜，學者稱爲象山先生，江西撫州金溪人，南宋心學學派的創始人。南宋時，陸九淵崛起於江西而與朱熹在學術上並峙。在中國學術思想史上，陸九淵有著獨特的地位。由於陸九淵思想特點的影響，他並沒有專門著作留世，但以經爲依託而作思想闡發的時代特點使陸九淵在《尚書》學的研究上亦有自己的特點。

一、「六經注我，我注六經」

當有人問陸九淵爲何不著書時，他回答說：「六經注我，我注六經。」〔註 1〕「六經注我，我注六經」是兩種不同的經典詮釋方式，前者注重詮釋主體，而後者注重詮釋對象，二者截然相反。於陸九淵而言，他更看重前者，如有人問他「胡不注六經」時，他說：「六經注我，我何注六經」。〔註 2〕明確指出「六經注我」，我不注六經，一切以「我」爲主。不過，陸九淵的「六經注我」是有前提的，即「學苟知本，六經皆我注腳」。〔註 3〕「知本」可達於「六經皆我注腳」；反之，則不可。具體而言，正如張岱年先生所言：「（陸九淵）所

〔註 1〕　（宋）陸九淵：《陸九淵集》卷 34《語錄上》，第 399 頁。
〔註 2〕　（宋）陸九淵：《陸九淵集》卷 36《年譜》，第 522 頁。
〔註 3〕　（宋）陸九淵：《陸九淵集》卷 34《語錄上》，第 395 頁。

謂『六經注我』，其本意是說，六經都是對於我心中之理的解釋。」〔註4〕知「心中之理」即可達「六經皆我注腳」。

在「六經注我」的觀念下，陸九淵承認「六經」爲聖人所編次，「《春秋》《易》《詩》《書》經聖人手」。〔註5〕但他不視經爲絕對正確，更不崇拜經之傳注，「聖人之言自明白，且如弟子入則孝，出則弟，是分明說與你入便孝，出便弟，何須得傳注。學者疲精神於此，是以擔子越重。到某這裡，只是與他減擔，只此便是格物」。〔註6〕不重傳注，更注重踐履的必要性。需注意的是，陸九淵不注重傳注，不是說他不要傳注，有時，他也說「須先看古注」，但也是爲最終得到理的基礎而已，「大概先須理會文義分明，則讀之其理自明白。」〔註7〕

陸九淵不重經典，「自得、自成、自道，不倚師友載籍」。〔註8〕並不表示他不需要經典，「束書不觀，遊談無根」，〔註9〕「聖賢垂訓，師友切磋，但助鞭策耳」。〔註10〕我對理的獲得不需依賴經典，但經典並不是絕對沒有意義，它可以印證我心中之理，從而達到對心中之理的堅信。陸九淵以其「心即理」的觀念爲基礎，認爲反身自求即可識理，當然不需經籍。不過，如果沒有經籍，僅靠反身自省方式去悟得，只能顯得陸九淵的空疏，正如朱熹對他的批評那樣。陸九淵以經典印證理的強調一定程度上有利於彌補他的理論的空疏處。

就經典而言，陸九淵對理的重視，使經典淪於輔助地位，且偏重於經中之理，「讀書固不可不曉文義，然只以曉文義爲是，只是兒童之學，須看意旨所在」。〔註11〕書中的字詞原義只是爲得到意旨的手段。因此，承如張岱年先生所說：「講義理之學者，有完全忽視考據的，如陸九淵。」〔註12〕總之，陸九淵對待經典的態度，對於打破對經典的崇拜而從實際出發達於眞理有重要意義，但又不免有輕視間接經驗而僅注重直接經驗之弊。

〔註4〕 張岱年：《張岱年全集》第8卷，石家莊：河北人民出版社，1996年，第350頁。
〔註5〕 （宋）陸九淵：《陸九淵集》卷35《語錄下》，第434頁。
〔註6〕 （宋）陸九淵：《陸九淵集》卷35《語錄下》，第441頁。
〔註7〕 《陸九淵集》卷34《語錄上》，第408～409頁。
〔註8〕 《陸九淵集》卷35《語錄上》，第452頁。
〔註9〕 《陸九淵集》卷34《語錄上》，第419頁。
〔註10〕 《陸九淵集》卷5《與舒元賓》，第66頁。
〔註11〕 《陸九淵集》卷35《語錄下》，第432頁。
〔註12〕 張岱年：《張岱年全集》第8卷，第353頁。

二、陸九淵的《尚書》觀

陸九淵認爲：「吾之深信者《書》」。〔註13〕紹熙年間，他在知荊門軍期間，還曾講《尚書·洪範》篇。《尚書》主要記載堯舜三代事跡，宋儒多以此時爲理想時代。陸九淵也指出：「上古道義素明，有倡斯和，無感不通，只是家常茶飯」。並進而對「今人既惑於利祿，又蔽於邪說」〔註14〕的現象提出批評。

陸九淵又說：「《尚書》一部，只是說德」。〔註15〕他舉例說：「《皋陶謨》、《洪範》、《呂刑》，乃傳道之書」。〔註16〕「《洪範》『有猷』是知道者，『有爲』是力行者，『有守』是守而不去者，曰『予攸好德』，是大有感發者」。〔註17〕「《大禹謨》一篇要領，只在『克艱』兩字上」。〔註18〕

就「道」與「德」而言，陸九淵認爲，《尚書》較《詩》、《春秋》有前導性與完整性，如他說：「《大稚》是綱，《小稚》是目，《尚書》綱目皆具」。〔註19〕「觀《書》到《文侯之命》，道已淹沒，《春秋》所以作」。〔註20〕

除把《尚書》作爲道德載體外，陸九淵還認爲《尚書》是中國學術史中一些重要概念的首起者，如「天之一字，是皋陶說起」。〔註21〕即在中國哲學史中有著重要作用的概念「天」最早始於《尚書·皋陶謨》篇。

三、陸九淵《尚書》學的義理闡發

（一）「心即理」

固然，陸九淵思想的典型特點就是他的「心即理」，在他對《尚書》文句發表評論時，往往滲透著他的心學理論。他釋《洪範》「皇極」說：

> 皇，大也：極，中也。《洪範》九疇，五居其中，故謂之極。是極之大，充塞宇宙，天地以此而位，萬物以此而育。……凡民之生，均有是極，但其氣稟有清濁，智識有開塞。……實論五福，但當論

〔註13〕《陸九淵集》卷34《語錄上》，第403頁。
〔註14〕《陸九淵集》卷10《書·與胡無相》，第133頁。
〔註15〕《陸九淵集》卷35《語錄下》，第431頁。
〔註16〕《陸九淵集》卷35《語錄下》，第474頁。
〔註17〕《陸九淵集》卷35《語錄下》，第472頁。
〔註18〕《陸九淵集》卷35《語錄下》，第432頁。
〔註19〕《陸九淵集》卷35《語錄下》，第434頁。
〔註20〕《陸九淵集》卷35《語錄下》，第434頁。
〔註21〕《陸九淵集》卷34《語錄上》，第398頁。

人一心。此心若正，無不是福；此心若邪，無不是禍。……皇極在
《洪範》九疇中，乃《洪範》根本。……《洪範》一篇著在《尚書》，
今人多讀，未必能曉大義。若其心正，其事善，雖不曾識字，亦自
有讀書之功。其心不正，其事不善，雖多讀書，有何所用？用之不
善，反增罪惡耳。〔註22〕

把「皇極」釋爲「大中」是漢代以來的說法，陸九淵對此沒有改變，但當他
進一步解讀「大中」時，則以他的心學理論爲依據把無過不及之中換成了以
「理」釋「中」。如他在上述材料中說「是極之大，充塞宇宙，天地以此而位，
萬物以此而育」，而在其他地方他也說：「此理充塞宇宙，天地鬼神且不能違，
況於人乎？」〔註23〕「極」同於「理」甚明。從他的「四方上下曰宇，往古
來今曰宙」之語來看，宇宙是一個表示時空的概念，而理的「充塞宇宙，天
地以此而位，萬物以此而育」的特點說明理在時空上是無限的，而對天地萬
物則有著主宰性，有著明顯的本體化傾向。同時，從上述材料還可見，陸九
淵把心作爲人之禍福的關鍵，且又說：「皇極之建，彝倫之敘，反是則非，終
古不易。是極是彝，根乎人心，而塞乎天地」。〔註24〕理也是必當遵守，「終
古不易」的。如此，理與心對事物的發展趨勢都有著決定作用，二者的關係
則體現爲理「根乎人心，而塞乎天地」。雖然陸九淵認爲理「根乎人心」，但
他在《敬齋記》中說：「心之所爲，猶之能生之物」〔註25〕，心類於能生，實
不能生。如此，陸九淵的心與理只能是一種不可分離的關係，換言之，他的
「心即理」的「即」實爲相即不離的意思〔註26〕。陸九淵就是用他的這樣一
種「心即理」的理論爲依據來釋《尚書》的，他的《尚書》言論有著明顯的
心學特點。

（二）「人心惟危，道心惟微，惟精惟一，允執厥中」

（1）人心道心。「人心惟危，道心惟微，惟精惟一，允執厥中」是《尚
書·大禹謨》中的一句話，宋儒對此語都相當關注且有不同的解釋。二程等

〔註22〕 《陸九淵集》卷23《講義·荊門軍上元設廳皇極講義》，第283～285頁。
〔註23〕 《陸九淵集》卷11《與吳子嗣》，第147頁。
〔註24〕 《陸九淵集》卷22《雜著·雜說》，第269頁。
〔註25〕 《陸九淵集》卷19《敬齋記》，第228頁。
〔註26〕 拙作《談陸九淵的「心即理」》曾對此問題作過一個探討。可參張建民：《談
陸九淵的「心即理」》（《西北大學學報（哲社版）》，2009年第2期）。

將此中人心道心解爲「人心，人欲；道心，天理」，陸九淵批評指出，此說有將心二分之嫌。如他說：

> 《書》云：「人心惟危，道心惟微。」解者多指人心爲人欲，道心爲天理，此說非是。心一也，人安有二心？自人而言，則曰惟危；自道而言，則曰惟微。罔念作狂，克念作聖，非危乎？無聲無臭，無形無體，非微乎？〔註27〕

心只有一個，不可以將心二分。人以血氣構成基礎，「凡民之生，均有是極，但其氣禀有清濁，智識有開塞」，〔註28〕且心與外物相接，易於表現出欲望；當人面對欲望時，能否在念慮處以道爲標準，是狂聖之別的關鍵，「念慮之正不正，在頃刻之間。念慮之不正者，頃刻而知之，即可以正。念慮之正者，頃刻而失之，即是不正。此事皆在其心」。〔註29〕以此，心本一，從易於趨向欲望的角度言，心稱之爲人心，而從以道爲標準的角度言，心稱之爲道心。在這種狀態下，人的道德自覺成爲必不可少的，「道心之微，無聲無臭，其得其失，莫不自我」。〔註30〕

（2）「精一」修養論。陸九淵強調：「惟精惟一，須要如此涵養」。〔註31〕「精一」是他的主要修養工夫。對此，陸九淵具體解釋說：

> 知所可畏而後能致力於中，知所可必而後能收斂於中。夫大中之道，固人君之所當執也。然人心之危，罔念克念，爲狂爲聖，由是而分。道心之微，無聲無臭，其得其失，莫不自我。曰危，曰微，此亦難乎其能執中矣，是所謂可畏者也。苟知夫危，微之可畏也如此，則亦安得而不致力於中乎？毫釐之差，非所以爲中也，知之苟精，斯不差矣。須臾之離，非所以爲中也，守之苟一，斯不離矣。惟精惟一，亦信乎其能執厥中矣，是所謂可必者也。苟知夫精一之可必也如此，則亦安得而不收效於中乎？知所可畏而致力於中，則舜禹之所以相授受者豈苟而已哉？〔註32〕

〔註27〕《陸九淵集》卷34《語錄上》，第395～396頁。
〔註28〕《陸九淵集》卷23《講義‧荊門軍上元設廳皇極講義》，第283～285頁。
〔註29〕《陸九淵集》卷22《雜著‧雜說》，第270頁。
〔註30〕《陸九淵集》卷32《拾遺‧人心惟危道心惟微惟精惟一允執厥中》，第378～379頁。
〔註31〕《陸九淵集》卷35《語錄下》，第455頁。
〔註32〕《陸九淵集》卷32《拾遺‧人心惟危道心惟微惟精惟一允執厥中》，第378～379頁。

其中，中即指理而言。「精」指對理的瞭解，「一」則指對理的執守，而對理的瞭解為執守的前提。在此點上，陸九淵與其他理學家並無不同，只不過，他所說的瞭解更傾向於悟而已。

其中，對理的執守實際上就是要求對理的時常注意，正如其他理學家經常所言的「敬」〔註33〕。陸九淵反對敬的過分著意，他說：

> 《書》言：「日嚴祇敬六德」，又言：「文王之敬忌」，又曰：「周不克敬典」，《詩》言：「敬天之渝」，又言：「敬之敬之」，又言：「聖敬日躋」，《論語》言：「敬事而信」，又言：「修己以敬」，孟子言：「敬王」、「敬兄」，未嘗有言「持敬」者。〔註34〕

強調敬的優游自然。不過，沒有著意自不可達到自然，陸九淵此說不免躐等之嫌。

（三）從《尚書》學看陸九淵的社會思想

由於陸九淵沒有專門著作，關於《尚書》的言論也不多，故難以確切地對其《尚書》學加以研究，以下謹據其隻言片語略窺其社會思想的特點。

（1）社會理想。陸九淵在社會理想上推崇唐虞三代，認為：「唐虞三代之時，道行乎天下」，但他也指出，「道行乎天下」並不意味著據道而治，「夏商叔葉，去治未遠，公卿之間，猶有典刑。伊尹適夏，三仁在商，此道之所存也。周歷之季，跡熄澤竭，人私其身，士私其學，橫議蜂起」。〔註35〕道在夏商周三代仍得以延存，卻只能表現在臣的身上，而未能與君主結合，顯示出道衰的跡象。三代以後時代的人欲橫流與士私其學的學風則將道淹沒了。總之，陸九淵從道之存亡與行否的角度闡述了他的社會理想，他追求著道存而行的社會，且從中也可看出，他也希望道與君的結合。

（2）君主論。陸九淵釋《堯典》「命羲和」一事說：「蓋人君代天理物，不敢不重。後世乃委之星翁、歷官，至於推步、迎策，又各執己見以為定法」〔註36〕。這是一種「君權神授」說的老調，並沒有什麼新奇，卻顯示了陸九淵皇權主義的色彩。

〔註33〕如馮友蘭先生說：「『敬』即『注意』」。參馮友蘭：《哲學的精神》（西安：陝西師範大學出版社，2008年），第108頁。

〔註34〕《陸九淵集》卷1《書・與曾宅之》，第6頁。

〔註35〕《陸九淵集》卷19《記・荊國王文公祠堂記》，第231頁。

〔註36〕《陸九淵集》卷35《語錄下》，第431頁。

（3）重民思想。陸九淵批評三代以下「人主之職分不明」，卻讚揚孟子的「民爲貴，社稷次之，君爲輕。」，以爲「此卻知人主職分」〔註37〕。表現出他的民本思想。但陸九淵的重民思想強調的也是民眾的整體力量，如他說：「夫民合而聽之則神，離而聽之則愚，故天下萬世自有公論」〔註38〕。對民眾輿論的關注是必要的，其間也潛含著對民眾疾苦的關心與對民眾力量的畏懼。如呂祖謙等人的重民思想一樣，陸九淵重民思想也應當是基於對宋代社會的深切體會。

第二節　楊簡《五誥解》研究

楊簡（公元 1141～1226 年），字敬仲，浙江慈谿人，陸九淵弟子，對心學作了進一步的發展而入於禪。陸九淵提倡「六經注我」而不重注書，致使門弟子問學無憑據。鑒於此，陸氏門弟子較重注書，楊簡《尚書》學著作即有《五誥解》，「此書世久失傳，《文淵閣書目》作一冊，焦竑《經籍志》作一卷，朱彝尊《經義考》以爲未見」；《四庫》本爲「從《永樂大典》各韻中，按條薈萃，惟缺《梓材》一篇，餘皆章句完善，謹依經文前後，釐爲四卷，而《五誥》之名，則仍而不改。」〔註39〕《五誥解》不是對《尚書》全書的注釋與議論，之所以如此，《四庫》館臣解釋說：「昔韓愈稱周誥『佶屈聱牙』。宋儒如呂祖謙《書說》亦先釋周誥而後及虞夏商《書》。蓋先通其難通者，則其餘易於究尋。簡作是書，惟解《康誥》以下五篇，亦是意也」。〔註40〕呂祖謙是否如此，前已有證明，而楊簡僅對《尚書》五篇作說或出於此意。

一、考訂經文與「兼綜群言」

就考據角度言，《四庫》館臣說：「（《五誥解》）當《字說》盛行之後，喜穿鑿字義，爲新奇之論。措辭亦迂曲委重，未能暢所欲言。」〔註41〕不過，細究楊簡對《尚書》的考訂，也有較合理之處，如他釋《康誥》「要囚」說：

〔註37〕《陸九淵集》卷 34《語錄上》，第 403 頁。
〔註38〕《陸九淵集》卷 34《語錄上》，第 399 頁。
〔註39〕（清）朱彝尊：《點校補正經義考》卷 95《書・楊氏書五誥解》下引，第 609 頁。
〔註40〕（清）永瑢等編《四庫全書總目提要》卷 11《五誥解》下，第 71 頁。
〔註41〕（清）永瑢等編：《四庫全書總目提要》卷 11《五誥解》下，第 71 頁。

「要囚者，獄之囚辭已定而將斷之也。服膺思念自五、六日或至於旬時，謂至十日左右也。十日曰旬。孔安國謂三月。簡思其意誠爲慎重，恐太過不可行。行安國之說則服念三月乃斷，則終歲僅斷四罪，非周公本旨也」。〔註42〕或鑿或適，皆體現了《五誥解》考訂經文的特點。

再者，如《四庫》館臣所言：「先卜黎臣水，用鄭康成、顧彪之說；封康叔時未營洛邑，用蘇氏《書傳》之說；『復子明辟』之訓詁、『圻父薄違』之句讀，用王氏《書義》之說；又能兼綜群言，不專主一家之學矣」。〔註43〕顯示出楊簡並非以己意爲是，而是能吸取他人的長處而爲己所用。

二、推本心學，自抒心得

楊簡受學於陸九淵，以心學解經也成爲他的經學的重要特點，《五誥解》就是他以心學解經的著作。如《四庫》館臣評價說：「簡受學於陸九淵，如舉新民保赤之政，推本於心學；又當《字說》盛行之後，喜穿鑿字義，爲新奇之論，措辭亦迂曲委重，未能暢所欲言。然如《康誥》『惠不惠，懋不懋』則歸重於君；身服念旬時，則疑《孔傳》三月爲久；《酒誥》『厥心疾狠』，指民心而言；《召誥》『顧畏於民碞』，謂民愚而神，可畏如碞險；《洛誥》『公無困哉』，謂困有倦勤之意；皆能駁正舊文，自抒心得」。〔註44〕此觀點也爲後來學者所繼承〔註45〕。

（一）「心即道」與「不起意」

首先，「心即道」。楊簡認爲：「此心即道。……變化云爲，無方無體，如日月之光，初無思爲而無所不照。」。〔註46〕如其師陸九淵「心即理」的觀點相類，楊簡提出「心即道」。其中，「心」雖不可被感知，但在空間上是無限的，在時間上是永恒的。這是楊簡對有「思爲」特點的意識的強調。

〔註42〕（宋）楊簡：《五誥解》卷1《康誥》，叢書集成初編本，上海：商務印書館，1936年，第12頁。

〔註43〕（清）永瑢等編：《四庫全書總目提要》卷11《五誥解》下，第71頁。

〔註44〕（宋）楊簡：《五誥解》提要，第1頁。

〔註45〕如錢基博先生評價說：「顧亦有運實於虛，暢發心學者，如宋楊簡之《五誥解》四卷、袁燮之《絜齋家塾書鈔》十二卷，提撕本心，其傳原出陸九淵：是亦一大派」。可參錢基博《古籍舉要》，第33頁。周予同先生則說：「楊簡作《五誥解》，承沿陸說，間以心學釋《書》」。可參周予同：《群經概論》，載《周予同經學史論著選集》，第232頁。

〔註46〕（宋）楊簡：《五誥解》卷1《康誥》，第6頁。

楊簡又說：「人心本靜止而不動，喜怒哀樂視聽言動皆其變化。如鑑中生萬象而鑑無思為，惟動乎私意，故至昏亂」。〔註47〕其中，「意」的指出說明楊簡以心有知覺能力，可以指向事物。人的心理意識的原初狀態是不指向任何事物的，但有著指向任何事物的潛能，而意識的混亂也就出現在心指向事物時。換言之，人心處於原初狀態寂然不動時，一切皆在其中而無私意；人心發動時，則私意也相伴而生。也正以此，楊簡說：「明者，人心所自有，惟多昏，故為非僻」。〔註48〕

有時，楊簡用「道心」表示心的原初狀態，「人心即道心」，〔註49〕他又說：

> 惟道心無體無我，惟有光明照物。苟微動乎意，即有差失矣。
> 道心發用，刑殺劋剔乃變化，如秋冬之霜雪，如水鑑之照物，無容
> 有意也，微動乎意，即致怨讟。〔註50〕

道心，從實體言，不可感知的，從意識言，沒有一毫私意；但它又從不脫離萬事萬物。這是心的原初狀態。當「道心發用」，意念產生，心與外物接觸時，私意可能隨之而生，「微動乎意，即致怨讟。」

「心即道」，且心處於動靜的不同狀態出現公與私的不同結果，楊簡有時把這種不同結果歸結為「道二，是與非而已矣。」〔註51〕但公私與是非的判斷不能不有一個標準，楊簡定之為封建的倫理道德規範，比如：「敬孝者，即道心」。〔註52〕如此，楊簡的「心即道」實指心與道的不分離，從而通過誇大心的功能以維持封建道德規範的不受侵犯，達到維持社會秩序穩定的目的。

其次，「不起意」。楊簡指出：「人心自善自正自明自神」。〔註53〕固然，人心本善，但不指向事物的人心是蒙昧主義的說教。楊簡承認人心可指向事物，不過，楊簡以心的寂然不動的原初狀態為最佳狀態，而認為意念起處則有公有私，在此基礎上，他要求修養工夫主要體現為對心的原初狀態的執守，反對「起意」，「宅心者，安乎本心。心既安而不起意，則能知古人之訓旨矣」。

〔註47〕　（宋）楊簡：《五誥解》卷1《康誥》，第5頁。
〔註48〕　（宋）楊簡：《五誥解》卷2《酒誥》，第30頁。
〔註49〕　（宋）楊簡：《五誥解》卷3《召誥》，第41頁。
〔註50〕　（宋）楊簡：《五誥解》卷1《康誥》，第11頁。
〔註51〕　（宋）楊簡：《五誥解》卷2《酒誥》，第29頁。
〔註52〕　（宋）楊簡：《五誥解》卷3《召誥》，第45頁。
〔註53〕　（宋）楊簡：《五誥解》卷2《酒誥》，第28頁。

〔註 54〕固然，意念不起則可以完全杜絕私意的產生，但在此狀態下，人也成為「活屍首」，並不符合社會的需要。

楊簡有時又說：「宅心之久，純粹精一，則能合乎天矣」。〔註 55〕其中「精一」就是對封建道德規範的專注，楊簡也用其他理學家所常用的「敬」來表達此一概念，「人心即道心，惟放逸則失之。以敬治道心，為治之大」。〔註 56〕時刻把注意力集中於封建道德規範而不放逸，則防止了道心之失。至此，可以說，楊簡的「不起意」實際偏向於「不起私意」，即他不杜絕人心與事物的接觸，但主張在接觸時應自覺以封建道德規範為標準，「汝自覺汝心有不順即改而為順，自覺此心有不勤即勉而為勤，無可待也。使稍有期待之心即非，狹理之至」〔註 57〕。

（二）政治思想

（1）君主論。楊簡是封建等級制度的維護者，是一個皇權主義者，如他認為：「君命臣行，義也」。〔註 58〕君主是最高決策者，臣只是執行者，君臣各司其職，是正當的。

君主的高高在上，往往造成君主獨斷現象的發生，楊簡主張「君命臣行」，但他也主張臣對君有所限制，如他說：「惟哲王乃畏相。畏相，即文王之敬忌，即經德秉哲」。〔註 59〕按楊簡的觀念，宰相為君命的最高執行者，而擁有最高決策權的君主能對宰相有所畏懼，相應地，在決策的執行中，宰相就有了一定的政治主體性，從而能夠發揮其積極能動性，推動政治的有效發展。

楊簡又說：「君天下者，其職輔民彝性而已，無他事也」。〔註 60〕把君主的職責限定為輔助民眾常性的彰顯。「民心無常，善則稱善，一失其道，即日生怨」，〔註 61〕這就使君主的職責越發有必要性。而「民有常性，本善」，君主就是引導民眾從事善言善行，而杜絕不善現象的發生，「使善者知所勸，惡者知所懲而已」。〔註 62〕

〔註 54〕（宋）楊簡：《五誥解》卷 1《康誥》，第 5 頁。
〔註 55〕（宋）楊簡：《五誥解》卷 1《康誥》，第 6 頁。
〔註 56〕（宋）楊簡：《五誥解》卷 3《召誥》，第 41 頁。
〔註 57〕（宋）楊簡：《五誥解》卷 1《康誥》，第 9 頁。
〔註 58〕（宋）楊簡：《五誥解》卷 4《洛誥》，第 59 頁。
〔註 59〕（宋）楊簡：《五誥解》卷 2《酒誥》，第 31 頁。
〔註 60〕（宋）楊簡：《五誥解》卷 4《洛誥》，第 58 頁。
〔註 61〕（宋）楊簡：《五誥解》卷 2《酒誥》，第 33 頁。
〔註 62〕（宋）楊簡：《五誥解》卷 4《洛誥》，第 59 頁。

（2）「人事所成即天命」。與強調天人感應說的學士大夫不同，楊簡認為：「人事所成即天命」。〔註 63〕比如說：「民心無常，善則稱善，一失其道，即日生怨。小人難保如此。天視自我民視，天聽自我民聽，天命之去來由人心之向背也」。〔註 64〕民眾的心理傾向決定天命的顯晦。不過，民眾心理傾向不是單個人的意志的簡單相加，而是體現為絕大多數人的共同意願，「夫國之所以能久長者，以馨香之德上聞也。今下民疾怨之聲群以荒酒之罪聞於上天，使天欲不降喪，其何愛於殷而任其荒逸乎？……天視自我民視，觀茲益信」。〔註 65〕正是這種共同意願決定著天命。這是楊簡重民思想的體現，也是當時許多學士大夫們的普遍觀念。

楊簡又說：「天命明哲，皆人自修致之，故曰自貽」。〔註 66〕天命對君主造成的結果與君主自身的作為直接相關，加強自身修養成為君主的必要。從其「心即道」的觀念出發，楊簡認為，君主加強修養主要就是執守其道心，「紂之所以至此者，以不知明命也。明命即道心，失其道心則無所不至矣」。〔註 67〕能守道心則天命自至。也就是說，君主應當按照封建倫理道德規範，恪盡職守，順導民心，社會必然至治。在這裡，楊簡借用傳統的「天命」概念，但又賦以不同於傳統的內容，形成對君主的一個限制，也利於使君主重視民情利害。

第三節　袁燮《絜齋家塾書鈔》研究

袁燮（公元 1144～1224 年），字和叔，浙江鄞縣人，陸九淵傳人，學者稱絜齋先生。雖他與楊簡同師陸九淵，但二人學術各有特點，清儒全祖望說：「慈湖之與絜齋不可連類而語，慈湖泛濫夾雜，而絜齋之言有繩矩」〔註 68〕。就《尚書》學而言，袁燮有《絜齋家塾書鈔》，為「喬崇謙錄其家庭所聞，至《君奭》而止。」〔註 69〕非袁燮所手作，但亦可反映其學術特點。作為陸氏

〔註 63〕（宋）楊簡：《五誥解》卷 4《洛誥》，第 51 頁。
〔註 64〕（宋）楊簡：《五誥解》卷 1《康誥》，第 8 頁。
〔註 65〕（宋）楊簡：《五誥解》卷 2《酒誥》，第 33～34 頁。
〔註 66〕（宋）楊簡：《五誥解》卷 3《召誥》，第 46 頁。
〔註 67〕（宋）楊簡：《五誥解》卷 2《酒誥》，第 33 頁。
〔註 68〕（清）黃宗羲：《宋元學案》卷 75《絜齋學案》，全祖望修補，第 2525 頁。
〔註 69〕（宋）陳振孫：《直齋書錄解題》卷 2《絜齋家塾書鈔》十卷下，第 33 頁。

弟子，袁燮此書不免心學解經特色，已爲學者指出〔註70〕。較全面概括此書特點的是《四庫》館臣所說：「燮之學出陸九淵，是編大旨在於發明本心，反覆引申，頗能暢其師說。而於帝王治跡，尤參酌古今，一一標舉其要領。王應麟發明洛閩文學，多與金溪殊軌，然於燮所解『警戒無虞』諸條，特採入《困學紀聞》中，蓋其理至足，則異趣者亦不能易也。」〔註71〕不僅指出袁氏《書鈔》的心學特點，而且指出其政治哲學，尤「帝王治跡」的特色，僅惜於籠統，以下對此加以具體論述。

一、「運實於虛，暢發心學」

（一）心與理

如其師陸九淵一樣，袁燮也講心與理，「大抵徹上徹下，只是一理，只是一心，高而爲上帝，卑而爲下土，皆此理此心而已」〔註72〕。袁燮所講的心與理與陸九淵所講沒有什麼區別，都是普遍的、永恒的本體。

袁燮又說：

> 凡是人便有這心，所謂人心道心者，良心也。人心危而難安，道心微而難明。所謂道心只是此心之識道理者，人心日與物接則易爲物所誘。孟子所謂「物交物則引之而已矣。」或動於喜怒，或牽於寶貴，或移於聲色，安得而不危？然方其喜怒之萌，反而以道理觀之，其當喜耶？不當喜耶？當怒耶？不當怒耶？方其聲色之接，反而以道理觀之，其當好耶？不當好耶？是非美惡，昭然甚明，所以知此是非者誰與？此正吾之本心，此所謂道心也，只是道心隱微不著。〔註73〕

「人心天心一而已矣。」〔註74〕人心道心本爲一心，二者只是心處於不同狀

〔註70〕 如錢基博先生說：「顧亦有運實於虛，暢發心學者，如宋楊簡之《五誥解》四卷、袁燮之《絜齋家塾書鈔》十二卷，提撕本心，其傳原出陸九淵；是亦一大派」。可參錢基博：《古籍舉要》，第 33 頁。言語中有贊許之色，但錢先生對其學術特點的概括仍較簡略。

〔註71〕 （清）永瑢等編：《四庫全書總目提要》卷11《絜齋家塾書鈔》下，第 71 頁。

〔註72〕 （宋）袁燮：《絜齋家塾書鈔》卷 7，文淵閣四庫全書（57 冊），上海：上海古籍出版社，1987 年，第 786 頁。

〔註73〕 （宋）袁燮：《絜齋家塾書鈔》卷 2，文淵閣四庫全書（57 冊），第 674～675 頁。

〔註74〕 （宋）袁燮：《絜齋家塾書鈔》卷 2，文淵閣四庫全書（57 冊），第 674 頁。

態下的不同名稱，即道心是心指向道理時的名稱，而人心則是心與物接時的名稱。人心由於「易爲物所誘」，也易於產生欲望，而控制欲望的辦法則是當心與事物相接時「反而以道理觀之」，以道理作爲判斷標準，或是或非，了然明白。道理標準的實行同靠本心知覺功能來加以保證，「所以知此是非者誰與？此正吾之本心，此所謂道心也」。在此點上，袁燮的觀點與朱熹的「人心如卒，道心如將」的觀點有相類處。

（二）氣

袁燮說：

> 萬物盈於宇宙之間，皆天地之所生，人亦天地間一物爾，而惟人最靈，大抵稟氣之全者則爲人，稟氣之偏者則爲物。惟全故明，惟偏故昏。〔註75〕

> 人之一身皆是血氣，血氣聚面爲形體，而耳目之官不思，所以易得爲物所誘而溺於逸欲。〔註76〕

在其師陸九淵那裡，「心」的地位被強調，「理」與「氣」依然被沿襲，不過，「氣」並沒有被陸九淵過多地強調。袁燮則明確指出，萬物都是稟氣而生的，氣成爲萬物生成的本體基礎。如果說楊簡從觀念上完全拋棄了氣，使陸九淵的心本論色彩更爲徹底的話，那麼袁燮則進一步發展了氣的觀念，使陸九淵的心本論走向多元化。在這裡，袁燮有與其師陸九淵背弛的趨向，爲了協調這一矛盾，擡高心的地位，袁燮用了類於佛家的語言，企圖取消氣的存在。袁燮說：

> 天人本是一致，何以見天人本一致？只緣此心無天人之殊，天得此心而爲天，地得此心而爲地，人得此心而爲人。今但爲形體所隔，遂見有如此差別，試靜而思之，所謂形體者安在？我之形體猶是無有，而又何有天人之異乎！〔註77〕

但袁燮對氣的取消的論證顯得如此無力，他不能眞正解決其理論體系中的衝突。

〔註75〕　（宋）袁燮：《絜齋家塾書鈔》卷8，文淵閣四庫全書（57冊），第808頁。
〔註76〕　（宋）袁燮：《絜齋家塾書鈔》卷3，文淵閣四庫全書（57冊），第689頁。
〔註77〕　（宋）袁燮：《絜齋家塾書鈔》卷2，文淵閣四庫全書（57冊），第673頁。

（三）人性論——「受天地之中」與氣質

袁燮強調理對於人的先天固有，也承認氣對人的不可或缺，但他又極力避免與其師說的偏離，這就使他的人性論也有了調和的色彩，他說：

> 大抵人之性雖一，而人之氣稟各不同，夫受天地之中以生，此性安有二，然其稟山川之氣，與夫時日之殊，則氣質不能無偏。〔註78〕

性是唯一的，「受天地之中以生」，是純粹至善的，或者說，借張載、程朱的語詞可以表達爲「天地之性」或「天命之性」，但袁燮只承認此性爲性，並沒有承認「氣質之性」爲性，不過，他還是借用了「氣質」一詞表達人性中的不同處。這種對師說的維護也使得他在人性論上顯得牽強，與他在氣的理論上一樣陷入了同樣的問題。

（四）修養工夫

如其他理學家一樣，袁燮也主張追求聖人境界，他認爲聖人「胸中無一毫私欲蔽塞，見諸政事一一皆當道理，皆合人心，舉天下皆尊仰之，皆稱頌之，是以其光華充塞天地」。〔註79〕能達到無一毫私欲，純以天理爲準，自可至聖人境界。達此之工夫則如下：

（1）**敬勤**。袁燮說：

> 修身之道必貴乎謹，戰戰兢兢，如臨深淵，如履薄冰，此所謂謹也。〔註80〕

> 聖人之所以爲聖，只有一個勤，才不勤便有間斷，才間斷便有過失……九仞之山欠了一簣，便不成這山，十分功夫欠了一分，豈能至於聖？然非爲足此一簣便住，足此一分便了，若了，此心便非聖人之心。〔註81〕

> 警戒之念不忘，則法度自不至於失墜。自一身而言，動容周旋中禮，一身之法度也，一身之法度即天下之法度也。〔註82〕

〔註78〕（宋）袁燮：《絜齋家塾書鈔》卷1，文淵閣四庫全書（57冊），第655頁。
〔註79〕（宋）袁燮：《絜齋家塾書鈔》卷1，文淵閣四庫全書（57冊），第638頁。
〔註80〕（宋）袁燮：《絜齋家塾書鈔》卷3，文淵閣四庫全書（57冊），第681頁。
〔註81〕（宋）袁燮：《絜齋家塾書鈔》卷10，文淵閣四庫全書（57冊），第847頁。
〔註82〕（宋）袁燮：《絜齋家塾書鈔》卷2，文淵閣四庫全書（57冊），第663頁。

（2）「虛明洞達」與知覺。袁燮說：

> 聰明不是尋常小小智慧，此心虛明洞達，無一毫人欲之私，這
> 是聰明。〔註83〕

心「虛明洞達」從而使心不被遮蔽，從而達到「無一毫人欲之私」。他又說：

> 仁與聰明若不相似，然其實一也。四肢偏痹謂之不仁，此心有
> 毫釐窒礙便是不仁，便是不聰明。孔門學者急於求仁，求仁所以求
> 聰明也。此是學問最親切處。〔註84〕

對知覺的強調與敬是相輔相承的，強調的是意識對理的專注。

二、「帝王治迹」

（一）「天人一致」〔註85〕

袁燮說：

> 此心虛明無所障蔽，則天人之際豈不相與流通而無間哉？此無
> 他，惟其本一而已矣。〔註86〕

心的思維能力是無限的，以此，心與天之間沒有任何界限，可以相與流通。
同時，心的無限特性也使它具有了與天地等同的特點。不過，袁燮仍然把天
地與心視爲二物，但又視二者可以結合，使心居於無所不在的地位。袁燮說：

> 天人本是一致，何以見天人本一致？只緣此心無天人之殊，天
> 得此心而爲天，地得此心而爲地，人得此心而爲人。今但爲形體所
> 隔，遂見有如此差別，試靜而思之，所謂形體者安在？我之形體猶
> 是無有，而又何有天人之異乎？此可見天人之異也。惟其心之本一，
> 故人主失德則譴見於天。堯舜之世固無失德感召災異之理，然天象
> 示變在我，自當惕然警戒，恐懼修省。必是我有未是，所以致此也。
> 義理之學至微，不可有毫釐之隔。如天人一致之理，必須洞然通徹，
> 直無疑可也。〔註87〕

〔註83〕（宋）袁燮：《絜齋家塾書鈔》卷1，文淵閣四庫全書（57冊），第630頁。

〔註84〕（宋）袁燮：《絜齋家塾書鈔》卷1，文淵閣四庫全書（57冊），第638頁。

〔註85〕侯外廬等先生指出，袁燮「天人一理」的思想「比較深刻地說明了世界萬物
的統一性」，「從他的推論中可以看出唯心論所遇到的不可解決的困難。」可
參侯外廬等：《宋明理學史》，第601頁。

〔註86〕（宋）袁燮：《絜齋家塾書鈔》卷7，文淵閣四庫全書（57冊），第786頁。

〔註87〕（宋）袁燮：《絜齋家塾書鈔》卷2《大禹謨》，文淵閣四庫全書（57冊），第
673頁。

在這裡，袁燮取消了形體（或氣）的存在，把人想像成只是一個心，並通過心使天人達於一致。固然，此心沒有了人在現實中的能力限制而具有無所不能的境界，但此心顯然是只能存在於想像中而不存在於現實中的。袁燮「天人一致」的論證是他借傳統的「天人感應」模式強調在心的基礎上的理的重要性，使理的先驗存在更為合理，使理的規範性成為必然。這也是當時以理論性更強的理代替神秘性的天來論證天人關係的觀點之一。

（二）「君民一體相須」

袁燮說：

> 君民本一體相須之義，初無尊卑之殊。苟見己之為尊，民之為卑，便是此心不一處，何者？當其見己之為尊，民之為卑，其心必侈然自大，吾之本心初未嘗有侈然自大也，本心未嘗有而外加益焉，非不一乎？〔註88〕

「本心初未嘗有侈然自大」、「未嘗有而外加益焉」，心本一，君民並不例外。以此為基礎，袁燮否定君尊民卑的社會現象，強調「君民本一體相須」。與「天人一致」的論證一樣，這是他的心的理論的邏輯發展，是對社會等級制度的抨擊，對社會平等的要求。其中，袁燮所謂「君民一體相須」中的「相須」則指「君民一體也，民固不可無君，君亦不可無民。天下之民所以安居而暇食，優游以生死，果誰之力乎？人君之為也。是無民，君固不能相養也，民為邦本，本固邦寧，君而無民豈能獨立於上？」〔註89〕君的存在使民得以安居樂業，民的存在使邦寧君安。君主是社會安定的創造者，民眾則是國家安定與君主存在的前提。對社會與國家而言，君主有它的必要性，而民眾則是必不可少的基礎。袁燮「君民一體相須」的思想的進一步發展就是君主由民眾以平等的身份推舉出來治理國家，為民眾服務。以此，袁燮「君民一體相須」的思想是對當時依然存在的「君權神授」說的極大衝擊，有著極為重要的現實意義。

也正是在他「君民一體相須」的思想基礎上，袁燮批評了後世出現「君尊民卑」現象的危險，他說：

〔註88〕（宋）袁燮：《絜齋家塾書鈔》卷5《咸有一德》，文淵閣四庫全書（57冊），第761頁。
〔註89〕（宋）袁燮：《絜齋家塾書鈔》卷5《太甲中》，文淵閣四庫全書（57冊），第747頁。

　　廣詢於人固不可無君，君亦不可無民。自後世爲勢位所惑，遂
　見君尊民卑，才見民卑便有輕視天下之心，才有輕視天下之心，便
　是危亡之機也。孟子曰：「民爲貴，社稷次之，君爲輕。」周官司寇
　獻民數於王，王拜而受之。古人敬民何至如此？蓋彼不爲勢位所惑，
　深知君臣相須之理，見之也明，是以畏之也。至伊尹告太甲曰：「民
　非后罔克，胥匡以生。后非民罔以辟四方。」伊尹亦深見此理，所
　以並而言之，須還是堯舜三代之時。漢唐治世猶有遺意，是以一女
　子之言能除肉刑之法，君臣猶未甚隔絕也。降及後世，君臣之間且
　不相接，況於民乎？所以閭閻疾苦之人皆莫之知。〔註90〕

「君尊民卑」的出現，使人「爲勢位所惑」而失其本心，致使社會陷於危機。
袁燮理想的社會狀態是君「敬民」、畏民而「不爲勢位所惑」，「君民一體相須」。
不過，袁燮認爲這種理想的社會狀態在堯舜三代之時存在過，漢唐治世尚保
留有某些痕跡，其後就不存在了。這是對宋代社會現狀的猛烈抨擊，是對宋
代等級制度下社會現實的強烈不滿。「君民一體相須」思想的進一步發展就是
對人人平等的要求，與宋代社會危機時農民起義中提出的「等貴賤，均貧富」
的口號有著某種程度的一致性，是代表下層人民而發出的呼聲。

（三）敬民與養民

　　袁燮抱著對「君民一體相須」的理想社會的追求，抨擊了宋代社會不平
等的現實，而主張重視民眾。如傳統儒家一樣，他強調道德教化對治世的作
用，他認爲：

　　民受天地之中以生，人心皆有此中也。〔註91〕

　　惟其心足以風動天下，民協於中，能使天下皆爲皇極之民。

〔註92〕

　　使之日入於善而不自知是之謂和。〔註93〕

民眾皆具善性，具備教化治世的基礎。如孔子「君風民草」之喻一樣，他認
爲教化可以治世，且可具「日入於善而不自知」之特點。這正是儒家對德問
題的強調。但袁燮對德有不同的理解，他指出：

〔註90〕　（宋）袁燮：《絜齋家塾書鈔》卷2，文淵閣四庫全書（57冊），第676頁。
〔註91〕　（宋）袁燮：《絜齋家塾書鈔》卷2，文淵閣四庫全書（57冊），第670頁。
〔註92〕　（宋）袁燮：《絜齋家塾書鈔》卷2，文淵閣四庫全書（57冊），第670頁。
〔註93〕　（宋）袁燮：《絜齋家塾書鈔》卷2，文淵閣四庫全書（57冊），第666頁。

> 人主之治天下，皆政也，然必根源於德方是善政。只是外面做
> 事有不本於德者，未足言善政也。所謂善政，只在養民。養之一字
> 意味深長，使天下皆在生育之中，如天地之養物，且萬物盈於宇宙
> 間，皆天地養之之功也……予之以粟帛，結之以恩惠，未足爲養也。
> 〔註94〕

君主臨治天下的善政必須以德爲基礎，「只在養民」，「養民」即爲德之大者。「養民」之養非「予之以粟帛，結之以恩惠」，給民以物質上的利益，而是「如天地之養物，且萬物盈於宇宙間」之養。如此，袁燮所謂「養民」就是使民如天地間萬物樣自然生長發展，而沒有人爲的干預。這種思想有自然主義的特色，是勞動人民對擺脫剝削與壓迫的追求。

袁燮借用天人感應學說，強調了德對於人主的重要性，他說：

> 大凡災異皆非外物，皆是這裡物事日月剝蝕，星辰失行，水旱
> 爲災，如此之類，莫非有以感召之。一毫欠缺，災異隨應，此無他，
> 只緣天人本是一致。何以見天人本一致，只緣此心無天人之殊。天
> 得此心而爲天，地得此心而爲地，人得此心而爲人。今但爲形體所
> 隔，遂見有此差別。試靜而思之，所謂形體者安在，我之形體猶是
> 無有，而又何有天人之異乎？此可見天人本一也。惟其心之本一，
> 故人主失德則適見於天。〔註95〕

「天人本一致」，人事之失可通過天之災異而顯現，「人主失德則適見於天」。對人主而言，德之不失具有必要性。袁燮進一步指出，人主不失德的辦法就是敬，他說：

> 君道莫大於敬，敬則無失德。今人所以有過，皆緣不敬之故。
> 何謂敬？戰戰兢兢，如臨深履薄，此所謂敬也。〔註96〕

敬爲君道之大者。君行事謹愼，而不敢隨意，「戰戰兢兢，如臨深履薄」。如此，則「無失德」，獲得治世之善政。袁燮敬思想的進一步發展就是無爲之治。

不管是「養民」思想，還是「敬」的思想，都顯示了袁燮對下層勞動人民生存空間的要求，即在政府不干預或少干預下，民眾能夠保證自己的物質

〔註94〕（宋）袁燮：《絜齋家塾書鈔》卷2，文淵閣四庫全書（57冊），第665～666頁。

〔註95〕（宋）袁燮：《絜齋家塾書鈔》卷2，文淵閣四庫全書（57冊），第673頁。

〔註96〕（宋）袁燮：《絜齋家塾書鈔》卷11，文淵閣四庫全書（57冊），第893頁。

需求。袁燮認爲只有在民眾物質需求得到保證的前提下，才能進行儒家的禮樂教化，「衣食即足，然後教化禮樂可興，先後之序如此」。〔註97〕這與理學家們純粹對道德的提倡迥然不同，而具有功利主義的特色，「功即德，德即功也。功與德本不可分。成己處便是德，成物處便是功」。〔註98〕

（四）知人與用人

臣下如何往往關係到世之治否，而用人權則在君。袁燮指出：「知人一事是君道最大者。」不過，「既能知人，更復何慮；但他人之心腹肝膽皆欲灼見而深知焉，此豈易事？」〔註99〕在知人問題上，袁燮推出了他的心學理論，他說：

大抵常人之觀人也，觀其外；聖人之觀人也，察其心。〔註100〕

「察其心」則可知人之善否。又由於心與理的共通性，袁燮又把「察其心」歸結爲「自明其心」，「自明其心則能知人之心，亦行九德，此知人之本」。〔註101〕

如此，君主欲用人知人，必先「自明其心」，以得「知人之本」，君主的自身修養成爲必不可少的，君主應修德，應敬民養民。這一切都是與袁燮「君民一體相須」的社會理想追求分不開的。

〔註97〕　（宋）袁燮：《絜齋家塾書鈔》卷1，文淵閣四庫全書（57冊），第647頁。

〔註98〕　（宋）袁燮：《絜齋家塾書鈔》卷2，文淵閣四庫全書（57冊），第674頁。

〔註99〕　（宋）袁燮：《絜齋家塾書鈔》卷1，文淵閣四庫全書（57冊），第635頁。

〔註100〕　（宋）袁燮：《絜齋家塾書鈔》卷1，文淵閣四庫全書（57冊），第637頁。

〔註101〕　（宋）袁燮：《絜齋家塾書鈔》卷3，文淵閣四庫全書（57冊），第684頁。

宋代《尚書》學再評議

　　唐末五代戰亂不僅給人民帶來極大的創傷，而且也給統治者帶來新的認識。北宋政權初建，宋太祖就確定了宋代的統治基調，形成了所謂「祖宗家法」，並爲後代皇帝所遵守。不過，宋沒有漢唐盛世的強大，也沒有眞正統一中國，而是外面有民族政權並立，內部矛盾重重，社會危機嚴重。也就是在社會危機的刺激下，宋代學術風氣發生了相應變化，其中，從對章句注疏訓詁的重視到義理解經之風的盛行就是明顯的跡象，而這種學術的變化又反過來影響到社會的各個角落。宋代《尚書》學的發展演變即是宋代學術變遷與社會變化的一個折射。

一、義理考據並行與求眞求用的緊張

　　如前所言，宋代《尚書》學著作有四百餘種，雖然本書僅選取了一些有代表性的來加以論述，但從中也可看出宋代的一般學風，即對依經作義理闡釋的重視。如馮友蘭先生所言：「在經學時代中，諸哲學家無論有無新見，皆須依傍古代即子學時代哲學家之名，大部分依傍經學之名，以發佈其所見。其所見亦多以古代即子學時代之哲學中之術語表出之。」〔註1〕即漢中葉至清末的長時期的經學時代，「大部分依傍經學之名，以發佈其所見」，經典爲義理闡發的手段或工具，承爲確論，如漢代今文經學，宋代新學、理學與蜀學學派，清代的義理派別都充分說明了這一點。又如孫欽善先生言：「古文獻的內容包括具體和抽象兩個部分，抽象的部分就是思想內容，傳統稱爲義理。

〔註1〕馮友蘭：《中國哲學史》上，第3～4頁。

義理與文義有別：文義是平常所說文獻語言的字面意思；義理則指通過語言
所表達的思想，屬於語言的內在意義。」〔註2〕對經典的研究不能脫離文義，
不能脫離對經典的注疏訓詁，這是經典研究的基礎。概而言之，經典研究，
義理闡發與注疏訓詁不可偏廢。即使如梁啟超先生說：「講求大義，實為治經
者唯一之目的；玩索章句，不過為達此目的之一手段」。〔註3〕也並未否認章
句之學的必要性。總之，自漢中期到清末，在依傍經學發佈所見時，學風表
現不是純粹為注疏訓詁之學或義理之學，而是二者並行。

不過，由於具體形勢的影響，義理之學與注疏之學往往表現出此興彼衰
的現象，如漢代的今古文之爭是二者並存的表現之一，唐代的義疏之學既以
注疏為特點又不乏義理的特色。宋初經學仍未脫唐之習氣，在科舉引導下，
注疏訓詁之學在經學中居統治地位，但此時也不乏對經傳的懷疑與篡改，如
宋初士大夫田敏、邢昺等就是顯例。至慶曆年間，學風出現新的變化，義理
之學漸超越注疏之學而在經學中成為顯學；熙寧間，無論在學士大夫中還是
在科舉中，義理之學都佔據了絕對統治地位。從劉敞、蘇洵、王安石、張載
等人的《尚書》學特點來看，也就在慶曆至熙豐間，經學考據不被重視，一
些學士大夫更傾向於依經闡發義理。與此同時，這種情況被另一些學士大夫
視為穿鑿而加以修正，直至南宋朱熹明確提出義理與考據並重。總之，自慶
曆間至宋末，義理與考據間的緊張處於搖擺狀態，基本未變，只不過總有著
義理偏向〔註4〕。皮錫瑞先生總結說：「論宋元明三朝之經學，元不及宋，明

〔註2〕 孫欽善：《中國古文獻學》，第397頁。

〔註3〕 梁啟超：《王荊公》，陳引弛編《梁啟超學術論著集·傳記卷》，第289頁。錢
穆先生也說：「（經史之學）與政事治平之學相表裏。」錢先生甚而說：「宋儒
之經學，實亦是一種子學之變相。」可參錢穆：《朱子學提綱》，第9、第12
頁。又：「宋元明儒則重聖賢更勝於重經典，重義理更勝於重考據訓詁。」可
參錢穆：《中國思想史》（臺灣：學生書局，1988年）第171頁。

〔註4〕 如許道勳、徐洪興先生認為：「從總體的學術取向來看，北宋經學諸派的共同
特徵就在於『疑古』、『變古』，以義理解經」。可參許道勳、徐洪興：《中國經
學史》，第195頁。姜廣輝先生認為：「（宋儒）對經典的解釋，歸根結底乃是
對人的生命存在的詮釋。而宋儒中的不同流派從不同側面對儒家經典的闡
釋，實際上都是在對世界存在與人的生命存在作一種儒家式的哲學闡釋，以
消除佛教世界觀與人生觀對社會的影響。」可參姜廣輝：《「宋」、「理學」與
「理學化經學」》（《哲學研究》，2007年第9期）。周予同先生指出：「宋代哲
學的產生，實始於疑經；疑經之極，於是自抒其心而得形成一種哲學」。可參
周予同：《朱熹》，朱維錚編《周予同經學史論著選集》，第117頁。

又不及元。宋劉敞、王安石諸儒，其先皆嘗潛心注疏，故能辨其得失。朱子論疏，稱《周禮》而下《易》、《書》，非於諸疏功力甚深，何能斷得如此確鑿。宋儒學有根柢，故雖撥棄古義，猶能自成一家」〔註5〕固然，劉敞、王安石等未能脫離注疏而自出己見，但從他們的學術作風看，皮氏之語只能表明劉、王二人有注疏之學的基礎，並不能說慶曆後他們十分重視注疏之學。至於朱熹，在注疏之學與義理之學間也有偏重。〔註6〕

　　不可否認，宋慶曆後的學風以義理之學佔優勢地位，這是學士大夫面對社會危機而尋求治道使然，即治學為經世致用。但也正以此，經學注疏之學受到影響而有了「穿鑿」現象的出現，使經典原貌受損，從而形成求真與求用的緊張。這種求真與求用的緊張在宋代《尚書》學中表現相當明顯，如王安石《尚書義》的被攻擊，再如林之奇批評蘇軾說：「蘇氏每譏王氏以為喜鑿。至於此論則其去王氏無幾矣」〔註7〕，理學家的以理解經等等。如此，穿鑿解經不是個別現象。質而言之，求用妨礙了求真；就宋代《尚書》學言，其學術價值低於其社會效益。即使就社會效益加以評判，如果把對文本的重視視為間接經驗的獲得，把對義理的闡發視為直接經驗的體會，那麼，宋儒在慶曆新學風后的學術則突出地表現為直接經驗優於間接經驗，以直接經驗去衡量間接經驗。這也是宋儒《尚書》學中的主要傾向。之所以如此，當時學士大夫為經世致用而依經典作義理闡釋是最大的原因。經典本是過往陳跡，其中義理往往帶有經典的時代特點；詮釋者為求用往往基於其自身的時代賦予經典新的內容，從而與經典產生矛盾。經世致用的目的則使他們放棄了前者而保留後者，其中，最明顯的例子是，南宋朱熹既重視依經作義理闡釋也重視對經的考證，並對孔安國所傳古文《尚書》疑辨，但由於該書《大禹謨》篇涉及理學所強調的「心法」而沒有將疑辨徹底進行下去。更甚者為，宋末的王柏、金履祥等對《尚書》以己意刪經改經等〔註8〕。

〔註5〕　（清）皮錫瑞：《經學歷史》，第283頁。

〔註6〕　賀麟：《宋儒的思想方法》，載《北大哲學門經典文萃·賀麟選集》，陳來主編，
　　　　長春：吉林人民出版社，2005年，第60頁。

〔註7〕　（宋）林之奇：《尚書全解》卷二十四《洪範》，文淵閣四庫全書本（55冊），
　　　　第461頁。

〔註8〕　對此，侯外廬等先生有詳細論述。可參侯外廬、邱漢生、張豈之：《宋明理學
　　　　史》（上），第647～653頁。楊世文先生在其《宋代經學懷疑思潮研究》一文
　　　　中也對王柏《書疑》的疑辨特點作了疏理。可參楊世文：《宋代經學懷疑思潮
　　　　研究》（四川大學2005年博士論文），第238～250頁。

二、理想與現實之間——「內聖外王」境界與實踐

自慶曆後，宋學義理之風漸盛，宋儒依據經典闡發義理，構建符合自己理想的人生境界與社會秩序，其中，《尚書》學在宋代的發展即爲突顯宋儒學術特色的學術之一。

從宋代《尚書》學的義理詮釋可見，宋儒，尤其是理學家，在對心性理等論證的基礎上，對修養工夫做了多方說明；同時，他們也往往表達出對社會秩序重建的設想，如堯舜三代社會理想的構劃、君主論、君臣關係、君民關係、重民思想及德刑治世等的主張。由此可說，宋儒，尤其是理學家，不但注重個體的道德修養，而且有著極強的社會關懷，繼承和發展了儒家傳統的「內聖外王」理想，如呂祖謙、朱熹、蔡沈等人在君主論上聖王結合的主張更能體現出此點。正如韋政通先生所說：「重人世的致用風氣，兩宋時代，由於佛教與現實政治的雙重激因，一直流傳不絕，成爲心性之學以外一條重要的思想之流。」〔註9〕。「內聖」之學與「外王」之學是並行不悖的。從北宋慶曆間到南宋嘉定間《尚書》學來看，「內聖外王」之學不僅是宋儒個體表現出來的學術特點，而且還突出地表現在宋儒群體身上。

不過，宋代事實表明，對「內聖外王」的並重只能停留在講說的層面，一旦落實在實踐層面，二者的表現就似乎出現了偏差，即宋儒對「內聖」與「外王」有所輕重緩急。固然，自慶曆間范仲淹改革，宋代士大夫已表現出「以天下爲己任」的擔當意識。熙寧間王安石改革進一步實現了宋儒「資所學以施於世」的願望，王安石也以此而成爲士大夫「得君行道」的範例，但王安石變法的失敗也意味著儒者「外王」實踐的失敗，從而使其學術再次表現出內斂趨向。也正是在此意義上，錢穆先生說：「（北宋儒學）惟外王之學，則似前勝於後，內聖之學，則似後勝於前，如此而已。」〔註10〕宋代士大夫對靖康之難反思的結果是歸咎於王安石新學，從而促成了洛學（理學）在南宋的發展與興盛。隨著理學的興盛出現的是儒家取向的內斂，即表現出心性之學的發展與外王之學的衰落，如牟宗三先生所說：「理學家偏重於內聖一面，故外王一面就不很夠。這並不是說理學家根本沒有外王，或根本不重視外王，實則他們亦照顧到外王，只是不夠罷了。」〔註11〕宋代理學家重視心

〔註9〕 韋政通：《中國思想史》，上海：上海書店出版社，2003年，第683頁。
〔註10〕 錢穆：《朱子學提綱》，第17～18頁。
〔註11〕 牟宗三：《政道與治道》新版序，桂林：廣西師範大學出版社，2006年，第7頁。

性之學而略於外王事業。余英時先生則說：「從個人方面說，理學家或偏於『內聖』取向，或偏於『外王』取向，這是無可避免的。但以群體而言，『內聖』和『外王』卻是不能不同時加以肯定的價值。」〔註12〕強調「外王」在宋代理學家的政治文化中的地位，同時又把宋儒的「內聖」與「外王」歸結爲：「之間存在著一種不可避免的緊張。」〔註13〕

應當注意的是，儒家的「內聖」與「外王」二者並不是對立物，沒有緊張，而是並行不悖的，宋儒也是如此；此點從上述學者對宋儒的「內聖外王」取向的判斷可以看出，儘管他們對二者作了偏重之分。再者，上述學者對宋儒「內聖外王」的輕重劃分有著一個共同的標準，即完全放在實踐的層面上來判斷，恰如牟宗三先生所指「內聖」是「內在於每一個人都要通過道德的實踐做聖賢的工夫」；「外王」是「落在政治上行王道之事。」〔註14〕不過，心性基礎上的道德修養不能涵蓋宋儒們所講的治道，也不能掩蓋宋儒所做的「得君行道」的政治實踐〔註15〕。究其實，宋儒既然以經世致用爲治學目的，他們講「內聖」就是爲了講「外王」，講「內聖外王」就是爲了行「內聖外王」。「內聖外王」二者並行不悖，爲宋儒所追求、所奮鬥。

總之，不管是從講的角度，還是從行的角度言，宋儒對「內聖外王」二者沒有偏廢，實際上，「內聖」與「外王」不是對立物，而是一個問題的兩個方面，道德修養與社會關懷兼顧，「內聖」必然導向「外王」，「外王」又以「內聖」爲基礎。換言之，宋儒對「內聖」與「外王」的偏重只是一種表象，正如陸九淵所說：「儒者雖至於無聲、無臭、無方、無體，皆主經世。」〔註16〕

〔註12〕 余英時：《朱熹的歷史世界——宋代士大夫政治文化的研究》，第408頁。
〔註13〕 余英時：《朱熹的歷史世界——宋代士大夫政治文化的研究》，第405頁。
〔註14〕 牟宗三：《政道與治道》，第7頁。
〔註15〕 對此，北宋王安石的政治實踐勿須多論，即使就南宋理學言，余英時先生以朱熹、陸九淵、張栻、呂祖謙等的「得君行道」活動爲例對理學家的政治實踐作了充分說明。可參余英時：《朱熹的歷史世界——宋代士大夫政治文化的研究》，第423～454頁。
〔註16〕 （宋）陸九淵：《陸九淵集》卷2《書·與王順伯》，第17頁。余英時先生指出：「（理學）獲得許多人的信奉，則因爲它提供了下面這個有說服力的承諾：只有在『內聖』之學大明以後，『外王』之道才有充分實現的可能。因此它雖似內轉，卻仍與北宋以來儒學的大方向保持一致。」即與「根據『三代』的理想重建一個合理的秩序」保持一致。可參余英時：《朱熹的歷史世界——宋代士大夫政治文化的研究》，第410～411頁。又：「理學的直接目的雖在於成就個人的『內聖』，但『內聖』的最重要的集體功用仍然是爲了實現『外王』的事業，即重建合理的政治、社會秩序。」可參上書，第413～414頁。

「內聖」就是爲了「外王」，二者有著必然聯繫。談「內聖」與「外王」的輕重是從實踐效果角度作出的功利主義判斷，但效果並不能表示「內聖外王」的有無與偏向，此標準本身即是一個錯誤〔註17〕。畢竟，事情的發展不是單方面因素決定的，而是綜合因素共同作用的結果，宋儒的「外王」行動的失敗不能表示他們對「外王」的漠視。比如，「外王」實踐中遇到的皇權問題就是造成他們「外王」事業失敗的一個重要原因，如牟宗三先生所說：「政權是皇帝打出來的，這個地方是不能動的。」〔註18〕皇權是例外權，也是宋儒「外王」行動能否成功的決定因素。以此，以傚果問題代替事實問題是對宋儒「內聖外王」有所偏重判斷的根本原因，也是一個錯誤。宋儒們有著「內聖外王」的理想與踐履，也都有著絕對皇權主義觀念，而正是這種皇權主義與皇權最終決定的政治實踐使宋儒不得不從理想回到現實之間，並給人以一種或偏或重的錯覺。

三、尊君與行道——勢與道的衝突

從宋代《尚書》學義理闡發來看，終宋一代，學士大夫幾乎無一例外地主張皇權中心，主張尊君。這是與宋代「內憂外患」的形勢與宋代君主對中央集權的加強密切相關的。與此同時，在社會危機的刺激下，宋代學士大夫政治主體意識日益增強，他們發表政見，希望君主採納，正如錢穆先生說：「『尊王』與『明道』，遂成爲他們（宋儒）當時學術之兩骨幹」。〔註19〕但他們並非屈服於君主，而是以己之所見爲是，採取道高於勢的態度，如韓琦曾勉司馬光說：「主上倚重之厚，庶幾行道，道或不行，然後去之可也。似不須堅讓」。

〔註17〕牟宗三先生指出，「批評儒家無用而正面要求事功」的立場有個「根本的錯解」。「吾人須知若是真想要求事功、要求外王，唯有根據內聖之學往前進，才有可能。」可參牟宗三：《政道與治道》，第9～10頁。內聖完全可以達成事功，二者有著必然的聯繫，但牟先生在「外王不夠」的判斷上也不免犯了以事功爲判斷標準的錯誤。

〔註18〕牟宗三：《政道與治道》，第7頁。

〔註19〕錢穆：《國史大綱》，第561頁。梁啓超先生也曾強調宋儒的社會關懷說：「宋明學者以漢唐的破碎支離的學問、繁瑣無謂的禮節與人生無關，乃大聲疾呼的說要找到一種人生發動力才算真學問，所以超越閩系，追求主系本來面目如何，其與社會有如何的關係。宋明道術所以有價值，就在這一點。」可參梁啓超：《中國歷史研究法補編》（石家莊：河北教育出版社，2003年第二版），第247頁。

〔註20〕政治上的去留以道之行否決定。再如王安石對宋神宗的以君師自居〔註21〕，張載以與王安石道不同而拒與之合作，蘇軾的君當敬臣的主張，以及朱熹、呂祖謙、陸九淵等對行道的追求等等。實際上，這就形成了勢與道之間的緊張。這種緊張在宋代學士大夫政治理念中的衝突導致學士大夫自身的內在張力。為解決這種衝突並達成行道目的，宋代學士大夫依據傳統因素與時代特點，在承認皇權中心的基礎上，希望借助一些手段以限制君主的權力。對此，從宋儒的《尚書》學闡發中可以看出一些跡象。

首先，皇權集中與天人相關。如前所言，宋儒的《尚書》學表現出他們的皇權主義觀念，不過，君主權力的至高無上與君主世襲的現實易於使君主獨斷、安逸、濫於理政事，這是不可忽視的。行政效率提高與政治清明的要求使如何對君權加以限製成為學士大夫們所必須考慮的一個問題。借中國傳統的天人相關思想來對皇權加以限制為他們所採取的手段之一。

天人關係是中國思想史上的一個傳統命題，或認為天人間不可分離，如孟子、董仲舒、劉向父子等，或認為天人分離，如荀子、柳宗元、劉禹錫等。宋代，天人感應學說仍在政治生活中影響著宋之君臣，如宋真宗時，寇準曾說：「《洪範》天人之際，應若影響；大旱之證，蓋刑有所不平也」。〔註22〕宋仁宗天聖年間，晁迥「召對延和殿，帝訪以《洪範》雨暘之應。對曰：『比年災變薦臻，此天所以警陛下。願陛下修飭王事，以當天心，庶幾轉亂而為祥也。」〔註23〕又，「仁宗最深《洪範》之學，每有變異，恐懼修省，必求其端。」〔註24〕《尚書‧洪範》篇往往成為天人感應觀念的依據。不過，其間，也有一些學士大夫借《洪範》篇批判天人感應學說〔註25〕，如蘇洵《洪範論》、王

〔註20〕（清）黃宗羲：《宋元學案》卷8《涑水學案下》，全祖望修補，第344頁。

〔註21〕賀麟先生則從「建立自我」的角度論述了王安石「以道或以理為依歸，而不隨俗浮沉，與世俯仰」的態度。可參賀麟：《王安石的哲學思想》，載《北大哲學門經典文萃‧賀麟選集》，第202頁。

〔註22〕（元）脫脫等《宋史》卷281《寇準傳》，第9527頁。

〔註23〕（元）脫脫等《宋史》卷305《晁迥傳》，第10086頁。

〔註24〕（清）朱彝尊：《點校補正經義考》卷95《書‧洛書五事圖》下引范祖禹語，第621頁。

〔註25〕李祥俊先生指出：「北宋時期，一方面，很多儒者繼承傳統的做法，以《洪範》傳天人感應，作為批判現實政治，制約皇權的手段；另一方面，也有一些儒者批評天人感應論的荒謬，追求一種更為合理的天人關係論」。可參李祥俊：《道通於一——北宋哲學思潮研究》（北京：北京師範大學出版社，2006年）第280頁。

安石《洪範傳》等，以此，神秘之天的觀念受到衝擊，以信仰爲基礎的神秘之天的作用削弱。在這種情況下，有些學士大夫則仍繼承天人感應觀念，如蘇軾、林之奇等，也有一些學士大夫開始對天改頭換面，即用更有思辨性的理來表達天人觀念，如二程兄弟提出天理觀念，並爲其後的理學家所繼承，此後，在天人關係的論證上出現了新的氣象，即理學家依然堅持天人相關，但他們用理代替了原來天在天人關係中的地位，使天人相關變得更具有可論證性，如呂祖謙、朱熹、蔡沈、袁燮等〔註26〕。固然，理學家對天人關係的論證有維護皇權的一面，如他們對「君權神授」觀念的繼承，但更重要的是，他們希望借天理的權威來加強對君主的限制，此點在他們的《尚書》學的義理闡發中顯而易見。

總之，宋代學者通過理性思考，或者對天人感應學說進行了批判，或者以更具有理性色彩的理來代替天，這都說明原有的天人感應觀念已不能適應時代的需要。從宋儒們對理的內涵的道德規定言，這種變化也是宗教的天人合一論向道德的天人合一論的讓步，是信仰爲依據向思辨的依據的演進，是天人合一論的進步。〔註27〕但宋儒面對君主權力的至高無上可能帶來的不利因素借用了傳統的天人感應的觀念以對君主加以限制，在理性主義得到發展的同時又給信仰留下了餘地。這是宋代學士大夫時代局限性的表現。

其次，「格君心」與任賢舉能。宋代學士大夫一面堅持皇權中心，另一面又主張道高於勢，二者本是相互矛盾的兩個方面。如此，皇權主義與道高於勢在學士大夫一身的集中導致他們只能採取相對妥協的態度，即主張先「格君心之非」，從而達到道的實行，或者說，先得君後行道。實際上，這種妥協是士大夫對皇權的妥協，是道向勢的讓步，從某種程度上也可說，是理想向現實的靠攏。如此，「格君心」也成了勢道緊張的一個結合點或者說一個緩衝，然而，這也決定了道並不能夠真正地實行。

從某種程度上可以說，「格君心」首當其衝的就是實現君主對道的認可。綜觀宋代史，能真正達到此點的只有王安石一人，但「格君心」作爲宋儒所認可的行道的前提與手段，依然是他們的主張與努力方向，即他們或著書宣

〔註26〕 日本學者溝口雄三提出宋代天譴事應說向天譴修德、繼而向天理修德變化的模式。轉引於小島毅：《宋代天譴論的政治理念》，溝口雄三、小島毅主編《中國的思維世界》，孫歌等譯，南京：江蘇人民出版社，2006年，第314頁。
〔註27〕 關於道德的天人合一論與宗教的天人合一論，可參韋政通：《中國思想史》，第756頁。

揚主張（大多數宋儒都如此，《尙書》學即爲其表現之一），或借經筵影響皇帝（如王安石、程頤、朱熹、陸九淵等），爲道之實踐作著鋪墊。從宋代《尙書》學可以看出，一些宋代學士大夫，如理學家，希望君主加強自身的修養以實現他們的聖君合一的主張，如蘇軾、林之奇、呂祖謙、朱熹、蔡沈、陸九淵等，如此，當君主通過自身修養而成聖時則道自然得行。從宋儒的《尙書》學還可見，宋代學士大夫往往主張君主無爲，如王安石、蘇軾、林之奇等，而君主無爲的主張實際上把他們所主張的至高無上的皇權虛懸起來了，君主成了最高權力的象徵。

與此同時，宋代學士大夫提倡在任賢舉能基礎上的臣有爲，除上述王、蘇二人外，還如張載、二程等人的尙賢主張等。如此，君主無爲而以有才德的臣來治世，一方面避免了擁有最高裁決權的君主的獨斷，另一方面又可發揮臣的積極主動性，更重要的是學士大夫所主張的道能夠得到實踐。以此，實際上，宋儒們是通過解消皇權而突顯臣的地位與作用的辦法來達到道與勢的協調。

再次，重民思想與對皇權的限制。繼承先秦以來的民本思想，宋儒對此也作了進一步發揮。從宋儒的《尙書》學可見，宋代學士大夫有著絕對皇權思想，但他們也有著重民思想，如蘇洵、蘇軾、王安石、張載等。不過，如徐復觀先生所說，在中國的專制時代，「政治的理念，民才是主體；而政治的現實，則君才是主體。這種二重的主體性，便是無可調和的對立。」〔註 28〕宋代學士大夫也面臨著這樣一個問題。對此，他們主張重民，又強調民欲是君主之所以成爲必要的原因，強調皇權至上。這與孟子的民重君輕的思想迥然相異，是宋代士大夫階級局限的體現，也是他們受法家思想影響的必然。不過，宋代士大夫的重民思想在受君權至上限制的同時，也有著限制君權的一面〔註 29〕，如宋儒們借《尙書》思想的發揮而強調君主對民的示範作用，引導作用，林之奇、呂祖謙、朱熹、蔡沈等人即如此。君主的行爲會對民發生直接的影響，從而限制了君主的亂作爲。

〔註 28〕 徐復觀：《中國的治道》，《中國思想史論集續編》，上海：上海書店出版社，2004 年，第 308 頁。

〔註 29〕 馮天瑜、謝貴安先生從宋儒的「公天下」論、仁德思想、「民心等於天心」的命題以及「革命論」等方面對宋代民本思想與尊君思想的關係作了論證。可參馮天瑜、謝貴安：《解構專制——明末清初「新民本」思想研究》（武漢：湖北人民出版社，2003 年），第 50～53 頁。

　　第四，「**與士大夫共治天下**」。勢與道的緊張本是君主與士大夫之間的問題，士大夫的妥協並不意味著君主的完全勝利，如士大夫一樣，君主也採取了相對妥協的態度。如前所述，熙寧間，「與士大夫共治天下」觀念得到流行，王安石與宋神宗的君臣相知就是一個很好的說明。值得注意的是，「與士大夫共治天下」的觀念並不是曇花一現的事物，而是得到君臣認可的並有著延續性的觀念，如在二程《尚書》學思想闡發中也可看出他們要求君主「與士大夫共治天下」的主張。「與士大夫共治天下」已經不是某個士大夫的獨特主張，而已經成為時代的觀念。後來，這種觀念就突出地在君與士大夫共定「國是」問題上表現出來，直至宋亡〔註 30〕。這種觀念是學士大夫希望對皇權有所限制的表現，對這種觀念的認可也構成了對君主的一種限制。不過，需注意的是，皇權認可了「與士大夫共治天下」並不代表士大夫權力的絕對提高，君主仍掌握著最終裁決權，擁有政治的主動權。

　　由上述可知，從宋代《尚書》學可以看出，宋儒有著皇權思想，但他們又有著道高於勢的觀念。在勢道二者的衝突中，他們選擇了妥協，主張尊王基礎上的得君行道，這是對皇權例外權的承認與學士大夫階級局限性的表現。不過，宋儒們又從行道的角度出發，借中國傳統的思想觀念以及根據時代特點提出相應的辦法以圖加強對皇權的限制，極力在道與勢之間尋求一種平衡。當然，這不否認有些學士大夫強調法對君主的限製作用，如林之奇等。從宋儒對皇權的限制之法來看，他們沒有提出積極的措施限制君權，更傾向於希望通過君主的自覺而達到至治的實現。這是當時小農經濟仍占主導地位與學士大夫們的階級地位決定的。

四、學術多元化與政治一體化的衝突
——從《尚書義》到《書集傳》的啟示

　　宋代義理之學的發展是宋儒經世致用學風發展的一種表現形式，這就決定了宋代學術與政治之間有著不可分離的關係，二者相互影響、相互作用，在鬥爭與統一中發展著。

　　北宋慶曆後，經學義理之學漸居優勢地位，且在范仲淹改革中為科舉制度所規定，雖如曇花一現，但也顯示出學術發展的趨勢。在義理之學的推動

─────────────────

〔註30〕余英時先生對此有較詳細的論證，可參看其:《朱熹的歷史世界——宋代士大夫政治文化的研究》，第 251～289 頁。

下，學士大夫各抒己見，多元發展；在自由的氛圍中〔註 31〕，學術漸呈繁榮景象；王安石《三經義》就出現在這種狀況下。熙寧五年，科舉考試中有舉子以王安石父子經義應試的現象；熙寧八年，《三經義》頒行全國以後，科舉甚而達到非《三經義》而不取的程度；直至北宋末年，王氏學基本上統治了當時學術界。此點可從當時學士大夫的不滿足看出，如程頤說：「本朝經典，比之前代爲盛，然三十年以來，議論尙同，學者於訓傳言語之中，不復致思，而道不明矣」。〔註 32〕其中，「議論尙同」之說即指王氏之學而言。程氏以爲「尙同」而致「道不明矣」，或有偏頗之嫌，但他對「學者於訓傳言語之中，不復致思」現象的揭示卻給人以警醒，王氏學的統一造成了學界的枯萎。

　　南宋初建，一些學士大夫把北宋滅亡之因歸結爲王氏新法與學術，使王氏學受到衝擊；與此同時，作爲理學主流的洛學逐漸發展起來。清儒全祖望說：「元祐之學，二蔡、二惇禁之，中興而豐國趙公弛之。和議起，秦檜又禁之，紹興之末又弛之。鄭丙、陳賈忌晦翁，又啓之，而一變爲慶元之錮籍矣。此兩宋治亂存亡之所關。嘉定而後，陽崇之而陰摧之，而儒術亦漸衰矣。」〔註 33〕其中，「元祐之學」主要指洛學而言，在全氏看來，宋寧宗嘉定前後的南宋朝，洛學在大多時間內處於被壓抑的地位，更不要談得到統治者的認可，此中包括宋高、孝、光、寧四朝。這是在政治與學術交織下對洛學發展歷程作分析而得出的一個確論。不過，全氏語也透露出洛學（理學）是南宋初期爲世人關注的學術。實際上，在朱熹、張栻、呂祖謙等的倡導下，理學漸盛於乾淳之際。與此相輝映，葉適永嘉之學、陳亮永康之學、陸九淵心學等也崛起而呈並立之勢，學術再現繁榮之狀況。蔡沈《書集傳》就完成於嘉定年間。宋理宗淳祐年間，理學在政府的提倡下，居於學術的統治地位，學術多元化再次走向統一。元延祐間（1314～1320），程朱理學的一些著作被頒爲科舉功令，其中《尙書》一經即以蔡沈《書集傳》爲本，參用舊注疏，不過，士子都棄舊注疏而肄習《蔡傳》。明代，繼續把理學奉爲官方思想，至永樂間，頒《書傳大全》就獨用《蔡傳》了。以後，《五經大全》本或《監本五經》本盛

〔註31〕 到宋代，學術上的自由思考很活躍，程頤便曾說：「學者先要會疑。」可參劉
　　　　起釪：《宋元明疑辨〈尚書〉及清初推翻僞古文》，《尚書研究要論》，齊魯書
　　　　社，2007 年，第 31 頁。

〔註32〕 《河南程氏粹言》卷 1，《二程集》，第 1202 頁。

〔註33〕 （清）黃宗羲：《宋元學案》卷 96《元祐黨案序錄》，全祖望修補，第 3153
　　　　頁。

行於世，宋學戰勝漢學，蔡沈《書集傳》也取代二孔《尚書注疏》而居於《尚書》學的統治地位。〔註34〕理學的一統天下使學術再次陷於沉悶。總之，從某種程度上可以說，政治選擇導致了學術的發展結果。

從宋代《尚書》學的發展歷程可見，學術的發展受政治的影響，但學術反過來也影響著政治。如前所言，王安石是政治與學術結合的突出代表，而其他絕大多數的學士大夫往往並不能真正地把學術施於世，但不可否認的是，在宋代，每一位學士大夫的學說都有著施於世的可能，如宋真宗曾明言，宋代以「異論相攪」的原則施政。固然，這是加強皇權的體現，但正是在此原則的指導下，即使對王安石，宋神宗也會用曾公亮、陳升之等人對之加以限制。實際上，在學術與政治的互動中，君權起著決定性的作用，得君成為行道的前提與保證，或者說，在得君的前提下，每一位學士大夫都可以把自己的學術施於政治社會中，以此，行道的可能性與學士大夫對行道的渴求也使學士大夫間往往展開攻訐與鬥爭，形成了所謂黨爭。黨爭是宋代的一個突出的政治問題，歸根結底，其形成原因是學術與政治的結合以及宋代「異論相攪」的政策演化的結果。這是學術影響政治的突出表現。

縱觀宋代《尚書》學發展歷程，《尚書義》與《書集傳》都曾頒為科舉功令而使《尚書》學趨於統一。實際上，《尚書》學的統一代表的是一種學術現象，是政治與學術的結合使新學與理學相繼成為居統治地位的學術，成為官方意識形態化的思想。然而，新學與理學的一統天下也無一例外地造成了學術的沉悶與苦萎，政治影響了學術。另一方面，在宋代，學術也反過來影響著政治，是黨爭問題尖銳的重要原因。學術與政治在宋代成了一個二難問題。究其實，這是政治一體化與學術多元化的不同趨向造成的，承如梁啟超先生所言：「欲社會之進化，在先保其思想之自由，故今世言政治者，無一不以整齊畫一為貴，而獨於學術則反是，任其並起齊茁，而信仰各從乎人之所好，則理以辨而愈明，人心之靈，濬之而不竭矣。」〔註35〕學術自由化可以促進社會的發展，但宋代統治者要維持的是以皇權為中心的統治者的既得利益，政治一體化的要求超越了學術自由化的需要。以此，社會環境與社會問題推動著學術多元的發展，但在政府的主導下，學術多元發展被扼殺而代之以學

〔註34〕劉起釪：《尚書學史》，第 245 頁。

〔註35〕梁啟超：《王荊公》，陳引弛編《梁啟超學術論著集·傳記卷》，第 214～215 頁。

術的統一及爲政治服務。此時，學術表現爲在朝之學影響在野之學，造成學術的苦萎。不過，在高壓政策主導下的學術統一不是學術發展的趨勢，表面上的統一不能代表學術走向，學術多元的發展仍以在野的形式不竭地發展著〔註36〕。在一定條件下，多元學術中的一支又會爲政府所選擇而走上統一的道路。學術的發展道路就是在多元與統一中不停地互換著，但又總是並行的，而不是一個消滅另一個，只是表現爲此伏彼顯的狀態。這也是學術與政治的不可分離決定的。

即使就整個中國學術言，學術發展基本上呈現出合——分——合……不斷循環的進程。先秦諸子學呈多元發展〔註37〕；漢武帝時「獨尊儒術」；魏晉南北朝時儒佛道多元發展；隋唐儒佛道多元發展的同時，經學統一也成爲顯象；宋慶曆後學術漸分而至熙寧間與淳祐間又相繼統一於新學與理學，直至清初，理學一直占居學術的統治地位〔註38〕；民國初，學術又呈繁榮之勢。同時，由此也可看出，在宋代，這種現象表現得更爲集中，也就是說，宋初承唐制，科舉以《五經正義》等爲本，重注疏之學，而在義理之學的推動下，慶曆後學術呈多元化，進而又統一於王安石新學，南宋再次經歷一個學術選擇期而在宋理宗時理學再次成爲統治地位的學術。總之，政治極大地影響著學術，改變著學術走向，當然，這不否認學術對政治的影響。這不能不發人深思。其因試析如下：

如馮友蘭先生對先秦哲學所作分析：「上古時代哲學之發達，由於當時思想言論之自由；而其思想言論之所以能自由，則因當時爲一大解放時代，一人過渡時代也。」〔註39〕學術發達離不開思想言論的自由開放，而思想言論自由又得益於追求治道的社會環境。宋代具備學術自由的社會環境，如「不殺士大夫與上書言事人」的「祖宗家法」等，宋代學術的多元發展就得益於

〔註36〕 劉夢溪先生指出：「學說的一統局面，只不過是偏執的朝政執掌者和固陋的臣僚們的一種願望，歷史的眞實情形反是，學術思想的多元化和多樣化倒是一種歷史的常態。」可參劉夢溪：《中國現代學術要略》（北京：三聯書店，2008年），第15頁。

〔註37〕 孟子説：「聖王不作，諸侯放恣，處士橫議。」（《孟子・滕文公》下）莊子《天下篇》：「天下大亂，賢聖不明，道德不一，天下多得一察焉以自好。……天下之人，各爲其所欲以自爲方。」（《莊子・天下篇》）

〔註38〕 梁啓超先生「以爲中國近數百年來學術之不發達，厥由程朱之徒務束縛人思想自由，實尸其咎」。可參梁啓超：《王荊公》，第216頁。

〔註39〕 馮友蘭：《中國哲學史》上，第23頁。

政府爲文化提供的寬鬆環境。同時，與先秦時代「聖王不作，諸侯放恣，處士橫議」〔註40〕的社會混亂狀況使士人究於治事而推動學術多元發展些許類似，宋代也是一個多事的朝代，甚而可以說「內憂外患」伴其始終，社會問題的嚴重與社會文化環境的相對寬鬆不僅使君主渴望治道，而且使學士大夫政治主體意識增強，他們對治道的尋求推動著義理之學的發展與學術的多元化。總之，學術與政治之間並沒有一條不可逾越的鴻溝，當政治上表現出統治者渴望治道與提供寬鬆環境時，則有利於學術的自由多元發展；反之，則學術往往陷於苦萎，如五代文化發展狀況即爲一明證。以此，宋代「積貧積弱」的政局與統治者對治道的渴求及其寬鬆文化環境的提供造成了宋代學術文化的繁榮；或者說，這就是宋代政治上的低落與思想文化上的發展之間的反差的重要原因之一。

五、宋代《尚書》學的得失與地位

（一）宋代《尚書》學的得失

宋代《尚書》學著作有 400 餘家，雖然本文僅選擇了其中一些代表性的著作來加以研究，但也可以從中看出終宋之世，宋儒對《尚書》的研究不曾終斷。承如周予同先生所言：「《書》宋學派非如《書》漢學派之有家數可舉；其特點在善於懷疑，開清代攻擊僞孔的端緒；其流弊在全憑臆說好以主觀議論古代的史實」。〔註41〕非必盡如周先生所言，但無疑地宋代《尚書》學有得也有失。

如前言，宋代《尚書》學的得失是由求眞與求用間的緊張造成的。宋慶曆前，學術發展主要表現出對漢唐經傳注疏的遵循，《尚書》學的成就也較少，這就決定了宋初《尚書》學是宋代《尚書》學的組成部分，但並不占重要地位。慶曆後，學風發生明顯變化，義理之學處於顯學地位，依據《尚書》作義理闡釋也成爲學士大夫學術的重要組成部分。爲闡發義理以致用於世，學士大夫面對有固定內容的經典所採取的辦法是破壞經典而使之符合己意，以至於出現「穿鑿」、「以己意解經」等現象而爲後人所攻擊。如清儒皮錫瑞說：「宋人不信注疏，馴至疑經；疑經不已，遂至改經，刪經，移易經文以就己

〔註40〕《孟子譯注》卷 6《滕文公章句下》，楊伯峻譯注，北京：中華書局，2005 年第二版，第 155 頁。

〔註41〕周予同：《群經概論》，朱維錚編《周予同經學史論著選集》，第 232 頁。

說，此不可爲馴者也。……宋元明人說經之書，若此者多，而實宋人爲之俑始」〔註42〕。不過，看得出，這主要是以史的角度來觀察問題並作出評價的，又如周予同先生說：「以主觀妄測古史，幾爲宋代《書》學的通病」〔註43〕。

隨著義理之學的發展，與學士大夫對學風的反思，他們逐漸認識到義理解經的「穿鑿」之弊端，轉而把義理考據向兩個極端發展的趨勢收攏，提倡義理考據並重，如朱熹等。這就進一步推動了疑辨思潮的發展，其中，對晚出孔傳古文《尚書》的疑辨就是突出表現，並在此問題上取得了卓越成就。如劉起釪先生說：「對《尚書》的疑辨，是宋學對《尚書》學的最根本的決定性的發展」〔註44〕。不過，出於對義理的維護，宋儒並不能完全推翻晚出孔傳古文《尚書》，確認其僞。由此，也可說，即使意識到了考據之學的重要，義理之學仍占居著主導地位。

固然，從史學求眞的角度而言，宋代《尚書》學確實存在著這樣那樣的問題，但宋儒們在當時的環境下並不是爲了求眞，而是更傾向於求用，以此，如果從求用的社會效益出發，宋代《尚書》學則有著不可或缺的學術價值。清儒皮錫瑞說：「宋儒之經說雖不使於古義，而宋儒之學行實不愧於古人。且其析理之精，多有獨得之處」〔註45〕。劉起釪先生更進一步說：「宋儒爲了給後期封建統治者盡心服務，根據僞古文的思想資料，進一步塑造的『道統』，『心傳』，在此完全獲得成功了。他們的理學，就以這一點點『三聖傳心之奧』的『人心』『道心』之理作爲思想淵源，演繹醞釀以建立起來，形成自己的思想體系，使在哲學思想上貧乏的漢唐儒家，演化爲在思想內容上遠爲豐富的宋學由較粗放的唯心思想，演進爲在思路較細密的唯心思想，出現了新儒學。因此說，這是宋學對《尚書》學的一項最重要的發展。」〔註46〕肯定了宋儒《尚書》學的哲學與社會價值。宋代《尚書》學的價值主要正在於此。

（二）宋代《尚書》學的影響與地位

《尚書》是中國最早的文獻記錄，是唐虞三代史蹟的載體，經孔子的提倡與刪訂而成爲儒家重要的必讀書，漢代，隨著儒家獨尊局面的形成而成爲

〔註42〕（清）皮錫瑞：《經學歷史》，第 264 頁。
〔註43〕周予同：《群經概論》，朱維錚編《周予同經學史論著選集》，第 232 頁。
〔註44〕劉起釪：《宋元明疑辨〈尚書〉及清初推翻僞古文》，《尚書研究要論》，第 32 頁。
〔註45〕（清）皮錫瑞：《經學歷史》，第 313 頁。
〔註46〕劉起釪：《尚書學史》，第 278 頁。

重要一經。由漢至唐，政權對學術的干預使訓詁注疏之學不僅在學術上居於統治地位，而且在政治上也表現爲官方意識形態的載體，而正是政治對學術的干預導致了學術的苦萎與僵化。學術自身的發展規律要求能夠自由發展，經唐末五代戰亂紛擾的宋代給學術的這種發展提倡了有利的環境，如前所述，宋代統治者所提倡的文官政治利於推動文化的發展與提高學士大夫們的政治地位，而「不殺士大夫與言事人」的祖宗家法、許以「風聞言事」的臺諫制度、科舉向庶族的擴展等等政策都利於學術的自由與普及化；同時，宋代的社會危局又極大地刺激著士大夫並使之政治主體意識日益增強，他們要求治學以經世致用。正是在此環境下，宋慶曆年間，義理之學漸超越注疏之學而在學術上居於顯學地位，並通過科舉向政治滲透。至熙寧間，義理之學在學術與政治上都占居了統治地位了。

學風的變化改變著經學的發展趨向，宋代《尚書》學的發展演變就從義理解經與疑辨經典的兩個層面突顯著經學的發展特點。宋代儒家對《尚書》的義理闡釋不僅表現出學術經世致用的社會價值，而且在時代的影響下，也向著形而上的深度發展，這種學風從正反兩方面影響著元明清的學術發展。如劉起釪先生所言：「元明兩代《尚書》學壇當時被擁蔡、反蔡兩派亦即「時義」、「古義」兩派佔據著，靡靡一時，損害了《尚書》學，使《尚書》學淪於中衰時代」〔註47〕。其中，「蔡」即指南宋蔡沈的《書經集傳》，此書是宋學代表作。元明兩代的《尚書》學以蔡沈《書經集傳》爲軸心發展著。雖然其間不乏政治因素的影響，但宋代學風在《尚書》學中的滲透不可謂沒有作用。再者，與前代對孔傳古文《尚書》的尊崇不同，宋代儒者開始對其疑辨，也正是在宋儒疑辨之風的帶動下，經元明至清閻若璩、丁晏等才最終確定晚出孔傳古文《尚書》爲僞，並得到今天大多數學者的贊同。由此，可以說，宋代《尚書》學是《尚書》學發展的轉折期，是從求眞向求用學風轉變的重要載體，它預示了其後《尚書》學界的發展與演變方向，籠罩了元明清三代

〔註47〕劉起釪：《宋元明疑辨〈尚書〉及清初推翻僞古文》，《尚書研究要論》，第37頁。錢基博先生說：「大抵南宋以前之說書者，多守孔《傳》，而南宋以後之說《書》者，咸本蔡學。逮於清代，據蔡《傳》以攻孔《傳》者，如閻若璩《尚書古文疏證》是也。有據孔《傳》以攻蔡《傳》者，如蕭山毛奇齡西河撰《尚書古文冤詞》是也。有據馬、鄭而攻孔《傳》者，如江聲《尚書集注音疏》，孫星衍《尚書今古文注疏》、王鳴盛《尚書後案》是也。然則，《尚書》家當以鄭注、孔傳、蔡傳爲三大宗矣」。可參錢基博：《古籍舉要》，第32頁。

的《尚書》學界。以此，我們可以說，宋代《尚書》學是中國學術史不可或缺的重要組成部分。

主要參考文獻

論著類

1. 嚴可均：全上古三代秦漢三國六朝文〔M〕，北京：中華書局，1958 年。

2. 莊子：莊子〔M〕，長沙：嶽麓書社，1989 年。

3. 孟子：孟子注譯〔M〕，楊伯峻譯注，北京：中華書局，2005 年第二版。

4. 孔安國傳、孔穎達正義：尚書正義〔M〕，上海：上海古籍出版社，2007 年。

5. 僧佑：弘明集〔M〕，四部叢刊本，上海：上海涵芬樓影印汪道昆本。

6. 陸德明：經典釋文〔M〕，上海：上海古籍出版社影印宋元遞修本，1985 年。

7. 脫脫等：宋史〔M〕，北京：中華書局，1985 年。

8. 徐松輯：宋會要輯稿〔M〕，北京：中華書局，1957 年。

9. 李燾：續資治通鑒長編〔M〕，北京：中華書局，1979 年。

10. 楊仲良：皇宋通鑒長編紀事本末〔M〕，哈爾濱：黑龍江人民出版社，2006 年。

11. 李心傳：建炎以來繫年要錄〔M〕，北京：中華書局，1956 年。

12. 李心傳：道命錄〔M〕，叢書集成初編本，上海：商務印書館，1937 年。

13. 李心傳：建炎以來朝野雜記〔M〕，北京：中華書局，2000 年。

14. 陳邦瞻：宋史紀事本末〔M〕，北京：中華書局，1977 年。

15. 邢昺：孝經注疏〔M〕，文淵閣四庫全書本（182 冊），上海：上海古籍出版社，1987 年。

16. 沈括：夢溪筆談校證〔M〕，胡道靜校證，上海：上海古籍出版社，1987 年。

17. 陳善：捫虱新話〔M〕，上海博古齋影印汲古閣本，民國十五年。

18. 馬永卿：嬾眞子〔M〕，文淵閣四庫全書本（863 冊），上海：上海古籍出版社，1987 年。

19. 何薳：春渚紀聞〔M〕，北京：中華書局，1983 年。

20. 洪邁：容齋隨筆〔M〕，北京：中華書局，2006 年。

21. 王應麟：困學紀聞〔M〕，四部叢刊三編（33），上海：上海書店據商務印書館 1935 年版重印。

22. 王明清：揮麈錄〔M〕，北京：中華書局，1961 年。

23. 吳曾：能改齋漫錄〔M〕，上海：上海古籍出版社，1979 年。

24. 袁采：袁氏世範〔M〕，文淵閣四庫全書本（689 冊），上海：上海古籍出版社，1987 年。

25. 余文豹：吹劍錄〔M〕，上海：上海古典文學出版社，1985 年。

26. 周密：齊東野語〔M〕，北京：中華書局，1983 年。

27. 周密：癸辛雜識〔M〕，北京：中華書局，1988 年。

28. 趙汝衛：雲麓漫鈔〔M〕，瀋陽：遼寧教育出版社，1998 年。

29. 丁傳靖輯：宋人軼事彙編〔M〕，北京：中華書局，2003 年第二版。

30. 晁公武：郡齋讀書志校證〔M〕，孫猛校證，上海：上海古籍出版社，1990 年。

31. 陳振孫：直齋書錄解題〔M〕，上海：上海古籍出版社，1987 年。

32. 范仲淹：范文正集〔M〕，文淵閣四庫全書本（1089 冊），上海：上海古籍出版社，1987 年。

33. 歐陽修：歐陽修全集〔M〕，北京：中華書局，2001 年。

34. 歐陽修：唐宋八大家文集·歐陽修文〔M〕，北京：人民日報出版社，2000。

35. 歐陽修：新五代史〔M〕，北京：中華書局，1974 年。

36. 劉敞：公是先生七經小傳〔M〕，上海涵芬樓據宋槧本影印〔民國十七年〕。

37. 劉敞：公是集〔M〕，叢書集成初編本，上海：商務印書館，1935 年。

38. 王開祖：儒志編〔M〕，文淵閣四庫全書本（696 冊），上海：上海古籍出版社，1987 年。

39. 周敦頤：周濂溪集〔M〕，上海：商務印書館，1937 年。

40. 曾鞏：元豐類稿〔M〕，文淵閣四庫全書本（1098 冊），上海：上海古籍出版社，1987 年。

41. 王安石：王安石全集〔M〕，上海：上海古籍出版社，1999 年。

42. 王安石：詩義鈎沈〔M〕，邱漢生輯注，北京：中華書局，1982 年。

43. 王安石：王安石老子注輯本〔M〕，容肇祖輯，北京：中華書局，1979年。

44. 王安石：三經新義輯考彙評（一）──尚書〔M〕，程元敏輯，臺北：國立編譯館，1986年。

45. 陸佃：陶山集〔M〕，叢書集成初編本，上海：商務印書館，1935年。

46. 司馬光：涑水記聞〔M〕，北京：中華書局，1989年。

47. 司馬光：傳家集〔M〕，文淵閣四庫全書本（1094冊），上海：上海古籍出版社，1987年。

48. 項安世：項氏家說〔M〕，文淵閣四庫全書本（706冊），上海：上海古籍出版社，1987年。

49. 蘇洵：蘇洵集〔M〕，北京：中國書店，2000年。

50. 蘇軾：東坡書傳〔M〕，曾棗莊、舒大剛主編《三蘇全書》，北京：語文出版社，2001年。

51. 蘇軾：東坡易傳〔M〕，文淵閣四庫全書本（9冊），上海：上海古籍出版社，1987年。

52. 蘇軾：蘇軾文集〔M〕，北京：中華書局，1986年。

53. 蘇軾：東坡志林〔M〕，北京：中華書局，1981年。

54. 蘇轍：蘇轍集〔M〕，北京：中華書局，1990年。

55. 張載：張載集〔M〕，北京：中華書局，1978年。

56. 程顥、程頤：二程集〔M〕，北京：中華書局，2004年。

57. 楊時：龜山集〔M〕，叢書集成初編本，上海：商務印書館，1936年。

58. 林之奇：尚書全解〔M〕，文淵閣四庫全書本（55冊），上海：上海古籍出版社，1987年。

59. 呂祖謙著，時瀾增修：增修東萊書說〔M〕，文淵閣四庫全書本（57冊），上海：上海古籍出版社，1987年。

60. 呂祖謙：東萊集〔M〕，文淵閣四庫全書本（1150冊），上海：上海古籍出版社，1987年。

61. 朱熹：朱子全書〔M〕，上海：上海古籍出版社，合肥：安徽教育出版社，2002年。

62. 黎靖德編：朱子語類〔M〕，北京：中華書局，1986年。

63. 陸九淵：陸九淵集〔M〕，北京：中華書局，1980年。

64. 楊簡：五誥解〔M〕，叢書集成初編本，上海：商務印書館，1936年。

65. 袁燮：絜齋家塾書鈔〔M〕，文淵閣四庫全書本（57冊），上海：上海古籍出版社，1987年。

66. 晁説之：嵩山文集〔M〕，四部叢刊續編（59），上海：上海書店據商務印書館 1934 年版重印。

67. 陳亮：陳亮集〔M〕，北京：中華書局，1974 年。

68. 葉適：葉適集〔M〕，北京：中華書局，1961 年。

69. 蔡沈：書經集傳〔M〕，北京：中國書店，1994 年。

70. 蔡沈：洪範皇極內篇〔M〕，見《潭陽蔡氏九儒書》，福建省建陽市蔡氏九儒學術研究會、福建省蔡襄學術研究會濟陽柯蔡委員會聯合出版。

71. 錢時：融堂書解〔M〕，叢書集成初編本，上海：商務印書館，1936 年。

72. 夏僎：尚書祥解〔M〕，叢書集成初編本，上海：商務印書館，1936 年。

73. 陳淵：默堂集〔M〕，文淵閣四庫全書本（1139 冊），上海：上海古籍出版社，1987 年。

74. 陳謙：儒志先生學業傳〔M〕，文淵閣四庫全書本（696 冊），上海：上海古籍出版社，1987 年。

75. 王若虛：濾南遺老集〔M〕，叢書集成初編本，北京：中華書局，1985 年。

76. 馬端臨：文獻通考〔M〕，北京：中華書局，1986 年。

77. 馬端臨：文獻通考·經籍考〔M〕，上海：華東師範大學出版社，1985 年。

78. 梅鷟：尚書考異〔M〕，文淵閣四庫全書本（64 冊），上海：上海古籍出版社，1987 年。

79. 永瑢、紀昀等：四庫全書總目提要〔M〕，海口：海南出版社，1999 年。

80. 黃宗羲原著、全祖望修補：宋元學案〔M〕，北京：中華書局，1986 年。

81. 王夫之：宋論〔M〕，北京：中華書局，2003 年。

82. 朱彝尊：點校補正經義考〔M〕，林慶彰、陳恒嵩、侯美珍校補，臺北：中央研究院中國文哲研究所，1997 年。

83. 蔡上翔等：王安石年譜三種〔M〕，北京：中華書局，1994 年。

84. 孫星衍：尚書今古文注疏〔M〕，北京：中華書局，1986 年。

85. 江藩：國朝宋學淵源記〔M〕，北京：中華書局，1983 年。

86. 陸心源：儀顧堂集，同治十三年孟和福州重刊本。

87. 繆荃孫等：嘉業堂藏書志〔M〕，上海：復旦大學出版社，1997 年。

88. 錢曾：讀書敏求記〔M〕，北京：書目文獻出版社，1984 年。

89. 王懋竑：朱熹年譜〔M〕，北京：中華書局，1998 年。

90. 錢大昕：錢大昕先生全集〔M〕，陳文和點校，南京：江蘇古籍出版社，1997 年。

91. 錢大昕：十駕齋養心錄〔M〕，上海：上海書店，1983 年。

92. 皮錫瑞：經學歷史〔M〕，北京：中華書局，1959 年。

93. 皮錫瑞：經學通論〔M〕，北京：中華書局，1954 年。

94. 梁啓超：中國歷史研究法（外二種）〔M〕，石家莊：河北教育出版社，2003 年。

95. 梁啓超：中國近三百年學術史〔M〕，太原：山西古籍出版社，2001 年。

96. 梁啓超：梁啓超學術論著集（傳記卷）〔M〕，陳引弛編，上海：華東師範大學出版社，1998 年。

97. 章太炎：國學概論〔M〕，上海：泰東圖書局，1922 年。

98. 周予同：周予同經學史論著選集〔M〕，朱維錚編，上海：上海人民出版社，1983 年。

99. 朱維錚：中國經學史十講〔M〕，上海：復旦大學出版社，2002 年。

100. 周秉鈞注譯：尚書〔M〕，長沙：嶽麓書社，2001 年。

101. 陳夢家：尚書通論（外二種）〔M〕，石家莊：河北教育出版社，2000 年。

102. 陳延傑：經學概論〔M〕，上海：商務印書館，1940 年。

103. 蔣伯潛：經學纂要〔M〕，重慶：正中書局，1964 年。

104. 陳寅恪：金明館叢稿二編〔M〕，北京：三聯書店，2001 年。

105. 陳寅恪：寒柳堂集〔M〕，上海：上海古籍出版社，1980 年。

106. 顧頡剛、劉起釪：尚書校釋譯論〔M〕，北京：中華書局，2005 年。

107. 劉起釪：尚書學史〔M〕，北京：中華書局，1989 年。

108. 劉起釪：尚書源流與傳本考〔M〕，瀋陽：遼寧大學出版社，1997 年第二版。

109. 劉起釪：尚書研究要論〔M〕，濟南：齊魯書社，2007 年。

110. 馬雍：《尚書》史話〔M〕，北京：中華書局，1982 年。

111. 呂思勉：經子解題〔M〕，上海：華東師範大學出版社，1995 年。

112. 劉師培：經學教科書〔M〕，上海：上海古籍出版社，2006 年。

113. 陳垣：校勘學釋例〔M〕，中國現代學術經典·陳垣卷，石家莊：河北教育出版社，1996 年。

114. 夏君虞：宋學概要〔M〕，上海：上海書店據商務印書館影印，1990 年。

115. 蕭公權：中國政治思想史〔M〕，瀋陽：遼寧教育出版社，1998 年。

116. 呂振羽：中國政治思想史〔M〕，上海：生活書店，民國三十六年，上海書店據生活書店 1947 年版影印。

117. 劉澤華、葛荃主編：中國古代政治思想史（修訂本）〔M〕，天津：南開大學出版社，2001 年第二版。

118. 陳鍾凡：兩宋思想述評〔M〕，北京：東方出版社，1996 年。

119. 蔣善國：尚書綜述〔M〕，上海：上海古籍出版社，1988 年。

120. 馬宗霍：中國經學史〔M〕，上海：商務印書館，1936 年。

121. 蒙文通：經學抉原〔M〕，上海：商務印書館，1943 年。

122. 錢穆：中國學術思想史論叢（五）〔M〕，臺北：東大圖書有限公司，1984 年。

123. 錢穆：中國思想史〔M〕，臺灣：學生書局，1988 年。

124. 錢穆：朱子新學案〔M〕，臺灣：三民書局，1989 年。

125. 錢穆：國史大綱〔M〕，北京：商務印書館，1994 年。

126. 錢穆：朱子學提綱〔M〕，北京：三聯書店，2002 年。

127. 錢穆：中國歷史研究法〔M〕，北京：三聯書店，2005 年。

128. 余英時：朱熹的歷史世界——宋代士大夫政治文化的研究（上下冊）〔M〕，北京：三聯書店，2004 年。

129. 余英時：中國思想傳統的現代詮釋〔M〕，南京：江蘇人民出版社，2006 年。

130. 韋政通：中國思想史〔M〕，上海：上海書店出版社，2003 年。

131. 錢基博：經學通志〔M〕，上海：上海書店，1996 年據中華書局 1936 年版影印。

132. 錢基博：古籍舉要〔M〕，上海：世界書局，1933 年。

133. 牟宗三：心體與性體（上中下）〔M〕，上海：上海古籍出版社，1999 年。

134. 牟宗三：從陸象山到劉蕺山〔M〕，上海：上海古籍出版社，2001 年。

135. 牟宗三：宋明儒學的問題與發展〔M〕，上海：華東師範大學出版社，2004 年。

136. 牟宗三：政道與治道〔M〕，桂林：廣西大學出版社，2006 年。

137. 徐復觀：中國學術精神〔M〕，上海：華東師範大學出版社，2004 年。

138. 徐復觀：中國思想史論集續編〔M〕，上海：上海書店出版社，2004 年。

139. 馮友蘭：中國哲學史（上下）〔M〕，上海：華東師範大學出版社，2000 年。

140. 馮友蘭：哲學的精神〔M〕，西安：陝西師範大學出版社，2008 年。

141. 侯外廬：中國古代社會史論〔M〕，石家莊：河北教育出版社，2003 年。

142. 侯外廬主編：中國思想通史（第一卷）〔M〕，北京：人民出版社，1957 年。

143. 侯外廬主編：中國思想通史（第四卷）〔M〕，北京：人民出版社，1960 年。

144. 侯外廬、邱漢生、張豈之主編：宋明理學史（上）〔M〕，北京：人民出版社，1997 年第二版。

145. 張豈之主編：中國歷史（隋唐遼宋金卷）〔M〕，北京：高等教育出版社，2001 年。

146. 張豈之主編：中國思想史〔M〕，西安：西北大學出版社，1989 年。

147. 張豈之：儒學、理學、實學、新學〔M〕，西安：陝西人民出版社，1991 年。

148. 張豈之：中華人文精神〔M〕，西安：西北大學出版社，1997 年。

149. 張豈之主編：中國思想學說史（宋元卷）〔M〕，桂林：廣西師範大學出版社，2007 年。

150. 西大思想所編：張豈之教授與研究生論學書信選〔M〕，西安：陝西人民出版社，2007 年。

151. 李學勤：失落的文明〔M〕，上海：上海文藝出版社，1997 年。

152. 李學勤：當代學者自選文庫·李學勤卷〔M〕，合肥：安徽教育出版社，1998 年。

153. 姜廣輝主編：中國經學思想史（第一卷）〔M〕，北京：中國社會科學出版社，2003 年。

154. 姜廣輝主編：中國經學思想史（第二卷）〔M〕，北京：中國社會科學出版社，2003 年。

155. 姜廣輝主編：經學今詮初編〔M〕，《中國哲學》第二十二輯，瀋陽：遼寧教育出版社，2000 年。

156. 姜廣輝主編：經學今詮續編〔M〕，《中國哲學》第二十三輯，瀋陽：遼寧教育出版社，2001 年。

157. 崔大華：南宋陸學〔M〕，北京：中國社會科學出版社，1984 年。

158. 范立舟：宋代思想學術史論稿〔M〕，澳門：澳亞周刊出版有限公司，2004 年。

159. 鄧廣銘：鄧廣銘治史叢稿〔M〕，北京：北京大學出版社，1997 年。

160. 鄧廣銘：北宋政治改革家王安石〔M〕，北京：北京大學出版社，2007 年。

161. 漆俠：王安石變法〔M〕，上海：上海人民出版社，1959 年。

162. 漆俠：知困集〔M〕，石家莊：河北教育出版社，1992 年。

163. 漆俠：宋學的發展和演變〔M〕，石家莊：河北人民出版社，2002 年。

164. 賀麟：北大哲學門經典文萃·賀麟選集〔M〕，陳來主編，長春：吉林人民出版社，2005 年。

165. 劉夢溪：中國現代學術要略〔M〕，北京：三聯書店，2008 年。

166. 張傳璽：中國古代史綱〔M〕，北京：北京大學出版社，1991 年。

167. 周寶珠、陳振：簡明宋史〔M〕，北京：人民出版社，1985 年。

168. 張其凡：宋代史〔M〕，澳門：澳亞周刊出版有限公司，2004 年。

169. 鄧廣銘、酈家駒等主編，宋史研究論文集〔C〕，一九八二年年會編刊，鄭州：河南人民出版社，1984 年。

170. 朱瑞熙：凝意齋集〔M〕，當代著名學者自選集・朱瑞熙卷，蘭州：蘭州大學出版社，2003 年。

171. 何耿鏞：經學概說〔M〕，武漢：湖北人民出版社，1984 年。

172. 江竹虛：五經源流變遷考〔M〕，上海：上海古籍出版社，2008 年。

173. 林科棠：宋儒與佛教〔M〕，上海：商務印書館，1928 年。

174. 《文史知識》編輯部：經書淺說〔M〕，北京：中華書局，2005 年第二版。

175. 白鋼：中國政治制度史〔M〕，天津：天津人民出版社，2002 年。

176. 北大哲學系中國哲學教研室：中國哲學史〔M〕，北京：北京大學出版社，2003 年第二版。

177. 任繼愈：任繼愈學術論著自選集〔M〕，北京：北京師範學院出版社，1991 年。

178. 張岱年：張岱年全集〔M〕，石家莊：河北人民出版社，1996 年。

179. 張岱年：中國倫理思想研究〔M〕，南京：江蘇教育出版社，2005 年。

180. 陳來：宋明理學〔M〕，北京：華東師範大學出版社，2004 年。

181. 陳來：中國近世思想史研究〔M〕，北京：商務印書館，2003 年。

182. 陳來：古代思想文化的世界——春秋時代宗教、倫理與社會思想〔M〕，北京：三聯書店，2002 年。

183. 馮契：中國古代哲學的邏輯發展（上）〔M〕，上海：上海人民出版社，1983 年。

184. 馮天瑜、謝貴安：解構專制——明末清初「新民本」思想研究〔M〕，武漢：湖北人民出版社，2003 年。

185. 李澤厚：中國古代思想史論〔M〕，北京：人民出版社，1985 年。

186. 范壽康：朱子及其哲學〔M〕，北京：中華書局，1983 年。

187. 林慶彰主編：經學研究論叢第十一輯〔C〕，臺北：臺灣學生書局，2003 年。

188. 林慶彰主編：經學研究論叢第十二輯〔C〕，臺北：臺灣學生書局，2004 年。

189. 王水照主編：新宋學第一輯，上海：上海辭書出版社，2001 年。

190. 楊筠如：尚書覈詁〔M〕，西安：陝西人民出版社，2005 年。

191. 楊東蓴：中國學術史講話〔M〕，南京：江蘇教育出版社，2005 年。

192. 彭林：經學研究論文選〔C〕，上海：上海書店出版社，2002 年。

193. 李民：尚書與古史研究〔M〕，鄭州：中州書畫社，1983 年。

194. 中國哲學史學會、浙江省社會科學研究所：論宋明理學——宋明理學討論會論文集〔C〕，杭州：浙江人民出版社，1983 年。

195. 朱漢民：宋明理學通論——一種文化學的詮釋〔M〕，長沙：湖南教育出版社，2000 年。

196. 張立文：宋明理學研究〔M〕，北京：人民出版社，2002 年。

197. 蔡方鹿：朱熹與中國文化〔M〕，貴陽：貴州人民出版社，2000 年。

198. 蔡方鹿：朱熹經學與中國經學〔M〕，北京：人民出版社，2004 年。

199. 何忠禮：宋代政治史〔M〕，杭州：浙江大學出版社，2007 年。

200. 何俊：南宋儒學建構〔M〕，上海：上海人民出版社，1983 年。

201. 陳植鍔：北宋文化史述論〔M〕，北京：中國社會科學出版社，1992 年。

202. 胡昭曦：宋代蜀學論集〔M〕，成都：四川出版集團、四川人民出版社，2004 年。

203. 孫欽善：中國古文獻學史〔M〕，北京：北京大學出版社，2006 年。

204. 孫欽善：中國古文獻學史簡編〔M〕，北京：北京大學出版社，2008 年。

205. 吳雁南、秦學頎、李禹階主編：中國經學史〔M〕，福州：福建人民出版社，2001 年。

206. 孔凡禮：三蘇年譜〔M〕，北京：北京古籍出版社，2004 年。

207. 舒大剛：三蘇後代研究〔M〕，成都：巴蜀書社，1995 年。

208. 李之鑒：陸九淵哲學思想研究〔M〕，鄭州：河南人民出版社，1985 年。

209. 劉盼遂：論衡集解〔M〕，北京：北京古籍出版社，1957 年。

210. 錢宗武、杜純梓：尚書新箋與上古文明〔M〕，北京：北京大學出版社，2004 年。

211. 沈善洪、王鳳賢：中國倫理學說史（下卷）〔M〕，杭州：浙江人民出版社，1988 年。

212. 石訓等：中國宋代哲學〔M〕，鄭州：河南人民出版社，1992 年。

213. 游喚民：尚書思想研究〔M〕，長沙：湖南教育出版社，2001 年。

214. 姚廷瀛：宋代文化史〔M〕，鄭州：河南人民出版社，1999 年。

215. 謝詳皓、劉宗賢：中國儒學〔M〕，成都：四川人民出版社，1998 年。

216. 許道勳、徐洪興：中國經學史〔M〕，上海：上海人民出版社，2006 年。

217. 徐洪興：思想和轉型：理學發生過程研究〔M〕，上海：上海人民出版社，1996 年。

218. 李祥俊：道通於一——北宋哲學思潮研究〔M〕，北京：北京師範大學出版社，2006年。

219. 李保林、楊翰卿、孫玉傑主編：中國宋學與東方文明〔M〕，開封：河南大學出版社，1996年。

220. 章權才：宋明經學史〔M〕，廣州：廣東人民出版社，1999年。

221. 王宇信：中國近代史學學術史〔M〕，北京：中國社會科學出版社，1996年。

222. 陳戰峰：宋代《詩經》學與理學〔M〕，西安：陝西人民出版社，2006年。

223. 方笑一：北宋新學與文學——以王安石爲中心〔M〕，上海：上海古籍出版社，2008年。

外國文獻類

1. （日）本田成之：經學史論〔M〕，江俠庵譯，上海：商務印書館，1935年。

2. （日）溝口雄三、小島毅主編：中國的思維世界〔M〕，孫歌等譯，南京：江蘇人民出版社，2006年。

3. （美）劉子健（James T.C.Liu）：中國轉向內在——兩宋之際的文化內向〔M〕，趙冬梅譯，南京：江蘇人民出版社，2002年。

4. 劉俊文主編：日本中青年學者論中國史·宋元明清卷〔C〕，上海：上海古籍出版社，1996年。

5. （美）田浩（Hoyt Cleveland Tillman）：功利主義儒家——陳亮對朱熹的挑戰〔M〕，姜長蘇譯，南京：江蘇人民出版社，1997年。

6. （美）田浩（Hoyt Cleveland Tillman）：朱熹的思維世界〔M〕，西安：陝西師範大學出版社，2002年。

論文類

1. 周予同：朱熹之經學，武夷山朱熹研究中心成立大會〔C〕，1988年8月1日。

2. 鄧廣銘：談談有關宋史研究的幾個問題〔J〕，社會科學戰線，1996年第2期。

3. 張豈之：五十年中國古代思想史研究〔J〕，中國史研究，1999年第1期。

4. 張豈之：侯外廬歷史研究的理論與方法〔J〕，中國社會科學院院報，2003年10月30日第004版。

5. 張豈之：歷史唯物論與中國思想史研究〔J〕，歷史研究，2007年第1期。

6. 李學勤：《尚書孔傳》的出現時間〔J〕，古籍整理研究學刊，2002 年 1月。

7. 崔大華：超越經學——對理學形成的一個支點的考察〔J〕，中州學刊，1996 年第 2 期。

8. 姜廣輝：「宋學」、「理學」與「理學化經學」〔J〕，哲學研究，2007 年第 9 期。

9. 蔡方鹿：朱熹尚書學析論〔J〕，孔子研究，1997 年 4 月。

10. 蔡方鹿：注經與哲學——朱熹經學對中國傳統哲學的發展〔J〕，哲學研究，2003 年 3 月。

11. 蔡方鹿：朱熹《尚書》學的影響和地位〔J〕，天府新論，2003 年 4 月。

12. 蔡方鹿：朱熹經學與宋學〔J〕，社會科學研究，2003 年 5 月。

13. 蔡方鹿：呂祖謙的經學思想及其方法論原則〔J〕，中國哲學史，2008 年第 2 期。

14. 金春峰：概論理學的思潮、人物、學派及演變的終結〔J〕，求索，1983 年第 4 期。

15. 崔昌海、新元：心、道心、人心〔J〕，東疆學刊，1999 年第 4 期。

16. 陳俊民：道學與宋學、新儒學、新理學通論〔J〕，渭南師範學院學報（社科版），2000 年第 3 期。

17. 陳良中：「十六字心傳」理論的形成與內蘊〔J〕，蘭州學刊，2007 年第 4 期。

18. 陳良中：刑名相雜穿鑿好異——論《尚書新義》的特點與命運〔J〕，中華文化論壇，2007 年第 2 期。

19. 陳良中：朱子《尚書》學研究〔D〕，華東師範大學 2007 年博士論文。

20. 陳良中：埋學視野下的《尚書》詮釋——論林之奇《尚書全解》的思想意義〔J〕，古籍整理研究學刊，2008 年第 3 期。

21. 陳恒嵩：黃度《尚書》說研究，宋代經學國際研究會論文集〔C〕，蔣秋華、馮曉庭主編，（臺）中央研究院中國文哲研究所發行，2006 年。

22. 蔣秋華：夏僎及其《尚書祥解》流傳考，《宋代經學國際研究會論文集》〔C〕，蔣秋華、馮曉庭主編，（臺）中央研究院中國文哲研究所發行，1996 年。

23. 方笑一：王安石〈尚書新義〉初探〔J〕，華東師範大學學報（哲社版），2007 年第 1 期。

24. 傅雲龍：評朱熹的「道心」說〔J〕，孔子研究，1991 年 7 月。

25. 郭學信：宋代士大夫文化心理探析〔J〕，西北師範大學學報（社會科學版），2007 年 3 月。

26. 黃惠運：歐陽修與劉敞〔J〕，吉安師專學報（哲社版），1995 年 11 月。

27. 黃洪明：宋代《尚書》學〔D〕，暨南大學 2006 年碩士論文。

28. 何發甦：朱熹論孔子與《尚書》之關係〔J〕，甘肅聯合大學學報（社科版），2007 年第 3 期。

29. 李凱：「六經注我」：宋代理學的闡釋學——兼談朱熹在經學闡釋史上的貢獻〔J〕，中國哲學史，2006 年第 3 期。

30. 李耀仙：僞《古文尚書》與宋明理學〔J〕，中華文化論壇，1997 年第 3 期。

31. 李振興：尚書學述〔M〕，臺北：東大圖書公司，1994 年。

32. 廖明春：從郭店楚簡和馬王堆帛書論「晚書」的眞僞〔J〕，北方論叢，2001 年第 1 期。

33. 龐天祐：理學與宋代考據學〔J〕，湛江師範學院學報（社會科學版），1996 年第 4 期。

34. 孫利：朱熹「十六字心訣」釋義，河北大學學報（哲社版），2001 年第 2 期。

35. 唐任伍：論宋代知識分子的地位〔J〕，吉林師範大學學報（人文社會科學版），1987 年第 2 期。

36. 吾淳：宋代：倫理的普遍性何以可能〔J〕，孔子研究，2005 年第 2 期。

37. 王健：《尚書》名稱及其意義辨析〔J〕，南京高師學報，1998 年 6 月。

38. 王小紅：宋代《尚書》學文獻及其特點〔J〕，圖書與情報，2007 年第 6 期。

39. 吳建偉：宋代《洪範》研究〔D〕，華東師範大學 2004 年碩士論文。

40. 王瑞明：宋儒與宋代統治思想的形成〔J〕，江漢論壇，1992 年第 5 期。

41. 王連龍：近二十年來《尚書》研究綜述〔J〕，吉林大學學報，2003 年第 10 期。

42. 謝曉東：朱子道心人心思想探微〔D〕，陝西師範大學 2003 年碩士論文。

43. 謝曉東：尋求眞理：朱子對「道心人心」問題的探索〔J〕，河北大學學報（哲社版），2005 年 3 期。

44. 謝曉東、楊妍：朱子哲學中道心人心論與天理人欲論之內在邏輯關係探析〔J〕，江蘇社會科學，2007 年第 2 期。

45. 許華峰：陳大猷《書集傳或問》的學派歸屬問題，宋代經學國際研究會論文集〔C〕，蔣秋華、馮曉庭主編：（臺）中央研究院中國文哲研究所發行，中華民國九十五年十月初版。

46. 尹振環：《老子》作爲《尚書》的繼續〔J〕，中國文化研究，1997 年秋之卷。

47. 楊世文：宋代經學懷疑思潮研究〔D〕，四川大學 2005 年博士論文。

48. 楊善群：古文《尚書》流傳過程探討〔J〕，學習與探索，2003 年第 4 期。

49. 楊善群：古文《尚書》與舊籍引語的比較研究〔J〕，中華文化論壇，2003 年第 4 期。

50. 楊善群：論《古文尚書》的學術價值〔J〕，孔子研究，2004 年第 4 期。

51. 楊文森：朱熹證偽《古文尚書》及《序》《傳》詳考〔J〕，文學語言研究，2007 年 2 月號下旬刊。

52. 章權才：宋初經學的守舊與開新〔J〕，廣東社會科學，1998 年 5 月。

53. 鄭涵：北宋洪範學簡論〔J〕，中州學刊，1982 年 2－3 期。

54. 鄭傑文：《墨子》引《書》與歷代《尚書》傳本之比較——兼論偽《古文尚書》不偽〔J〕，孔子研究，2006 年月。

55. 鄭曉江：論王安石的學術思想與變法實踐〔J〕，求索，2005－03。

56. 趙振：二程考據論〔J〕，史學史研究，2008 年第 3 期。

57. 曾建林：宋初經學的轉型與歐陽修經學的特點〔J〕，浙江大學學報（人文社會科學版），2002 年 2 月。